「飽食した悪魔」の戦後

731部隊と二木秀雄『政界ジープ』

加藤哲郎

花伝社

「飽食した悪魔」の戦後——７３１部隊と二木秀雄『政界ジープ』◆目次

第一部　七三一部隊の隠蔽工作と二木秀雄

第二部　七三一部隊の免責と『政界ジープ』

第三部　七三一部隊の復権と二木秀雄の没落

はしがき

今から三五年ほど前、推理作家・森村誠一の実録『悪魔の飽食』（光文社カッパ・ノベルズ、一九八一年）がベストセラーになった。石井四郎の率いる関東軍七三一部隊の戦時中の人体実験・細菌爆弾攻撃が暴かれ、全国に衝撃を与えた。『悪魔の飽食』三部作は、五五〇万部の大ベストセラーとなり、まだ戦争体験者が多数だった日本社会で、軍国日本の加害責任を改めて想起させた。

森村によると、七三一部隊は「悪魔」だった。

　いかなる軍隊も侵略軍となったときは悪魔の使者となる。集団虐殺、略奪、暴行、強姦、放火等、ありとあらゆる悪逆無道が戦争によって他国の領土に強制された無法状態の中で集中的に犯される。しかもそれを犯す兵士たちは、平時の自国ではおおむね平凡な市民である。家族を愛し、社会から分担された仕事を受け持ち、責任と常識を弁えた善良なる小市民が一度武器を握って侵略軍の兵士となるとき、悪鬼羅刹となってしまう（森村『新版　悪魔の飽食』角川文庫、一九八三年、一二四頁）。

七三一部隊の場合は、それが「国のため」という名分でなされた、女性や子どもを含む「敵国」人「マルタ」に対する、おぞましい人体実験・生体解剖だった。

森村のいう「飽食」とは、七三一部隊が「帝国陸軍一の美食部隊」で、「全日本が飢えていたとき七三一部隊は飽食していた」ことである。内地＝日本国内ではスイトンやサツマイモが「国民食」となり、敗色濃い前線では栄養失調・飢餓の兵士が続出し命を落としていた時にも、七三一部隊の隊員三〇〇〇人余には、「銀シャリ」の白米飯にビフテキやエビフライ、刺身の豪華な食事が供され、キャラメル・羊羹のデザートや果物も食べられた。貧しい農家出身の少年兵は、「この豚肉の大盛り、郷里のお袋に一度でいいから食べさせてやりたい」と感激した（同前、二〇二―二〇五頁）。

その名目・理由は、細菌戦準備の研究のためだった。実験用ネズミを太らせるためにも、「マルタ」に十分な栄養を与えて人体実験を「科学的」に進めるためにも、豊富で豪華な食事が必要だった。同じ理由で、本部平房はセントラル・ヒーティングで暖房完備、細菌感染を防ぐためすべての建物が水洗トイレの下水道完備だった。盆踊りやスポーツ、サークル活動も盛んで、「悪魔の残虐性が文化の糖衣でカムフラージュ」されていた（同前、二〇九頁）。

本書は、七三一部隊のほぼ全員が鬼籍に入り、森村誠一『悪魔の飽食』の衝撃も忘れ去られようとしている時に、「飽食した悪魔たち」が、いかに敗戦をかいくぐり、侵略の歴史を隠蔽し、占領軍にデータを提供して戦犯訴追を逃れ免責され、戦後の社会に復権・復活してきたかを、学術的に検討するものである。

最高幹部と一般隊員のつなぎ目で暗躍した医師・二木秀雄という人物の戦後を通して、森村誠一の言葉で言えば、「七三一部隊の真のおそろしさは、生体実験など、それの犯した所業自体だけではなく、われわれも七三一部隊の延長上にあるという事実」を検証する。「職業軍人ではなく、ごく普通の、日本の市民、いや学問で鍛えられたはずの学者や研究者によって犯された戦争悪」が「われわれ日本人が、同じ状況下におかれれば、同じ所業を何度でも繰り返す危険な『素地』をかかえていること」（森村『悪魔の飽食　第三部』角川文庫、一九八五年、六二頁）を、再び「国のため」「軍事研究容認」の声が高まる状況のなかで、考える試みである。

プロローグ　歴史認識として甦る「悪魔の飽食」

三・一一後に現れた七三一部隊の亡霊

いわゆる七三一部隊、石井四郎軍医中将を最高責任者とする関東軍防疫給水部の日中戦争・太平洋戦争時に行った細菌戦・人体実験が、広く知られるようになったのは、推理作家・森村誠一による一九八一年のベストセラー『悪魔の飽食』によってであった。その同じ年、常石敬一の『消えた細菌戦部隊　関東軍第七三一部隊』[1]により日本での学術的研究が始まった。また、アメリカではジョン・W・パウエルの「歴史の隠された一章」[2]が発表されて、世界にも知られるようになった。

それから三〇年以上たった二〇一三年五月一二日、安倍晋三首相は、二〇一一年三月一一日の東日本大震災・大津波で被災した宮城県松島の自衛隊基地の復興がなり、記念式典に列席した。九州に避難していた航空自衛隊のアクロバット飛行隊、ブルーインパルスが戻ってきた。安倍首相は、その隊長機の操縦席に座り、写

1　常石敬一『消えた細菌戦部隊　関東軍第七三一部隊』海鳴社、一九八一年、後にちくま文庫。

2　ジョン・W・パウエル「歴史の隠された一章」『ブレティン・オブ・アトミック・サイエンティスト』三七巻八号、一九八一年一〇月（森村誠一『〈悪魔の飽食〉ノート』晩聲社、一九八二年、所収）。

真撮影に応じた。日の丸の数十センチ横に大きく「731」と書いてあり、韓国や中国、それに同盟国アメリカからも反発を受けた。

韓国紙『中央日報』五月一五日付は、これを日本の病的な右傾化の象徴として大きく取り上げた。米国ワシントンの政治・外交情報誌『ネルソン・リポート』を引いて、「(731という数字が浮き彫りになった)安倍首相のこの写真は、ドイツ首相がふざけてナチス親衛隊の制服を着て登場するようなレベル」とし、「ドイツでは(ナチス制服着用が)法的にも許されないだけでなく、個人的にも道徳的な反感のためありえないこと」と非難した。

韓国誠信女子大学のソ・ギョンドク教授は、米紙『ウォール・ストリート・ジャーナル』電子版に、「過去を反省しない安倍晋三首相の軽挙妄動」を批判する意見広告を掲載した。「DO YOU KNOW?［知っていますか］」というタイトルのこの広告には、「『731』という数字は一九三〇・四〇年代に生体実験をしたことで悪名高い旧日本軍の『七三一部隊』を連想させる。七三一部隊は中国のハルビンにあった旧日本軍の部隊で、化学・細菌戦準備のための研究や、『生きている人間を対象』とした『生体実験のため一九三一年に設立』された。日本政府はまだ過去を認めていない」と書かれていた。[3]

二〇一五年の「戦後七〇年」にあたって、一九四五年以後七〇年間の日本の歴史認識＝「戦後」認識が、世界から、とりわけ東アジアの隣国である中国と韓国から問題とされ、外交・安全保障にも関わる問題になった。

3 『朝鮮日報』日本語版二〇一三年一二月三日。

大きな争点とされたのは、従軍慰安婦問題であった。前年『朝日新聞』が、初期の報道で用いた証人の証言にフィクションが混入していたことを公式に認め、一部の新聞や右派の評論家は、従軍慰安婦など存在しなかった、民間人に雇われた戦地における売春婦で政府や軍の組織的関与・強制はなかった、とキャンペーンを張った。

しかしそれは、日本の歴史認識についての、国際社会の不信感をいっそう増幅するものとなった。外務省が、在ニューヨーク日本領事館を通じて、米国マグロウヒル社の歴史教科書について記述内容の訂正を公式にもとめたことから、アメリカの日本研究者たちが抗議し、行動をおこした。日韓両国政府の間では、二〇一五年末の「外相合意」により慰安婦問題の「最終的で不可逆的な解決」を演出したが、当の被害者たちが納得せず、問題は残された。

ユネスコ歴史遺産をめぐる情報戦

続いて、日中戦争初期の南京事件が問題になった。二〇一五年秋、ユネスコ（国際連合教育科学文化機関）の世界記憶遺産（Memory of the World：ＭＯＷ）に、中国の提出した「南京虐殺」に関する資料が認められ、登録された。

ユネスコ記憶遺産とは、「文書遺産の保護やアクセスの確保等を目的とし、世界的重要性等の基準を満たした文書類を登録する」もので、世界遺産・無形文化遺産と合わせ「ユネスコ三大遺産事業」と形容される。資料の「真正性」は前提とされるが、その犠牲者が三〇万人か二万人かという人数を問題にするものではない。登録名はNanjing Massacreで日本語にすると「南京虐殺」であった。

日本では、二〇一〇年に山本作兵衛による筑豊炭鉱の記録画が初めてユネスコ記憶遺産に指定され、その後も国宝の「御堂関白記」「慶長遺欧使節関係資料」を登録（二〇一三年）、中国が「南京虐殺」を登録した二〇一五年には、日本政府も舞鶴引揚記念館所蔵「舞鶴への生還　一九四五―一九五六　シベリア抑留等日本人の本国への引き揚げの記録」と「東寺百合文書」の二件を申請し、登録された。

「南京虐殺」登録に対して、日本政府は意見書を出し、「ユネスコの分担金を出さない」と言いだした。[4] 南京での被害者の数をとくに問題にし、「政治的利用だ」とユネスコに抗議した。もっとも同じ二〇一五年に、「顕著な普遍的価値」(Outstanding Universal Value) を要件とし、記憶遺産より審査が厳格なユネスコ世界遺産に、日本の申請した「明治日本の産業革命遺産　製鉄・製鋼、造船、石炭産業」が認められた。その際、韓国政府、中国外交部からは、長崎造船所や端島炭坑などで第二次世界大戦中に多くの朝鮮人・中国人が徴用され犠牲者を出したとして、異議が出された。また、シベリア抑留の記憶遺産登録についても、ロシア外務省は、戦争終結後に不当に留め置いた「抑留者」ではなく、戦闘継続中に合法的に拘束した「捕虜」であると主張し、歴史の「乱暴な歪曲」であると抗議した。[5]

このような意味では、確かに国際機関であるユネスコを舞台にして、歴史認識をめぐる外交戦・情報戦が繰り広げられている。明治日本の産業革命遺産に安倍首相の出身地山口の松下村塾まで入れられたこと、それまで古代や清朝までの記録を登録してきた中国が日中戦争期の南京事件を記憶遺産に申請したことにも、それぞれの国内政治を反映した、政治的含意が読み取れる。ただし、それらが国際的討論の中で議論され国際世論をバックにして認定されることで、「人類の共有財産」として、時々の支配的な歴史像・世界像に組み込まれていく。

4　『朝日新聞』二〇一六年一〇月一四日によれば、日本政府は二〇一六年ユネスコ分担金三八億五〇〇〇万円の支払いを、一〇月まで「ユネスコの事業内容を精査し、適切に判断する」ため「保留」中という。

5　『日本経済新聞』二〇一五年一〇月二三日。

七三一部隊の細菌戦も世界遺産に申請準備

東アジアの歴史認識に関わる遺産として常に問題となるのは、従軍慰安婦問題である。従軍慰安婦問題は、主として日本と韓国の間で問題になってきた。二〇一四年には、韓国政府がユネスコ記憶遺産への登録申請を準備した。二〇一五年末の日韓外相合意で、韓国政府は記憶遺産申請を取り下げるとしたが、少女像の撤去問題等、被害者である韓国の側には根強い反対運動と世論の不信があり、大統領が変われば、今後も申請される可能性がある。

しかも、ユネスコ記憶遺産の申請は、政府及び非政府機関を含むすべての個人または団体に開かれており、韓国政府でなくても申請できる。もともと従軍慰安婦の問題は、朝鮮人慰安婦にとどまらなかった。中国大陸や東南アジアでも、日本軍は現地の女性たちに性奴隷を強いてきた。[6]

実際、二〇一六年五月、韓国に事務局を置く「国際連帯委員会」は、日本や中国、オランダなど各国の市民団体と共同で、従軍慰安婦資料の記憶遺産登録を申請した。申請資料は計二七四四件に上り、音声記録を含む元慰安婦らの証言記録や写真、市民団体による調査資料などが含まれ、二〇一七年秋の登録をめざす。

関連資料・証言は、韓国ばかりでなく中国の公文書館などでも集められた。中国政府は、二〇一五年の記憶遺産登録に向けて、「南京大虐殺文書」とともに「日本軍慰安婦資料」も申請したが、後者の登録は見送られていた。中韓の民間団体などは「次回登録」を確実にするため、連携態勢を整え、中国外務省も「被害国の民間組織による共同申請」に「支持」を表明している。[7]

そして、関東軍七三一部隊の細菌戦・人体実験の問題が、記憶と記録の情報戦の次の焦点になる。すでに中

6 林博史『日本軍「慰安婦」問題の核心』花伝社、二〇一五年。
7 『産経ニュース』二〇一六年六月一日。

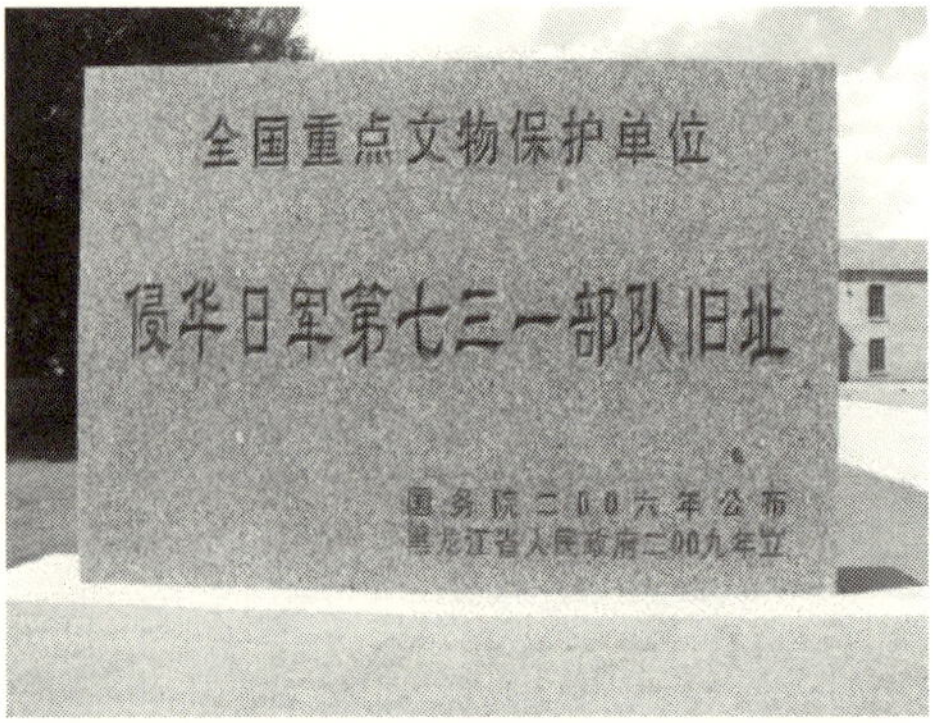

国政府は二〇一二年から、記憶遺産よりも影響力があるユネスコ世界文化遺産登録をめざして、中国黒竜江省にある旧日本軍細菌兵器部隊・七三一部隊旧跡の整備を進め、「侵華日軍第七三一部隊罪証陳列館」を中心に、申請の準備を進めている。日本の市民団体やロシア政府もこれを支持し、推進している。[8]

米ソ冷戦によりつくられた七三一部隊の記憶

もともと七三一部隊は、一九八一年に森村誠一『悪魔の飽食』がベストセラーになり、広く知られるように

---

8 『レコードチャイナ』二〇一四年三月二〇日、同五月二日、『毎日新聞』「社説」二〇一五年一二月三一日。

なった[9]。それ以来、世界中でさまざまな資料が発掘され、研究が進められてきた。実際にユネスコ世界遺産に登録されれば、ヒロシマ原爆ドーム、アウシュヴィッツ＝ビルケナウ強制収容所、ビキニ環礁核実験場などと共に、「顕著な普遍的価値」を持つ「負の世界遺産」となる。

冷戦崩壊までの記録は、アメリカ軍が七三一部隊の石井四郎隊長ら医師・医学者たちに人体実験データを提供させ、それによって極東国際軍事裁判（東京裁判）に訴追せず免責したことが、日本での証言、アメリカ側公文書から出てきた[10]。

それに対して、ソ連の側は、一九四九年一二月末に、シベリアに抑留した六〇万人の日本人の中から七三一部隊の関係者、とくに確証のある一二人の被告を選び出し、戦争犯罪人として裁くハバロフスク裁判を開き、裁判記録を七ヵ国語で公表した。当時の日本軍が、一九二五年のジュネーブ議定書で毒ガスと共に禁止されていた生物化学兵器を作り、細菌戦を実行したとして告発した。しかも人体実験を行ったということで、ソ連独自

9　森村誠一の前掲『悪魔の飽食　「関東軍細菌戦部隊」恐怖の全貌！　長編ドキュメント』はその後、『〈悪魔の飽食〉ノート』晩聲社、一九八二年六月、『続・悪魔の飽食「関東軍細菌戦部隊」謎の戦後史』光文社カッパ・ノベルズ、一九八二年七月、『新版　悪魔の飽食　日本細菌戦部隊の恐怖の実像！』角川文庫、一九八三年六月、『悪魔の飽食　第三部』森村誠一、角川書店カドカワノベルズ、一九八三年八月、『新版 続・悪魔の飽食　第七三一部隊の戦慄の全貌！』角川文庫、一九八三年八月、『ノーモア　悪魔の飽食』晩聲社、一九八四年一月、『裁かれた七三一部隊』晩聲社、一九九〇年七月、『改訂新版 続・悪魔の飽食』角川文庫、一九九一年八月、『悪魔の飽食（続）新版（改訂新版）第七三一部隊の戦慄の全貌！』角川書店、一九九四年と展開する。共同研究者である下里正樹『「悪魔」と「人」の間――「七三一部隊」取材紀行』日本機関紙出版センター、一九八五年、をも参照。

10　初期の資料集は常石敬一編訳『標的・イシイ――七三一部隊と米軍諜報活動』大月書店、一九八四年、その集大成は近藤昭二編『七三一部隊・細菌戦資料集成』CD‐ROM版、柏書房、二〇〇三年。米国側最新資料は、米国国立公文書館（NARA）ホームページに、Select Documents on Japanese War Crimes and Japanese Biological Warfare, 1934-2006 がある。https://www.archives.gov/files/iwg/japanese-war-crimes/select-documents.pdf（二〇一七年三月閲覧、以下もウェブ上の資料は同じ）。

の裁判を進め、山田乙三関東軍司令官以下一二人の被告たちに、死刑を一時的に廃止した当時のソ連刑法での最高刑である矯正労働二五年から二年の有罪判決が出された[11]。

ただし当時の日本は、アメリカ軍を中心とした連合国軍総司令部（ＧＨＱ）の占領下にあった。一九四九年秋のソ連の原爆実験成功、中華人民共和国成立で、第三次世界戦争での核使用も語られる東西冷戦のさなかであり、朝鮮戦争前夜であった。同じ連合国である米国では、反共マッカーシズムの「赤狩り」が始まっていた。米英は、極東国際軍事裁判で日本の戦争責任追及は終わったという立場をとり、スターリン支配下のソ連の裁判は政治的見世物にすぎないとした。レッドパージにさらされた日本の新聞も大きく報道することはなく、いくつかの時局雑誌でとりあげられる程度であった。

医学部学生運動が見出した「白い巨塔」の原点

加害者である日本人医師・技師、憲兵隊員など関係者の口は堅く、沈黙を守った。人体実験や細菌戦の直接証言は、長く現れなかった。一九五六年に出された秋山浩『特殊部隊七三一』（三一書房）という元少年兵による地図付匿名手記には、「この作品の信憑性について」という出版社編集部の断り書き「解説」が、わざわざつけられていた。

しかし、右のモスクワ製ハバロフスク裁判『公判書類』は、一九七三年に、当時の医学系学生運動の中心にあった全日本医学生連合（医学連）から「医学連結成二〇周年記念出版」と銘打って、全文復刻された（連絡先・東京大学医学部学生自治会、定価一五〇〇円）。

---

11 『細菌戦用兵器ノ準備及ビ使用ノ廉デ起訴サレタ元日本軍軍人ノ事件ニ関スル公判書類』モスクワ、外国語出版社、一九五〇年、後に一九七三年医学連復刻版、一九八二年海燕書房復刻版、『公判記録　七三一細菌戦部隊』不二出版、一九九三年も復刻版。以下『公判書類』と略す。

一九六〇年代末に全国の大学で科学と学問の意味を問い直す学生運動が高揚したが、人間の生命と心身を取り扱う職業訓練の場である医学部学生の運動は、とりわけ切実であった。教授が絶対的権力を握る医局講座制、戦後GHQ・PHW（公衆衛生福祉局）によって作られたインターン（診療実地修練）制度・無給医局員制度のもとで、自分たちの将来を左右する「白い巨塔」の職業倫理を問うものであった。

同復刻版で、当時の医学連委員長・中尾文夫（千葉大医学部一年）「医学は歴史に責任を持っている」は、次のように語る。

我々が一九五〇年、ソ連政府によって刊行されたハバロフスク公判記録を復刻し研究せんとするのは、実に祖国の中の侵略戦争を推し進めんとする立場を厳しく批判するためで有る。この記録が出された年には朝鮮戦争が開始され、又四月二八日には学術会議第六回総会が「戦争を目的とする科学研究には従事せず」と決議した。日本の知識人等に大量配布された本公判記録は米軍の謀略細菌戦に対する足枷となった。一九七三年の現在、「科学者の国会」学術会議は、国会と同じく戦争責任を忘れ、国会は事もあろうに謀略部隊で有る防衛医大設立を白昼堂々と強行可決してしまった。

全日本医学生連合・刊行委員会の序文「防衛医大開校を目前にして」は、こう宣言する。

中国ロシア人民に対して、残虐な生体実験を行ない四千人以上を虐殺した関東軍七三一部隊の残存分子は、今もなお何ら責任を追及されることなく全国で活動を続けている。……また、七三一部隊残党は大学医局、製薬会社ミドリ十字、自衛隊を温床としつつ過去の直接的延長上に生体実験・軍事医学研究等を行ってきた。日本学術会議は「科学者の戦争責任を反省する」という舌の根もかわかないうちに元七三一部隊幹部北野〔政次、第二代部隊長、ミドリ十字〕・吉村〔寿人、凍傷研究班長、京都府立医大学長〕をその凍傷人体実験による研究の「成果」をもって彼らを南極特別委員会に推薦し、それに対する批判には学会史上初ともいえる機動隊導入をもって答えたのである。

このように、元七三一部隊隊員は各界において隠然たる勢力をわがものにし、日本の医学界を食い荒らしてきた。……この公判記録の復刻は、七三一部隊の戦争犯罪を明らかにするとともに、現在まさに防衛医大に復活せんとしているその姿を明らかにし、全人民に告発するために、彼らに対する追及闘争の一端をになってきた全日本医学生連合からなされたものである。

埼玉県所沢市の防衛医科大学校は、自衛隊医官（旧軍での軍医に相当）養成を目的に、一九七三年に開設された。一九五二年に作られた自衛隊（当初は保安隊）衛生学校とは、教員育成・研究面で関係が深い。陸上自衛隊衛生学校は、防衛医大設置を意識してか、一九六八―六九年に『大東亜戦争陸軍衛生史』全九巻（非売品）を編纂・刊行している。当時の防衛省陸上幕僚部衛生監・坪井正人陸将の序文は、「敗戦と共に消えた陸軍衛生部は、今や陸上自衛隊衛生科としてその伝統を継承することとなり、その責任も極めて重大と言わなければならない。……ここに大東亜戦争に護国の華と散られた英霊に対し追慕の微哀を表すると共に諸先輩の御努力に敬意」と旧軍との連続性を明確にしている。

『大東亜戦争陸軍衛生史』の第七巻「軍陣防疫」は、北条円了、村上隆、渡辺廉、江口豊潔、羽山良雄、北野政次と、寄稿者全員が七三一部隊関係者である。自衛隊衛生学校では、七三一部隊の園口忠雄、中黒秀外之らが幹部になっていた。防衛医大には、石井四郎の飛行機パイロットも務めた増田美保が教授として入る。

医学生たちは、七三一部隊医学の復活を危惧し、十年後に薬害エイズ事件で大きな社会問題となるミドリ十字とのつながりをも暴いていた。

医学生の告発を逃げた教授、問題提起に応えたジャーナリスト

例えば、元七三一部隊第一部第三課レントゲン班の宮川正は、東大医学部放射線科の教授を一九七三年に定年退職し、埼玉医科大学教授に就任した。三月二日の東大退官最終講義の席で、医学部学生共闘会議は公開質問状を出し、宮川教授の七三一部隊歴を追究した。宮川は、七三一部隊勤務は認めたが、「知らない、忘れた」を繰り返して人体実験を否定した。しかし祝賀さるべき最終講義は、多くの学生がつめかけて「医学者の戦争責任」を考える場となった[12]。

金沢大学医学部の医学徒たちは、七三年一一月三日、地域医学研究会という名で、自分の大学の石川太刀雄教授・がん研究所長の人体実験を告発した。大学祭に向けたらしい謄写版刷りの『酔いどれ船』という同人誌で「医学の原罪　七三一細菌部隊」を特集し、ハバロフスク裁判『公判書類』や本多勝一『中国への旅』（朝日新聞社、一九七二年）から満州医科大と七三一部隊の軌跡をまとめ、石川太刀雄との二度の討論記録を収録している。

石川太刀雄は、京大医学部から七三一部隊に派遣され、第一部第六課病理班長としてペスト患者五七体の解剖を行い、四三年七月に八千枚の病理標本を持ち帰って金沢医大（金沢大医学部の前身）教授に就任した。そのデータと解説が戦後米軍との七三一部隊免責の有力な取引材料になったことが、今日では知られている。

しかし『公判書類』の信憑性が疑われていた一九七三年当時に、学生たちが自分の大学の有名教授に討論を挑み、全体は「自分はやらない、しらない」としながら七三一部隊所属を認めさせ、具体的実験への矛盾した回答や責任逃れの姿勢を引き出した意味は大きい。石川太刀雄は、この年六五歳で定年退職し、『酔いどれ船』

12　全日本医学生連合中央書記局『全日本医学生新聞』一九七三年四月一日。医学連版『公判書類』復刻の背景など日本の戦後医学生運動史については、ウェブ上の下司孝之「医学生史」http://s.webry.info/sp/38012317.at.webry.info/201312/article_1.html

刊行直前の一〇月一九日に病死した。学生たちとの討論が、最初で最期の反省なき証言となった[13]。

医学生たちの告発・問題提起に応えるように、この頃から、ハバロフスク裁判を検証しようとする、日本側の研究・ルポルタージュが現れる。島村喬『三千人の人体実験――関東軍謎の細菌秘密兵器研究所』(原書房、一九六七年)を先駆に、高杉晋吾『日本医療の原罪――人体実験と戦争責任』(亜紀書房、一九七三年)、山田清三郎『細菌戦軍事裁判』(東邦出版社、一九七四年)、などで、TBSの吉永春子によるテレビ・ドキュメンタリー「魔の七三一部隊」が制作され、世界で放映された(一九七六年一一月二日)。一九八一年の『悪魔の飽食』ブーム、常石敬一・近藤昭二・松村高夫らの本格的研究の先駆けであった。

しかし、研究が飛躍的に進んだのは、冷戦終焉から二一世紀に入ってである。「マルタ」とよばれて、裁判も経ずに日本軍憲兵隊から「特移扱」で七三一部隊に引き渡され、人体実験の対象とされた「抗日分子」は、圧倒的に中国の人々であった。ペスト菌を仕込んだノミの陶器製爆弾で実際に多くの感染被害に遭ったのも、中国各地の普通の人々であった。

もともと中国では、一九四九年の中華人民共和国建国がソ連のハバロフスク裁判と重なり、ソ連側の要請で、昭和天皇や石井四郎の戦犯訴追に必要な七三一部隊調査が行われた。朝鮮戦争での米軍細菌戦疑惑もあって、一〇〇〇人近い戦争捕虜がソ連から中国に移管された。約五年間の撫順戦犯管理所での思想改造を経て、七三一部隊関係者ら四五人が、五六年瀋陽と太原に設置された特別軍事法廷で裁判にかけられた。ただし当時は日本で大きく報じられることなく、それらの記録は、ようやく一九八九年に北京の中央檔案館で資料集にまとめ

13 『酔いどれ船』コピーなどは、金沢城北病院・莇昭三医師から提供を受けた。莇昭三『戦争と医療――医師たちの十五年戦争』かもがわ出版、二〇〇〇年、『莇昭三業績集　いのちの平等を拓く――患者とともに歩んで60年』日本評論社、二〇一三年、参照。なお、石川太刀雄の戸籍名は太刀雄丸だが、本書では通称の太刀雄を用いる。

られた[14]。

被害者中国民衆の国家賠償請求裁判と事実認定

最大の被害者であった中国の民衆や研究者が、文化大革命終了後の改革開放の中で声を挙げ始め、多くの記憶の証言を記録し、残存憲兵隊文書や物的証拠を集めるようになった。一九九〇年代には、七三一部隊人体実験被害者と、細菌戦感染被害者が、日本に対する二つの国家賠償請求訴訟を起こすまでになった[15]。

研究者たちは、日本ばかりでなく米国、英国、ロシア、中国などで七三一部隊の関連資料・証言を集めてきた。近藤昭二、松村高夫、常石敬一、江口圭一、粟屋憲太郎、吉見義明、江田憲治、太田昌克、青木冨貴子、森正孝、山邊悠喜子、西野留美子、西里扶甬子らの研究が、文部省検定が七三一部隊の記述を否定した家永教科書裁判や、中国人被害者の国家賠償請求裁判の支援になった。

一九九七年に提訴された細菌戦国家賠償請求は、中国人被害者原告団一八〇名への謝罪と賠償については、二〇〇七年最高裁で棄却された。しかしその過程で、二〇〇二年東京地裁判決では、七三一部隊の主たる目的は細菌兵器の研究、開発、製造で、中国各地から抗日運動の関係者が七三一部隊に送り込まれ、これらの人々に各種の人体実験を行ったこと、一九四〇年から四二年にかけて中国各地に対し細菌兵器の実戦使用、細菌戦が行われたこと、これらの細菌兵器の実戦使用は日本軍の戦闘行為の一環として陸軍中央の指令により行われ

14　その邦訳が松村高夫ら訳の『証言生体解剖』『証言人体実験』『証言細菌作戦』の三部作、いずれも同文舘、一九九一―九二年、先駆的紹介は滝谷二郎『殺戮工廠・731部隊――発見された細菌部隊兵士の告白調書』新森書房、一九八九年、中国側資料集は『「七三一部隊」罪行鉄証』二巻、不二出版、二〇〇一・〇三年、など。中国戦犯裁判について、大澤武司『毛沢東の対日戦犯裁判』中公新書、二〇一六年、最新の加害者側の記録・証言として伊東秀子『父の遺言――戦争は人間を「狂気」にする』花伝社、二〇一六年、参照。

15　松村高夫・矢野久編著『裁判と歴史学――七三一細菌戦部隊を法廷からみる』現代書館、二〇〇七年。

たこと、などの事実は認定された。

こうした動きに、医師である川上武、西山勝夫、莇昭三、山口研一郎、松井英介らの七三一医学告発を含む医学史・医療史からの研究が合流した。[16]

他方で、従軍慰安婦や南京虐殺と同じように、七三一部隊の細菌戦や人体実験は誇張・虚偽であり、ソ連や中国のでっち上げであるという「幻の細菌戦」論も、一九五〇年代ハバロフスク裁判時の米国・日本報道、森村誠一『悪魔の飽食』ブームの時期から存在し、今日インターネット上には「デマ・嘘」とするサイトも氾濫している。

もっともインターネット上には、七三一部隊の真実を追究するサイト、七三一部隊研究の参考文献リストを掲げるサイト[17]、部隊出身の医師・医学者の戦後を追いかけるサイト等々多数の情報があって、基本的な事実と証言は、デジタル文書・画像で確認できるようになった。

香港の七三一部隊告発映画「黒い太陽」をはじめ、アメリカ、イギリス、オーストラリア、ドイツ、ロシア等で作られた映画やテレビ・ドキュメンタリーは、YouTubeなどの映像資料で見ることができる。日本の七三一部隊解明に大きな役割を果たしてきた吉永春子、近藤昭二、西里扶甬子らが制作・取材に関わったテレビ・ドキュメンタリーや関係者インタビューも、古典的なＮＨＫプライムテン「現代史スクープドキュメント

16 最新の研究として、一五年戦争と日本の医学医療研究会『ＮＯ ＭＯＲＥ ７３１日本軍細菌戦部隊――医学者・医師たちの良心をかけた究明』文理閣、二〇一五年、同『戦争・７３１大学・医科大学――続 医学者・医師たちの良心をかけた究明』文理閣、二〇一六年。

17 ＮＰＯ法人７３１部隊・細菌戦資料センターの「７３１部隊・細菌戦デジタルライブラリー」は、戦前の細菌戦研究から二〇一二年までの関係文献四四七点を編年で網羅したきわめて詳細なリストである。そのため本書では、巻末に「参照文献一覧」を設けることはしない。註記した文献についても、このリストの参照を求める。http://www16.atpages.jp/chisei/731/contents04.html

731細菌戦部隊」(一九九二年)を含めて、デジタル・アーカイブに集積されている。

つまり、米ソが七三一部隊を政治的に利用しようと競い合っていた段階から、最大被害者である中国から記録と証言が出て、日本と世界の心ある人々のネットワークが作られ、新しい七三一部隊研究の局面が生まれた。同時に、新たな課題と謎が出てきて、論争は続いている。

本書は、こうした多くの先達の研究に学びながら、政治学者としてのやや異なる視角から、七三一部隊と歴史認識、科学者・技術者の戦争責任・社会的責任の問題にアプローチする。その基本的精神は、ほぼ半世紀前に医学連の学生たちが、眼前の医学界を告発し「戦争のための医学」に警鐘を鳴らした志に近いものである。

第一部　七三一部隊の隠蔽工作と二木秀雄

一　ゾルゲ事件と七三一部隊の二つの接点

本書の二つの視角――冷戦史・貫戦史と情報戦

七三一部隊については、今日各国語で、膨大な研究がある。本書が扱うのは、その全容ではない。私はこの領域に、二〇一一年東日本大震災・福島原発事故の後に迷い込んだ。新参者であり、初心者である。

しかし、初心者であるが故に、気がつくことがある。今日、日本の占領期の研究は、米ソ冷戦史及び各国貫戦史という文脈で、再構成され、再解釈されつつある。

第二次世界大戦は、独日伊を中心とするファシズム・軍国主義枢軸に対する、英米・ソ連などの反ファシズム連合国の勝利であった。しかし原爆製造の米英マンハッタン計画や中東欧・バルカン、東アジアの戦後分割に見られるように、アメリカ合衆国とソビエト社会主義共和国連邦との世界支配をめぐる対立・抗争が、連合国内部に早くから存在していた。それが、戦後の米ソ対立、核兵器とイデオロギー攻勢を軸とした、東西冷戦の始まりであった。

しかも、その戦後世界分割は、資本主義であれ社会主義であれ、各国・各地域の戦前・戦時の制度と人材を、米英とソ連がそれぞれの世界戦略に即して改変・再編するかたちで進められた。政治学では経路依存性（pathdependence）と呼ぶが、歴史学ではやや異なる意味で貫戦史（transwar history）と呼ばれる。これは、敗戦国ドイツの優秀な科学者・技術者を米ソが競って奪い合った核・ミサイル開発に典型的であるが、現代戦で特徴的な、情報・諜報の分野でも同様であった。

ニュルンベルグ裁判で本来戦犯になるべきナチスのV2ロケット開発者ヴェルナー・フォン・ブラウン博士は米国に「亡命」して「アメリカ宇宙開発の父」になった。ドイツ国防軍「ゲーレン機関」のラインハルト・ゲーレン将軍やナチス親衛隊「リヨンの虐殺」のクラウス・バルビーは戦犯免責されて、米国CIAの創立期からの有力エージェントに転身した[18]。

ソ連も同様で、米英マンハッタン計画の中にクラウス・フックス、セオドア・ポールらソ連エージェントを送り込み、彼らから得た情報をもとに、ソ連の原爆開発は進められた。物理学者・技術者である数百人のドイツ人捕虜が秘密都市に動員されて、早くも一九四九年には、米国に対抗して核実験が可能になった[19]。

私は、石井四郎ら七三一部隊の免責や、旧参謀本部河辺虎四郎・有末精三・服部卓四郎・辰巳栄一らのGHQ・G2（連合国軍総司令部参謀第二部、情報・諜報・治安担当）ウィロビー将軍による利用、一度は戦犯とされた児玉誉士夫・岸信介・賀屋興宣らの復権は、ドイツの場合に準じた冷戦史・貫戦史の産物と考えている[20]。一九八九年の東欧革命・冷戦崩壊・ソ連解体以降、こうした観点からのすぐれた研究が、世界でも日本

18　アメリカの科学者・技術者獲得「ペーパークリップ作戦」について、アニー・ジェイコブセン『ナチ科学者を獲得せよ！　アメリカ極秘国家プロジェクト　ペーパークリップ作戦』太田出版、二〇一五年。

19　ジェレス&ロイ・メドヴェージェフ『知られざるスターリン』現代思潮新社、二〇〇三年。ジョン・アール・ヘインズ、ハーヴェイ・クレア『ヴェノナ――解読されたソ連の暗号とスパイ活動』中西輝政監訳、PHP研究所、二〇一〇年、をも参照。

20　加藤「戦後米国の情報戦と六〇年安保――ウィロビーから岸信介まで」『年報日本現代史』第一五号、現代史料出版、二〇一〇年。

でも現れてきている[21]。

もう一つは、情報戦という視角である。これは、本書と同じ花伝社から上梓した『20世紀を超えて』（二〇〇一年）で問題提起し、『情報戦の時代』『情報戦と現代史』（共に二〇〇七年）で具体的に論じた、ある種の長期的政治観・時代認識である。

もともとファシズム期イタリアのアントニオ・グラムシの提示した「機動戦から陣地戦へ」テーゼに着想をえて、単純化すれば、一九世紀機動戦・街頭戦、二〇世紀陣地戦・組織戦から、二一世紀の政治を情報戦・言説戦が第一義的になるものと見通した。マスメディアでも使われる宣伝戦・心理戦といった用法よりも、米国の国際政治学者ジョゼフ・ナイのハードパワー／ソフトパワー／スマートパワーという相互依存的権力論（『ソフト・パワー』二〇〇四年、『スマート・パワー』二〇一一年、いずれも日本経済新聞出版社）、田中明彦の「権力政治、金力政治から言力政治へ」（『ワード・ポリティクス』筑摩書房、二〇〇一年）の時代認識に近い。

原発研究・ゾルゲ事件研究から七三一部隊の解明へ

私のここ数年の主な研究は、福島原発事故をもたらした日本の科学者と平和運動の「原爆反対・原発推進の論理」の歴史的解明（加藤『日本の社会主義』岩波書店、二〇一三年、など）と、二〇世紀最大のスパイ事件とされるゾルゲ事件の、情報戦という観点からの見直しであった（加藤『ゾルゲ事件――覆された神話』平凡社新書、二〇一四年）。

右の冷戦史・貫戦史と情報戦という二つの視角からすると、私の研究してきたゾルゲ事件と七三一部隊には、一つの共通性がある。歴史的事実が進行中は、軍事的・政治的権力の作用で事実が隠蔽され、大きな問題にな

21　日本については、下斗米伸夫の『アジア冷戦史』（中公新書、二〇〇四年）、同『日本冷戦史』（岩波書店、二〇一一年）、柴山太『日本再軍備への道』（ミネルヴァ書房、二〇一〇年）を挙げておこう。

らなかった。一九四五年の日独の敗北から、米ソ戦勝国の思惑により、その事実と資料の競争的発掘・政治利用が始まり、冷戦が一つの頂点に達する一九四九年に、どちらも大きく報道され、その後の報道から学術研究まで国際情報戦の一部となり、本格的解明は冷戦崩壊以後に先延ばしされた。

もっともゾルゲ事件の場合は、一九四九年二月に米国陸軍省ウィロビー報告で大々的に発表され、マッカーシズムの中で利用された。ソ連は、一九六四年にゾルゲを「大祖国防衛戦争の英雄」として名誉回復するまで、沈黙を守った。

七三一部隊の場合は、日本を占領した米軍が人体実験データと引き替えに関係者を戦犯に指定せず免責し、一九四九年末にソ連がハバロフスク裁判で、ソ連側が戦争捕虜とした関係者の供述から国際法違反の事実を公表した。しかし朝鮮戦争、ベトナム戦争など冷戦の中の熱戦での生物化学兵器使用への影響を恐れて、米国側はソ連の裁判をでっち上げとし、独占したデータと資料・証言を隠匿し、史実を隠蔽し続けた。ようやく一九八〇年代の日米での研究本格化と、九〇年代ソ連崩壊・中国側告発の中で、人体実験・細菌戦被害の全容が明らかにされつつある。

大国の思惑で情報戦に使われ、被害者・関係者が翻弄され続けてきたことは、共通している。本書はそれを、七三一部隊の中枢にあった、二木秀雄という一人の医師とその周辺の戦後の軌跡を通じて検証する。

「愛国者尾崎」を「赤色スパイ」へとイメージチェンジした時局雑誌

二〇一四年一一月、東京での第八回ゾルゲ事件研究国際シンポジウムに参加し報告する過程で、ゾルゲ事件から派生する、二つの七三一部隊とのつながりを見出した。

ひとつは、多磨霊園にあるリヒアルト・ゾルゲの墓と、そのそばに建てられた「ゾルゲとその同志たち」と刻まれた慰霊碑である。一九四一年一〇月に検挙されたソ連赤軍諜報員リヒアルト・ゾルゲと元朝日新聞記者・尾崎秀実は、事件の主犯として、戦時中の一九四四年一一月七日に死刑に処された。尾崎秀実は、同じく多磨霊園にある尾崎家の墓に埋葬されたが、ドイツ人だがソ連がその存在そのものを認めていなかった諜報員ゾルゲは、戦後しばらく、その遺骨の所在もわからなかった。

敗戦日本のゾルゲ事件の主人公は、しばらくのあいだはゾルゲではなく、尾崎秀実であった。一九四二年五月に「国際諜報団検挙」として一度司法省発表が報道されたが、日米戦争の初戦の勝利時で、関係者以外で話題になることはなかった。四四年一一月の処刑も、人知れず執行された。

事件そのものが一般に知られるようになったのは、戦後一九四六年の尾崎秀実の遺稿『愛情はふる星のごとく』の刊行からだった。松本慎一、風間道太郎、柘植秀臣ら親しかった友人たちによって編まれた、獄中の尾崎秀実から家族への手紙がベストセラーになり、尾崎の家族へのヒューマンな想いと日本の軍部・警察に「国賊」とされても政治的信念を貫き通した勇気が「愛国者」として讃えられた[22]。

一九四五年から四九年にかけては、侵略戦争の反省、GHQによる日本の非軍事化・民主化、日本国憲法制定と極東国際軍事裁判による戦犯追及、それに戦勝国ソ連の社会主義と指導者スターリンの名声の中で、ゾルゲ諜報団の活動を、国際的な反戦・反ファシズムの活動の中で評価する動きが強かった。

流れが変わったのは、占領政策が初期の民主化・労働運動奨励から反共・資本主義再建へと変容するいわゆる「逆コース」のなかで、ゾルゲ事件がソ連共産主義による「赤色スパイ団」の犯行とされてからである。

それは、一九四九年二月の米国陸軍省発表、いわゆるウィロビー報告で、戦前特高警察・裁判資料の一部が公表され、事件が米国風に再構成されて、後に『赤色スパイ団の陰謀』と題して書物になる（東西南北社、一九五三年）。アメリカでは、いわゆる「赤狩り」、マッカーシズムのさなかであった。

22 現在では今井清一編『新編愛情はふる星のごとく』岩波現代文庫、二〇〇三年。

その流れをつくり、日本でのゾルゲ事件イメージを大きく変えるきっかけを作ったのは、ウィロビー報告の四ヵ月前、『政界ジープ』という当時の大衆的時局雑誌の「特別政治情報、第二号」（一九四八年一〇月号）に掲載された、「尾崎・ゾルゲ赤色スパイ事件の眞相」という特集であった。

この『政界ジープ』の特集記事を、リヒアルト・ゾルゲの東京での愛人だった銀座のバーの女給、石井花子が読み、それが多磨霊園のゾルゲの墓標建立のきっかけとなった。

ゾルゲが処刑されたのを知ったのは、戦後です。で、遺体がどこにあるのか、どこに埋葬されているのかということは公表されませんでしたし、全然わかりませんでした。

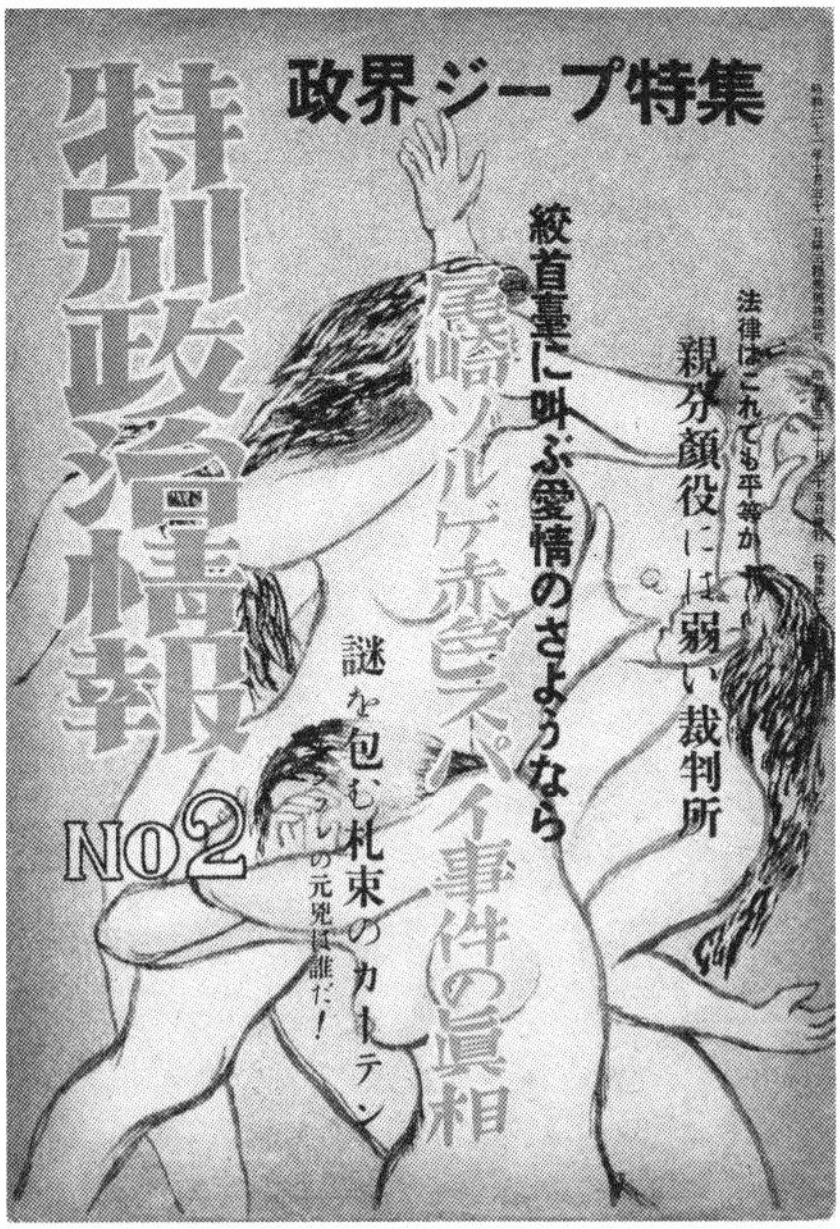

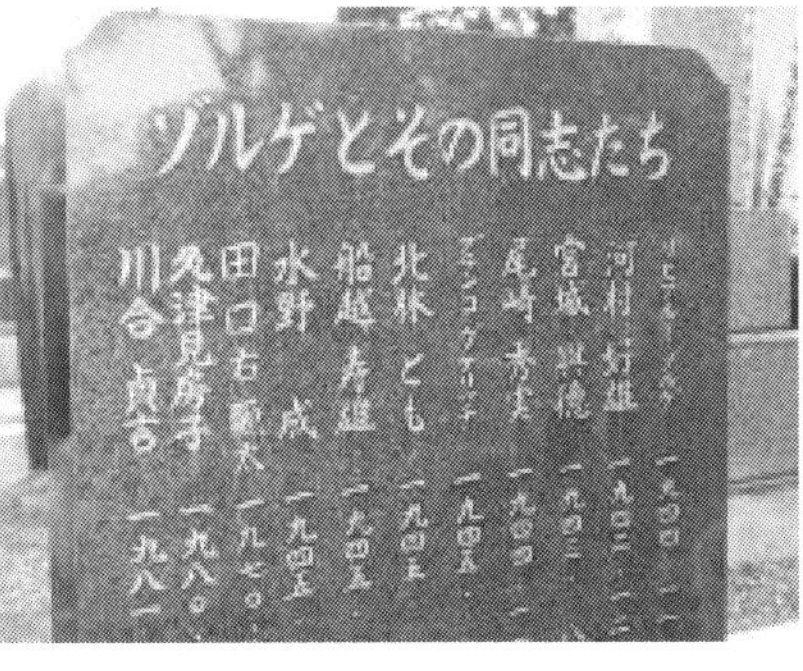

ところが、昭和二三（一九四八）年の一〇月だったと思いますが、『政界ジープ』っていう雑誌に「尾崎ゾルゲ赤色スパイ事件の真相」という記事が出ているのを見つけて買って帰ったんです。当時三〇円でしたか、悪い紙のペラペラなものでしたが、その記事の中に、ゾルゲの遺体は引き取り手がなくて、拘置所が雑司ヶ谷の共同墓地に土葬して、そこにささやかな木の墓標を立てたが、燃料不足のときですから、だれかが引き抜いて持っていってしまったので訪ねようがない、というのがありまして、私は毎日、雑司ヶ谷の墓地の管理事務所や巣鴨の拘置所にいって、場所をつきとめようとした。[23]

そこから石井花子は、雑司ヶ谷墓地の管理人と親しくなって知らされた「体の大きい、たしかに外人の方の遺体」がゾルゲであることを、第一次世界大戦時の負傷の跡が残る足の骨から確認し、多磨霊園に移して、ゾルゲの遺骨と「妻・石井花子」の銘の入った墓標を建てた。

ゾルゲの遺骨発見の手がかりとなった占領期の右派時局雑誌『政界ジープ』一九四八年一〇月号は、それまでのゾルゲ事件報道と、大きく異なっていた。翌年二月のウィロビー報告を先取りした新事実が含まれ、ウィロビー率いるGHQ・G2（参謀第二部）やCIC（対敵防諜部隊）から得た情報と推定できる。「赤色スパイ事件」というセンセーショナルな日本語の表現も戦後初めて用いられ、そのまま米陸軍ウィロビー報告に踏襲された。

『政界ジープ』の発行者・二木秀雄は七三一部隊結核班長

『政界ジープ』の「尾崎・ゾルゲ赤色スパイ事件の眞相」は、署名記事ではなかったので、掲載雑誌と出版

---

23 石井花子「ゾルゲと私」『証言私の昭和史』第三巻、旺文社文庫、一九八四年、八〇―八一頁。

社の方から調べることにした。するとそれが、ジープ社という東京の出版社の月刊雑誌で、社長は二木秀雄（ふたぎ・ひでお）という、金沢医科大学（現在の金沢大学医学部）卒の医学博士、戦時中は関東軍七三一部隊結核班長をつとめた医師であることがわかった。

『政界ジープ』の前身は、戦後一九四五年一一月に金沢で創刊された『輿論』という地方雑誌だった。北陸金沢は、七三一部隊長・石井四郎が旧制四高に通ったゆかりの地で、四高後輩・二木秀雄の出身地であるとともに、敗戦直後に七三一部隊幹部が集結し、その細菌戦隠蔽工作、占領軍対策を練り上げた仮司令部の所在地であったことなどが、だんだんわかってきた。偶然であろうが、二木秀雄も多磨霊園に葬られ、二木が代表になって建立した七三一部隊関係者の慰霊塔も、多磨霊園にあった。

今日、多磨霊園の著名人の墓碑は、霊園の公式ホームページではないが、「多磨霊園著名人研究家」という民間人・小村大樹氏が編集・監修した「歴史が眠る多磨霊園」という霊園案内がウェブ上にあり、それぞれの墓標の由来も説明されている[24]。

広大な多磨霊園の中には、石井花子が建てたリヒアルト・ゾルゲの墓と、尾崎家の尾崎秀実の墓、「ゾルゲとその同志たち」の慰霊碑、『政界ジープ』発行人・二木秀雄の墓、それに二木秀雄が建立した「懇心平等万霊供養塔」という何も記されていない七三一部隊隊友会（精魂会）の慰霊塔（精魂塔）が、ほぼ三〇〇メートル以内に散在し、ひっそりと眠っている。

二木秀雄についてのまとまった記述は、これまで、多磨霊園のこの墓碑案内のみである。以下での本論をわかりやすくするために、作者小村大樹氏の了承を得て、まずは多磨霊園の二木秀雄の墓と「懇心平等万霊供養塔」の霊園案内の一部を、掲げておこう。読みやすくするため、元号など一部は省略し、改行・句読点を加え

24 http://www6.plala.or.jp/guti/cemetery/

る。明らかな誤りや疑問点、補足点には、〔引用者注〕をつける。

「歴史が眠る多磨霊園」のなかの二木秀雄

小村大樹氏の「二木秀雄「(ふたき　ひでお) 一九〇八年〔二月一〇日〕～一九九二年九月一八日、昭和期の細菌学者、七三一部隊」の墓碑案内は、次のようになっている。

「七三一部隊」とは、大日本帝国陸軍の関東軍防疫給水部本部のこと。関東軍管轄区域内の防疫・給水業務を行うことを目的に設置された。細菌・化学戦研究の為に人体実験・生体解剖などを行い、細菌兵器を開発したことで知られる。初代部隊長の石井四郎(一八八二年―一九五九年、陸軍軍医中将)に因んで、石井部隊とも呼ばれた。

一九三六年、東郷部隊が天皇の認可により、正式な部隊(皇軍)となる。東郷部隊を母体として関東軍防疫給水部を編成。三九年五月一一日、ノモンハン事変勃発により、野戦防疫給水部長として石井らは出動。〔石井式濾水器による〕石井部隊の防疫成果が認められ、関東軍より感状が授与される。一九四一年四月、部隊名を秘匿名「満州第七三一部隊」と改める。この頃より、本格的に人体実験・生体解剖が行われるようになる。

二木秀雄は、〔旧制四高卒〕金沢医科大学〔現金沢大学医学部〕で細菌学者から転じ、七三一部隊六等技師として、第一部の細菌研究の中にある第一一課(結核)二木班(結核研究)の班長として携わった。

終戦直後、石井の右腕であった内藤良一がマレー・サンダース軍医中佐〔ら四次の米軍細菌戦調査団〕と交渉し、米軍が手に入れたかった人体実験の資料と交換条件として、七三一部隊関係者は戦犯免責となった。これにより、東京裁判でも起訴されずに済む。

一九四五年八月撤退時の七三一部隊の博士号をもつ医官は、五三名いた。七三一部隊の最大人員数は約三九〇〇人（支部含め）といわれ、陸軍防疫給水部隊の総数は約五千人といわれる。これが全て、無罪放免となった。

免責となった二木は、金沢医科大学の細菌学者に戻る［これは事実と異なる――加藤］。また、政界ジープ社社長として、右翼系政界誌「政界ジープ」発行者となる。

一九五〇年一一月、二木は免責された七三一部隊の仲間である内藤良一（陸軍軍医学校防疫研究室責任者として七三一部隊に深く関与）と［宮本光一（日本特殊工業社長、陶器製爆弾、石井式濾水器製作）と共に］「日本ブラッドバンク」の発起人となり、政界、財界との共同、神戸銀行の出資で創立して取締役になる［後に北野政次（七三一部隊第二代部隊長）も加わる］。

なお創立時の取締役会長は国務大臣の岡野清豪、代表取締役専務は内藤良一、取締役に北野政次［ではなく、創立当初は宮本光一］と二木、常務取締役は小山栄二［種子島糧秣本廠の黒穂菌研究の中心］というメンバーであった。この日本ブラッドバンク社は、日本初の血液銀行として、朝鮮戦争時には米軍が血液を大量購入し事業が繁栄した。後にミドリ十字（六四年名称変更）となり、エイズウイルス入りの血液製剤を輸入し、薬害エイズ事件を引き起こしていくことになる。

一九五六年八月一三日、二木は精魂会代表として多磨霊園に「懇心平等万霊供養塔」を建立した。その後、日本イスラム教団設立者としても活動した。享年八四歳。[25]

この二木秀雄の霊園案内には、「七三一部隊と石井四郎」という、よく調べた、わかりやすい解説が付され

25 http://www6.plala.or.jp/guti/cemetery/PERSON/H/hutaki_hi.html

ている。

石井四郎は、中国での戦線拡大に伴う物資不足を解決するため、当時国際的に禁止されていた細菌兵器に目をつけ、鉄資源に乏しい日本において細菌兵器は安上がりで最も有効な兵器と提唱し、陸軍のトップを動かす。

一九三六年、軍令により関東軍防疫給水部（大日本帝国陸軍七三一部隊）が設立され、隊長としてハルビンにて細菌兵器を開発していくことになる。飛行場、神社、プール等もある巨大な施設で、冷暖房も完備された近代的な施設を持ち、監獄も完備してあり、少なくとも三〇〇〇人近い人を、実験により殺したとされる。

施設の中心のロ号棟でペスト菌や炭疽菌、チフス、凍傷、毒ガス等の人体実験を行った。一九四〇年当時、年間予算一〇〇〇万円（現在の九〇億円）が会計監査なしで支給されていた。

ロ号棟の中庭にある特設の監獄二棟［七号・八号棟］に、日本軍に抵抗したとして捕らえた中国人、朝鮮人、ロシア人、モンゴル人等を人体実験のために収容し、その囚人をマルタと呼んだ。憲兵・警察等が裁判を行わずに容疑者を七三一部隊に移送できる特移扱（特別移送扱い）という制度まであり、憲兵は、特移を増やせば出世していた。

マルタに対し、ワクチンが効かない細菌製造のため、より毒性の強い細菌を注射し、感染して発熱すると大喜びした。瀕死の状態の時に解剖して、内臓から菌を取り出した。一九四〇―四二年にかけて、井本熊男の作戦の元、ペスト菌を中国にばらまくことになる。

一九四五年八月、大本営作戦参謀朝枝繁春より撤退を告げられ、石井の命令により、施設を証拠隠滅のため根こそぎ爆破、収容していた人体実験用の中国人ら約四〇〇人をガスで殺した後、自らの家族と幹部らともに、特別列車で引き揚げた〔石井四郎は飛行機で帰国〕。

戦後は、石井は戦犯追及を恐れ、病死を装い偽の葬式まで千葉で行い行方をくらまし、米兵相手の売春宿を経営して、ひっそりと暮らしていた。石井の右腕であった内藤良一が、マレー・サンダース軍医中佐〔ら米軍調査団〕と交渉、人体実験の資料と交換条件として、七三一部隊関係者は戦犯免責となった。石井の墓は〔東京都新宿区〕河田町の月桂寺。

七三一部隊の懇心平等万霊供養塔（精魂塔）

多摩霊園案内の編者小村大樹氏は、二木秀雄の建立した「懇心平等万霊供養塔」についても、貴重なデータを発表している。「建立年月日　昭和三〇年八月一三日、碑石地面積　五四・一五平方メートル、永代使用料八六六四〇円、建立者　二木秀雄（精魂会代表者）」とある。

そこには、「外柵もきちんと有り、一見普通のお墓に見えるので注意が必要だ。正面に五輪塔が立ち、左右に燈篭が立つ。しかし、何も刻まれていない。管理事務所で特別に閲覧させてもらった秘密冊子の碑石形像区域内に記載されていたので載せた。（注　この冊子は関係者以外は閲覧できません）」という注釈が付されている。以下は、小村氏による貴重な調査記録である。[26]

その後の調査により、この碑石は、旧日本陸軍七三一部隊の精魂塔であることがわかった。大辞林によると【精魂】（せいこん）とは、物事に打ち込む精神力。「―こめた仕事」――を傾ける、一つの物事に打ち込む。「研究に―・ける」とありますので、研究に打ち込んだ結果、犠牲となった方々を供養する

26　精魂塔の写真は、森村誠一『新版悪魔の飽食』二九三頁に「建立者、建立年月日、塔の由来などいっさい刻まれていない異様な塔」として紹介されている。その由来の発掘は小村氏の功績である。

という意味なのかもしれません（推論）［本当に人体実験・細菌戦犠牲者の鎮魂・供養なのかが問題で、身内の隊員仲間の供養かもしれない、本書「エピローグ」参照］。

旧日本陸軍七三一部隊とは、国際法で禁止された生物化学兵器の研究開発を第二次世界大戦中に秘密裏に行う機関だったようです。ペスト菌やコレラ菌の散布を中国の幾つかの都市に行い沢山の方が亡くなったそうです。さらに捕虜の人体実験や証拠隠滅の為の虐殺などを行い、その犠牲者は三千人を超える。だが、戦後、占領国であるアメリカとの取引により、裁判にかけられることもなく、存在自体が闇に葬られた機関です。

ちなみに、詳しく調査した結果、この建立者である二木秀雄という人物は、七三一部隊の主要メンバーの一人であり、第一部（細菌研究）の中にある二木班（結核研究）の代表者だ。

戦後、七三一部隊第二代隊長だった北野政次［が後に加わるが］、防疫研究室を取り仕切り七三一部隊を国内で支えた内藤良一、［七三一部隊に実験資材・機器を納入した日本特殊工業社長の宮本光一］、そして二木秀雄の三人が、共同事業の形で日本初の血液銀行を設立、朝鮮戦争の際に米軍がその血液を大量に購入してくれるので、あたりまえのように事業は大成功。のちに「ミドリ十字」と命名されたのである。高度経済成長のなか、この企業は日本有数の製薬会社に成長し、一九七八年には米国アルファ・セラピュウテック社を買収。この子会社は、アメリカ貧民層の血液を恐ろしく安く買い集めて、ミドリ十字に送ったのである。これが結果的に、薬害エイズ問題へと発展していったのです。

旧日本陸軍七三一部隊隊員は、終戦後、米国との取引により活動時の内容を公開しない事となっているので、軍籍時の階級等を示す形での墓石は、存在しません。そして、戦犯を免責されたこれらの軍医たちは、その後、部隊で行った「人体実験」のことを絶対に口外しないことを誓って、全国の大学や研究所などに散っていったのです。

その後、彼らが年に一回集まる親睦会「精魂会」の名簿を見ると、副知事、大学学長、大学教授、病院長、研究所長、研究教授等の肩書きがズラリ並んでいます。いずれも部隊で中心的役割を果たしていた人物ばかりです。この人たちがいかに戦後日本の医学会で影響力の大きい地位を得ているか、一目瞭然です。

懇心平等万霊供養塔は、英文では、Unit 731 Memorial と紹介され、七三一部隊等の著述書での紹介文では、精魂塔とあります。

ゾルゲは日本の細菌戦準備を一九三七年につかんでいた

右の多磨霊園案内に示唆されて、占領期右派の大衆時局雑誌『政界ジープ』と、発行するジープ社を調べ、社主で政界記事も書いている七三一部隊医師・二木秀雄に行き着いた。当時『政界ジープ』と競合した左派の時局雑誌、佐和慶太郎編集の『真相』についても調べたことがあるので、二つの雑誌を対比しながら、七三一部隊の戦後について調べ始めた。

その内容は本書で詳述するが、二木秀雄につきあたった時点で、長年の七三一部隊研究の専門家、松村高夫・慶応大学名誉教授とジャーナリストの近藤昭二氏に助言を求め、各国での七三一部隊研究の現状、米国国立公文書館収蔵資料や七三一部隊関係者の隊友会資料などについて、貴重な知見と資料の提供を受けた。

そこで近藤氏から出された一つの質問に直面し、七三一部隊とゾルゲ事件の、もうひとつの接点に取り組むことになった。

それは、ゾルゲ事件研究者として書物も出している私にとって、虚をつかれる質問だった。一九四一年に検挙されたゾルゲ諜報団は、早い時期に満州での七三一部隊の秘密の存在をつかみ、モスクワに打電していたのではないか、という思いがけないものだった。

私を含む日本のゾルゲ事件研究者の側から、ゾルゲ事件と七三一部隊の関連が問題にされたことはなかったが、七三一部隊研究者の側では、ゾルゲ事件が問題にされていた。

日本の敗戦直後に旧満州などからソ連に戦争捕虜として連行された抑留日本人はおよそ六〇万人、その中から秘密部隊七三一部隊の関係者を捜しだし、ハバロフスク裁判の被告・証人を選定するにあたって、当時のソ連は、どこからどのような情報を得て、いつから細菌戦・人体実験について察知していたのかを解明することは、確かにハバロフスク裁判記録の信頼性にも関わる。

近藤昭二氏は、すでにゾルゲ事件の裁判記録の中に、重要な一節を見つけていた。無線通信技師マックス・クラウゼンによる一九四二年一月五日第一一回警察訊問調書中の記述で、これをもとに近藤氏は、「一九三七年に早くもリヒャルト・ゾルゲは七三一部隊について電報を打っているが、情報は近衛公爵周辺から得たと考えられる」と、自ら訳したシェルダン・H・ハリス『死の工場』に註記していた。[27] 典拠は、次の箇所である、

一九三七年　月日不詳　日本陸軍は戦争に備ふる謀略戦術として「ハルビン」市又は其の付近に「コレラ」「ペスト」等の細菌研究所を設け盛に培養し居れり。右は当時「ゾルゲ」宅で同人と「シュタイン」〔英国紙記者ギュンター・シュタイン、ゾルゲ諜報団の一員だが一九三八年八月香港へ出国――加藤〕と話して居るのを聞きましたが、私はその時暗号内容が解らぬ時代でありましたから打電したか如何かは確実でありま

27　シェルダン・H・ハリス『死の工場――隠蔽された731部隊』近藤昭二訳、柏書房、一九九九年、訳注四八頁、注一二五。

せん[28]

海外のゾルゲ事件研究を調べてみると、ロバート・ワイマントの遺作『ゾルゲ　引裂かれたスパイ』の中に、本文ではないが、関連する註記が見つかった。ギュンター・シュタインに関説して、「興味深いのは、スタインとゾルゲが、ハルビン郊外の日本軍研究所でコレラ菌やペスト菌を散布する兵器の研究をしているという最高機密事項を昭和一二年に話題にしていたと、クラウゼンが回想していることである。日本帝国陸軍の細菌戦計画の詳細が日本人に広く知れ渡ったのは、一九七〇年代以降のことなのである」と註記していた[29]。

ちなみに、アメリカが日本軍の生物兵器研究に注目するようになるのは、一九四一年であるから、ソ連の諜報団はアメリカより四年早く、七三一部隊に気づいていたことになる[30]。

ゾルゲの細菌戦情報はモスクワに送信されたか？

右の近藤昭二氏の質問と示唆に答えるため、一度書物にしたゾルゲ事件関連の研究資料を、再点検することにした。資料が乏しいが、平房の本部も建設中でまだ七三一部隊と名乗っていない一九三七年という段階で、ゾルゲが関東軍の細菌戦準備を察知していたことは、事実と認定できた。ただしクラウゼンの供述を素直に読めば、ソ連に送信された可能性は低いと思われる。また旧ソ連・ロシア側資料からも、今のところゾルゲが送信した日本軍の細菌戦情報は見つかっていない。

28　『現代史資料　ゾルゲ事件　四』みすず書房、一九七一年、二八〇頁。
29　ロバート・ワイマント『ゾルゲ　引裂かれたスパイ』西木正明訳、新潮社、一九九六年、一五九―一六〇頁。
30　常石敬一編訳『標的・イシイ』第一章。

細菌戦準備が日本軍の公式文書で確認できるのは、一九三六年四月二三日、関東軍参謀長・板垣征四郎が陸軍次官・梅津美治郎にあてた「在満兵備充実に対する意見」においてである（陸満密大日記）。これにより、それまでの「東郷部隊」が関東軍防疫部として正式に発足し、「天皇の軍隊」となる。「其の三、在満部隊の新設及び増強改編」のなかに、以下のようにある。

第二十三、関東軍防疫部の新設増強
予定計画の如く昭和十一年度に於て急性伝染病の防疫対策実施及流行する不明疾患其他特種の調査研究ならびに細菌戦準備の為関東軍防疫部を新設す
又在満部隊の増加等に伴い昭和十三年度以降其一部を拡充す
関東軍防疫部の駐屯地はハルビン付近とす
第二十四、関東軍軍獣防疫廠の新設増強
関東軍にて臨時編成しある病気廠を改編して傷病馬の収療、防疫、細菌戦対策の研究機関たらしむる如く関東軍軍獣防疫廠を新設す
駐屯地は寛城付近とす[31]

この陸軍機密情報が、なんらかのルートでゾルゲ諜報団に伝わったとも考えられるが、ゾルゲとシュタインの会話には、「『コレラ』『ペスト』等の細菌研究所を設け盛に培養し居れり」と、具体的細菌名が現在進行形で入っている。なんらかのかたちで裏付けをとったか、満州現地から独自に得た情報とも考えられる。

31 常石敬一『医学者たちの組織犯罪　関東軍第七三一部隊』朝日文庫、一九九九年、一七五―一七六頁。

ハルビン細菌戦準備情報の情報源は？

問題は、情報源である。ゾルゲ事件は本書の主題ではないので、要点のみを記す。

第一に、ゾルゲ諜報団による関東軍の師団編成・指導者、銃砲・航空機等兵器についての情報収集、それについての警察・予審訊問は、ゾルゲ事件被告のほぼすべてに渡り、膨大な件数・分量となるが、一九三七年頃のハルビンの細菌研究所（ノモンハン事件前で、まだ七三一部隊の名はない。関東軍防疫部発足時で、平房本部・実験施設は建設中）に直接触れるのは、先に引いたクラウゼンの訊問記録のみである。今後、ロシアの公文書館から未公開の受信電文がみつかり、そこに入っている可能性は否定できないが、打電されなかった可能性が高い（ただし近藤昭二氏によると、ゾルゲ諜報団からとは特定できないが、モスクワのハバロフスク裁判準備資料の中に、関東軍防疫給水部についての一九三七年電文があったという）。

第二に、クラウゼンに対する一九四二年九月七日予審判事訊問（満州国における日本陸軍について）中の、四問「此の情報を知って居るか」（此の時通信傍受に係る電報中記録第三七八丁に記載の解読文を読聞けたり）、答「之は私が暗号の組立を知らない頃の情報でありますがグスタフ即ちギュンテル・シュタインと云ふ名が入って居ますから、私共の諜報団の協力者である同人のもたらした情報であると思ひます」という問答が、細菌戦情報に関わる可能性がある。[32] もっとも「電報中記録第三七八丁」の正体がわからない。情報源がすでに出国し捜査の及ばないシュタインのものであると日本側が判断し、あきらめて、その後追求されなかった可能性がある。

第三に、『現代史資料　ゾルゲ事件　三』で、宮城與徳、クラウゼン等は、ゾルゲに伝わった満州関東軍の配備・武器、最新鋭長谷川機械化部隊などについて警察・検察から細部にわたり訊問されているが、細菌戦部隊についてのものはない。また、これまで発表されたソ連側のゾルゲ諜報団受信記録約二〇〇通にも、該当す

32　『現代史資料　ゾルゲ事件　三』みすず書房、一九六二年、二一三頁。

る情報はない。したがって、これがノモンハン戦以前にソ連に伝わり、敗戦後のシベリア抑留者中の細菌戦・人体実験関係者摘発、一九四九年末ハバロフスク裁判につながったとは短絡できない。ただし、クラウゼンはゾルゲ事件の五人の重要被告中唯一生き残り、敗戦直後に政治犯として釈放され、ソ連経由で東独に帰国した。中国共産党の抗日「特移扱」被害＝「マルタ」情報と共に、戦後ソ連側の細菌戦告発・調査の土台になった可能性は否定できない。

第四に、その場合の情報源は、ハルビン（上海時代の任地）に詳しいクラウゼン自身のゾルゲへの情報提供、近藤氏の想定した尾崎秀実の得た満鉄調査部・近衛内閣関係者情報、在日ドイツ大使館や親独派日本軍人（例えば武藤章ら）からゾルゲが得た情報、上海以後もゾルゲと連絡があった中国共産党からの情報であった可能性もあるが、特定できない。

第五に、ありうるもう一つの可能性は、安田徳太郎から宮城與徳を経てゾルゲへ伝わるルートである。ゾルゲ事件の被告の一人である医師・安田徳太郎（一八九八—一九八三年）は、石井四郎ら七三一部隊関係者を多数輩出した京都帝国大学医学部一九二四年卒で、二〇年卒の石井四郎、二六年卒の増田知貞の間の時期に、京大に在学した。三〇年卒吉村寿人、三一年卒内藤良一、石川太刀雄、岡本耕造らの先輩にあたる。

戦後になってからであるが、安田徳太郎は、元中央公論編集者で横浜事件の被告であった木村亨が西園寺公一の創刊したグラフ雑誌『世界画報』の記者をしていたとき、木村に電話で「私の京大医学部の先輩に石井四郎という軍医中将がおりまして、中国で生体実験をやったらしく、その戦争犯罪の嫌疑をおそれてアメリカへ逃避を企てているとの噂」があると伝えた。木村は、カメラマンを連れて石井四郎の自宅に赴いたが、和服姿の石井は取材を拒否してすぐに奥に引っ込んで取材はできなかったという[33]。

33　西里扶甬子『生物戦部隊７３１——アメリカが免罪した日本軍の戦争犯罪』草の根出版会、二〇〇二年、一〇四頁。

京大医学部卒の心ある医師・医学者から、山本宣治の従弟である安田に一九三七年頃には伝わっていた可能性、当時東京の市ヶ谷陸軍省・参謀本部に近い青山で医院を開業していた安田の患者である高級軍人からの情報の可能性、それが宮城與徳経由でゾルゲに伝わった可能性、等々もありうるが、情報源の謎は特定できない。

二　「悪魔に影を売り渡した男」――二木秀雄の生体実験

二木秀雄の数奇な生涯――年譜風概説

本書の主人公である二木秀雄については、先に挙げた多磨霊園の墓標案内以外、まとまった記録はない。私の個人ホームページ「ネチズンカレッジ」にこれまでわかったことを掲載し、公開調査を始めて以降、日本語版ウィキペディアに簡単な解説が立項された。

あらかじめ、今日までに分かっているその生涯を、年表風に概観しておこう。

一九〇八（明治四一）年二月一〇日　石川県に生まれる（人事興信録昭和三四―五〇年版による）。

一九二七（昭和二）年　金沢一中（現金沢泉丘高校）三四期卒業。同期には、浦茂・陸軍中佐・大本営参謀がいて戦後は航空自衛隊幕僚長になる。

一九二九（昭和四）年　金沢・旧制四高理乙卒業。四高理科は、隊長石井四郎（大正五年卒）をはじめ、増田知貞（大正一一年）、石川太刀雄丸（昭和二年、通称は太刀雄）、岡本耕造（同）ら七三一部隊幹部を輩出し、二木は彼らの後輩にあたる。金沢医大細菌学教室で二木が師事する谷友次は、石井四郎と四高同期である。進学先こそ石井は京大、谷は東大と異なるが、親密な関係を保ち、谷の推薦で二木は石井部隊に入る（旧制四高同窓会名簿）。

一九三三（昭和八）年　金沢医大（現在の金沢大学医学部の前身、七二年設立の金沢医科大学とは別）卒業、三三年四月細菌学教室に入り、谷友次教授の指導で、梅毒スピロヘータを研究する。金沢医大・医学部同窓会十全会は、固い結束を誇る。

一九三六年三月—三七年一二月　金沢医大細菌学教室講師就任。

一九三八（昭和一三）年一一月一八日　論文「家兎神経系黴毒に於ける脳髄の組織學的検索」で、金沢医大から医学博士学位受理。

一九三八年　陸軍技師となる。陸軍軍医学校を経て、関東軍七三一部隊企画課長（瀋陽裁判・榊原秀夫証言）、第一部第一一課二木班長（結核・梅毒研究）、結核のほか梅毒の人体実験にも関わった[34]。

一九四〇（昭和一五）年「所謂孫呉熱の研究」（『軍医団雑誌』三二七号付録）で、石井四郎・笠原四郎・石川太刀雄らと共に共著者に名を連ねる。

一九四一（昭和一六）年四月二一日　母校金沢医大で七三一部隊嘱託研究者・谷友次教授と共に、石井四郎を招き「日本文化講義」をアレンジした[35]。

一九四四（昭和一九）年一二月—四五（昭和二〇）年一月　安達でガス壊疽菌人体実験に加わる（ハバロフスク裁判西俊英供述、瀋陽裁判・秦正氏証言）。

一九四五（昭和二〇）年八月　帰国して、金沢の野間神社境内に七三一部隊「仮本部」を設営。

34　西野留美子調査、ハル・ゴールド『証言　七三一部隊の真相』濱田徹訳、廣済堂文庫、二〇〇二年。

35　古畑徹「七三一部隊長・石井四郎の日本文化講義　金沢大学医学部所蔵金沢医科大学資料から」北陸史学会『北陸史学』五一号、二〇〇二年。

一九四五年一一月　金沢で輿論社を作り、地域旬刊雑誌『輿論』刊行。

一九四六（昭和二一）年三月　輿論社で、月刊『日本輿論』に改題。

一九四六年八月　上京し、東京でジープ社設立、右派大衆時局雑誌『政界ジープ』ほか多数の雑誌と単行本を刊行（一九五六年まで）。

一九四七（昭和二二）年一一月一五日　米軍第四次ヒル＝ヴィクター細菌戦調査団のインタビューを受ける。[36] 二木秀雄『政界ニュー・フェイス——日本を動かす341人』ジープ社、刊行。

一九四八（昭和二三）年　ジープ社、厚生省医務局監修・綜合科学研究会編・二木秀雄発行の医師・医学生向け雑誌『とびら』（後に『医学のとびら』）創刊。連載執筆者に二木秀雄、石川太刀雄、緒方富雄ら七三一部隊関係者。

一九四九（昭和二四）年　浅草松屋で綜合科学研究会主催、厚生省・文部省・労働省・東京都・日教組後援「若き人々におくる性生活展」を開催。「明治の毒婦」高橋お伝の局部標本を展示して話題になる。

一九五〇（昭和二五）年　内藤良一・宮本光一と共に日本ブラッドバンク社（後のミドリ十字）を創設、取締役になる。銀座のジープ社隣に素粒子堂診療所開業、二木秀雄『素粒子堂雑記』ジープ社、刊行。

一九五三（昭和二八）年四月　第三回参議院選挙石川地方区に立候補したが、泡沫候補で落選（衆院では同郷の「軍神」辻政信が当選、内灘米軍射撃場誘致が争点）。

一九五五（昭和三〇）年八月　七三一部隊上級幹部同窓会「精魂会」を設立し、実質的代表となる。多磨霊園に、七三一部隊慰霊碑・懇心平等万霊供養塔（精魂塔）建立。

一九五六（昭和三一）年三月　一九社から六四三五万円を脅し取った戦後最大の恐喝事件「政界ジープ事

36　ハリス、前掲書、一二六—一二七頁。

件」で主犯として検挙さる。求刑は懲役六年だったが六九年の最高裁最終判決で懲役三年実刑判決確定、前橋刑務所に服役。

一九五六年以降　東京・田園調布に二木診療所開設。

一九七四（昭和四九）年一二月　新宿歌舞伎町に、年中無休診療のロイヤルクリニック開業、自らイスラム教に入信し、日本イスラム教団総裁に就任、アラブ諸国と交流しサダム・フセイン等と会見、最高時信徒五万人と称す。

一九八一（昭和五六）年　二木秀雄監修『円柱亭日記　町医者「円柱」と闘う』さきたま出版会、刊行。

一九九二（平成四）年九月一八日　死去、享年八四歳（墓碑による）。

二〇一二（平成二四）年五月　多磨霊園に遺族が二木秀雄墓碑建立。

細菌戦学者、実業家、医師、教祖——二木秀雄の四面相

日本語版ウィキペディアの「二木秀雄」の項には、「細菌学者、医師、実業家、宗教家」として、簡単な履歴が記されている。[37] 細菌学者とは、戦前金沢医大と七三一部隊の時代であるから、細菌戦学者とする方が適切である。履歴の順序としては、戦後は輿論社・ジープ社の社長として出発し、一九五六年に『政界ジープ』事件で起訴され被告となってからが、本格的な医師稼業であった。晩年の日本イスラム教団総裁は、病院経営と中東石油危機後のオイル・マネー利権に関わっていたから、実業家と宗教家を兼ねていた。

そして実は、敗戦直後から晩年までの軌跡を貫くのは、七三一部隊の細菌戦・人体実験を隠蔽しながら、中堅幹部以上の同窓会「精魂会」を組織し、「悪魔の飽食」仲間のネットワーク作りと復権の重要部分を担った、

37　https://ja.wikipedia.org/wiki/二木秀雄

情報通で特殊に政治的な存在だった。

厚生省、医薬産業と結びつくばかりでなく、保守政界から財界・金融界にも手を伸ばし、総会屋や右翼の裏社会にもネットワークを張っていた。一度は郷里石川県で参院選に立候補して落選、『政界ジープ』では有名企業の恥部をあさって「戦後最大の恐喝事件」といわれた悪事の主犯として有罪になった。とはいえその後も、新興宗教風の日本イスラム教団を使って、石油利権から保守政治にも食い込んだ。七三一部隊が「悪魔の飽食」であったとすれば、二木秀雄は、「飽食した悪魔」の典型だった。

もう一つの意味でも、二木秀雄は、戦後も飽食する七三一部隊残党の典型性を持つ。七三一部隊関係者で、ある程度経歴がわかっている指導者たちの中で、隊長だった石井四郎（一八九二年生）と北野政次（一八九四年生）は、一九〇〇年前の生まれである。川島清（一八九三年生）・菊池斉（一八九七年生）・増田知貞（一九〇一年生）・西俊英（一九〇四年生）ら部長クラスは、一九〇〇年前後の生まれである。そして、吉村寿人（一九〇七年）、岡本耕造（一九〇八年生）・石川太刀雄（一九〇八年生）・貴宝院秋雄（一九〇八年）、柄澤十三夫（一九一一年生）ら課長クラス、それに林口支部の榊原秀夫（一九〇八年生）、東京の陸軍防疫給水部の内藤良一（一九〇六年生）らは、一九〇八年生まれの二木秀雄とともに、おおむね一九一〇年前後の生まれで、太平洋戦争開始時に三〇代で人体実験や細菌戦作戦の実行部隊だった。

二木秀雄らは、七三一部隊のいわば青年将校で、もしもBC級戦犯（B級＝通例の戦争犯罪、C級＝人道に対する罪）で訴追されれば、実行犯として重刑を課された世代に属する。ソ連に抑留され戦犯とされたハバロフスク裁判被告でいえば、川島清は最高刑の矯正労働二五年、柄澤十三夫が二二年である。

この人体実験・細菌戦の実行部隊幹部の多くは、七三一部隊での研究実績をもって、戦後の医学界に復活し、地歩を築いた。第一部第一課（チフス）の田部井和は京大医学部教授、第二課（コレラ）の湊正男は京大医学部教授、第三課（生理学）の吉村寿人は京都府立医科大学長、第六課（病理学）の岡本耕造は京大・東北大医学部教授、石川太刀雄は金沢大学医学部長、第八課（ウィルス）の笠原四郎は北里研究所、内藤良一はミドリ十字会長という具合である。

わずかに第一部第一〇課（血清）の末期の班長だった秋元寿恵夫が、自らの七三一部隊体験と戦争協力を深刻に受け止め、戦後研究者の道を捨てて保健所から再出発し、医師で医療史家の川上武の勧めで『医の倫理を問う――第７３１部隊での体験から』（勁草書房、一九八三年）を著すのが、ある種の清涼剤である。

二木秀雄は、七三一部隊の履歴を隠し沈黙して戦後の医学界に君臨する人々とも、秋元寿恵夫の「赤ひげ」（黒澤明が映画で描いた貧者を救う町医者）風生き方とも異なる、独特の歩みをとる。むしろＧＨＱ、厚生省、政界・財界に食い入って、七三一部隊全体の隠蔽・免責・復権の過程を助け、隊友ネットワークを作り、石井四郎の精神、七三一部隊の事業を守ろうとした。情報戦の観点からすれば、石井部隊のインテリジェンス担当で、ネットワークの結び目、ノードの一つに徹したかに見える。

医学者としての二木秀雄――梅毒スピロヘータが専門

二木秀雄の生い立ちと、医学に関わる契機については、詳しくは分からない。一九三五（昭和十）年の『金沢医科大学谷友次先生開講十周年記念アルバム』には、「原籍　金沢市芳齋町五〇―一、現住所　金沢市味噌蔵町上中丁一二、細菌学教室入室　昭和八年四月」とある。本籍も住所も金沢城・兼六園の近所であり、金沢駅にも近い古都の中心である。医者の家系か否かは確認できなかったが、金沢一中（現金沢泉丘高校）、旧制四高理乙、金沢医大（現金沢大学医学部）というのは、当時の金沢でも理系エリート青年の歩む道だったろう。[38]

戦前金沢医大の紀要を現在の金沢大学学術情報リポジトリで検索すると、『金沢医科大学十全会雑誌』に二木秀雄名での八本の論文があり、現物を読むことができる。[39]

①「陳舊黴毒家兎の『カンタリヂン』水泡液中に於ける『スピロヘータ・パリダ』の検出實驗」金澤医科大學細菌學教室（主任谷教授）扇内寛市郎、二木秀雄（昭和九年二月一四日受付）、『金澤医科大學十全會雜誌』三九巻九号、一九三四年八月一日、『日本泌尿器科學會雜誌』二三巻九号、一九三四年九月、六〇四頁に紹介。

②「黴毒に対する性病予防剤の効果に就て」金澤医科大學細菌學教室　谷友次、扇内寛市郎、二木秀雄、大谷巖（昭和九年四月二四日受付）、『金澤医科大學十全會雜誌』三九巻一二号、一九三四年一〇月一日。

③「中枢神経系黴毒に關する實驗的研究　第七報　蜘蛛膜下接種『スピロヘータ』の脳髄内永存期問、基礎的研究の総括」金澤医科大學細菌學教室　谷友次、二木秀雄（昭和九年七月一日受付）、『金澤医科大学十全會雜誌』第三九巻一三号、一九三四年一二月一日。

④「中枢神経系黴毒に關する實驗的研究、第八報　蜘蛛膜下腔接種家兎の臨床的觀察」金澤医科大學細菌學教室（主任谷教授）齋藤勘四郎、扇内寛市郎、二木秀雄（昭和九年七月一八日受付）、『金澤医科大学十全會雜誌』第三九巻一三号、一九三四年一二月一日。

38 第三部で詳述する大橋義輝も、金沢で調べたようだが、詳しくはわからなかったという。大橋義輝『毒婦伝説――高橋お伝とエリート軍医たち』（共栄書房、二〇一三年）一三八―一四六頁、同『拳銃伝説――昭和史を撃ち抜いた一丁のモーゼルを追って』（共栄書房、二〇一六年）七八―一〇一頁、参照。

39 http://dspace.lib.kanazawa-u.ac.jp/dspace/

⑤「中枢神経系黴毒に關する實験的研究　第一二報　家兎脳髄内通過黴毒「スピロヘータ」の神経親和性問題」金澤医科大學細菌學教室（主任谷教授）二木秀雄（昭和九年一一月八日受付）、『金澤医科大学十全會雑誌』第四〇巻六号、一九三五年六月一日。

⑥「人類『フランベジア』材料より動物への移植試験」金澤医科大學細菌學教室（主任谷教授）相川助松、扇内寛市郎、二木秀雄、大谷巖（昭和一〇年一月一〇日受付、本論文の要旨は昭和九年四月第九回日本医学會微生物學會にて発表せり）、『金澤医科大学十全會雑誌』四〇巻八号、一九三五年八月一日。

⑦「成熟期及び老成期家兎に於ける脳脊髄液WaRに就いて（中樞神経系黴毒に關する實験的研究　第一三報）」金澤医科大學細菌學教室（主任谷教授）二木秀雄（昭和一一年二月二六日受付）、『金澤医科大学十全會雑誌』四一巻八号、一九三六年八月一日。

⑧「家兎神経系黴毒に於ける脳髄の組織學的検索」金澤医科大學細菌學教室（主任谷教授）二木秀雄（昭和一三年八月一日受付　特別掲載、本論文の一部要旨は昭和一二年五月の第一一回聯合微生物學会に於いて発表せり）、『金澤医科大学十全會雑誌』四三巻八号、一九三八年八月一日。

これらに基づいて、金沢医科大学に博士論文「家兎神経系黴毒に於ける脳髄の組織學的検索」が提出され、一九三八（昭和一三）年一一月一八日に医学博士の学位が授与された（国立国会図書館所蔵）。

右の研究歴からもわかるように、二木秀雄の細菌学とは、端的にいって、ウサギを実験材料にした梅毒スピロヘータ（トレポネーマ）の研究であった。

恩師である谷友次は、石井四郎と旧制四高の同期生で、東京帝国大学医学部に進み、大正九年に卒業、ドイツに留学して免疫学、原虫学を学び帰国、大正一四年から金沢医大で細菌学・微生物学を担当、戦後は金沢大学医学部長を勤めた「梅毒研究の世界的権威」であった[40]。

当時の日本軍にとって、梅毒対策は、切実な問題だった。「花柳病」ともよばれたように、売買春を通じて広くみられたばかりでなく、国外に出た兵士には、いわゆる従軍慰安婦を介した感染が蔓延していた。ウサギの睾丸内での培養は当時から知られていたが、二木秀雄の実験は、その最先端だった。石井四郎の親友である谷友次が、一九三六年にいったん母校の講師に採用した後、博士の学位を得た二木を陸軍に送り出し、陸軍軍医学校を経て七三一部隊に入るのは、医学者としての専門研究の上からするとエリートへの道だった。

七三一部隊の構造のなかの結核班長二木秀雄

七三一部隊での二木秀雄について、詳しい経歴はわからない。七三一部隊そのものの記録が少なく、その組織の全体像が、なお発掘の途上にある。

二〇一二年九月に、第二八回日本医学会総会にあわせて開催された「戦争と医の倫理」の検証を進める会によるパネル展と国際シンポジウム記録は、関東軍七三一部隊は軍国日本が進めた細菌戦の中核組織ではあったが、当時の国家体制・軍事組織の全体の中で機能していたとして、図1のような「日本軍防疫給水部隊の編成図」を掲げている[41]。

七三一部隊の内部編制についても、研究者たちがさまざまな証言や記録から再現を試みているが、ここでは近藤昭二氏の膨大な資料収集と元隊員一〇〇人からの聞き取り記録をもとにした、図2「七三一部隊編成表」

40　泉孝英編『日本近現代医学人名事典　一八六八—二〇一一』医学書院、二〇一二年、三九二—三九三頁。

41　「戦争と医の倫理」の検証を進める会『パネル集　戦争と医の倫理——日本の医学者・医師の「一五年戦争」への加担と責任』三恵社、二〇一二年、一九頁。

図1　日本軍防疫給水部隊の編成図

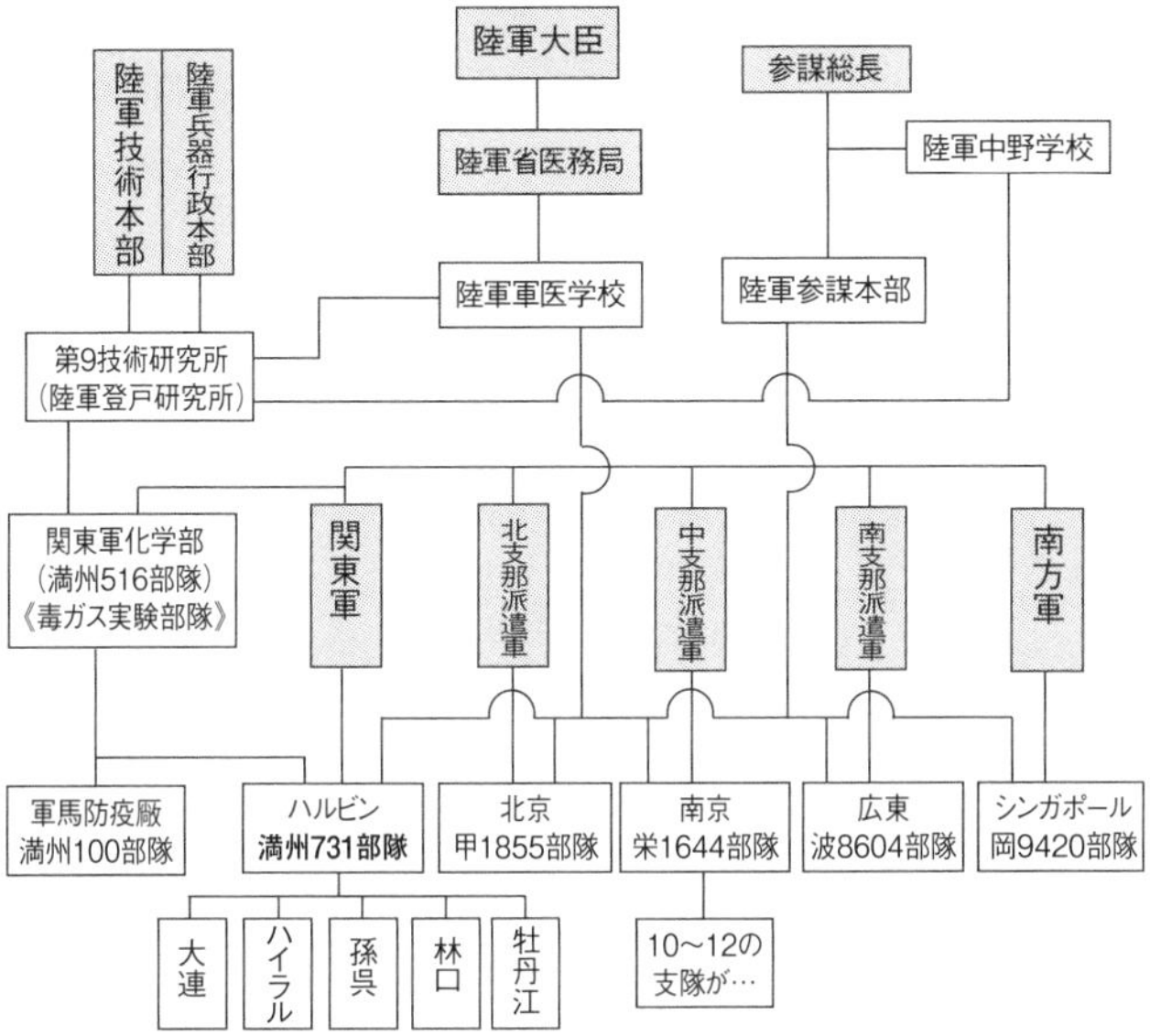

常石敬一『標的イシイ』中の「サンダースレポート」、『高校生が追う陸軍登戸研究所』所収・木下健蔵作図等を参考に作成

をもとに見ていく。[42]

これによると、二木秀雄は基本的に七三一部隊平房本部にいたらしく、よく知られた第一部（基礎研究）第一課（結核）の「二木班」とよばれる研究部門の班長であると共に、全体を統括する総務部の企画課に所属していたとされる。

他にも川島清、太田澄が総務部と各部長を経験したり、教育部長の西俊英が孫呉支部の六七三部隊に勤務したりしているが、医学博士号を持つ多くの軍医・技師は自分の専門領域の研究に特化していたのに対して、例外的である。

石井四郎部隊長の側近として、専門研究に即した職務のほかに、全体統括の組織的任務にもあたっていたことを示唆する。

七三一部隊総務部企画課長だった二木秀雄

二木秀雄が総務部企画課長であったことについては、七三一部隊林口支部長で中国側八路軍に投降し

42　同前、一二頁。

図２ 「731 部隊」編成表

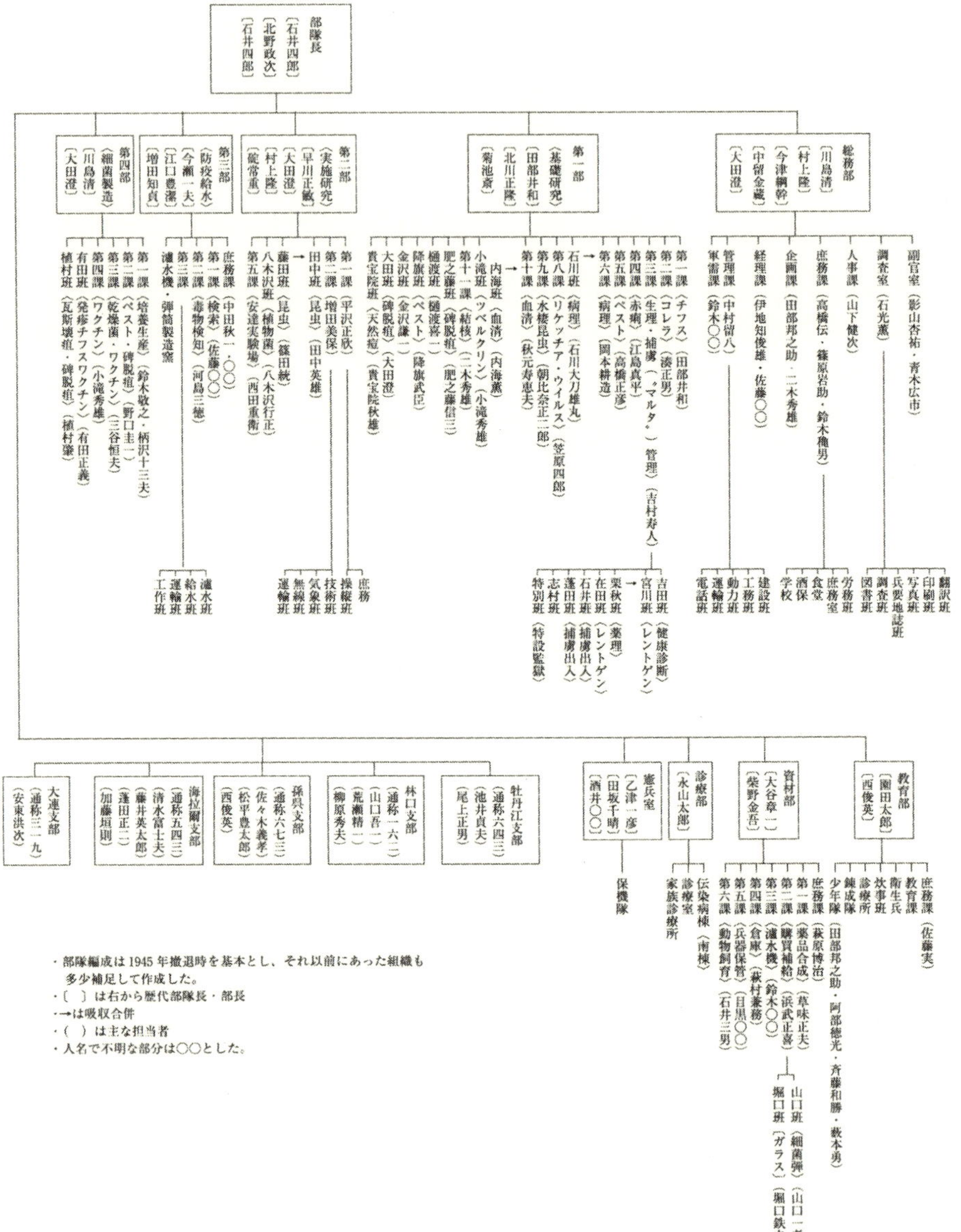

近藤昭二作成。元隊員100名からの聞き取りによる

た榊原秀夫・軍医少佐の証言がある。

瀋陽裁判で用いられた一九五五年四月一一日の撫順戦犯管理所での自筆供述書で、榊原は、七三一部隊の編成を問われ、総務部（総務部長、太田軍医大佐）の任務を「細菌戦に関する計画の立案、細菌戦に関する調査、ソ連の情報収集（哈爾浜特務機関と連絡あり）。本部各部の業務の統制、命令の立案及伝達、支部及衛生研究所の運用、予算支出等経理の処理、本部の警備を任務と致します」とする。「一、企画課」については、「（課長、田部軍医中佐）其の任務は細菌戦に関する計画の立案即研究計画、準備計画、実施計画の立案、及本部各部業務の統制を主と致します」とあり、ここでは二木は出てこない。

二木については、第一部（基礎研究、部長、菊池軍医少将）で「腸管系伝染病及伝染病の病理を研究任務とする二木技師の二木班」とあり、「細菌戦の実施」を担当する第二部（部長、碇軍医中佐）の項に、「第一部の二木技師も第二部に兼勤して居りました」という[43]。「一九三八年一二月、……第一師団歩兵第四九連隊に流行性出血熱が流行した時第一部より笠原技師、二木技師、石川技師が調査の為黒河及神武屯に出張し、……国境守備隊の兵一名の死体解剖を実施致しました」とも述べている[44]。

ところが、日付不明の同一筆跡の別の供述書で、榊原らしい人物が、「総務部は細菌戦準備研究の中枢機関なり」としたうえで、「各部の主要人員」の一人として二木秀雄を挙げ、「第一部二木技師は古くから七三一部隊員にして前に企画課長であったと聞く。非常な活動家で七三一部隊では相当勢力ある男でした」と評している[45]。

43　滝谷、前掲書、四七—四八頁。
44　同書、五五頁。
45　同書、一一七頁。

同じく撫順戦犯管理所での自筆供述書（一九五四年一〇月五日）で、秦正氏は、北野隊長時代の月一度の隊内研究会で、「出席者は経理官、衛生将校のほか、各部の少尉以上のメンバーおよび少尉相当以上の技師は誰でも出席できた。通常は四、五〇人出席するだけだった。研究会で発表されたのは、主として各部門の一カ月来の研究活動報告であるが、すべての部が報告するとはかぎらなかった。私が出席していた頃、研究報告がいちばん多かったのは、第一部の細菌兵器生産にかんする基礎研究の報告である。発表者は主に、二木技師、高橋正彦軍医少佐、吉村寿人などだった」と、二木の活躍ぶりを述べていた。

そのさい秦は、二木を第一部二木班長、「中佐級二木技師、ガス壊疽」と、二木が結核ばかりでなくガス壊疽研究に従事していたとし、本部の総務部企画課について、「一九四五年七月下旬に新設され、部隊の各種陰謀活動を策定した。中佐級技師の二木（第一部二木班班長を兼任）以下数名。情報班は約三名で、情報の収集にあたった」と、二木が末期に七三一部隊全体のインテリジェンスにも関わったという。[46]

どうやら二木秀雄は、第一部の基礎研究で結核ばかりでなく他の細菌にも手を広げ、第二部の実戦用実験にも携わっていたらしい。また、榊原供述と秦供述のいう二木の企画課長就任時期は異なるようで、石井四郎の腹心として、二度勤めたのかもしれない。

家族や少年隊を含め三千人という壮大な平房七三一部隊には、さまざまな慰安組織・文化スポーツ活動もあった。隊長石井四郎は学生時代にボートと剣道でならし、剣道は有段者であった。二木秀雄も柔道有段者で、「加茂部隊武道部」では柔道部教官を務めた。[47] 武道を通じても、二木秀雄は石井四郎に寄り添っていた。

いずれにせよ二木秀雄は、七三一部隊中堅幹部の「相当勢力ある」活動家であり、「総務部企画課長」とし

---

46 前掲『証言　人体実験』七、八頁。
47 『東郷会誌』一九八六年、八七頁。

て細菌戦を企画・立案し、その概要を知りうる任務にもついていた。無論、人体実験・細菌戦実行に対して責任ある立場で、戦犯訴追されて当然の職務である。それが実際には、戦後の幹部隊友会「精魂会」組織化の前提になるのである。

石井四郎、石川太刀雄と共に流行性出血熱研究

医学者としての二木秀雄の七三一部隊での学術的「成果」は、石井四郎自らが筆頭著者（ファースト・オーサー）として重要な役割を果たした「所謂孫呉熱の研究」への参加である。

『軍医団雑誌』三五五号（一九四二年）に、石井四郎、安東洪次、渡辺廉、村上隆、永山太郎、石川太刀雄丸外二二名の名で総括報告「所謂孫呉熱の研究」が発表されている。当時「孫呉熱」とよばれた流行性出血熱の病原体ウィルスを、石井部隊の医学者たちが総力をあげて研究した記録である。「本部内に本病の特別研究実験を設置し、主として現地において実施不可能なる特殊研究を担任せしめ」「血液累代感染実験」や「昆虫の感染媒介実験」などに成功したと書いているが、これが人体実験によるものだという。

このことは、ハバロフスク裁判で山田乙三・関東軍司令官に認められたほか、『毎日新聞』一九八二年一〇月八日の池田苗夫・元軍医中佐の「中国人に流行性出血熱のウィルスを注射した」という証言で、生々しく再現されている。[48]

池田苗夫は、戦後の一九五九年に学位論文「満州に於ける流行性出血熱の臨床的研究」を新潟医大に提出していた。「指導　元関東軍防疫給水部長　北野政次」と記して、戦時の生体実験によってしか得られない実験データを使用していた。[49]

48 高杉晋吾『七三一部隊細菌戦の医師を追え』徳間書店、一九八二年、二〇六頁以下、朝野富三・常石敬一『奇病流行性出血熱』新潮社、一九八五年、参照。

49 竹内治一・原文夫「池田苗夫の学位論文について」前掲『NO MORE 731日本軍細菌戦部隊』所収。

その研究途上の『軍医団雑誌』第三二七号付録「所謂孫呉熱の研究」(一九四〇年)には、石井四郎、渡辺廉、村上隆、西郡彦嗣、笠原四郎、石川太刀雄丸、安東清に加えて、二木秀雄も、末尾ではあるが共同研究者に名を連ねている。『日本病理学会誌』(一九四三年)の「二〇一 満州地方病の研究(I)流行性出血熱並びに森林春夏季脳炎様疾患に就て」も、「笠原四郎、二木秀雄、石川太刀雄(大連衛生研究所)」名で発表されている。

一九四三年に、石川太刀雄は日本に帰国し、金沢医科大学教授に就任、その際持ち帰った大量の人体実験データが、戦後の米軍との免責交渉の有力な材料となった。石川太刀雄は、旧制四高で二木の二年先輩で、京大に進学し石井部隊に組み込まれていたが、二木秀雄はこの流行性出血熱研究を一緒に進めていた。

石井四郎の金沢医科大学「日本文化講義」に同行

もう一つ、七三一部隊での石井四郎と二木秀雄の緊密な関係を示す史料が、日本国内に残されている。一九四一年四月二一日、二木秀雄は母校金沢医大で、七三一部隊嘱託研究員である恩師・谷友次教授と共に、石井四郎を招いて「日本文化講義」をアレンジした。その際の記録が、金沢大学医学部に残されている。

「日本文化講義」とは、金沢医大のケースを発掘し分析した古畑徹によると、「一九三六年度から四五年度にかけて、学生生徒の思想対策、高等教育機関における国体明徴施策として、帝国大学をはじめとする直轄諸学校に対して文部省統制下で実施された、極めて特異な講義」で、「その目的は、日本文化に関する講義を課して国民的性格の涵養と日本精神の発揚に資するとともに、日本独自の学問・文化を理解体認させる点にあり、そのために講師選定は、国体・日本精神の真義を明らかにして教学刷新の目的を達するのに適当な人物を選び、文部省に合議して決定する」準必修科目だった。

「講義終了後には、講義の速記録だけでなく、講義名及び演題、講義要旨聴講生徒数並びに出席率、生徒に与えた影響などを速やかに思想局長宛てに報告する」という戦時思想教育の重要教科だった[50]。

金沢医大の一九四一年度「日本文化講義」は、陸軍軍医少将石井四郎を迎えての「大陸に於ける防疫に就いて」であった。

その「講義要旨」によると、「大陸に於ける防疫に就き活動写真映画を併用し、新京ペストの撲滅、南支及中支の防疫と給水マラリヤ細菌運動等につき解説」して、大東亜共栄圏の必要と日米戦争切迫を訴え、「今日の戦争は唯に鐡と火薬と人に依る戦争たるのみならず、あらゆる物質と人とを動員せる国家総力戦であり一億乃至数億を単位とする民族の持久戦であり、而も人的資源が最も大切で人の質がよければ戦はずして勝利あり、之を日本医学百年の昔に顧みるとき軍の要求は科学の一切を挙げて国策に順応せしめ人の質をよくする即ち強兵にあるとなし、予防、治療、防寒、防熱等々長期持久戦に耐え得る途を拓くは日本医学の重大使命なるが故に医学薬学を専攻しつつある本学学生生徒諸氏は現下時局の愈々重大なるを理解体認し、自分達が国家を背負って立ちたるとき如何にすべきか其の使命と責任の重大なるに徴し堅き決意と真剣なる努力を以て科学の研鎖に励み聖戦目的完遂の為各自実力養成に邁進すべしと結論せるものなり」と、延々四時間の大演説をぶったという。石井四郎の医学思想を伝える、数少ない文書記録の一つである。

金沢医大生、付属専門部学生に加え陸軍金沢師団の医部員も聴講し、出席者は六七〇名に及んだと言うが、中国人留学生、台湾・朝鮮からの植民地学生約二〇名は、あらかじめ除外されていた。石井四郎招聘の金沢医大側窓口は、石井の旧制四高同級生で七三一部隊嘱託であった谷友次教授であるが、七三一部隊側の窓口は、谷の直系の教え子である二木秀雄であった。その公式の連絡記録も、金沢大学「文化講義関係書類」中に残さ

50　古畑徹「七三一部隊長・石井四郎の日本文化講義　金沢大学医学部所蔵金沢医科大学資料から」北陸史学会『北陸史学』五一号、二〇〇二年、藺昭三「十五年戦争中の政府の『科学動員』政策と『官立金澤医科大学』」15年戦争と日本の医学医療研究会編『戦争・731と大学・医科大学』文理閣、二〇一六年。

れていた。

ただし、二木秀雄の一九四一年四月時点での肩書きは「東京牛込区　陸軍軍医学校防疫研究室　陸軍技師二木秀雄」であり、講師の石井四郎も「陸軍軍医学校教官兼関東軍石井部隊長　陸軍軍医少将　石井四郎」となっている。満洲七三一部隊（関東軍防疫給水部）に勤務する二木が一時的に東京の陸軍軍医学校に所属していたとも、文部省に配慮して二人とも陸軍軍医学校という教育機関名を用いたとも考えられるが、この点は不明である。[51]

陸軍七三一部隊における「軍医」と「技師」

一九四一年の二木秀雄の肩書きである「陸軍技師」は、わかりにくい。軍人・武官である軍医とは異なる文官系列の職位で、帝国陸軍では「軍属」にあたる。軍属は、傭人、雇員、判任官、高等官（及び嘱託）から成るが、技師は、最高位の高等文官で武官の将校相当、判任官である技手は下士官相当とされる。

帝国陸軍全体では、一九三七年の時点で「高等文官である技師は二四五人、判任文官である技手が一〇七九人で、両者をあわせると一三二四人となり、文官総数（待遇を含む）二七六六人の約四八％を占めており、文官の中では技術系が最大の勢力であった」「上級の職階である高等文官に限ってみても、技師が二四五人なのに対して、教授一七四人、法務官八二人で、高等文官総数五三九人の約四五％を技術系文官が占めている」という。[52]技師・二木秀雄も、最初は少尉待遇で、敗戦時は中佐級であった。

この点を、西山勝夫『戦争と医学』は、「七三一部隊（ハルビン）には、『陸軍技師』という身分での研究者

51　古畑徹前掲論文及び古畑「731部隊と金沢」金沢大学大学教育開放センター、二〇〇六年一二月一六日、参照。

52　氏家康裕「旧日本軍における文官等の任用について――判任文官を中心に」『防衛研究所紀要』八巻二号、二〇〇六年二月、七四頁。

がいた。田部井和、湊正男、岡本耕造、石川太刀雄丸、笠原四郎、吉村寿人、秋元寿恵夫、二木秀雄等である。これらの研究者は京都大学医学部細菌学教室・生理学教室・病理学教室、東京大学伝染病研究所、慶応大学医学部細菌学教室、金沢医科大学細菌学教室、等々の研究室の出身である。このように七三一部隊での研究には幾つかの大学、研究機関から派遣された医学者が直接関与していた」と、当時の医学界と軍部との癒着の構造の中に位置づける。[53] 戦後は、技師は軍属として大学に戻れたが、教育民主化のなかで軍医は研究室に戻ることは難しく、開業医やミドリ十字など民間に就職していった例が多いという。

谷友次が就いていた「嘱託研究員」もその構造の中にある。石井四郎の京大の恩師である清野謙次、戸田正三、正路倫之助、木村廉、東大の緒方富雄、田宮猛雄、小島三郎、細谷省吾、宮川米次、柳沢謙、慶応大の小林六造ら、当時の日本医学界の中心メンバーは、陸軍軍医学校防疫研究室や防疫関係各部隊の「嘱託」として弟子たちを七三一部隊に送り込み、また自身も視察や「委託研究」の名目で満州ほか「外地」にでかけ、細菌戦や人体実験についても知悉していたに違いない。

しばしば引かれる「清野謙次御通夜回想座談会」での石井四郎の晩年の発言、「ハルビンに大きな、まあ丸ビルの十四倍半ある研究所を作って頂きまして、それで中に電車もあり、飛行機も、一切のオール綜合大学の研究所が出来まして、ここで真剣に研究をしたのであります。その時に〔清野〕先生が一番力を入れてくれたのが人的要素であります。各大学から一番優秀なプロフェッサー候補者を集めて頂いたのが、ここに沢山御列席になる石川〔太刀雄〕教授、それから東北大学の岡本〔耕造〕教授その外十数名の教授連でございます。そうして〔清野〕先生が、鶴見〔祐輔〕先生と一緒でございましたと思いますが、研究室を御覧になりまして、これはどうしても国家的のものにして育てねばならんというので、非常に力を入れて頂いたのであります」とは、

53　西山勝夫『戦争と医学』文理閣、二〇一四年、一二三頁。

当時の日本医学界の精鋭を結集した七三一部隊の研究成果についての、反省なき自信と自負であった[54]。石井四郎が夢見たのは、東大・京大以上の植民地医学研究機関であり、「大東亜共栄圏」医学のネットワークであった。

一九四一年四月、京都大学での石井四郎講演

西山勝夫は、石井四郎の金沢医大「日本文化講義」が一九四一年四月であったことを手がかりに、京都大学側の記録で石井四郎の京大訪問を発掘した。太平洋戦争開戦半年前の石井四郎の本土講演旅行は、医学を志す学生・生徒たちを、戦時研究に総動員するためのものだった。

京都帝国大学医学部同窓会誌〔『芝蘭会雑誌』一九四一年五月号〕は、石井四郎の一九四一年京都大学訪問を「本学が生んだ巨人、学を以て国を護る熱血の人、石井四郎陸軍々医少将閣下は、四月十九日午前五時五十九分入洛、故渡邊助教授の遺族に部隊長としての誠心あふれる弔慰を捧げた後、翌二十日懐かしの母校に卒業後二十一年ぶりに来学、堂々たる体軀に親愛の情を罩めて、日曜にもかゝはらず、内科講堂を立錐の余地なきまでに埋めた学生・生徒・職員は勿論、小川学部長、松本教授以下の各教授を前に、諄々として熱烈に、日本の進むべき道、医学の行くべき道、京大学風の趨くべき道を説くのであった」と絶賛している。

日野原重明（現聖路加病院理事長）は「……私が京都大学の医局や院で学んでいた時のことです。大学の先輩で、ハルピン市の特殊部隊に所属していた石井四郎軍医中将が、現地での捕虜待遇の様子を収めた

54　一九五六年九月三日、天野重安編『故清野謙次先生記念論文集　第三輯　随筆遺稿』非売品、一九五六年、六五八頁。

写真フィルムを持って母校を訪れました。……捕虜兵の生体実験が映っていました。腸チフス、ペスト、コレラなど、伝染病の病原体を感染させてから死亡するまでを観察したものでした。見るに耐えられない行動を映した映像の記憶に、今でも鳥肌がたちます。……」と書いている［日野原「開戦日を風化させるな」『朝日新聞』二〇〇五年一二月一〇日］。

官立金澤医科大学（現金沢大学医学部）の記録によれば、石井軍医少将は京都から列車で将校〇《（ママ）》名と映写技術官四名を連れて一九四一年四月二一日に金澤医科大学を訪れ、学生（当時「朝鮮」「台湾」から留学していた数名の学生には出席を禁止）と教官を前にして「大陸に於ける防疫に就いて」と云う演題で講演、映画上映をしている。京都大学での講演の翌日に当たるので、おそらくその内容は京都大学と同じであったと考えられる。

一九四一年、京都大学医学部に結核研究部が作られ、夏休みの二ヵ月間、福井県勝山町（今は勝山市）の保健所を中心に調査活動を行った。一九四二年九月、勝山調査当時の卒業生が「アカ」として検挙投獄され、結核研究部活動を社会主義実現のための予備活動だとして、治安維持法違反として取り調べられた。

……

一九四五年に京大医学部に入学した中川米造（大阪大学名誉教授・滋賀医科大学元教授）は、当時「医科は兵科でなければならない、つまり人を殺すことを考えるところでなければならないと説く人もいました。七三一部隊の基地のようでした。」と述べている。[55]

二木秀雄は、この石井四郎の一時帰国の講演旅行にハルビンから同行し、「内地」の医学界の重鎮や第一線

55 西山、前掲書、一二七―一二八頁。『京都大学病理学教室百年史』二〇〇八年、参照。

研究者とも知り合ったであろう。それが七三一部隊総務部企画課の仕事であったかどうかは確認できないが、莇昭三の調査によると、東北帝国大学医学部教授・大里俊吾が、一九四〇年一一月に石井四郎から「満州見学旅行」に招待された際は、新京での送迎からハルビン平房での案内まで二木秀雄が担当して、大里に「加茂部隊嘱託の辞令」が付与されていた[56]。

二木秀雄は、石井四郎からその実務能力、諜報・広報能力を認められて、側近の一人になった。敗戦直後の金沢での仮本部設営は、その延長上にあった。

二木秀雄の人体実験その1　安達実験場での大量殺人

二木秀雄の人体実験と細菌戦への直接的関与については、複数以上の記録と証言が残されている。先述したように、そもそも二木秀雄が七三一部隊総務部企画課長であったことが、細菌戦作戦への直接的参画を意味している。

一九四九年末の旧ソ連ハバロフスク裁判では、七三一部隊教育部長だった被告・西俊英軍医中佐が、一九四五年一月安達でのガス壊疽菌感染の人体実験を、二木秀雄が指導し実行したと、具体的に証言している。

第七三一部隊長の命令で、一九四五年一月私は安達駅に赴きました。ここで私は第二部長碇〔常重〕と二木〔秀雄〕研究員の指導下に、ガス壊疽菌による感染実験が如何に行われていたかを見ました。此の為に囚人が一〇人使用されました。此等の人々は柱に面と向って縛りつけられ、相互の間隔は五乃至一〇メートルでした。囚人の頭は鉄帽で、胴体は楯で夫々覆われていました。身体を全部覆い隠され、只臀部

56　莇昭三「一医学者の『加茂部隊』（七三一部隊）見学記」前掲『戦争・731と大学・医科大学』一二四―一二七頁。

だけが露出されていました。感染の為に約一〇〇メートルの所で電流によって榴散爆弾が爆発せしめられました。一〇人共全部露出部分に負傷しました。此の実験が終了した後一〇人共、特別の自動車に乗せられ、再び平房駅の監獄へ運ばれました。後に至って、私は碇及び二木研究員に、結果について質問しました所、彼等は、一〇人全部負傷し、ガス壊疽に感染されて死亡したと語りました。[57]

右の西俊英供述を元に、起訴状では、以下のように要約された。犠牲となった捕虜が中国人とされており、この時点の二木は第二部（実施研究）部員とされているが、これは、先に引いた中国・瀋陽裁判での榊原秀夫証言「第一部の二木技師も第二部に兼勤して居りました」と合致する。[58]

一九四五年一月、私〔西〕の立会いの下に、第七三一部隊安達実験場に於て、同部隊の第二部長碇中佐及び同部員二木技師により、中国捕虜十名に対する瓦斯脱疽の感染実験が実施された。中国人捕虜は、一〇名共一〇―二〇米置きに柱に縛り付けられ、その後電流によって爆弾が爆破された。其の結果、一〇名共、ガス脱疽を以て汚染せる榴霰弾により負傷し、一週間後悶死した。[59]

このハバロフスク裁判記録に、人体実験実行者として二木秀雄の名が出たために、それが日本で公表された一九五〇年当時、右派大衆時局雑誌『政界ジープ』社長で日本ブラッドバンク社設立を準備していた二木は、

57 『公判書類』三五五頁。
58 滝谷、前掲書。
59 『公判書類』二一三頁。

ライバルである左派の時局雑誌『真相』佐和慶太郎の標的とされ、顔写真入りで暴露記事を書かれるが、その顛末は第三部で述べる。

二木秀雄の人体実験その2　二木班ガス壊疽菌実験とマルタ管理

安達実験場での人体実験の直前に行われた第一部二木班での人体実験を、七三一部隊総務部調査課翻訳班班長であった秦正氏・軍医中尉は、一九五六年六月瀋陽での中華人民共和国最高人民法院特別軍事法廷に提出された自筆供述調書で、以下のように述べた。

> 一九四四年一二月頃、私はソ連医学の「ガス壊疽治療血清力値測定」ほかガス壊疽の治療にかんする文献約三編を紹介し、第一部の二木〔秀雄〕技師に以下のような残忍な実験をおこなうようそそのかした。すなわち、二木は私が翻訳した文献を基礎資料として、菌の毒力を高める研究をおこなった。一九四四年一二月頃、一名の中国愛国者の大腿前面の局部を切り開き、切り口の一方にガス壊疽菌を接種し、もう一方にガス壊疽菌と土砂の混合物を接種して、二カ所の発病状態を比較する研究をおこなった結果、土砂を混ぜることによってガス壊疽菌の毒力が強まることを確認したのである。被実験者の身体は大きく腫れあがり、壊疽の症状に陥った。このあと外科の切開手術ほかさまざまな「治療」を施した結果、ついにこれを死亡させた。死体は診療部の所〔安夫〕軍医中尉が病理解剖した。[60]

右の秦証言は、西証言に出てくる大規模な実戦向け人体実験の前に、基礎研究段階でも、二木秀雄が中国人

---

60 『証言人体実験』九二頁。

捕虜「マルタ」に生体実験を行っていたことを意味する。また結核班という名目的な分担を越えて、二木秀雄がさまざまな症例での実験に関わっていたことを示唆する。

二木秀雄の人体実験その3　米軍に提供された結核菌実験結果

事実、二木秀雄の猟奇的人体実験データは、戦後占領期の米軍調査団の記録においても、「代表的」で「ぞっとするもの」とされていた。第四次細菌戦調査団ヒル＝ヴィクター報告での二木秀雄インタビュー[61]にもとづいて書かれた、シェルダン・H・ハリス『死の工場』には、次のように述べられている。

二木秀雄博士は、結核についての彼の実験に関して報告するなかで以下のように記している。カルメットバチルス（BCG）を扱った人体実験においては、「すべての実験体が回復をみた」が、ヒト型結核菌を扱った試験においては、「すべての投薬が粟状結核症を引き起こし、一〇・〇ミリグラムおよび一・〇ミリグラム注射された被験者については一か月以内に死にいたり、他の者も重病になり前者より長くは生きたものの、後におそらく死んでいる」。別の実験では、「（薬剤の）注入後直ちに熱を伴った激しい症状が現れ、その後一か月で死に至っている」。

二木は満州の子どもたちを使って実験し、陽性のツベルクリン効果を達成している。彼は、結核病原菌の「オリジナル・ストック」を「自然の状態」から採取した――「病原性は、人体実験材料に感染させることで保存された」。

二木秀雄博士の事件は、結核が細菌戦の戦略としては効果的でないだけに特にぞっとするものである。

61　一九四七年一一月一五日、近藤昭二編『731部隊・細菌戦資料集成』ディスク6。

通常、結核は効いてくるのがゆっくりすぎて、細菌兵器に求められる効果的なインパクトを得ることができなかった。それゆえこれらの実験は、純粋に学問的な目的で、被験者たちの命を犠牲にして行われたと結論づけるのが合理的である。[62]

ヒル報告インタビューの英語原文には、この結核菌人体実験がいつ頃行われたかは書かれていないので、戦争末期のガス壊疽菌実験との関わりは不明である。米軍細菌戦調査団に対して、七三一部隊関係者は「あくまで純粋の学問研究」と主張し、人体実験と細菌戦の実行は否定したうえで、尋問に応じデータを提供して免責を勝ち取った。だが、米軍側も、提供されたデータから人体実験の存在を読み取り、むしろ、それ故に貴重なデータと了解していた。

したがって、二木秀雄の結核班長としての人体実験が、当初から「純粋に学問的な目的」であったかどうかは、疑問が残る。むしろ人体実験までして培養された結核菌が、ペスト菌のような実戦用細菌兵器への汎用性を持たなかったために、流行性出血熱や炭疽菌などへと「研究」領域を広げていったのだろう。

秋元寿恵夫の見た二木班は「悪魔に影を売り渡した男」

この点について、二木秀雄のもとで働いた、二木班班員の証言がある。

戦争末期に東大から七三一部隊に派遣されて第一部第一〇課血清研究班長を勤めた秋元寿恵夫は、その体験を深刻に反省し、戦後は医学界に戻らなかった。その秋元が、七三一部隊に疑問を持ったきっかけは、一九四四年五月に赴任した直後に会った東大医学部の旧友・吉田源治技師から聞いた「部隊の秘密」であった。

62　ハリス、前掲書、一二六—一二七頁。英文では二木はDr. Hideo FUTAGIと表記されている。

「変わり果てた面影」の吉田は、二木班に属していた。「これがあの源さんなのか」という疑問は、「間もなくかれが二木班でどのようなことをやっているのかを知るに及んで、はじめてすべてが残りくまなく解き明かされた」という。二木班の生体実験とは明示的に述べていないが、秋元はそれを「悪魔に影を売り渡した男」になぞらえている[63]。

七三一部隊本部付運輸班の運転手だった越定男は、戦時中の悪夢に悩まされ続けた。「一九四五年八月一五日からさかのぼること一週間前、私たちはマルタを全員殺害し、専門の工兵隊を入れて、監房を爆破した。さらに証拠を残さないために、マルタの骨をあたかも砂でも運ぶように、スコップでカマスに入れ、トラックでスンガリ（松花江）に捨てた。……『七三一の秘密は墓場までもっていけ』といわれて守ってきた三七年間の沈黙は、鉛を背負ったような生活だった」という体験をもとに、森村誠一『悪魔の飽食』出版後、出身地長野県の七三一部隊関係者を訪ね、細菌戦と人体実験の証言を集めるようになった[64]。

その証言者の一人、戦後は農業に従事していた「赤沢さん」は、かつて二木班に属して病理解剖を担当していた。「赤沢さん」は、越の生体実験についての疑問に答えてくれた。

私は加茂部隊第一部、菊池少将指揮のもとの二木班に配属になった。二木班は、結核菌を主とした治療をおもにしていた班であった。しかし、即効性のない結核菌では化学兵器にならない。そこでは他にいろいろな菌を培養し、保持していた。私の任務は、スピロヘータ（梅毒菌）、トリコモナス、狂犬病菌など

63　秋元、前掲書、六二―六四頁。
64　越定男『日の丸は紅い泪に――第七三一部隊告白記』教育史料出版会、一九八三年、九―一〇頁。

を保持することであった。[65]

「赤沢さん」は、クロロホルム注射をした「マルタ」の死亡直後の解剖は認めたが、生体解剖については否定した。しかし聞き手の越定男は、「クロロホルム注射ということは、健康なマルタを強制的に昏睡か死かの半死半生の状態に追いやって、解剖したように思われる。……生体解剖に近いことが行われたことは間違いないように思われた」と記している。[66]

中国人労工が見た奇妙な二木班「馬の血液」の行方

秋元の知った「二木班でどのようなことをやっているのか」については、日本人少年隊員よりもさらに厳しく酷使された、七三一部隊・中国人傭人（労工）の証言がある。ハルビンの七三一部隊研究者・韓暁の集めた中国人労工の証言記録には、「二木班が何故馬を飼育する?」と疑問符付きで、二木秀雄のもとで働いた労工二人の証言が収められている。

その一人である趙官喜の回想で、二木秀雄の「二木班」は「石井班」の隣にあったという（図3の配置図参照）。ただしこの「石井班」は、「石井四郎班」の意味ではない。石井四郎は、七三一部隊の中でも特に重要な班を、信頼できる家族に任せていた。特別班「マルタ」担当の長兄・石井剛男、特別班動物班担当の次兄・石井三男である。左の証言は、「馬の血液」を扱っていたというから、石井三男の動物班のことであろう。[67]

65　同書、一〇五頁。
66　同書、一一五頁。
67　図3の配置図は、前掲『証言人体実験』xvi―xvii頁、より。

図３　関東軍防疫給水部配置図

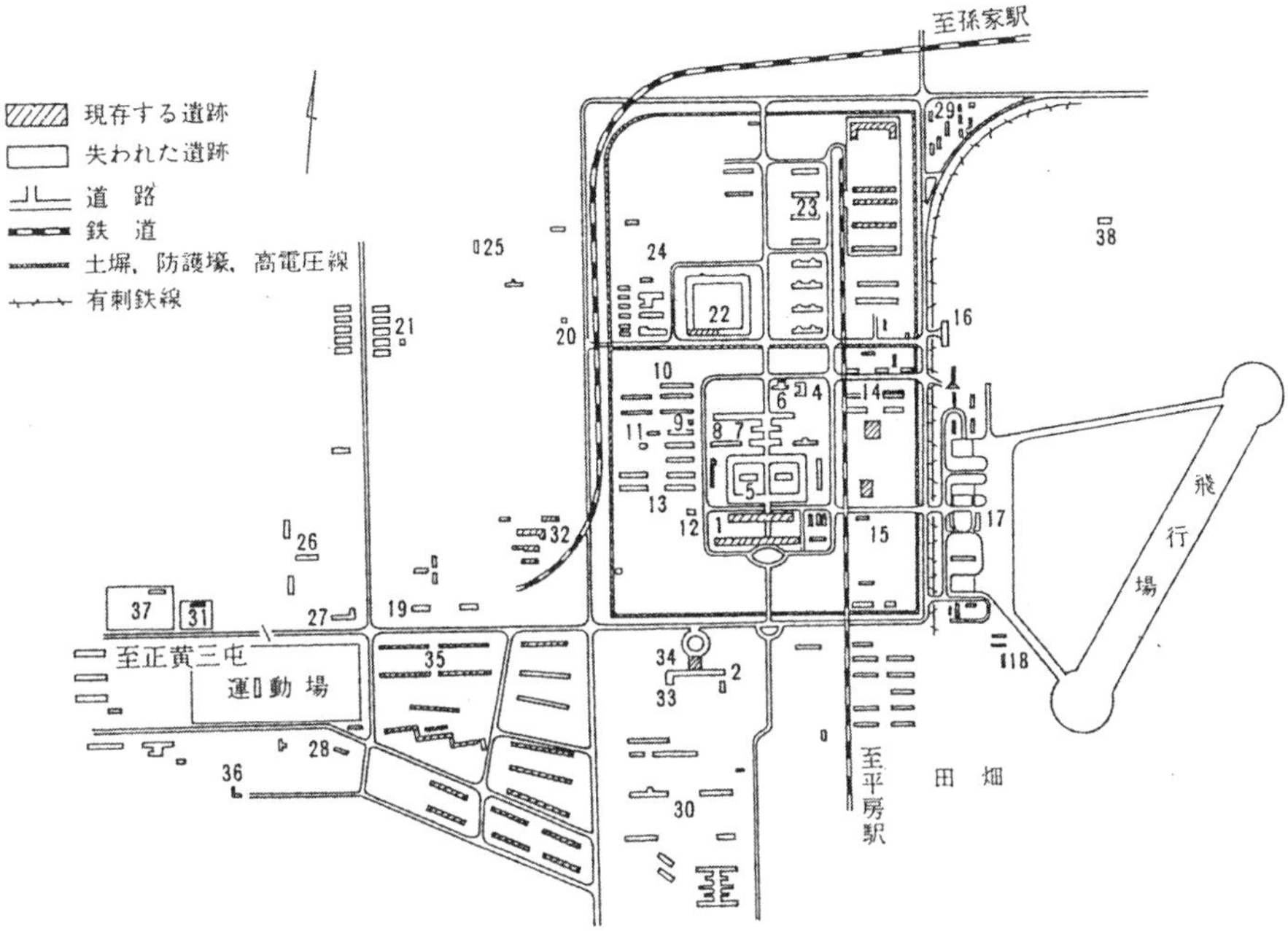

1．731部隊本部
　　1階　総務部，憲兵室，診療部
　　2階　隊長室，総務部
2．1階　郵便電報室
　　2階　教育部実習室
3．田中班昆虫動物飼育室
4．吉田［正しくは吉村］班冷凍実験室
5．特設監獄
6．笠原班（病毒研究）
7．高橋班（ペスト研究）
8．解剖室
9．死体焼却炉
10．石井班（動物飼育室）
11．採血室
12．野口班（リケッチャ研究）
13．二木班（結核研究）
14．山口班（細菌弾装備）
15．アセチレン発生室
16．川上班（人体のワクチンにたいする適応性研究）
17．飛行機格納庫
18．無線班
19．八木班［正しくは八木沢］（植物病毒研究）
20．北崗死体焼却炉
21．北窪地死体焼却炉
22．兵器班
23．第一倉庫
24．第二倉庫
25．倉　庫
26．宿泊所
27．食　堂
28．建設班
29．労働者用小屋
30．少年隊宿舎
31．東郷神社
32．病　院
33．家族宿舎
34．大講堂
35．家族宿舎
36．給電所
37．東郷国民学校
38．毒ガス実験室

私は、石井班で二年仕事をしてから、二木班で馬の飼育にあたった。二木班は石井班の南側にあり、両者はとても近い距離にある。そこには大きな一棟の馬小屋と豚小屋があった。二木班の研究室はその傍にあり平屋だが中はとても清潔だ。二木技師はいつもその中で何かをしているが、中国人には見せないから、外からは何をしているのかわからない。でも、ただ一点、わかっていることは、石井班と同じように馬の血液を採取していることだ。だが石井班と違うのはここでは豚の飼育舎があって豚肉を日本人の食用に供しており、その際、豚の血液は残しておくことだ[68]。

もう一人の二木班労工・干永成の回想は、貧しい中国人労工の病気を救った二木秀雄の美談にも読める。ただし憲兵隊から特移扱で送られた抗日中国人「マルタ」の運命を、七三一部隊に雇われた平房の中国人労工たちもうすうす知っていて、ちょっとした手術でも中国人だから実験台にされ殺されると思っていた事情をも、吐露している。

私は一九四〇年から七三一部隊で労工として働いた。一時期工務班で運送係をしてから、後に二木班で馬の飼育をした。二木班は石井班の南の端にあり、同じように馬を飼育していたが、石井班程数は多くない。僅かに三十頭くらい、世話をする労工も四名で、昼班と夜班の二班交代制であった。二班は一週間に一回組み替え交代する。二木という人は医師で、獣医ではない。瘤、腫れ物の治療などが得意だ。あるとき、腫れ物が出来た労工がいた。当人は金がないので医者に見せられず、我慢して仕事をしていた。死ん

68 韓暁『「七三一部隊」の見聞と証言の記録』、山邉悠喜子訳、ABC企画委員会、二〇一二年、一四六頁。

でも生きても仕方がないと諦めていたのだ。二木はこれを見て、治療してやろうといった。この労工は、日本人が何をするかわからない、実験台になるのではと思ったが金は要らないと言うので、どうせ死ぬのだからと手術に同意した。二木は手術して膿を絞り出し、薬を掛け包帯をしてから休む必要はない、普通に仕事をするようにといった。……一週間ほどですっかり良くなった[69]。

二人の証言を収集し記録した著者・韓暁は、「私が得た情報では、二木班は二木秀雄が主催する結核研究班だと思っているから、主として研究の対象は人間だが、意外にも彼らは馬の飼育をしていたという。何故だろうと疑問を持った。私は何人かの医学防疫関係者から説明を受けて、結核は人畜共通の疾患であると聞いた。だから二木秀雄は馬について強い興味を持っていたと考えられる」としたうえで、馬の血液採取の行方を追った。他の証言からも、馬の血液は「ロ号棟」に運ばれたことがわかった。「ロ号棟」には「マルタ」が運びこまれていた[70]。

これ以上は書かれていないが、二木は「瘤、腫れ物が得意」で、先のヒル報告インタビューと重ねると、石井三兄弟と共に「馬の血液」を使った人体実験も行っていたことが、示唆されている。

二木秀雄は「マルタ」の管理と政治的選別の担当者？

二木秀雄の二木班研究室が「ロ号棟」と隣接していたのは、二木が石井剛男・三男兄弟と共に、憲兵隊や警察から「特移扱」で送られたきた「マルタ」＝中国人・ロシア人・モンゴル人等の「抗日分子」の、最終管理

69　同書、一四六―一四七頁。
70　同書、一四二―一四九頁。

人であったことを意味すると思われる。

森村誠一・下里正樹によって調査された七三一部隊「在田班」は、「マルタ」のX線検査を担当していた。近藤昭二の「七三一部隊編成表」（図2）では、在田勉・衛生中尉の「在田班」は、第一部第三課で「生理、捕虜管理」を行う吉村寿人指揮下のレントゲン班であるが、森村誠一の得た在田班でレントゲン撮影に従事した元隊員の証言では、第一一課の二木班と密接に関係していた。


「丸太」にX線をかける目的は、主として胸部疾患の発見である。各種細菌を用いた生体実験を行う際、胸部疾患者と健康者では、死亡データに微妙な差異が出る。さらに結核菌を用いた二木班の実験では、『純品』の生体こそが望ましい。「丸太」がかなり重体の結核患者ならば、凍傷実験か毒ガス実験しか使い途がない。X線撮影は、実験材料の選別のためにも必要であった。

だがそれだけではない。X線撮影のもう一つの目的は、「丸太」への番号打ち（ナンバリング）であった。百からはじまった「丸太」のX線撮影ナンバーは、そのまま「丸太」の管理番号でもあった。[71]

つまり、二木秀雄は、人体実験の入り口となる「マルタ」管理に直接関係していた。この番号打ち（ナンバリング）は、「抗日分子」の到着順にX線検査をし、機械的に番号をつけるだけだったのであろうか？

陸軍中野学校の諜報活動を学術的に探求してきた山本武利は、アジア歴史資料センター（アジ歴）の「関東軍防疫給水部」関係資料の探索から、七三一部隊に裁判もなく「マルタ」を送り込んだ関東軍憲兵隊・満州国警察の中に、対ソ諜報を担当する中野学校出身者が含まれていることを見出した。

71 森村『新版 続・悪魔の飽食』四三―四四頁。

山本がアジ歴から見つけた資料の中に、防衛省防衛研究所所蔵の「石井部隊」名での「対『ソ』諜報竝に防諜に関する事項」がある。[72] 一九三九年三月二九日付であるが、山本によれば、「医師の、自然科学的目線での皮肉、冷徹なインテリジェンス機関分析は、職業軍人のマンネリ的なインテリジェンス対策を鋭く衝く」もので、執筆者は不明だが、石井四郎隊長や総務部・村上隆軍医少佐（第二部も兼任）の「インテリジェンスへの高い関心度」を示しているという。[73]

二木秀雄が、一九三九年に石井部隊内で対ソ諜報を担当する総務部企画課に属していたか否かはわからない。だが秦正氏証言にあるように、一九四五年には対ソ諜報の責任者だった。「マルタ」の選別・番号付けに、諜報は使われなかっただろうか。「特移扱」の「抗日分子」には、裁判も軍法会議もなかった。二木や石井兄弟

72 JACAR（アジア歴史資料センター）Ref.C13021546000、対「ソ」諜報並に防諜に関する事項（防衛省防衛研究所）」

73 山本武利『日本のインテリジェンス工作』新曜社、二〇一六年、二三一―二三四頁。

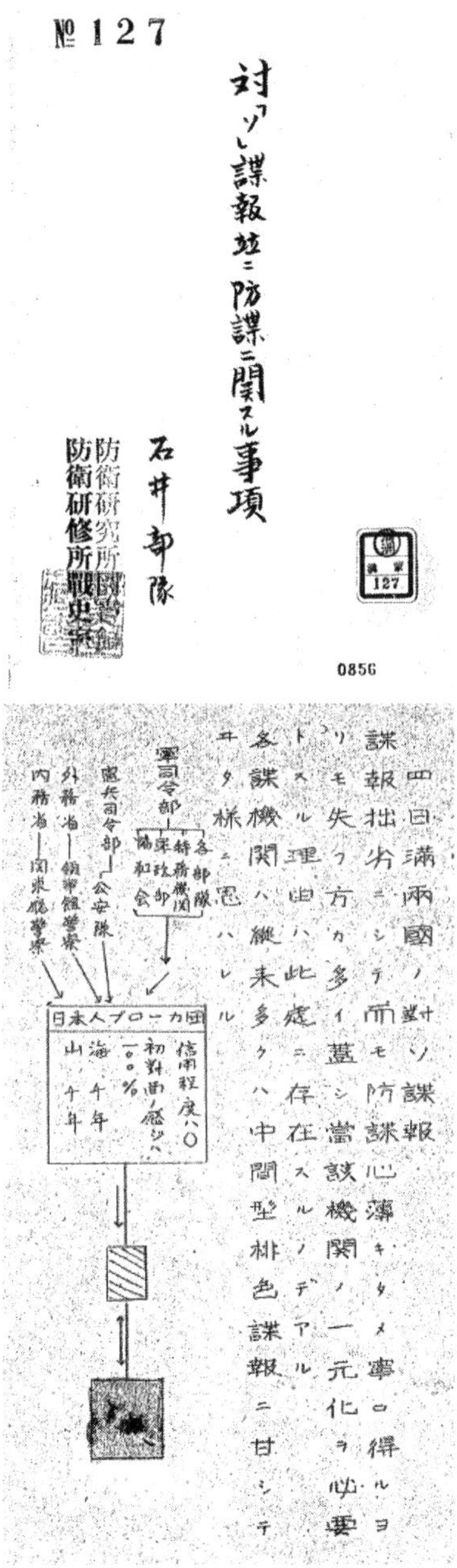

が「マルタ」の人種・性別・年齢・病歴に加えて「ソ連スパイ」「中国共産党員」などを独自に尋問・選別し、凍傷実験・ガス壊疽菌実験・結核菌実験用など「マルタ」の政治的「仕分け」をしていた可能性も、排除できない。

七三一医学の人体実験を追いかけて、しばしば突き当たる医師たちの弁明は、「マルタ」はどうせ死刑になるはずの「抗日分子」なのだから「彼らの生命を最期に人類のために役立てた」という、恐るべき論理と倫理である。二木秀雄も、こうした論理で自らを奮いたてながら、裁判なき死刑執行人の役割を果たしていたのであろう。

二木秀雄の人体実験その4　おぞましい性病感染実験

二木秀雄の人体実験の最もおぞましい事例は、文書記録こそないが、西野留美子が発掘した二木班員による梅毒生体実験、性病感染実験の証言に見られる。もともと梅毒研究で博士号をとり、七三一部隊に採用された二木秀雄が、従軍慰安婦問題と直結する「飽食した悪魔」であったことを、示唆している。

ハバロフスク裁判でも、七三一部隊に送られた「マルタ」の中に、女性や子どもがいたことは知られていた。一九四九年一二月二八日午後の公判で、七三一部隊第一部第一課に勤務した古都証人は、裁判長の「石井部隊の監獄に収容されていた婦人に対して何等かの特殊実験が行われていたか」という問いに対して、「私は此等の実験には参加しませんでしたが、彼女等は、黴毒の予防手段の研究の為に黴毒に感染せしめられました」と証言していた[74]。しかし裁判では、この点がクローズアップされることはなかった。

その女性の具体的扱いについて、西野の得た証言は貴重であった。「長野県のある病院にいる一人の男の方」

74 『公判書類』四六四—四六七頁。

という第一の証言者は、越定男が捜し出した「赤沢さん」と同一人物かもしれない。

七三一部隊についての研究と著作で知られる作家森村誠一氏が結核研究をしていたと書いていた二木氏が指導する結核研究班が、性病研究を行っていたことがわかりました。この事実はハバロフスク裁判の記録で裏付けられています。森村氏は、七三一部隊の元隊員についての調査中、東京にいた二木氏を捜し出しました。彼は健在でしたが、七三一部隊における自分の研究については口を閉ざしたままでその後亡くなりました。

二木氏の死後も調査はさらに続けられ、同じ班の生存者を捜しました。私は地方の記録を調べて、長野県のある病院にいる一人の男の方を捜し出しました。私は彼を訪ねて、ベッドの横で話しました。彼は、さまざまな活動について話しました。そのとき、私は女性を使った実験について尋ねました。彼の態度は変わり、口を閉ざしてそれ以上話そうとしませんでした。……

［翌日］「昨夜いろいろ考えました。私はこの話を地獄にもって行くつもりでしたが、この世に置いて行くことにしました」といって涙をどっと滝のようにながしました。彼は、女性六人の生体解剖を行いました。彼は中国人女性を使った実験については話そうとしませんでした。生体解剖では麻酔薬としてクロロホルムを使うこともあったし、麻酔薬を使わないこともありました、解剖台の上で目覚めて起き上がり、「私を殺してもかまいませんが、どうぞ子供だけは殺さないでください」と叫びました。「解剖にあたっていたのは四―五人でした。私たちは彼女を取り押さえ、再び麻酔をかけて解剖を続けました。」……

私は、一時期二木班にいたという人を捜し出しました。石井の副官兼専属運転手をつとめた彼［越定男か?］は、次のように話しました。「当初、私たちは注射で女性に梅毒を感染させましたが、この方法では現実に即した実験結果は得られず、病歴を調査しても有益な結果は得られません。したがって、性交渉を通じて感染させることにしました。七三一部隊が性病を研究していた理由は、日本軍が慰安婦を使っていたからです。私たちはこの病気の発症メカニズムを研究して日本兵の性交渉感染を防ごうとしたのです」[75]

七三一部隊と従軍慰安婦の接点にいた二木秀雄

右の告白だけでも十分衝撃的だが、西野はさらに、従軍慰安婦と二木班の性病実験との関連を、二人目の証言者から聞き出す。

当時、性病治療法はきわめて限られており、注射が主な方法でした。性病にかかった日本兵は昇進の対象から外されるだけでなく、降等され、治療中営倉に留置されることもありました。したがって、性病に感染した大勢の兵士たちは、他人に知らせずひそかに治療していました。性病は軍隊内部で深刻な問題になりました。……盧溝橋事件と南京大虐殺は、昭和一二年に起きました。これらの事件の間（五カ月間）にロシア人女性に対する強姦は告発があったものだけで、二万件に達したと記録されています。さまざまな階級の軍人のなかでの性病の蔓延の結果、軍紀と軍の効率が脅かされ、［関東軍］司令部は七三一部隊がこの問題を解決するよう期待しました。

性病感染に注射を使用するのをやめ、研究者たちは捕虜を強制して性行為を行わせました。白い実験衣で身を包み、眼と口だけを露出した隊員四―五人が実験を行いました。どちらかが梅毒にかかった男女を小部屋に入れてセックスを強制し、抵抗する者は射殺しました。健康な者が性病に感染すると、その経過

75　西野留美子「七三一部隊と慰安婦」、ハル・ゴールド、前掲書、一八一―一八二頁。

を丹念に観察して、一週後、三週後、一カ月後における病気の進行状態を確認します。研究者は性器の状態など外部兆候を観察するだけでなく、生体解剖を行ってさまざまな内部器官の病気がどの段階に達しているかを検査しました。[76]

この七三一部隊と従軍慰安婦問題の重要な接点は、文書資料の乏しさもあり、これまでのところ、大きな論点とはなっていない。しかし、二木秀雄を追いかけて行くと、これらの証言は、きわめて信憑性が高いと納得できる。「梅毒研究の世界的権威」谷友次教授の勧めで、二木秀雄が石井四郎のもとに派遣されたのは、南京事件の直後の一九三八年だった。二木の金沢医大での梅毒研究は、予防法・治療法を求める実践的な研究であったから、関東軍の七三一部隊への要請にピッタリだった。

七三一部隊性病担当から戦後若者への性教育者へ

中国・瀋陽裁判での田村良雄自筆供述書（一九五四年九月三〇日）には、七三一部隊の編成について「二木班、責任者は陸軍技師、二木。性病研究」という記述が見られる。[77]同じく秦正氏自筆供述書（一九五四年一〇月五日）には、本部の総務部企画課について「一九四五年七月下旬に新設され、部隊の各種陰謀活動を策定した。中佐級技師の二木（第一部二木班班長を兼任）以下数名。情報班は約三名で、情報の収集にあたった」とあるから、[78]当初の二木班が結核を扱ったのは事実であるにしても、二木秀雄は、七三一部隊の悪行の中で

76　同書、一八二―一八三頁。
77　前掲『証言人体実験』一七頁。
78　同書、七頁。

も最も醜悪な汚れ仕事を担い、細菌戦のインテリジェンスに関わる仕事をも、引き受けていたのだろう。

西野留美子は、この七三一部隊の奥深い罪行を追いかけ、現代日本の女子高校生を読者に想定した『七三一部隊のはなし――十代のあなたへのメッセージ』でも、より詳しく「梅毒の人体実験」と『「女」マルタ』についての証言を紹介している。その中に、監獄内での出産、白人女性の「マルタ」と共に、「解剖は、だれでもできるわけじゃありませんよ」、二木班における性病生体解剖は「高等官の技師」だけができた、という証言がでてくる。[79] 梅毒研究の専門家にして高等官の陸軍技師、二木秀雄は、間違いなく梅毒生体解剖、強制性病感染に直接携わっていた。

これらをもとに、医師である山口研一郎は、二木秀雄の犯罪を断罪する。究極の人体実験であり、戦後の二木秀雄の製薬資本とのつながりも示唆している。

七三一部隊における二木（秀雄）班は関東軍に蔓延していた結核の研究を中心とし、また梅毒も研究していたと考えられる。特に梅毒については、収容された女性を使い、性病に罹患した異性との性交や梅毒スピロヘータの注射により故意に感染を生じさせた。その後、症状の経過を観察し、また妊娠・出産させて、子供への感染の有無を確かめた。七三一部隊へは当時大正製薬より莫大な寄付金が投じられており、その見返りとして、サルバルサン六〇六号という梅毒治療薬の製造権が同製薬に与えられた。同製薬は、戦後もサルバルサンを製造し続け、主要医薬品メーカーへと成長した。[80]

79　西野瑠美子『七三一部隊のはなし――十代のあなたへのメッセージ』明石書店、一九九四年、一一一頁。
80　山口研一郎「医学の歴史的犯罪――戦争における医学の動員」『三田学会雑誌』九四巻四号、二〇〇二年一月、一四二頁。

こういう人物が、一九四九年には、浅草松屋で厚生省・文部省・労働省・東京都に日教組まで後援に加え、「明治の毒婦」高橋お伝の局部標本を展示した「若き人々におくる性生活展」を開催し、戦後の性教育の先駆者、性道徳の提唱者となる。

もっともその呪いであろうか、これらの舞台となった七三一部隊跡地では、敗戦時にほとんどの建物が壊滅的に爆破され証拠隠滅が進められたにもかかわらず、なぜか本部大楼西側で石井班の隣であったという二木班の研究室跡は、「侵華日軍第七三一部隊罪証陳列館」にコンクリートの骨格が残され、世界遺産登録の対象の一つとなっている。この意味でも、七三一部隊二木秀雄の亡霊は、生き続けているのである。

三　関東軍七三一部隊の敗戦と証拠隠滅

国策・国体護持のための証拠隠滅作戦

一九四五年八月、日本の敗戦は決定的になった。八月六日の広島に続いて、九日には長崎に原爆が投下された。同じ日、ソ連軍は満州国との国境を越えて参戦した。八月一四日にポツダム宣言受諾、「内地」では一五日に昭和天皇の玉音放送で「終戦」とされたが、旧満州では、八月二九日の最終的停戦まで戦争が続いた。機械化された大戦力で進撃するソ連軍に対して、関東軍に抵抗の余力はなく、多くの軍人・軍属が捕虜となってソ連に移送された。いわゆるシベリア抑留である。

関東軍七三一部隊は、もともとソ連との戦争を想定して細菌戦研究・実験を進めてきた。しかし実際には、ソ連軍との戦闘が開始されて真っ先に敗走したのが七三一部隊関係者であった。それは、石井四郎と七三一部隊の独断ではなく、関東軍の命令によってでもなく、「内地」の参謀本部からの特別の指令によるものである。

七三一部隊は、石井四郎の発案とはいえ、日本帝国陸軍の正規の部隊だった。

石井四郎は、京大医学部出身で陸軍軍医となり、一九二八―三〇年に欧米留学後、一九三二年八月の陸軍軍医学校防疫部の発足に加わる。日本兵の健康管理・感染予防というよりも、一九二五年のジュネーブ議定書で使用が禁止されたが開発・生産は許されていた生物兵器を、欧米諸国が研究・開発しているのを視察して、資源に乏しい日本でも準備すべきだと説得し、軍医学校の小泉親彦や陸軍省統制派の永田鉄山らの支持を得て、陸軍軍医学校防疫部を開設した。傀儡国家満州国の建国時で、関東軍作戦参謀の石原莞爾の指揮下にハルビン近郊背陰河に「東郷部隊」ないし「加茂部隊」とよばれる非公式部隊をつくり、人体実験も認められていた。

一九三六年の関東軍参謀長板垣征四郎中将の「在満兵備充実に関する意見」に「細菌戦対策の研究機関」が組み込まれ、天皇の命令である五月三〇日軍令陸甲第七号によって、東郷部隊を母体とした関東軍防疫部（部長石井四郎二等軍医正）が、一九三六年八月、正式に発足した。つまり、「天皇の軍隊」になった。

一九四〇年八月に関東軍防疫給水部、四一年関東軍第七三一部隊となるが、ハルビン郊外平房の専用飛行場・鉄道引込線までもつ広大な本部のほか、牡丹江（六四三部隊）、林口（一六二部隊）、孫呉（六七三部隊）、海拉爾（五四三部隊）の支部、大連出張所（三一九部隊）を持つ三〇〇〇人以上の大部隊となり、関東軍軍馬防疫廠（第一〇〇部隊、若松部隊）と共に、東京の陸軍参謀本部・陸軍軍医学校とつながっていた。

防疫給水部隊としては、北京の北支那派遣軍・甲一八五五部隊、南京の中支那派遣軍・栄一六四四部隊、広東の南支那派遣軍・波八六〇四部隊、シンガポールの南方軍・岡九四二〇部隊、毒ガス戦の関東軍化学部（満州五一六部隊）、それに内地の陸軍登戸研究所や陸軍中野学校ともネットワークを成していた（本書四九頁図1参照）。現在、アジア歴史資料センターの防衛省防衛研究所所蔵「陸軍北方部隊略歴（その1）関東直轄部隊／分割3」中に、一九六三年三月二日に厚生省援護局が作成した以下の「関東軍防疫給水部略歴」が掲げられている。戦後に作られたものであるが、日本政府にとっての七三一部隊の生成から崩壊にいたる唯一の公式公表記録であるので、以下に写真版で掲げておこう。[81]

81　森村『「悪魔の飽食」ノート』巻末二三〇―二三五頁に、資料として解読・掲載されたことがある。「JACAR Ref.C12122425300、陸軍北方部隊略歴（その1）関東直轄部隊（一頁―一八〇頁）第一方面軍（一九一頁―四二〇頁）（防衛軍防衛研究所）」

関東軍防疫給水部略歴

関東軍防疫給水部略歴

（関東軍防疫部）

通称号　徳第二五二〇一、二五二〇二、二五二〇三、二五二〇四、二五二〇五、二五二〇六、八七四七部隊
満第六五九、六四三、一六一、五四三、六七三、三一九部隊

年月日	略歴	摘要
	関東軍直轄部隊として部隊長以下全員軍医薬剤官及び衛生下士官兵をもつて編成し各部隊の防疫給水及細菌の研究予防等の業務に従事す。（昭二、一二、以前については省略）	
昭11 12 5	第二次編成改正完結。（哈爾浜）	
昭12 6 14	昭和十二年軍令陸甲第三号及び同四号により満州駐屯陸軍部隊編成及び編成改正下令。	
8 8	編成改正完結。（哈爾浜）	
12 12	第二次編成改正完結。	
昭13 3 13	第三次編成改正完結。	
8 5	昭和十二年軍令陸甲第四号に基く第四次編成改正完結。	
12 12	第五次編成完結。（哈爾浜）	
昭14 3 11	昭和十二年軍令陸甲第四号に基く第六次編成改正完結。	
6 20	関後令第一三一六号により関東軍第二防疫給水班編成下令。	
6 22	編成完結。（哈爾浜）	

1616

57の2

年	月	日	事項
自	6	23	部長以下一部「ノモンハン」事件に参加。
至	10	上	
	8	6	陸満機密第四号により編成改正完結。
	12	7	陸満機密第一四号により編成改正完結。
昭15	7	10	軍令陸甲第一四号により関東軍防疫部編成改正下令。
	8	1	関東軍防疫給水部と称号変更。
	8	22	「ハルピン」において編成改正完結、 左記の編成をもつて、細菌の研究を担任、各部隊の防疫給水、血清、痘症、予防ならびに練成隊において青少年の教育を実施す。 本部「ハルピン」　総務部、第一、二、三、四部 資材部　教育部（練成隊） 診療部 支部　牡丹江、孫呉、林口、大連、海拉爾。
昭20	6	15	関東軍命令により「ペスト」防疫隊を編成大連支部に編入せしむ。 開戦前における本部及び支部の配置の状況次の如し。 本部　「ハルピン」中将　石井四郎　以下約一、三〇〇名 支部　海拉爾　少佐　加藤恒則　約一六五名 牡丹江　少佐　尾上正男　約二〇〇名

1617

57の3

孫呉　中佐　西俊英　以下約一三六名
林口　少佐　榊原秀夫　以下約二二四名
大連　技師　安東洪次　以下約二五〇名

8・9
本部は開戦と共に北朝鮮方面に移動すべく南下開始、孫呉支部は第一二三師団の北孫呉陣地に入る。
同日、海拉爾支部は夕刻全員自動車にて開嶺に向つて出発、女子軍属は「チチハル」に避難せしめる。

8・10
林口支部は二〇名を残置林口出発八月一三日七星に到着。
牡丹江支部は掖河に前進し愛河の線にある部隊の防疫給水に任じ同日「ソ」軍の進出により拉古に後退次いで横道河子に後退す。

8・15
停戦。
停戦に伴ない「ソ」軍により左の如く武装解除されたる後入「ソ」（帰還）す。
一、本部は新京付近を南下中停戦となりその儘南下し釜山より昭和二十年八月二十六日より九月五日にわたり仙崎、萩、米子にそれぞれ上陸復員、主力出発時「ハルピン」残留の人員は双城堡において「ソ」軍に収容されたる後入「ソ」
一、大連支部は停戦後その儘「ソ」軍に利用され中国長春鉄道大連研究所と改称し勤務せしめられたる後一部は邦人に混入一部は安東、「ハルピン」、北支、

1618

山東方面に移送せらる。

一、牡丹江支部は横道河子において（一部離隊者を除く）主力は拉古に移されたる後入「ソ」す。

一、孫呉支部主力は孫呉において武装解除されたる後入「ソ」。

一、海拉爾支部は八月十五日「ブハト」に移動八月十六日同地において武装解除され「チチハル」に移されたる後入「ソ」。

一、林口支部は南下中八月十四日「ソ」軍戦車の攻撃を受け分散一部は一面波及び東京城大部は横道河子において武装解除されたる後入「ソ」。

一、ペスト防疫隊は奉天において武装解除されたる後居留民会所属の病院を開設し二十一年八月国府軍の接収によりその大部は同年帰国す。

部長

中将　石　井　四　郎

1619

天皇の戦争責任につながる国際法違反の細菌戦・人体実験

人体実験を伴う研究にもとづき、具体的な細菌作戦が、一九三九年のノモンハン事件から始まり、四〇年農安、寧派、金華、四一年常徳、四二年浙贛、贛州などで実行されたことは、参謀本部の井本熊男業務日記、金原節三軍医大佐の陸軍省業務日誌摘録などで明らかになっている。サイパン、グアムなど対米作戦でも使用計画があったが実行できなかったことも、大塚文郎軍医大佐備忘録などから解読できる。

これらを検討した歴史学の吉見義明・伊香俊哉は、「細菌戦部隊は、天皇と陸軍中央の承認の下に正式に発足し、一九四〇年・一九四一年・一九四二年には大陸指〔参謀総長命令〕にもとづいて中国で細菌戦を実施していたことが確認された。このような作戦は天皇の承認があったとみる方が自然であろう」「日本軍による細菌戦は、明白な戦争犯罪、しかも愚かしい戦争犯罪であった」と結論づけた。[82]

参謀本部で石井部隊との連絡係であった井本熊男は、天皇は細菌戦や毒ガス使用に反対で、東条英機も積極的ではなかったとしつつ、陸軍上層部が七三一部隊の実情を知っていたのは間違いないという。[83]

つまり、敗戦によって七三一部隊の存在と人体実験・細菌戦が明るみに出ると、ジュネーブ議定書違反で関東軍の実行犯が追及されるのみならず、陸軍中央・昭和天皇の戦争責任に波及する可能性があった。

関東軍参謀の七三一部隊担当は、「宮田参謀」と称していた天皇の従兄弟・竹田宮恒徳王であり、天皇の弟・秩父宮、三笠宮も視察にきていた。[84] 沖縄戦や広島・長崎の原爆投下後も日本政府が無条件降伏を渋ったのは、天皇制維持、かの国体護持のためであった。石井四郎と七三一部隊の国際法違反は、国体護持のために、どう

82　吉見義明・伊香俊哉『七三一部隊と天皇・陸軍中央』岩波ブックレット、一九九五年。
83　「インタビュー　井本熊男」共同通信社社会部編『沈黙のファイル』新潮文庫、一九九九年、三五五頁以下。
84　ハリス、前掲書、二二六―二二七頁。

しても隠さなければならなかった。

一九四四年のサイパン島攻撃作戦では、ペスト菌・炭疽菌爆弾を使用する「ホ号」作戦が検討されたが、すでに生産能力も輸送能力もなくなっていた。日本の敗色が濃くなると、一部で最終兵器としての特攻隊風細菌戦が語られる一方で、七三一部隊の静かなる撤退が準備される。四二年七月に北野政次に隊長を譲り、山西省第一軍軍医部長を経て東京の陸軍軍医学校に戻っていた石井四郎が、四五年三月に陸軍軍医中将（軍医の最高位）になって、再び関東軍七三一部隊長に復帰する。

ハバロフスク裁判での西俊英の尋問記録によると、この時石井四郎は、「一九四五年六月から九月にかけて、天下分目の大激戦が予想され、其の時には日本本土へのアメリカの上陸作戦が予測されると述べ、更に吾々も最も綿密にアメリカ及びソヴェト同盟に対する戦争に備えなければならない」と訓示したという。同時に「戦況は悪化しつつある……吾々は、一九四五年春の末或は夏に日本の好転を期して、細菌兵器を含む最後の手段を用いなければならないであろう」と自ら構築した細菌戦部隊を、和平を有利に進める「最後の一撃」に使うことを覚悟していた[85]。

石井四郎は、敗戦もソ連参戦も、早くから予測していた。五月には、同盟国ドイツが無条件降伏した。石井は、ソ連参戦に備えて朝鮮に近い江界への移転を計画し、六月には希望者に家族の内地帰還を促したという[86]。

七三一部隊の対ソ戦インテリジェンス担当・二木秀雄

八月九日のソ連軍の侵攻への七三一部隊の素早い対応、証拠隠滅と内地撤退作戦については、ハバロフスク

85 『公判書類』三五六頁。

86 常石『医学者たちの組織犯罪』三〇頁。西里、前掲書、五四頁。

裁判や瀋陽裁判での被告たちの供述、帰国した少年隊員らの証言で、ある程度知られていた。

その一つ、瀋陽裁判での秦正氏（七三一部隊総務部）の一九五四年九月七日供述には、七三一部隊総務部企画課長として石井四郎のために対ソ対米諜報を担当する、インテリジェンス・オフィサー二木秀雄が登場する。

一九四五年五月から七月下旬までの三カ月間に、私は調査課長の命令によって、翻訳業務のほか、情報活動もあわせておこなった。翻訳班の中に短波無線ラジオを設置し、海外情報を聞いた。また、米軍の日本語による日本向け放送も聞いた。その内容は沖縄島の戦況や、日本海軍の敗戦状況、日本兵への降伏勧告などであった。このほか、特務機関から海外情報やソ連の国内・国境情報を写してきて、課長に伝えた。一九四五年七月下旬、総務部内に企画課が新設され、私は同課へ異動になった。一九四五年八月九日から一三日までの五日間、企画課長である二木技師の命令により、ソ連の進軍状況、日本の無条件降伏の海外ニュースを課長に伝えた。

一．ソ連軍との開戦のさい、石井は部隊に指示して吉林省の山の中に退却させ、抵抗の計画を策定した。こうした情況によって、石井四郎は事前に逃亡の準備を整えていた。

重要機材を梱包させ、さらに第一部の吉村班に山地で抗戦する場合の栄養問題を検討させた。……

二．ペスト菌兵器の大規模生産を命じた。このために、石井は部隊員に鼠の捕獲と飼育を命じた。七月下旬には、部隊内で飼育されている鼠が数千匹に達していた。

三．一九四五年六月下旬、まず部隊員の家族の中の老人と子供約二〇〇名を日本に逃がした。

四．日本帝国主義降伏の五日前、私は「日本の無条件降伏はすでに定まった」との情報を示して、部隊が事前に証拠隠滅して逃亡するのを促した。警備班が部隊内において監禁中のソ連と中国の愛国者約三〇名をピストルで射殺し、工兵部隊が建築物をすべて爆破した。

五．書類を焼却し、鼠を始末し、ハルピン市南崗廟街の石井式濾水器製造工場を爆破した。

六、石井四郎は八月一三日、部隊員約二五〇〇名を部隊の引込み線から汽車に乗せて逃走させた。石井本人は飛行機で逃走した[87]。

つまり、七三一部隊は、一方で対ソ決戦に備えた「最後の手段」としての「貧者の核兵器」ペストノミを増産しつつも、他方で敗戦時の証拠隠滅、部隊解体の準備を進めていた。ソ連参戦が八月九日とまでは予測できなかったが、内地でのポツダム宣言受諾の動きをいち早く察知し、八月九―一三日の五日間で、平房本部等爆破・解体、人体実験用「マルタ」殺害、実験動物処分、機密書類焼却、隊員・家族引揚列車手配・調達、石井四郎の飛行機での内地逃亡などを、いち早く済ませた。その後の満州残留日本人の悲劇、シベリア抑留や中国残留孤児の問題を考えると、異例の早さであり、特別扱いである。

その背後に何があったかについては、ジャーナリスト太田昌克による「新妻清一ファイル」の発掘・解読、青木冨貴子による石井四郎自筆「終戦当時メモ」発見によって、かなりのことが明らかになった。

石井四郎が始末しなければならなかった「一二班」

石井四郎の「終戦当時メモ」には、一九四五年八月八日に「一二班の破壊」、九日・一〇日に「関東軍より電報」、一一日「新京に軍司令官当地訪問」とある[88]。

青木冨貴子は、「一二班の破壊」について、「ソ連の一方的な対日宣戦が決まれば、東京の指令をあおぐまでもなく、ただちに平房で一二を数える重要な研究班を破壊する方針が決定していたことをものがたる」と解読

87 『証言人体実験』一九四―一九五頁。
88 青木冨貴子『731――石井四郎と細菌戦部隊の闇を暴く』新潮文庫、二〇〇八年、一六九頁。

している。

ただし、近藤昭二作成の七三一部隊編成表では、第一部（基礎研究担当）の下部組織については、一一課になっており、通常は軍医ないし技師の責任者名を冠した班名でよばれていた。例えば一一課（結核）が「二木班」であったが、それと並んで太田澄の「太田班（脾脱疽）」や貴宝院秋雄の「貴宝院班（天然痘）」があり、第三課（生理、マルタ管理）の凍傷人体実験で悪名高い吉村寿人「吉村班」のもとに、七—八班がおかれている。ハバロフスク裁判や瀋陽裁判の記録でも、時期によって違うし、他の部についてもばらばらで、はっきりしない。

敗戦後、内藤良一、増田知貞、新妻清一を尋問して米軍が作成したサンダース報告の組織図でも、各部長クラスまでで、班編成は問われていない。[89] 瀋陽裁判での田村良雄供述は「研究室」として三〇近い班の名を挙げ[90]、上田弥太郎供述は第四部（培養生産）について「第四部の部長は川島清軍医少将で一二の班があった」という。[91]

したがって、石井メモのいう「一二班」とは、一九四五年八月当時、石井四郎が存在そのものを隠さなければならなかった、一二人の中堅側近幹部の細菌研究・細菌戦実行班と考えるべきだろう。

石井四郎にとって、彼の細菌戦の手足となったこうした中堅幹部こそ、まずは再編成し、隠蔽工作に使わなければならなかった。インテリジェンス担当・二木秀雄は、おそらくその手足の一人に入っていた。素早く帰国し、郷里金沢で帰国者受け入れの任務に就く。

89　常石編訳『標的・イシイ』二八六頁以下。

90　『証言人体実験』一九—二〇頁。

91　同書、二七頁。

参謀本部朝枝繁春の指令――「地球上から永久に抹消せよ」

七三一部隊林口支部長として敗戦を迎えた榊原秀夫・軍医少佐は、「一九四五年八月九日、日ソ開戦の知らせを受けとったのち、支隊の保存していた細菌、動物を、部下に命じて七三一部隊本部へ運ばせた。また二〇〇名ほどの隊員をひきいて、五〇台の車に防疫医柩二組を積んで牡丹江へ向かった。そのほかの設備、器財は、残してきた二五名の隊員に命じて、藁をかぶせ、ガソリンを用意して、焼却の準備を整えさせた。七三一部隊の命令を受けるか緊急事態が発生するかした場合には焼却せよ、と命じたのである。その後、部下らは私の命令を執行しすべてを焼却した」と述べている[92]。

七三一部隊の隠蔽工作は、素早かった。石井四郎の指令は、直ちに林口など各地の支部にも伝わり、「マルタ」四〇〇人の殺害を含む証拠隠滅と撤退が始まった。無論、八月九日・一〇日「関東軍より電報」、「新京に軍司令官当地訪問」の結果である。

この「軍司令官」が参謀本部作戦課の朝枝繁春陸軍中佐であることは、近藤昭二のテレビ・インタビューで自ら語っており、間違いない。石井四郎のメモは「八月一一日」としているが、朝枝の私家版手記『追憶』(一九九八年)は八月一〇日としており、前後の流れからして一〇日であろう。

朝枝はまず、以下の大本営陸軍部命令(大陸命)を伝えたという。日ソ中立条約が破られ、満州まで侵攻されてもなお「ソ連の善意」「将来の帝国」を夢見る倒錯した参謀本部の関東軍への命令で、後のシベリア抑留の悲劇に通じる。

大陸命一三七四号に基づき、関東軍総指令官に対し、その作戦遂行上指示するところ左の如し、

92 『証言人体実験』二〇七―二〇八頁。

1．関東軍総指令官は、米ソ対立抗争の国際情勢を作為するため、なるべくソ連をして、速やかに、朝鮮海峡まで進出せしむる如く作戦を指導すべし。

2．戦後将来の、帝国の復興再建を考慮して、関東軍総司令官はなるべく多くの日本人を、大陸の一角に残置すること。日本人の国籍は、いかようにも変更するも可なり。[93]

そのうえで、朝枝は、新京軍用飛行場に石井四郎を呼び出し、七三一部隊に対する参謀総長の特別の命令を伝えた。「なるべく多くの日本人」を大陸に残そうというのに、七三一部隊だけは、直ちに解散・帰国の命令である。

1．貴部隊は全面的に解消し、部隊員は一刻も早く日本本土に帰国させ、一切の証拠物件は永久にこの地球上から雲散霧消すること、

2．このために［ハルピンの］工兵一個中隊と爆薬五トンを貴部隊に配属するように、既に手配済みにつき、貴部隊の諸設備を爆破すること。

3．建物内のマルタ［捕虜］は、之また電動機で処理した上、貴部隊のボイラーで焼いた上、その灰はすべて松花江［スンガリ］に流しすてること。

4．貴部隊の細菌学の博士号をもった医官五三名は、貴部隊の軍用機で直路日本へ送還すること。その他の職員は、婦女子、子供に至るまで、満鉄で大連にまず輸送の上、内地に送還すること。このため満鉄本社にたいして関東軍交通課長より指令の打電済みであり、平房店駅には大連直通の特急（二五〇〇名

93　西里、前掲書、五二頁。ただし出典は、西里が本人から入手した朝枝繁春手記（私家版）『追憶（五三年前）』一九九八年で、公文書ではない。

輸送可能）が待機させられています。[94]

「徹底爆破焼却、徹底防諜」――集団自決から救った菊池斉の抵抗？

石井の「終戦当時メモ」には、八月一一日の日付で「徹底的爆破焼却、且、徹底防諜を決定す」とある。[95]これを受けて、石井四郎の最後の演説がおこなわれた。「大声をはり上げ眼をつり上げ、つかみかからんほどの形相で……第七三一の秘密はどこまでも守り通してもらいたい。もし、軍事機密を漏らした者がいれば、この石井がどこまでもしゃべった人間を追いかけるぞ」と厳命したと、越定男は証言している。[96]

七三一部隊帰国時の特別列車については、多くの回想・証言がある。西里扶甬子が取材したテレビ用英語ドキュメンタリーには、こう記されている。

> 八月一一日午後三時には、ほとんどの隊員の家族が、部隊の引き込み線から中庭に入っていた無蓋の貨車に乗り込んだ。石井〔四郎の娘〕春海もその中にいた。……
> 八月一三日と一四日には、最後の後始末のために残留する少人数は除いて、全隊員が操車場の広場に集まった。隊員すべてには毒薬の小瓶が配られた。石井は初め支部を含めた全隊員と東郷村に住む全家族に自決を求めたが、この提案は部隊の細菌研究〔第二〕部長であった菊池斉少将の強烈な反対にあった。し

94　青木、前掲書、一七二―一七三頁、なお、米国国立公文書館の米陸軍情報部「朝枝繁春ファイル」には、シベリア抑留やラストボロフ事件につながる関係文書は出てくるが、七三一部隊との関わりはでてこない。

95　青木、前掲書、一七五頁。

96　越、前掲書、一四八―一四九頁。

かし石井からの命令が出なくとも命を絶つ者もいた[97]。

ここに出てくる菊池斉のその後が、わからない。七三一部隊では石井四郎は絶対者で、隊長に抵抗した話はほとんどない。私は、石井四郎の命令に必死で反対し、七三一部隊隊員・家族全体の集団自決を思いとどめさせ、帰国を可能にしたという古参幹部、菊池斉軍医少将に注目した。

越定男の『日の丸は紅い泪に』にも、元二木班員「赤沢さん」の証言として、「隊長は機密漏洩のおそれがあるため、『家族全員を殺せ』といったらしい。菊池閣下が、『私が責任をもって朝鮮まで家族を連れて行き、秘密の洩れぬようにするから、まかしてくれ』と頼み、ことなきを得た」とあるから、実際にあった話だろう[98]。

ただし青木冨貴子は、この「集団自決」の件に懐疑的で、石井四郎の「家族全員を殺せ」は「数多い憶測の類ではないか」という[99]。

これを確かめるために、石井に抵抗したという菊池斉を追ったが、戦後の歩みがわからない。七三一部隊第一部長という要職にあり、四七年にはソ連から米国に対して石井四郎・太田澄と共に尋問要求があり、五月に米国側尋問を三回受けた上で、米国側立ち会いのもとでソ連の二回の尋問に「怯えて」寡黙に応じたという

97　ピーター・ウィリアムズ、デヴィド・ウォーレス著『七三一部隊の生物兵器とアメリカ――バイオテロの系譜』西里扶甬子訳、かもがわ出版、二〇〇三年、六九頁。
98　越、前掲書、一四九頁。高橋龍児編『「関東軍防疫給水部」の不都合な真実』みちのく文庫、二〇一四年、七九頁には、初代房友会幹事長金田康志の同様な証言がでてくる。
99　青木、前掲書、二〇〇頁。

が[100]、その後がよくわからない。

菊池斉の経歴については、岩手県出身、大正一一年東大医学部卒、同年陸軍二等軍医、昭和一五年陸軍軍医大佐、同一六年陸軍軍医大佐・東京第二陸軍病院長、同一七年関東軍防疫給水部（七三一部隊）第一部長、昭和二〇年三月陸軍軍医少将までは分かるのだが、戦後は群馬県渋川に帰国、米軍・ソ連への証言後、開業医になったらしい。栃木県、福岡県で医師という話があるが、一九五八年には東京都調布市で開業医になっていたという。二木秀雄の組織した幹部同窓会「精魂会」の名簿に菊池斉の名はなく、各種医師・医学者名簿にも「医学博士」とあるのみなので、戦争体験を反省して開業医になったのではないかとも考えたが、私の調査では不明である。全員自決には反対意見があり、石井四郎もそれに応じたらしい、とだけ記しておこう。

集団自決をめぐる討論があったかどうかは定かでないが、平房を離れる越定男ら一般隊員の記憶に強く残り、戦後も長く拘束された、旧七三一部隊員の守るべき「三つの掟」とは、次のようなものであった。

一、郷里へ帰ったのちも、七三一に在籍していた事実を秘匿し、軍歴をかくすこと
二、あらゆる公職につかぬこと
三、隊員相互の連絡は厳禁する[101]

「マルタ」四百人は抹殺しても、データと器材は持ち帰る

一度は隊員と家族の生命を地上から抹殺しようと考えたらしい石井四郎は、他方で、細菌戦と人体実験の医

100　青木、前掲書、四一一頁。
101　越、前掲書、一七三頁。

学的データだけは、残そうとした。朝枝繁春特使の「永久にこの地球上からいっさいの証拠物件を隠滅」という指令に対して、石井四郎は一応了解しながら、「最後に一つ質問がある。いっさいがっさい証拠を消してしまえと言うが、世界に誇るべき貴重な学問上の資料を地球上から消すのはまったく惜しい」と抵抗し、朝枝から再度の厳命を受けて引き下がったという。

「徹底的爆破焼却、徹底防諜」を命じた朝枝は、かつて関東軍参謀として七三一部隊を担当し、「七三一部隊がソ連の手中に陥れば、その実態が世界に暴露されて、やがては『天皇戦犯』の大問題がおこり、皇室の根底にもかかわることになりかねない」、問題は「結局、人間モルモットだ」と認識していた[102]。

専用飛行機で飛び回る石井四郎の方も、問題の重要性は、十分認識していた。八月九日から、太田澄総務部長のもとで平房本部の建物破壊、「マルタ」四〇〇人の殺害・焼却、重要書類・機器の隠滅を促しながら、関東軍や中国各地の支部・部隊に同様の指示を確認し、隊員と家族の特別列車による帰国を進めた。

八月一一日に新京から平房に戻ったが、数時間でまた飛び立ち、そのさい長さ二メートルの軍用行李三個を積み込んだという。残留部隊による破壊・証拠隠滅がほぼ完了した八月一四日、再び石井四郎が本部に戻り、残留部隊の一四日逃亡予定を確認、その際、彼にとって重要な病理データ、部隊の資料・器材を秘かに持ち帰ることを指示していた[103]。

石井四郎の「終戦当時メモ」にも、八月一二日「1、工兵爆破、2、焼却、3、抽出持込、4、第一家族出発」とある。貴重資料・器材は、家族の帰国に優先して「抽出持込」された。一三日にも「搬出積込」とあり、参謀本部にも秘匿した秘密資料・資材の国内搬入は、計画的に実行されたのだろう。後にいう「軍隠匿物資」である。

102　太田昌克『731免責の系譜――細菌戦部隊と秘蔵のファイル』日本評論社、一九九九年、三六―三七頁。
103　同前、三九―四〇頁。

石井「終戦当時メモ」には、関東軍関係の「機秘密書類の徹底焼却」のうえ、「資材は全部集結して、内地に隠匿すること」「処置。露水器用心」等とある。石井四郎は、八月一六日「新京停車場貴賓室に徹夜」で四つの車両に分乗した野口梯団、鈴木梯団、柴野梯団、江口梯団の出発を確認、一七日安東、釜山を経て、二六日までには飛行機で東京に戻った。

西里扶甬子の得た七三一部隊パイロット松本正一の証言に従えば、八月二六日からは日本の飛行機は全面飛行禁止になり、二五日に埼玉県・熊谷飛行学校に着陸すると、増田美保少佐が操縦した石井四郎の専用重爆機「呑龍」が置き去りにされていたというから、帰国は二五日であっただろう。[104]

その翌二六日に、石井四郎は、参謀本部で参謀総長梅津美治郎大将、参謀次長河辺虎四郎中将、軍務課荒尾興功大佐と会見した。その会見の「メモ」によると、「科学進攻賛成、科学の負け」「基礎科学をしっかりやること」と言われたうえ、「資材は付近の陸病〔陸軍病院〕へ」とあることから、参謀本部、陸軍軍務局も了解の上で、資材は船で舞鶴に運ばれ、「金沢陸軍病院に収めるという方針が決まった」と、青木冨貴子は解読している。[105]

ただし、青木がインタビューした野口梯団の野口圭一軍医少佐は、直接資材搬送には関わらず、「軍医学校が新潟の競馬場へ疎開していた」が「私は金沢で降りたのです。他の連中は新潟まで行く人もあった」と答えている。[106] 新潟には当時、内藤良一らの陸軍軍医学校防疫給水室が、出張所を設けていた（戦後は内藤良一・金子順一が勤める東芝生物理化学研究所）。

104 西里、前掲書、五九頁。
105 青木、前掲書、一七五頁以下、二〇二頁。
106 同書、一九六頁。

敗戦から占領軍上陸への慌ただしい時期であるから、資材の搬入先は一応金沢とされていたが、現地でどうするかは、八月二六日段階では定まっていなかったのだろう。実際には、金沢陸軍病院倉庫、金沢医科大学倉庫ほか数ヵ所に搬入されたようである。

「金沢の住人の二木に全部お願いした」——野口圭一証言

青木冨貴子の得た野口圭一の証言で重要なのは、七三一部隊撤退の第一梯団が「野口列車」であり、増田知貞以下幹部が乗り込み、帰国者受け入れ体制をつくったという点である。その増田知貞の側近中の側近が、増田と同じく「野口梯団」でいち早く帰国した二木秀雄であった。この同行者証言で、二木秀雄は、八月一六日新京出発、一七日江界、平壌、一八日釜山、釜山から一番船で帰国、下関で受け入れ態勢を作り、八月二五日以前に金沢着と確認できる。金沢は、増田と二木の故郷である。

増田さんと増田さんの側近二〇名から三〇名といっしょにすぐ船をチャーターして、いちばん早く下関に着いたのです。下関に渡って、増田さんの側近の人たちが、まだ釜山にいるたくさんの部隊の受け入れ態勢を準備させたのです。……私［野口］は金沢へ着いて、すぐそばの小さな旅館で待機しておったのです。次の部隊が来るのを待っとった。しかしいつまで経っても来ないのです。私よりちょっと上の二木（軍医［二木秀雄技師］）と二人でおりましたので、金沢の住人の二木に全部お願いして帰ってしまった。二五日か二六日のことです。……

平房を出るときから、最後はどこに集まろうかということになって、京都がいちばん良いのですが、京都は危ない、狙われている。だけど、金沢は爆撃を受けとらんし、石川太刀雄丸もおったでしょう。それで良くわかってるもんだから、金沢へ行こうと。[107]

ここから、二木秀雄の戦後は始まる。いや七三一部隊にとっては「戦後」でさえなく、今日の歴史学で「貫戦史」とよばれる戦時体制の延長上での隠蔽・免責・復権プロセスの始まりとなる。

107 青木、前掲書、一九六頁。

四　再編・継承・隠蔽された七三一部隊

増田軍医大佐の指揮した帰国と金沢仮本部「会報」

こうして七三一部隊平房本部隊員一三〇〇名の大部分は、八月一五日の天皇の玉音放送による降伏確認の前に、満州から姿を消した。一部に逃げ遅れて、後にソ連のハバロフスク裁判や中国・瀋陽の戦犯裁判にかけられる隊員もいるが、おおむね鉄道で安東、平壌、京城経由で朝鮮半島釜山まで移動、そこから船で門司、下関、萩、仙崎、舞鶴などに入港し、郷里や家族のもとに散っていった。

その過程で、いったん存在を抹消された七三一部隊は、日本本土で甦ることが、幹部たちから示された。石井四郎から敗戦処理の撤退作戦を任されたのは、石井の旧制四高、京大医学部の後輩で側近中の側近、撤退時は第三部長だったという増田知貞・軍医大佐であった。「会報」という名で、帰国した隊員に対するマニュアルを作り、八月一四日発の残留部隊が萩に上陸する頃には、帰郷する隊員たちの名簿も作られ、再組織されていた。

会報

一、増田［知貞］大佐は下関漁港ホームに事務室を開設し下関門司の上陸を処理す
二、柴野［金吾］梯団は千［仙］崎に上陸
三、江口［豊潔］梯団は門司に上陸
四、鈴木［穐男］梯団は須佐に上陸
五、海防艦三は門司に上陸せり
六、俸給給料は近く支給の見込なり
七、各、先般提出せる疎開先名簿は各地方別に整理し各二通提出すべし
八、疎開先なき者は金沢に至り増田大佐の指揮を受く
九、将校以下服装を整え威容を損せざる如くすべし
十、家族名簿の件[108]

ここから、敗戦後の満州や中国・朝鮮・南方からの引揚者、ソ連抑留者に比すればはるかにめぐまれた、七三一部隊の戦後が始まる。第七・十項で家族を含む名簿が残され、第六項で給料支払いも見積もられている。その財源も確保されていることが示唆されている。

そして、それらを統括する「仮本部」は、第八項にあるように石川県金沢市におかれた。増田仮本部長の出身地であり、陸軍病院がある。そして、石井四郎の信任厚い石川太刀雄が金沢医大教授であり、本書の主人公・二木秀雄の勝手知ったホームグラウンドである。

108　太田、前掲書、九二―九三頁、カタカナをひらがなに改めた。

詳細な帰国マニュアル、名簿作成で「一時帰休命令・自宅待機」

もっとも私の持つ「会報」の手書き原版は、関東軍防疫給水部教育部の「昭和二十年八月（終戦時）引揚の際の記録　釜山での乗船名簿、山口県萩港に於ける記録」数十頁の中に、綴られている一枚である。本籍地、行先、生年月日、階級、氏名の入った「乗船者名簿　一九九名　西隊」のほか、「昭和二〇年八月二六日から九月一日に至る命令会報」という名で綴られた、手書きの各種命令・指示・連絡文書も入っている。「会報」のすぐ後には、以下の一〇項目「命令」が入っている。

命令

一、各地に於て憲兵は相当厳重なる私物検査を実施しあるに付各部各隊は本日中に厳重なる私物梱包検査を行い本二十六夕迄に報告すべし

二、毛布を以て包装せる梱包は途中開梱検査をさるることあるに付毛布にて梱包することを禁ず

三、配属憲兵が私物梱包検査に立会すべし

四、兵営内下士官以下各人携行範囲は別命す

五、官物の確実なる梱包数量、重量、容積を器材、糧食、被服に区分し本日中に報告すべし

六、私物梱包は丸通に委託発送するに付発送先を明瞭に付すること［抹消］付すべし

七、受取人なき私物梱包は官物と共に金沢に輸送すべし

八、自動貨車は金沢に列車輸送を原則とするも不可能な場合は指揮官を附し陸送すべし

九、柴野梯団に搭載せる官物及私物整理の為左記人員を一一〇〇［一一時］迄にトモエ旅館前に差出し吉村［寿人］技師の指揮を受くらるべし（教育部なし）

一〇、陸軍軍医大尉青木亮外三名

輸送業務処理の為八月二十六日出発下関に至り増田大佐の指示を受くべし
教育部より兵長一名　糧食三食分　軽装　一五〇五［一五時五分?・不鮮明］に出発[109]

ここから日付のない「会報」指令は、一九四五年八月二六日と特定できる。

私物と官物に仕分けた細かい梱包・発送指示があり、憲兵隊の妨害を受けずに輸送する手はずが整えられる。重要なのは私物以外の官物、すなわち七三一部隊の研究・実験器材・データ資料、軍兵站物資が相当な量にのぼり、「自動貨車」＝トラック等も、やはり金沢に搬送することになっていることである。

以下「別令」として「下士官以下の装備」を武器は帯剣のみ、夏冬被服一式、携行食糧（米・塩）七日分、希望者への毛布一枚貸与、等々、ただし「官物兵器」などの荷物は「疎開先に於て厳重に保管」とある。すでに日本敗戦・武装解除命令後なのに、七三一部隊にとって金沢は、あくまで「武器及び官物の疎開先」のようである。

八月二七日「命令」で、各方面ごと列車手配・発車時刻、携行荷物など乗車注意事項、各方面梯団長・指揮官・梱包整理要員・荷物搭載官の氏名、等々が続く。資金は潤沢なようで、「俸給及び旅費」は吉山旅館で支払われ、「俸給の追給及酒保預金は整理つき次第疎開先に送付す」という。

更に「指示」として、各地方方面別梯団・都道府県別の本籍・行先・等級・氏名の名簿、「山口県の者は現地解散とす」以下梯団・都道府県別帰郷経路、「各宿舎に対する謝礼」「宿営地付近の清掃」まで痒い所に手の届くマニュアルが延々と続き、「昭和二〇年八月二九日　一時帰郷（復員?）編成表」がまとめられている。

いくつかの原員表があるが、名簿上は三〇〇名ぐらいであろうか。都道府県別が愛媛、香川、山梨、長野、

109　近藤昭二氏提供。カタカナをひらがなに改めた。

群馬、富山、新潟、福島ぐらいで、東京・大阪・北海道・九州などは欠けている。七三一部隊の釜山からの逃亡船は、八月一七日から約一〇隻といわれるから、すでに別の名簿が出来ていたのだろう。[110]

元少年兵だった隊員たちの手記を集めた溝渕俊美編『平房燃ゆ』（一九九一年）を見ると、多くの隊員は、ここから「一時帰休命令・自宅待機」に入ったと了解した。これが、七三一部隊の「疎開」であった。

陸軍軍務局新妻清一技術中佐の「特殊研究処理要領」

太田昌克は、八月一〇日の参謀本部作戦課・朝枝繁春中佐による河辺虎四郎参謀次長名での石井四郎への「地球上から永久に隠滅」命令は、朝枝へのインタビューにより、ある種の「独断専行」だったという。ただしそれは「皇室の根底にも関わる」国体護持の非常手段であったから、事情をよく知る石井四郎も納得し、すぐさま実行に移した。

太田の発掘した「新妻清一ファイル」によれば、陸軍は、七三一部隊のみならず、国際法違反を問われ天皇の戦争責任につながりそうな、すべての軍事技術研究の痕跡の抹消を命じていた。一九四五年八月一五日、陸軍省軍務局軍事課の名で作成された、新妻清一陸軍中佐執筆の「特殊研究処理要領」は、その緊急処理事項の概要を示している。

技術将校である新妻中佐は、八月六日の広島原爆直後に参謀本部第二部長有末精三中将、日本の原爆計画「ニ号研究」の中心にいた理化学研究所の物理学者・仁科芳雄等と共に「大本営調査団」に加わり原爆の威力を知り「特殊爆弾調査資料」を作成して陸軍省に戻った。その直後に、この「特殊研究処理要領」を作った。

110　西里、前掲書、六〇頁。

特殊研究処理要領　二〇・八・一五　軍事課

一、方針

敵に証拠を得らるる事を不利とする特殊研究は全て証拠を陰滅する如く至急処置す

二、実施要領

1、ふ号、及登戸関係は兵本草刈中佐に要旨を伝達直に処置す（一五日八時三〇分）

2、関東軍、七三一部隊及一〇〇部隊の件関東軍藤井参謀に電話にて連絡処置す（本川参謀不在）

3、糧秣本廠1号は衣糧課主任者（渡辺大尉）に連絡処理せしむ（一五日九時三〇分）

4、医事関係主任者を招置直に要旨を伝達処置、小野寺少佐及小出中佐に連絡す（九、三〇分）

5、獣医関係、関係主任者を招置、直に要旨を伝達す、出江中佐に連絡済（内地は書類のみ）一〇時[111]

B5判の便箋の表と裏に鉛筆で記されたこのメモは、当時の日本国家の存亡に関わると軍幹部が考えた、ジュネーブ議定書違反が疑われる軍事技術開発が列挙されている。

1の「ふ号」とは、登戸の陸軍第九技術研究所で開発が進んでいた風船爆弾で、細菌を積んでアメリカ大陸に飛ばすことが考えられていた。実験用風船二万個が九十九里浜などから飛ばされたが、アメリカまで飛んだのは三百個に満たず、実用に至らなかった。

2の七三一石井部隊は、八月一五日にはすでに平房から退却していたが、新京の関東軍軍馬防疫廠（第一〇〇部隊）でも、若松有次郎獣医少将のもとで、家畜・農産物への細菌戦が研究されていた。

3の糧秣本廠とは、種子島にあった陸軍糧秣本廠で、黒穂菌の研究をしており「ふ」号風船に積むことを画

111　太田、前掲書、一八九頁、カタカナはひらがなに改めた。

策していたという。4・5も七三一部隊・一〇〇部隊に関わる。

風船爆弾への細菌搭載の推進者が陸軍軍医学校防疫研究室の内藤良一軍医中佐で、種子島糧秣本廠の黒穂菌研究の中心が小山栄二大尉であった。

新妻清一と内藤良一は、米軍占領下での七三一部隊隠蔽・免責工作の中心になるが、一九五〇年に、内藤良一と二木秀雄に、七三一部隊への器材納入業者「日本特殊工業」の宮本光一が加わって「日本ブラッドバンク」が創設される。その初代常務取締役になるのが、小山栄二であった。「日本ブラッドバンク」が朝鮮戦争で巨利を得、「ミドリ十字」となって薬害エイズ事件をひきおこす土壌は、戦時陸軍の細菌戦研究とその恥部の隠蔽工作の中で、作られていった。

七三一部隊免責交渉の黒幕──亀井貫一郎

占領期の七三一部隊隠蔽・免責過程には、もう一人、亀井貫一郎という政治家が登場する。一八九二年生まれであるから、石井四郎と同年である。東大法学部から外務省に入り、一九二八年の衆議院第一回普通選挙では社会民衆党から当選し、無産政党右派の衆議院議員となる（当選四回）。一九四〇年に大政翼賛会総務兼企画局東亜部長、四三年五月に「財団法人・聖戦技術協会」を設立し理事長になる。戦後は一九四六年四月に公職追放となるが、聖戦技術協会を「常民生活科学技術協会」と改称して存続した（後に産業経済研究協会）。英語に堪能で国際関係に詳しく、GHQ・G2（チャールズ・ウィロビー少将の率いる参謀二部＝諜報部門）の「特別顧問」であったと自称している。

亀井についての公刊記録は多くはないが、国会図書館憲政資料室に「亀井貫一郎関係文書」一一三一点が所蔵されており、また近藤昭二や青木冨貴子が明らかにしたように、米国国立公文書館の米陸軍情報部「亀井貫一郎ファイル」のほか「石井四郎ファイル」でも、七三一部隊の米軍との免責交渉でのキーパースンの一人として登場する。
その亀井貫一郎から歴史学者伊藤隆らが一九六八年に聞き取りをした記録が、日本近代史料研究会から『亀井貫一郎氏談話速記録』として刊行されている（一九七〇年）。その中の「五十年『ゴム風船』を追って――亀井貫一郎備忘録より」が、自伝風の年譜になっている。その一九四三―四六年の項に、以下の回想がある。

昭和一八年三月　星野（直樹）内閣書記官長の斡旋により、東条首相よりの招きに応じた。その際重ねて、戦争遂行政策を科学技術的に転換することを進言し、その同意を得た。
昭和一八年五月一日　戦争遂行のため、各国の技術情報を蒐集し、我国朝野科学技術者を動員し、その研究により、企画を立案し、大本営に進言するところの内閣技術院、陸海軍省に協力する機関として、「財団法人聖戦技術協会」を設立せらるることとなり、その理事長に就任す。爾後、専ら、新兵器を開発することと、民間産業を軍需産業に調整することと、中小企業を大企業の正しい系列に置くことと、国民の食糧の開発とその保存の技術開発等とに従った。
（イ）液体酸素及びその魔法瓶（協会自ら当る）。
（ロ）ロケットミサイル。その誘導体は東芝の西堀栄三郎氏と住友電気の梶井剛氏（協力）。
（ハ）風船爆弾。関東軍防疫給水部、石井中将部隊の細菌爆弾及び謀略兵器。ANTHRAX（脾脱疽菌）開発（協力）。陸軍登戸研のレーサ［ザ］ー（殺人光線）（連絡）。特に大河内正敏博士と共に、東条総理に進言したるは、理化学研究所の仁科博士、阪大の長岡［半太郎］博士に委嘱して原爆乃至、ドイツV2を開発推進することとなりしも、本件は、
（ニ）理研に研究開発集中のこととせらる。
昭和二〇年一月　ソ連参戦を見通し、ソ連参戦前に終戦の機をつかむべきことを、岡田前総理等に説く。

特に終戦工作は、チャーチルを手がかりとするか、中立友好国、特にスイスを場所として、DULLES機関〔米国戦時情報局OSS欧州局長、アレン・ダレス、戦後のCIA長官〕に接触すべきことを説く。……

昭和二〇年九月　終戦となる。陸軍の委嘱に基き協会として日本陸海軍の開発したる一切の秘密兵器を復元し、米国国防総省担当者に引渡し、研究関係者の戦犯の特免の了解を得る。連合軍総司令部、SCAP、特に米国占領軍総司令部より協会の存続を認められ、会名を「常民技術協会」(Scientific and Technological Assistance for Resuscitation of Common Peoples Living Standard) と改称せしめらる。その理事長たり又、SCAP　G2特別顧問となる。

……

昭和二一年四月〔公職〕追放、大政翼賛会、東亜部長として「大東亜共栄圏の哲学的構造としての東亜共同体の思想の創案者、提唱者、指導者たりしもの」との理由による。SCAP　G2の特別顧問たること支障なしとの通報を受く。元SCAPより追放除外の内達ありたるも内達を固辞したるによる。…〔以後、G2のもとで対ソ対日本共産党の諜報活動、労働組合への反共工作に従事〕[112]。

「聖戦技術」としての風船爆弾、細菌戦、レーザー、原爆

もっとも亀井貫一郎の回想には、誇大妄想・大言壮語の言説が多い。私はかつて、亀井がコミンテルン幹部オットー・クーシネンと天皇制についての共同研究を行ったという記述を「荒唐無稽だがありえないことではない」と断って、コミンテルン側旧ソ連秘密資料と照合して検証を行ったが、歴史的事実としては確認できなかった[113]。

112　『亀井貫一郎氏談話速記録』一九七〇年、二二二―二二三頁。
113　加藤『国境を越えるユートピア』平凡社ライブラリー、二〇〇二年、六二―七〇頁。

その意味で、史実として確定するには注意が必要だが、右の「聖戦技術」の（ハ）は先に見た新妻清一「特殊研究処理要領」の風船爆弾、細菌戦に重なる。そればかりか、戦後に「初歩的」という理由で免責される理研仁科博士等の「ニ号」原爆開発やレーザー光線なども入っている。

亀井貫一郎は、旧津和野藩主亀井伯爵家の一族で、実弟は海軍少将・航空隊指令で「零戦の子」として知られる亀井凱夫、義弟の毛里英於菟は、大蔵省・企画院の革新官僚で戦時物流作戦を担った。科学技術に詳しい三兄弟として知られる。[114]

亀井は、石井四郎と四四年頃に会っており、[115] 新妻清一とは「聖戦技術協会」で緊密な関係にあった。高橋正則による亀井の評伝『回想の亀井貫一郎』（財団法人産業経済研究協会、二〇一〇年）は、一方で亀井「五十年『ゴム風船』を追って」復刻にあたって、先の（ハ）項を「風船爆弾など」と省略して七三一部隊との関係が隠蔽されているが、他方で陸軍省軍務局戦備課の新妻清一らを戦後は銀座の「常民生活科学技術協会」に引き取って、亀井が生活の面倒を見たともいう。新妻は、後に防衛庁技術研究所に入り、ミサイルや核兵器を担当する。

「常民生活科学技術協会」は、その名称からして柳田民俗学や渋沢敬三の関与が連想されるが、民俗学者宮本常一が一九四六―四七年にたびたび出入りし亀井と会っていたことは、『宮本常一　写真・日記集成』（毎日新聞社、二〇〇五年）から確認できる。

渋沢敬三と交流があったこと、G2の日本人エージェントであったことは、青木冨貴子が用いた米国国立公文書館の米陸軍情報部「亀井貫一郎ファイル」にも出てくる。もっともそこで亀井は、〝smooth tongue を持

114　武田頼政『零戦の子』文藝春秋、二〇一四年。
115　常石『医学者たちの組織犯罪』八〇頁、太田、前掲書、九〇頁。

つthe wolf in Sheeps clothing〟＝「口のうまい、羊の皮を被った狼＝偽善者」とも評されている。一九四六年四月には国際検察局（ＩＰＳ）にも尋問されて、大政翼賛会時代の政治活動が問題とされ公職追放になったが、戦犯としての訴追は免がれた。自伝「五十年『ゴム風船』を追って」には、Ｇ２での反共活動と共に、「昭和二六年一〇月　米国大使館情報部及び同文化交換部の、無給特別顧問を引請け、同時にＣＩＡの補佐を約す」と、その後のＣＩＡとの関係も述べられている。

東亜共同体論の「創案者」やＧ２「特別顧問」は誇大であっても、敗戦後は米軍にとりいり、Ｇ２ウィロビー指揮下で暗躍したことは事実である。旧参謀本部の有末精三らと共に、占領初期は米軍の細菌戦対応に関わり、内藤良一と共に七三一部隊米軍尋問の通訳を勤めた。

金沢野間神社「仮本部」の一ヵ月

ソ連の満州侵攻と日本の敗戦からいち早く本土に逃亡した七三一部隊が、一九四五年八月下旬から約一ヵ月、平房に代わる仮本部を置いたのが、石川県金沢市小坂町の野間神社であった。

この点は、戦後五〇年を前に、一九九三年一一月に「いしかわ731部隊展」が開催された際、石井四郎、増田知貞、石川太刀雄、二木秀雄、岡本耕造ら旧制四高卒の幹部たちを輩出し、約五〇人の少年兵等を送り出した石川県の実行委員会によって、『731部隊展の軌跡——いしかわ731部隊展報告集』（一九九四年）にまとめられている。

地元紙『北陸中日新聞』一九九三年八月一三日は、「平和への証言を求めて——731部隊と石川」を連載して、「戦後は金沢に仮本部」「金大とのつながり、医学界ではタブー」と大きく報じた。中心部の金沢城趾からやや離れた同市小坂町の野間神社が、敗戦直後の仮本部であった。神社関係者の「幹部ら二〇人余りがいて、ミシンで軍服を国民服に仕立て、情報収集に出掛けていた。米国の駐留軍が小松に入ってくると聞き、恐れていたようだ」「神社には、全国各地から隊員が出入りした。本部で金品を受けとったらしい」という証言を掲載している[116]。

これを学術的に紹介・検証した古畑徹は、次のようにいう。

本部の逃げた先は、実は金沢なのです。金沢の北のほうの小坂町に野間神社という神社がありますが、そこの境内というか、坂の下のところだと宮司さんは言われていました。九三年の部隊展のときに宮司さんに話を伺いに行ったことがあり、坂の下の駐車場になっているところにテントを張っておられたと聞いています。来たときには、ともかく引き揚げ部隊なので行くところがないから貸してくれというので貸したと。ところがテントの中にはなかなか手に入らない缶詰やいろいろな物資がある。おまけに軍服をミシンで仕立て直し、背広に変えて町へ出ていく。これは気持ちが悪いというので、氏子の方などもいろいろと言って、結局お祭りを口実に出ていってくれと言ったら、どうも仕事のほうが終わったようで、その人たちは出ていかれたと聞いています。話によると、一か月滞在して、大体事務的な後始末をしたので、東京へ移動したということのようです[117]。

『北陸中日新聞』記事にも出てくる七三一部隊本部付運転手だった越定男は、具体的人名を挙げて、より詳しい証言を残している。八月一三日の列車で平房を発ち、一〇日もかけて釜山・舞鶴経由で家族を長野に届け

116　『731部隊展の軌跡――いしかわ731部隊展報告集』一九九四年、一三頁。なお、森村『新版　続・悪魔の飽食』一四五―一五一頁に、野間神社「仮本部」の詳しい描写があるが、金沢在住の二木秀雄・石川太刀雄の役割には触れていない。野間神社からの撤退は、九月二二日であったという。

117　古畑、前掲「731部隊と金沢」五頁。

た越は、石井四郎から東京に来るよう指令を受け、家族を残して上京した。

東京に着くと直ちに金沢へとんでくれという話であった。七三一部隊は、舞鶴から汽車で金沢に行き、金沢の野間神社に仮の本部をおいていたのである。釜山まで、貨車で運んだ荷物は相当のもので、これを舞鶴から金沢へ運び、いったん金沢陸軍病院の倉庫へ移したことがわかった。

野間神社には幹部が一五名ほどいた。東京から離れた、金沢の由緒のある古社の、あまり人目に立たぬ所にのがれて、幹部は、進駐軍の動きをみていたようであった。

私への指令は、金沢医大病院倉庫の荷物を二台のトラックで東京へ運べということであった。トラックの運転台には、私服で袋におさめた一本の軍刀を持つ菊池少将（第四部長）、太田大佐（総務部長）がいて、直接指揮をとった。ほかに増田少将もいた。……それから諏訪大社前で一泊した。……将校たちは、諏訪の温泉旅館でゆっくり寝ているのに、こちらは運転台での仮眠である。「戦争は終ったのに」とそんな考えがかすめたが、その後も長い間七三一部隊の隊員という意識を克服することができなかった。[118]

石井四郎の指令で金沢野間神社に行き、もともと金沢出身の増田知貞のほか、菊池斉、太田澄にも会ったというのだから、八月下旬から約一ヵ月、金沢に仮本部があったのは間違いない。野口圭一が「金沢の住人の二木に全部お願いした」という地元の二木秀雄、それに金沢医大教授になっていた元幹部石川太刀雄が受け入れ態勢を作ったのも間違いないだろう。同じく金沢医大教授である二木秀雄の恩師、七三一部隊嘱託である谷友次の関与は、可能性はあるが確認できない。

118 越、前掲書、一六八―一七〇頁。

石井四郎の九・二〇「通告」——七三一部隊存続・偽装隠蔽指示

金沢仮本部の幹部たちにより作られ、全国に散った隊員たちに、都道府県単位での名簿にもとづき、手渡しによって届けられたと思われる隊長名での指令が存在する。近藤昭二氏が隊員遺族の関係者から入手し、二〇一五年四月のＮＰＯ法人七三一細菌センター総会講演「細菌戦研究の最前線」で発表した、石井四郎の一九四五年九月二〇日付部隊長名「通告」である。冒頭の一語が擦り切れて判読困難だが、全文を見てみよう。YouTube 動画でも見ることができる。[119]

通　告

［冒頭二字不鮮明——先般？］通告せる復員並貴官の予備役編入（退官、退職、解嘱）に就ては其後状況の変化に伴い上司の指示に依り部隊の復員並予備役編入（退官、退職、解嘱）は一切之を取消す事に相成たるに付承知せられ度。従て部隊は尚未だ復員せず貴翰も引続き在満のまま当隊職員たるものに付承知せられ度。

尚之が詳細に関しては総務部長をして説明せしむ。

防諜上部隊名及部隊長名の使用を厳禁せられたるを以て爾今部隊員に対する指示連絡は太田大佐（仮名池谷［二字不明］）をして当らしめ更に連絡には千葉県稲毛町陸軍留守業務部付佐藤重雄を利用するに付承知せられ度。

昭和二十年九月二十日　　部隊長

119　カタカナをひらがなに改め句点を入れる。http://ameblo.jp/supportvictim731/entry-12012847211.html

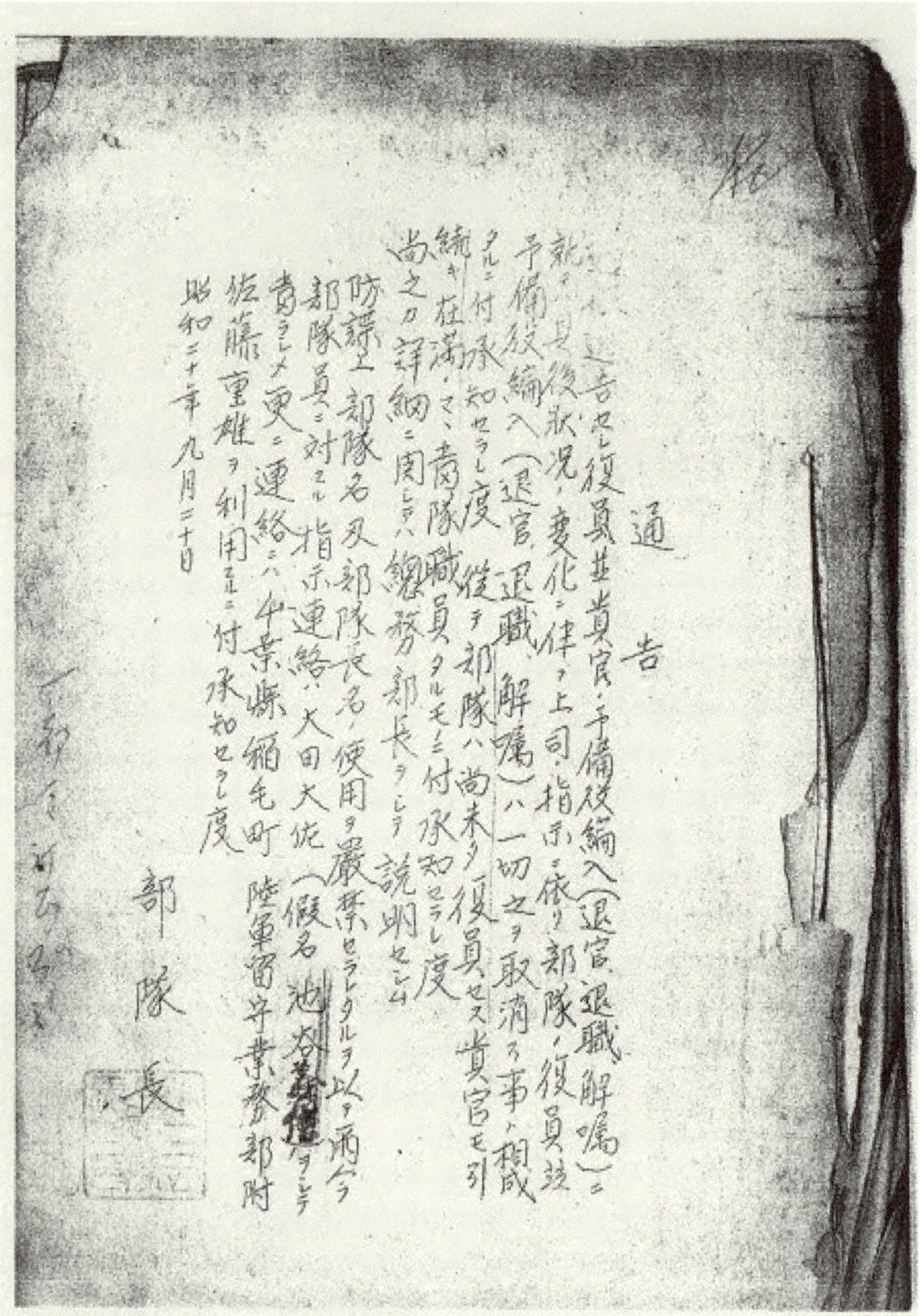
通告

先ニ通告セシ復員並貴官ノ予備役編入（退官退職解嘱）ニ
就テハ其後ノ状況ノ変化ニ伴ヒ上司ノ指示ニ依リ部隊ノ復員並
予備役編入（退官、退職、解嘱）ハ一切之ヲ取消ス事ニ相成
タルニ付承知セラレ度 従テ部隊ハ尚未ダ復員セズ貴官モ引
続キ在満ノママ貴隊職員タルモノニ付承知セラレ度
尚之ガ詳細ニ関シテハ総務部長ヲシテ説明セシム
防諜上部隊名及部隊長名ノ使用ヲ厳禁セラレタルヲ以テ[illegible]
部隊員ニ対スル指示連絡ハ大田大佐（仮名池[illegible]）ヲシテ
為サシメ更ニ連絡ニハ千葉県稲毛町 陸軍留守業務部附
佐藤重雄ヲ利用スルニ付承知セラレ度
昭和二十年九月二十日
部隊長

これは、驚くべき資料である。七三一部隊は「状況の変化」によって存続する。ただし「未だ復員せず」、まだ満州にいることにするという偽装・隠蔽指令である。

部隊長の「上司の指示」とあるから、陸軍省・参謀本部とも協議のうえの指示で、八月二六日の石井四郎の参謀総長梅津美治郎大将、参謀次長河辺虎四郎中将、軍務課荒尾興功大佐への説得、「科学進攻賛成、科学の負け」「基礎科学をしっかりやること」が、部隊存続のかたちで認められたことがわかる。

通告対象者は「退官、退職、解嘱」取消しとあるから、軍人・軍属のみならず嘱託にも適用される。

近藤氏によると、この「通告」が第一頁で、総務部長（仮名池谷清＝太田澄）から「方面責任将校」「伝達責任将校」にあてた、口裏あわせのための「緊急連絡」一八頁が続く。

池谷＝太田澄、連絡先・佐藤重雄は、青木冨貴子の発掘した石井四郎「終戦メモ」を解読する鍵になる。

近藤昭二氏によれば、「通告」に続いて、昭和二〇年一一月三〇日付「業務連絡（一報）」二頁、一二月三一日付「連絡　第三報」三頁、「内地帰還届」の統一書式一頁、「連絡第四報　内地帰還者処理に関する件連絡」等々の文書が綴られ、「伝達責任将校」を通じての給与の渡し方、「ホ号〔細菌戦の隠語〕については口に出さず」、平房本部の「マルタ」を収容した七棟・八棟を「中央倉庫」とよぶ等の細かい口裏あわせの方法も指示されている[120]。

九月上旬に石井四郎は、潜伏先の東京から金沢にきて終戦処理を指揮したとされており[121]、金沢野間神社の仮本部は、細菌戦隠蔽のための七三一部隊の組織存続と初発の占領軍対策の、暫定司令部であったことがわかる。膨大な資金と物資が金沢近辺に集積されており、給与支払いや物資隠匿の手はずも整えられた。そのうえ

120 https://www.youtube.com/watch?v=KPdd5-WUfJk
121 太田、前掲書、九四頁。

で、「仮本部」は千葉に移転された。千葉県稲毛町に四五年五月に発足した「陸軍留守業務部」に、九月二一日付けで「関東軍防疫給水部付の佐藤重雄主計少佐」が配属され、「陸軍留守業務部付佐藤重雄」が、七三一部隊の連絡窓口になった（本書一四五頁、参照）。

二木秀雄は、七三一部隊インテリジェンス担当として、占領軍及び陸軍解体の情報収集と、帰国隊員の全国的名簿・連絡網作りの中核にいたと思われる。ただし、その公然たる組織化は、一九五五年の隊友会「精魂会」立ち上げまで待たなければならなかった。

五　第一次サンダース調査団への隠蔽と免責工作――有末精三と亀井貫一郎の暗躍

米軍は細菌戦を知っていた――第一次サンダース調査団来日

米軍を中心とした連合国軍は、一九四五年八月二八日に先遣隊一五〇人が日本に到着、本土の占領を開始した。その二日後、マッカーサー元帥が厚木飛行場に到着、九月二日のミズーリ号上で降伏文書に調印し、日本の敗戦が確定する。

この先遣隊の中に、通称コンプトン調査団とよばれる科学技術調査団が入っており、原爆開発、生物化学兵器など日本の軍事研究を調査する。その一員として、というより唯一の細菌戦専門家として、米陸軍キャンプ・デトリック（一九五六年からフォート・デトリック）所属の医学博士、三五歳のマレー・サンダース軍医中佐が、マニラから船で横浜に着く。サンダースの回想によれば、八月三〇日横浜港入港時に、陸軍軍医学校防疫研究室の内藤良一が迎えにきたという。[122]

八月末は、石井四郎は帰国していたとはいえ、七三一部隊の仮本部は設営準備中の時期であるから、七三一

122　青木、前掲書、二〇七―二〇八頁。西里、前掲書、六二頁。

部隊が内藤を派遣したとは思われない。同じ船には後にGHQ公衆衛生福祉局長(PHW)になるクロフォード・サムス准将ら軍医団が一緒であったから、問題の重要性を知っている陸軍技術将校の新妻清一中佐、及び占領軍受け入れ、海外からの復員に重要な役割を果たし、後にウィロビー指揮下のGHQ・G2歴史課に組み込まれる参謀本部の河辺虎四郎、有末精三ら情報将校の「国体護持」策であろう。

事実、一一月末まで滞在するサンダースの調査の過程で、七三一部隊の戦犯訴追ではなく、研究データ提供による免責の基本方向が定まる。

米軍は、一九四一年には日本軍の細菌戦を知って情報を集め、四五年春には風船爆弾と共に、石井四郎指揮下の関東軍防疫給水部がハルビンで細菌爆弾を実験中と特定していた。

厚木に降り立ったマッカーサーの第一声が「ジェネラル・イシイはどこにいるか」だったという話がある。石井四郎の娘の伝聞情報で確認不可能であるが、まだ三五歳のサンダース中佐の第一ホテルのオフィスが、総司令部のマッカーサーの隣であったというから、GHQとしてもサンダースの調査をかなり重視していたことは、間違いないだろう。

連合軍科学技術調査の周辺におかれた生物兵器調査

ただし、始まったばかりの日本占領は、混沌としていた。連合軍占領の中心となるアメリカ軍も、それを受け入れる日本政府・日本社会の側も、すべて未知数であり、態勢は整っていなかった。

科学史家の中山茂は、占領軍の科学政策について、特に原爆被害調査での「治療なき診断データ独占」を念頭において、以下のように述べている。サンダースは出てこないが、彼の属するコンプトン調査団の性格がよくわかる。今日的に言えば、現代日本における軍学協同合理化の論理である。

原子爆弾まで登場する近代戦では、軍人には最先端の軍事科学についての十分な知識がない。そこで科学者の顧問に頼らねばならない。連合国側の科学者たちには、すこし前の同年五月、ナチス・ドイツの崩壊とともにドイツにいち早く侵攻して、ソ連と張り合ってドイツの科学研究施設設備や科学技術者を手に入れようとした「アルソス作戦」の前例がある。アメリカ人には、まだドイツ科学にたいする畏敬の念があったのである。しかし彼らは日本の科学界をドイツほどには評価していなかった。……

当時マニラにあった戦時中のアメリカの科学動員計画の大物たちは、終戦後すぐ、アメリカに帰る前に日本に乗り込んで来て、戦時中の日本の科学動員研究の実態を調査した。MIT（マサチューセッツ工科大学）学長のカール・コンプトンや学部長モーランドたちである。科学動員組織からはじめて、レーダー、殺人光線、風船爆弾、毒ガス、それに細菌兵器などについても、多数の科学技術者をインタビューして徹底的な調査を行っている。

彼らの科学者としての関心事は、日本が原爆研究をどこまでやっていただろうか、という疑問だった。……アメリカ軍にとって、原子爆弾の被害の情報は、超最大級の軍事機密である。これから原爆をアメリカが独占することによってパクス・アメリカーナ（アメリカによる平和）を保とうとしていたから、まずその効果を十分確かめなければならない。被害者の治療という人道的問題はさておき、科学者の立場からすれば、原爆の放射能被害に対する治療法は確立されていなかったから、まず原爆による被害情報を集めて、その上ではじめて対策をたてる、というのが科学的方法の常道なのである。それに、この調査が人体実験の貴重なかけがえのない情報を収集する千載一遇の好機であることは、七三一部隊の細菌兵器のための人体実験とおなじであった。まず専門家としての知的好奇心を満たせるし、それから論文も書けて科学者の職業的業績になる、そういう想いで広島・長崎の放射能の残る廃墟の調査に携わったのである。米軍の調査団に協力した日本側も、同じ思いであった。[123]

引用が長くなったが、コンプトン調査団は、二ヵ月で一三五回の尋問を行った。尋問された軍人・科学者・技術者は三〇〇人以上であった。日本の参謀本部や七三一部隊の幹部たちは「国体護持」の観点から戦争犯罪としての訴追を恐れ、隠蔽を焦眉の課題と考えていたが、調査にあたるアメリカ側の科学者たちは、原爆調査を中心に考え、なにより人体実験データの取得・独占にこだわったということで、その後四次にわたる細菌戦調査の性格をも言い当てている。[124]

原爆被害調査の「治療より人体実験データ」と同じ細菌戦調査の論理

この問題をアメリカ側から論じた、GHQ・ESS（経済科学局）に一九四七―五二年に勤務した物理学者ホーエン・C・ディーズは、コンプトン調査団の中で細菌戦は「その他」のサンダースによる「個人の調査」で、「サンダースは、人体実験はなんら行われなかったと言われて、それを信じてしまった（しかし、その後の情報では、連合国捕虜だけでなく、実に多くの中国人民間人をも巻き添えにし、おびただしい死者を出したことが判明している）」と断じ、「サンダースは（生物戦研究を行ってきた日本の科学者たちと直接接触して）、もしも戦犯裁判に掛けられないと保証してくれれば、科学者たちは進んで追加情報を提供するだろうと言われた。サンダースは追加情報を得るために、また、人体実験はなんら行われなかったと言われたのをそのまま信じていたので、総司令部当局者（マッカーサー自身も入る）に、これらを戦犯訴追から免除する要請を伝達し

123 中山茂『科学技術の戦後史』岩波新書、一九九五年、一二―一三頁。
124 中山茂・吉岡斉編著『戦後科学技術の社会史』朝日選書、一九九四年、をも参照。

た。科学者たちは免除が与えられたので、より多くの情報を提供した。しかし、日本人は長い間、人体実験が行われた事実を暴露しようとしなかった」と、クールに述べている[125]。

じっさいアメリカ側は、メインの原爆被害調査では、仁科芳雄、都築正男らの積極的協力を得て、石川太刀雄、緒方富雄、木村廉ら七三一部隊関係者を含む多数の日本人科学者を調査団に組織し、膨大な「人体実験データ」を持ち帰った。笹本征男が綿密に分析したように、「現実に被害に苦しみ、明日をも知れない被爆者は二の次」だった[126]。

このことが、ある意味では、石井四郎と七三一部隊にとっての僥倖となった。敗戦直後は連合国側の科学調査も戦犯調査も分担・権限が曖昧で、PHW（公衆衛生福祉局）もESS（経済科学局）も態勢が整っていなかった。事務所・宿舎から食糧・自動車や通訳の手配まで、あらゆる雑多な要請が米軍参謀本部に直接持ち込まれ、日本側の窓口である終戦連絡中央事務局（終連、外務省の外局）に伝えられて、振り分けられた。日本軍に関するものは、終連から陸海軍連絡室（室長・有末精三）にまわされた。そこに、米日双方で、情報・諜報エキスパートが暗躍する余地が生まれた。

G2ウィロビー指揮下での第一次サンダース調査

サンダースの調査は、GHQの中で非軍事化・民主化の政治行政を担当するGS（民政局）やESS（経済科学局）、PHW（公衆衛生福祉局）、LS（法務局）等ではなく、マッカーサー直属で情報・諜報を担当するG2（参謀第二部）ウィロビー少将の指揮下で行われた。日本側が用意した「日本の細菌研究はソ連の生物兵

125 ホーエン・C・ディーズ『占領軍の科学技術基礎づくり 占領下日本1945〜1952』河出書房新社、二〇〇三年、四八頁。
126 笹本征男『米軍占領下の原爆調査――原爆加害国になった日本』新幹社、一九九五年、七頁。

器攻撃を想定した防御的なものだった」「天皇は化学戦に反対していた」という弁明は、マッカーサーが「わが愛するファシスト」と評した反ソ反共のチャールズ・ウィロビー情報参謀に対して、ある程度の説得力を持つものだった。

サンダース調査の詳細は、常石敬一、近藤昭二、太田昌克、西里扶甬子、青木冨貴子らの研究に詳しいが、サンダースの九月の調査は、東大伝染病研究所の宮川米次、陸軍軍医学校出月三郎軍医大佐、井上隆朝軍医大佐、陸軍医務局長神林浩軍医中将ら七三一部隊の周辺にとどまった。

サンダースの細菌戦調査は進捗しなかった。日本側の協力を得るため、九月末に通訳なのに関係者らしいと分かった内藤良一にレポートを書かせ、一〇月初めにウィロビーと相談して、マッカーサーから「戦犯に問わないという保証」をとりつけた。

サンダースが一〇月一日に調べたのは、陸軍軍務局の技術幹部・新妻清一中佐であった。その通訳は、内藤良一だった。サンダースはもともと風船爆弾の調査も担当していたが、明らかに日本側は準備していた。そこでサンダースが、細菌兵器について発した「戦争犯罪とは無関係に純科学的に調査をする」という言葉が、新妻・内藤に光明を与える。

ちょうど一〇月二日に、マッカーサーの側近ボナー・フェラーズ准将がマッカーサー司令官に覚書を寄せ、天皇制残存の方向が定まる頃である[127]。

米陸軍キャンプ・デトリック（現フォート・デトリック）の初発のサンダースによる調査が、GHQ・SCAPのG2ウィロビーのもとで行われたことから、以後の第二次トンプソン調査団、第三次フェル調査団、第四次ヒル＝ヴィクター調査団の日本における細菌戦科学調査も、すべてG2（情報・諜報担当）の管轄下で行

127　加藤「ハーン・マニアの情報将校　ボナー・フェラーズ」、平川祐弘・牧野陽子編『講座　小泉八雲　1　ハーンの人と周辺』新曜社、二〇〇九年。

われることになった。

PHW（公衆衛生福祉局）もESS（経済科学局）も多くの軍医や科学者をかかえ、LS（法務局）やIPS（国際検察局）は独自に戦争犯罪を調査していた。特に一九四六年五月以降は、G2はCIS（民間情報局）・CIC（対敵諜報部隊）をも傘下におさめて、民主化をすすめるGS（民政局）ホイットニー、ケーディスらと対抗し、戦犯・公職追放指定を統括し、日本の警察をも動かす巨大な権限を持った。このことが、戦争犯罪としての七三一部隊解明の防波堤になり、関係者の免責・復権を許す大きな条件となった。

細菌戦も人体実験もなかったというサンダース報告

一〇月の新妻清一、内藤良一、金子順一、増田知貞らの尋問から、サンダースは七三一部隊の組織と研究の概要を知ったが、一〇月九日・一一日の増田大佐への尋問では、外交官出身の亀井貫一郎が通訳をつとめた。そこで増田は、サンダースが新妻に述べた「調査は大統領宛の秘密報告書の作成が目的で、内容は公表すべきものではない。各国間で生物戦の問題が持ち上がった際、日本にとって有利な処理ができるだろう。戦争犯罪者の摘発ということは別箇の問題だから安心して話してもらいたい」という言質を確認し、「この問題を政治的に利用しないようお願いする」としたうえで、七三一部隊の研究内容に立ち入った[128]。

尋問される側は、軍務局の新妻、通訳の内藤・亀井を含めて緊密に連携して、人体実験を隠した。防御的研究と言い逃れれば、サンダースにとって当時は行方不明で米軍が「ソ連の手に落ちた」可能性を危惧する石井四郎と共に、戦犯訴追を免がれるという感触を得た。サンダースを「政治的に」逆利用する作戦である。

一九四五年一〇月三〇日、京都での七三一部隊第二部・田中淳雄軍医少佐の尋問では、冒頭からサンダース

128 太田、前掲書、九六頁、一二〇一頁。

が「これは戦争犯罪を云々するものでなく、あくまで科学者として話を聞きたい」と切り出した。通訳として同席したのは、京大医学部で田中を教えたことがある恩師で先輩の内藤良一であった。内藤も、免責の可能性を確信した。

第二部田中班は、PX＝攻撃用ペストノミの増殖に関わっていて、田中はその一部を話してしまったが、サンダースは、それを深く追究しなかった。一一月に河辺虎四郎中将、梅津美治郎大将など参謀本部トップにも尋問したうえでまとめられたサンダース報告は、戦犯免責・不訴追とは書かなかったが、人体実験やペストノミにはふれず、細菌戦についても実験段階で防御用、という七三一部隊に対して甘いものであった[129]。

ただし、西里扶甬子は、サンダースの帰国後の回想やインタビューから、彼は細菌戦も人体実験も気づいており、フィリピン戦での米国人捕虜が奉天の日本軍捕虜収容所で「人間モルモット」にされた疑いを持っていたが、ウィロビーとマッカーサーの指示に従うかたちで「報告書には人体実験には触れなかった」とする[130]。また、太田昌克は、田中淳雄の不用意に発した「ペストノミ」という言葉は、その後の米軍細菌兵器調査に重要であったが故に、GHQが敢えて公式報告書から省き、その後の実験データ独占取引のカードとなった可能性があるという仮説を述べている[131]。

ともあれ内藤良一とサンダースは、これを機に生涯の親交を結び、一九五〇年の内藤・二木秀雄らの「日本ブラッドバンク」設立にも、その後の「ミドリ十字」にも、サンダースは特別顧問格で関与した[132]。

129 全文は、常石『標的・イシイ』。
130 西里、前掲書、六四―六五頁。
131 太田、前掲書、一一二頁。
132 太田、前掲書、七二頁。

サンダースを欺いて自宅に潜伏した石井四郎

サンダースは、石井四郎に会えなかった。七三一部隊関係者は、九月二〇日の「通告」通り満州で行方不明と偽装し口裏を合わせていたから、サンダースは、石井もまだ満州にいると思い込み、尋問では石井が「ソ連の手に落ちる」ことを危惧していた。

しかし石井四郎は、日本にいた。本部運転手・越定男が、九月に増田知貞・菊池斉・太田澄と共に金沢仮本部から東京に搬送した資材は、杉並のオリエンタル写真工業、近くの軍医学校などと共に、新宿区若松町の石井四郎宅に下ろされ、石井と直接会ったというから、声を潜めて自宅に隠れていたのだろう。増田知貞の「疎開先」の自宅は、千葉県君津郡秋元村で、そこにも越は大量の物資を運んだ。「通告」後の七三一部隊の本部連絡窓口は、太田澄を責任者として石川県金沢市から千葉県稲毛（陸軍留守業務部付佐藤重雄）に移ったが、石井は、増田・太田等と連絡をとりつつ、故郷の千葉県芝山町加茂も訪れていた。

この一九四五年一〇―一二月期の石井四郎については、青木冨貴子の見つけた石井四郎「終戦メモ」と、米国国立公文書館（NARA）所蔵陸軍情報部「石井四郎ファイル」「亀井貫一郎ファイル」解読によって、GHQ・G2のウィロビーら一部の米国軍人は石井の所在を知っており、同時に接待も受けていたことがわかってきた。石井四郎については、米軍だけではなく、一九四七年創立のCIA（中央情報局）も個人ファイルを作っていたが、一九五六年一〇月、日ソ国交回復時のハバロフスク裁判被告柄澤十三夫と近衛文麿元首相長男・近衛文隆の帰国直前の連続不審死の資料などはあるが、一九四五年段階についてはほとんど役に立たない。[133]

石井四郎の同郷・千葉県加茂出身で、七三一部隊では裏方の女子隊員であった郡司陽子は、郷里に戻った九

133 原文は、加藤編『CIA日本人ファイル』第二巻、現代史料出版、二〇一四年。

月末に石井家で、石井四郎を含む七三一部隊員三兄弟と会い、一〇月末に石井四郎が東京都新宿区若松町の自宅に移る際にも同行した。石井四郎は、途中で下北沢の日本特殊工業・宮本光一社長邸に寄り、自宅二階に潜伏した。郡司は七三一部隊隊員の出入りを頻繁に目撃し、四六年春まで石井家の家事・雑事を手伝って、貴重な証言を残した[134]。

すでに東京に戻った石井四郎の身代わりとなって、最高指導者としてサンダースの尋問を受けた増田知貞大佐は、まだサンダースが東京にいる一一月九日、新妻清一中佐に手紙を書いている。

田中淳雄がペストノミを出したのを「余り面白からず……軈て少しづつ覆面が落ちてゆくのではないか」と心配しつつ、「内藤中佐の意見は㋟と㋭以外は一切を積極的に開陳すべし、と云う持論に有之候間、ご参考迄に」と記した。

新妻から問い合わせのあった七三一部隊の予算の使途についても、攻撃研究用ではなく防御用だという「原則」を述べるべしとし、「実際問題として七三一にて攻撃として使用仕候予算の大部分はＰＸ関係にて、之は事実上の数字は秘匿して置かざれば、当方の攻撃意図が暴露致候事」と書き送っている。

㋟＝「マルタ」人体実験と、㋭＝細菌戦使用以外は米軍に積極的に述べて協力しつつ、ＰＸ＝ペストノミ作戦は絶対認めないようにという、七三一部隊「通告」の趣旨を、率直に新妻清一に伝えるものだった。末尾には「亀井先生らによろしく」とある[135]。

134　郡司陽子『証言　七三一石井部隊――今、初めて明かす女子隊員の記録』徳間書店、一九八二年、一二七頁以下。
135　太田、前掲書、一二三三―一二三四頁。

G2ウィロビーとCISソープ准将の石井四郎獲得競争

この頃占領軍の民主化・非軍事化政策は、次々に実行に移されていた。九月一〇日に「言論及び新聞の自由に関する覚書」、一一日に東条英機ら三九人の戦犯逮捕が始まっていたが、二二日の米国政府「降伏後における米国の初期の対日方針」を受けて、一〇月二日ＧＨＱの執務が開始された。一〇月四日に治安維持法廃止、政治犯釈放、一一日に婦人解放、労働組合奨励など五大改革指令、一一月六日財閥解体開始、一二月六日近衛文麿・木戸幸一ら逮捕命令、九日農地改革に関する覚書、四六年一月一日天皇人間宣言と続く、激動の時期である。陸軍省・海軍省も解体されて、一二月一日付で陸軍は第一復員省へ、海軍は第二復員省となる。

こうしたＧＨＱ指令を実行する陸軍側の窓口になったのが、一九四五年敗戦時に陸軍の武装解除・復員と連合軍受け入れを指揮した、有末精三中将と「有末機関」である。もともと参謀本部第二部長として諜報・謀略を扱ってきたから、ＧＨＱ・Ｇ２（参謀二部）のウィロビー准将とは、インテリジェンス担当として、とりわけ親しくなった。

ただし、当初のＧ２ウィロビーは、手足となるＣＩＣ（対敵諜報部隊）を持っていなかった。一九四六年五月まで、ＣＩＣは民間情報局（ＣＩＳ）ソープ准将の指揮下にあった。[136]当初の石井四郎の戦犯容疑での探索は、Ｇ２の生物化学兵器調査と別個に、ＣＩＳソープ准将とＣＩＣによって行われた。ＣＩＣは全国的規模で活動し、日本の地方官庁・警察をも動かすことができた

参謀本部の有末精三は、広島原爆直後の現地調査で、新妻清一と一緒だった。占領軍上陸直後の九月五日頃に、勝者と敗者の諜報担当としてＧ２ウィロビーと初めて顔を合わせ、有末は、ウィロビーの指揮下に入った。当初の厚木・横浜から日本倶楽部ビルに移った有末精三の陸海軍連絡室は、連合軍司令部のおかれた第一生

136 竹前栄治『ＧＨＱ』岩波新書、九九―一〇〇頁。

命ビルの真向かいにあり、有末が戦前姫路で知り合った日本通のマンソン大佐が、G2日本連絡課長としてウィロビーの側近になっていた。G2マンソンの執務室が有末機関の真向かいにあり、窓越しに連絡して、いつでも往き来できた。有末とウィロビーの間も、当初はマンソンがとりもったが、情報将校同士としてすっかり意気投合し、有末は憲法改正の極秘情報さえウィロビーから示唆される、親密な関係を築いた[137]。

八月一九日の敗戦処理マニラ会談で日本側全権特使をつとめた参謀次長・河辺虎四郎陸軍中将が、九月二四日に連合国側参謀であったウィロビー少将に帝国ホテルに招かれた際も、有末精三が同席していた[138]。

CISソープ准将からの公式ルートでの戦犯追及とは別に、九月以降、G2ウィロビーは、直接に有末精三と有末機関の一五人の精鋭を動かすことができた。

ウィロビーに協力して石井四郎を見つけた有末精三

西里扶甬子は、生前の有末精三インタビューで、日時は特定しないが、「石井を千葉の自宅でみつけたのは自分だ」という答えを引き出している[139]。

有末精三については、米国国立公文書館に陸軍情報部とCIAがそれぞれ有末を観察・監視した個人ファイルを残し、二一世紀に機密解除されているが、七三一部隊に関わるものはない[140]。ただし陸軍情報部の「有末精三ファイル」の目次には、一九四五年一〇月二六日と一一月一日に、米国戦略爆撃調査団（US Strategic

137 有末精三『終戦秘史　有末機関長の手記』芙蓉書房、一九七六年、第二部・第三部。
138『河辺虎四郎回想録　市ヶ谷台から市ヶ谷台へ』毎日新聞社、一九七九年、一九六頁。
139 西里、前掲書、九〇頁。
140 加藤編『CIA日本人ファイル』第一巻。

Bombing Survey）が、日本軍の戦略と日本軍の諜報組織・活動について尋問したという記述がある。尋問内容は入っていない。

国立国会図書館憲政資料室には、極東国際軍事裁判における国際検察局（ＩＰＳ）の膨大な尋問記録が、米国国立公文書館ＧＨＱ・ＳＣＡＰ記録として集積・デジタル化されているが、占領期にＧ２ウィロビーの重用した有末精三・服部卓四郎・辰巳栄一等の記録、七三一部隊の石井四郎らのものはなく、本書の関連では、わずかに河辺虎四郎、亀井貫一郎の戦前・戦時についての尋問記録があるのみである。[141]

したがって、第一次資料での検証は困難であるが、サンダースが一九四五年一〇月初めにウィロビーと相談してマッカーサーの「免責保証」をとりつけるにあたって、ウィロビーが日本側の事情を探ろうとすれば、まずは有末精三に問いただしたであろう。反共主義者のＧ２ウィロビーは、ポツダム宣言に忠実なＣＩＳソープ准将とは競合・対立関係にあり、ＣＩＣの戦犯調査とは別途に、あらゆる情報を集めていた。

郡司陽子は、一〇月末に石井四郎と共に千葉から東京に移るに際して、「黒塗りの大型車」に乗った「二人の背広姿の男」が来て「この加茂にいるのが危険になって、至急移動した方がよい」という連絡があり、二人も東京まで同行したと証言するが、西里が推論したように、有末精三本人または有末機関員であろう。[142]ただし、当時の有末精三は、天皇制・憲法改正から「外地」復員・引揚まで、敗戦処理の日米連絡に関わるあらゆる情報と実務の問題を扱い、超多忙である。Ｇ２ウィロビー、マンソンの要請で、同じ中将である石井四郎の翻意を促す場面以外は、有末機関の将校たちに任せた可能性がある。

141　活字では粟屋憲太郎・吉田裕編集・解説『国際検察局（ＩＰＳ）尋問調書』全五二巻、日本図書センター、一九九三年。

142　郡司、前掲書、二三二―二三四頁。西里、前掲書、九一頁。

石井春海証言に依拠した服部卓四郎暗躍説への疑問

青木冨貴子は、石井四郎の娘・春海の「石井が巣鴨に拘禁されると、大変だということで、服部〔卓四郎〕参謀など陸軍省が父を隠したわけなの。それからは私にも分かりません。加茂にも確かにいましたね。何カ所か移ったと思います。日本特殊工業の宮本〔光一〕さんの東北沢のお宅にもいたと思います。その間の根回しは服部参謀がすべてやっていました」という証言を、郡司陽子の回想と重ね合わせ、この頃中国にいるはずの服部卓四郎が、秘かに石井四郎をかくまっており、有末と服部が郡司の言う「背広姿の二人」ではないか、と推定している[143]。

確かに参謀本部作戦課長だった服部卓四郎大佐は、ノモンハン事件や戦時細菌戦で石井四郎を支援し、陸軍内では親しい関係だった。しかし敗戦時は歩兵第六五連隊の連隊長として、部下と共に中国揚子江中流域・湖口に四六年五月までいたとされており、四五年秋に日本に単身潜行し、七三一部隊隠蔽の謀略に加わりえたかは、疑問である。

服部卓四郎については、高山信武『二人の参謀——服部卓四郎と辻政信』（芙蓉書房出版、一九九九年）のほかに、近年新資料を用いた有馬哲夫『大本営参謀は戦後何と戦ったのか』（新潮新書、二〇一〇年）、阿羅健一『秘録・日本国防軍クーデター計画』（講談社、二〇一三年）などが刊行されて、ようやくその戦後裏面史での役割が見えてきた。

阿羅の浩瀚な書物には「服部卓四郎の戦後は、昭和二一年五月二三日に始まる」[144]とあり、有馬や阿羅の詳述したGHQ・G2歴史課でのウィロビーと荒木光子（元東大教授・荒木光太郎夫人、三菱財閥専務理事・荘清

---

143 青木、前掲書、三八五—三八八頁。ただし青木は服部の中国拘留説も検討した上で、石井春海の証言の具体性に注目し「春海の記憶違いとも思えない」としている。同書、二九五頁。

144 阿羅健一『秘録・日本国防軍クーデター計画』講談社、二〇一三年、三五頁。

次郎の娘）の特殊な関係、地下日本政府を含む「服部機関」としての活動、吉田茂暗殺計画、何よりも帝国陸軍再建をめざした再軍備構想、『大東亜戦争全史』編纂などは、よく知られるようになった。

米国国立公文書館の機密解除資料・CIA「服部卓四郎ファイル」には、約七〇頁の米軍の見た戦後日本諜報史のまとまった概観もあり貴重であるが、七三一部隊との関係は出てこない[145]。もしも服部が一九四五年秋の石井四郎の千葉・東京での隠匿に関わるとすれば、四五年二月の陸軍歩兵第六五連隊長として中国南部の第一線に入り、八月降伏・連隊と共に捕虜として駐留、四六年五月GHQの召喚で部隊と離れ単独帰国という公式履歴の間に、秘かに一時帰国しなければならない。

中国の服部卓四郎は隠蔽工作の根回しはできなかった

それを可能にする記述は、ないわけではない。CIA「服部ファイル」中では、わずかに一箇所「一九四五年、GHQ・G2によって、彼は荒木光太郎博士の監督下で太平洋戦史編纂を助けるよう命じられた」とあるが[146]、明らかに「一九四七年」の誤記である。

有末精三の回想にも、一九四五年一〇月二五日の参謀本部解散に伴い「当面復員の諸業務のため第一部（作戦、編制、兵站）部長宮崎周一以下作戦課長服部卓四郎大佐などを中心として陸軍省に移って史実部なり戦史の編さん準備」という叙述があるが、それは、「復員局調査部」主任［四六年一二月から］の服部と一緒に「所謂マッカーサー戦史」に関わると記す後半の記述に照らしても、四五年では辻褄が合わない[147]。

145　加藤編『CIA日本人ファイル』第二巻。
146　加藤編『CIA日本人ファイル』第二巻、一六四頁。
147　有末、前掲書、二〇〇頁、二五一頁以下。

服部卓四郎については、陸軍情報部CICにも国際検察局IPSにも監視・尋問記録がない（機密解除されていない）ため、絶対にありえないとはいえないが、一九四五年秋七三一部隊隠蔽での服部卓四郎の暗躍はなかったと、私は判断する。

七三一部隊とも深く関係した「服部機関」の一員、井本熊男による「服部大佐は昭和二〇年二月、作戦課長を免じ、南京広西省方面の最前線に在った第一一軍、第一三師団の歩兵第六五連隊長として赴任……八月一五日、第一一軍は長沙付近を北進中終戦となり、その後所定地域に駐留していた。……蒋介石は日本軍に対し比較的寛大であって、その日本への復員帰還は昭和二一年末頃から二二年に亘り行われた。……GHQは服部大佐がその能力、経歴上利用価値の大きい人物であることを知り、昭和二一年五月所属部隊の復員帰還に先立ち、単独で帰国することを命令した。それによって服部大佐は直ちに帰国してGHQに出頭したのである」という晩年の証言は重く、その通りであったろう。[148]

有末機関四天王の一人・浦茂は二木秀雄の同級生で戦後空幕長

本書の関心からすると、むしろ、「有末機関」発足時の一五名の中の参謀格に、後の自衛隊第五代航空幕僚長、敗戦時は参謀本部軍備担当の浦茂大佐が入っていたことに注目する。[149] 浦の自伝に有末精三は寄稿して、「有末機関の四天王」の一人と認め、「有末機関の参謀として二百五十日あまりにわたり、相当無理難題をもち

148　井本熊男「所謂服部グループの回想」『軍事史学』三九巻四号、二〇〇四年、七六—七七頁。「インタビュー　井本熊男」共同通信社社会部編『沈黙のファイル』三六六—三六七頁。

149　有末、前掲書、一六七頁。有末機関には参謀本部第六課長山本新歩兵大佐が参謀格で有末を補佐するほか、浦茂航空兵中佐、中村雅郎航空兵中佐、手島治雄歩兵大佐、松田正雄航空兵中佐等がおり、浦・中村と英語に堪能な手島・松田が「四天王」と呼ばれた。

かけられた占領軍の要請に応じ、機を失せずに任務を遂行してくれた」と謝意を表している。[150]

浦茂は金沢出身で、金沢一中・旧制四高では二木秀雄の同期生である。陸軍士官学校は瀬島龍三と同期で、関東軍で抗日ゲリラ作戦、陸軍大学卒業後は参謀本部で有末精三の側近だった。戦後は内閣調査室・航空自衛隊幹部をつとめ、実業家に転じた晩年には金沢一中・泉丘高校の関東地区同窓会で会長となり、同期の二木秀雄と再会している。

内閣調査室でのインテリジェンス活動は定かでないが、航空幕僚としては、源田実航空幕僚長を助け、次期主力戦闘機のロッキードF－104導入に尽力した。一九六四年第五代航空幕僚長に就任して、航空自衛隊創立十周年に米軍東京大空襲指揮官カーチス・ルメイ将軍を招待、ルメイは日本政府から勲一等旭日大綬章を授与された。翌年返礼として、浦もアメリカ空軍からレジオン・オブ・メリット勲章を授与されたというから、この日米航空部隊の蜜月の起源は、敗戦直後の有末機関時代に始まったのかもしれない。

有末も浦も、この時期の石井四郎や七三一部隊との関係については書き残していないが、有末機関の石井四郎隠匿への関与は疑いない。サンダースの公式調査を、内藤良一と新妻清一がオモテで免責の方向に導きながら、有末精三と有末機関、宮本光一、それにおそらくオモテで通訳をつとめた亀井貫一郎も加わった、ウラでの石井四郎隠匿・細胞戦免責の謀略があった。

四六年一月に、七三一部隊第二代隊長北野政次軍医中将が帰国して、真っ先に会うのも有末精三で、有末から「アメリカ軍とは、戦犯免責について話がついている」と告げられたという。[151]

もともと参謀本部の諜報担当だった有末精三は、戦犯に問われてもおかしくない軍歴だった。しかし米軍

150 浦茂『人生遍路八十年』協和協会出版部、一九九〇年、五頁。
151 青木、前掲書、二九八頁。

ウィロビー少将に取り入り協力して免責され、後に同じく不訴追の服部卓四郎や河辺虎四郎らと共に、G2歴史課を拠点に、さまざまな諜報・謀略活動に関わる。

有末は、占領軍に食い入る自分自身の戦犯免責の手法を、七三一部隊関係者にも示唆し、教えこんだと考えられる。

米軍G2エクランド大佐らを招いた石井四郎自宅パーティ

青木冨貴子が「終戦メモ」から見出した重要な新事実は、一九四五年一一月二〇日、新宿区若松町の石井四郎宅でのカール・エクランド大佐以下六名の米軍将校を招いた会食である。またそれとは別に、米国陸軍情報部「亀井貫一郎ファイル」から、一一月末に帰国するサンダースの送別会が、鎌倉で開かれた事実を発掘している。

青木は、石井四郎の「終戦メモ1946」の一一月三日の項の「㋚が大学で盛に㋭を調査している。警戒を要す」は「サンダースが細菌戦を調査中」という意味で、近くに「幣原内閣方針」「第一回宝籤」と出てくるので、一九四六年では辻褄があわず、一九四五年一一月の誤記ないし偽装と見抜いた。

さらに「終戦メモ」の解読を進めると、一一月一一日に「連合国を二〇日に招待」「Mに池谷、佐藤　招待の状況報告を受けること」とあり、カール・エクランド大佐以下六名の米軍将校の名前があげられていた。

実際一一月二〇日に、Mと米軍将校招待の宴会があったらしく、会食メニューや飲み物と、そこでの会話らしき「ミスター・イシイを知っているか。まだ満州に居って帰らぬ」「Sandersはすぐ帰るが、カール（エクランド大佐）はもう二年もハン罪者の終わるまでいる」「ミスター・Mが知人で犯罪人ある人は寝ても起きても何でも死力を尽して援助す」「Mはなぜ外交官にならなかったか」「お誕生日だと云ったMのために合唱す」

「M以外は絶対にいかぬ」といったメモがある。[152]

青木冨貴子は、ここに出てくるカール・エクランド大佐の名が、郡司陽子の回想の中で、四六年に入って石井四郎が第二次トンプソン調査団の尋問に応じ、日本特殊工業宮本光一邸で米軍接待のスキヤキ・パーティが開かれた際に列席した「年配のアメリカ人の高級将校」の名前と同じであることに注目した。[153] そこから、サンダースの尋問調査がほぼ終わった一九四五年一一月二〇日に、サンダースとは別系統の一握りの米軍将校と、石井四郎の談合があったと判定する。

闇のなかから驚くべき真実が顔を出してくる。つまり、終戦直後、石井四郎が満州から帰国して若松町の自宅にいることをほんの一握りの米占領軍トップは知っていたのである。にもかかわらず、その事実を隠し、石井尋問を切望していた来日中のサンダースを欺いたのである。欺かれたのはサンダースばかりではなかった。石井四郎の居場所を探し回った参謀二部傘下の対敵諜報部隊をはじめとする占領軍すべて、さらにはワシントンの米政府までもが含まれる。[154]

エクランド大佐こそ、ウィロビーの特別命令を受けて石井と部隊員の情報を独占し、ワシントンから来たサンダースやトンプソンにすべてを渡さない命令を受けて立ちまわる責任者だったのである。[155]

見事な推論である。ただし、当時GHQで公式に石井四郎を追っていたのは、すでに有末精三から石井帰国

152 青木、前掲書、三八一－三八三頁。
153 郡司、前掲書、二四四頁。
154 青木、前掲書三八四頁。
155 同書、三九四頁。

情報を得ていたG2ウィロビーではなく、ウィロビーとはウマがあわず、ウィロビーの画策で翌四六年五月には本国に送り返されるCIS（民間情報局）のエリオット・ソープ准将である。ウィロビーはソープを追放して、CISの有能な日本スペシャリスト（聖公会牧師、戦前立教大学英語教員）で戦犯身上調査担当であったポール・ラッシュ中佐らをG2直属とし、手足となる第441CIC支隊（対敵課報部隊）をもG2の指揮下におく[156]。この時点で欺かれたのは、ソープ准将であった。

一一月二〇日「若松荘」接待の主役はエクランド大佐と「M」こと亀井貫一郎

GHQ内部の対立をも利用した「闇」の裏方、米軍エクランド大佐の相方となる日本側の裏方を、青木冨貴子は「根回しは服部卓四郎に任せ、その間に有末はウィロビーを通じてマッカーサーと交渉していた」としている。しかし前述したように、一九四五年秋の時点での服部卓四郎の中国からの一時帰国・謀略参加には無理がある。

私はこの裏方を、石井宅の接待宴会で流ちょうな英語でエクランド大佐等と会話し、英会話は不自由な石井四郎を「通訳が悪くて判らぬ」といらだたせた日本人「M」と推論する。そして、「外交官」「誕生日」等の断片からだが、「M」は、青木が別の箇所で注目している亀井貫一郎だと考える。

亀井は元外交官で、一八九二年一一月一〇日生まれ、二〇日に米軍将校が「ハッピーバースデイ」を合唱してもおかしくない。有末精三はイタリア・スペイン語で一八九五年五月二二日、服部卓四郎はフランス留学組

156　竹前栄治「進駐直後の占領諜報——GHQ民間諜報局長エリオット・ソープ准将に聴く」『インテリジェンス』第一一号、二〇一一年。ウィロビーの回想『知られざる日本占領』（番町書房、一九七三年）は、ゾルゲ事件については虚飾が多く、七三一部隊については全く言及せず、本書にとってはあまり役に立たないが、このソープ准将追い落とし工作については率直に語っている（一三七—一三八頁）。

で一九〇一年一月二日生まれである。念のため誕生日を調べると、河辺虎四郎はドイツ語で一八九〇年九月二五日、英語の堪能な内藤良一は一九〇六年一二月二六日、石井四郎自身は一八九二年六月二五日である。亀井貫一郎は、七三一部隊にとって最も重要で危惧していた一〇月のサンダースによる増田知貞大佐の尋問で、通訳を勤めた。有末精三・新妻清一・内藤良一らにより作られた七三一部隊のGHQ対策・免責向けシナリオを知っていた。だから、一一月九日の増田知貞の新妻清一宛手紙は「亀井先生らによろしく」と結ばれていた。

石井四郎「終戦メモ」からすると、一一月二〇日のG2将校招待も「M」＝亀井貫一郎の発案で、宴席の主役は亀井とエクランド大佐だった。石井四郎は顔見せ程度か、英語の演説もできず、あまり出番がなかった模様だ。宴席冒頭の「ミスター・イシイを知っているか。まだ満州に居って帰らぬ」は、その後の対応への布石で、石井留守宅での亀井の接待と偽装した可能性、あるいは石井四郎は姿を隠し隣室で聴いていただけ、といった可能性もありうる。

新宿区若松町の石井自宅「若松荘」は、後に「GHQのホテル」「パンパン宿」と近隣で噂される米軍将校向け高級「慰安所」であったことを、青木冨貴子は、現地調査で確認している。[157]

石井四郎の私設秘書であった郡司陽子の証言では四六年早春まで石井宅での米軍の出入りは出てこないこと、石井四郎の娘春海の回想では「陸軍省の服部参謀の指示」はでてくるがこの局面で亀井貫一郎の名はでてこないことなど、まだまだ「闇」の謎は残るが、私は、一九四五年秋の七三一部隊隠蔽・免責工作に、石井四郎・増田知貞・新妻清一・内藤良一の直接当事者のほか、ウィロビーに取り入った参謀本部有末精三と共に、闇の政治家・黒幕・亀井貫一郎が、早くから関わっていたと考える。

157 青木、前掲書、四七三―四八〇頁。

サンダース帰国送別会と「鎌倉会談」による免責戦略具体化

このように推論すると、青木冨貴子が陸軍情報部「亀井貫一郎ファイル」の一九五〇年四月六日尋問中に見出した「一九四五年十月、亀井の後輩［former subordinate］である増田知貞大佐を尋問した時、亀井は通訳を務めた。さらに、亀井の鎌倉の家で、サンダース送別パーティを開いた（十一月）」とあるのは、「偽善者」亀井らしい、二正面作戦に見えてくる。[158]

四五年一一月末の鎌倉でのサンダース送別パーティは、青木の著書が初めて発掘したものである。また、これとは別に、常石敬一が「一九四五年の末に鎌倉で、部隊関係者の間で『鎌倉会談』と呼ばれる会合」で「石井と数人の石井機関幹部、それにアメリカ軍の担当者が出会い、石井らの免責について話し合いをし合意に達した」と述べ、この「鎌倉会談は亀井自身が仕組んだ」と亀井貫一郎の裏の役割を指摘してきたこと、それに免責工作の総仕上げとして知られる四七年春の「鎌倉会議」（「亀井ファイル」中の九項目密約、第二部参照）との関係が、問題になる。[159]

この頃の石井四郎については、米陸軍情報部「石井四郎ファイル」のなかで、「一九四五年一一月一〇日、死亡を宣告され、千葉県山武郡千代田村（加茂）にて葬儀が行われた」がこれは偽装葬儀であるという情報が、一二月三日付CIC報告に含まれていた。一二月一四日付で、日本共産党の志賀義雄がCICに石井部隊についての情報を提供したという記録もある。[160]

GHQ内部では、ソープ准将のCISとCICが、これらの情報を追っていた。後に極東国際軍事裁判（東

158 青木、前掲書、四二五頁。
159 常石『医学者たちの組織犯罪』六七―八三頁、青木、前掲書、二九六、四二六―四三九頁。
160 春名幹男『秘密のファイル――CIAの対日工作』上巻、共同通信社、二〇〇〇年、三二一頁。青木、前掲書、二七二―二七六頁。

京裁判）を担当するジョセフ・キーナン検事の国際検察局（ＩＰＳ）は、四五年一二月八日に発足し、連合国軍としての戦犯追及が始まった。

他方でＧ２ウィロビーは、有末精三、エクランド大佐のラインで石井の所在を知りながら、自分の指揮下にあるサンダース軍医中佐には知らせず、「石井はまだ満州にいる」と思い込ませたまま帰国させた。ワシントンの米国陸軍省（ペンタゴン）さえ欺く、ウィロビーらしい謀略である。

内藤良一と亀井貫一郎は、サンダースの尋問調査の通訳を務めながら、有末精三・新妻清一の「国体護持」のための免責工作、七三一部隊の石井・増田らの隠蔽・免責工作に加わっていた。ＧＨＱの二つの系列の石井四郎探索ではＧ２ウィロビーに与しながらも、ＣＩＳ・ＣＩＣやＬＳ、ＩＰＳにも対応しなければならなかった。

そのつなぎ目で、一方で一一月二〇日にエクランド中佐らＧ２ウィロビー側近を石井邸で接待しながら、サンダースの公式報告に人体実験や攻撃的細菌戦が入らぬよう、月末には鎌倉で送別会を開きもてなす。

さらに、ＣＩＳ・ＣＩＣの情報収集、米軍第二次トンプソン調査団来日、七三一部隊第二代隊長だった北野政次の中国からの帰国を控えて、戦犯免責実現のための口裏あわせ、石井自身が尋問されるケースをも想定した作戦会議が必要になった。

それが、常石敬一が関係者の聞き取りから見出した「鎌倉会談」であったろう。その記録や直接証言はないため特定は困難であるが、一九四五年末から四六年年頭ならありうることである。それは、「亀井ファイル」四七年春の「鎌倉会議」九項目密約とは異なる。由緒ある鎌倉の亀井邸ないし料亭なら、クリスマス・パーティや新年会の名目もたつ。

そこで「石井の免責について話し合いをし合意」したとすれば、「アメリカ軍の関係者」は、ソープ准将指揮下のＣＩＳ・ＣＩＣ隊員ではなく、Ｇ２ウィロビーの側近、エクランド中佐らであったろう。マッカーサーのサンダース調査における七三一部隊免責の内意をウィロビーが受けていたとしても、GHQ全体としては、七三一部隊追究は、四六年からむしろ本格化する局面である。日本側では、主催者の亀井貫一郎、内藤良一、新妻清一等の出席が考えられる。G2のマンソン大佐、日本側の有末精三の列席については、保留にしておこう。

石井「終戦メモ」の「池谷」は太田大佐、「M」こと亀井貫一郎の米軍工作幇助

問題は、当事者たる七三一部隊の最高幹部、石井四郎中将や増田知貞大佐が、米軍G2関係者との陰謀「鎌倉会談」にどこまで関与したか、直接出席したかどうかである。ただし常石敬一は、関係者の間接情報として、日本側はすべて軍人で「石井のほかに少将、大佐クラス四人の計五人」としている[161]。少将とは菊池斉、大佐とは増田、太田あたりだろうが、鎌倉の料亭なのに非軍人亀井貫一郎や内藤良一中佐が通訳としてでも出席しないのは考えにくい。疑問である。

そこで再び、青木冨貴子が発掘した石井四郎「終戦メモ」の解読が重要になる。一一月一一日米軍招待についての「Mに池谷、佐藤　招待の状況報告を受けること」の記述中の「M」は、前述したように、誕生日を祝われた元外交官・亀井貫一郎であろう。

青木冨貴子が石井四郎「終戦メモ」を発掘し解読した段階ではまだ見つかっていなかったが、二〇一五年の近藤昭二による一九四五年九月二〇日付部隊長「通告」の発見によって、暗号のような「メモ」の解読は、かなり容易になった。「M」こと亀井貫一郎の「状況報告」を受けて、一一月二〇日の若松荘での米軍エクランド大佐以下六人を招いての宴会を準備したらしい「池谷」は太田澄大佐、「佐藤」は稲毛の「留守業務部」窓

161　常石『標的・イシイ』三〇九頁。

口・佐藤重雄であることが明確になった。青木が「池谷は部隊の残務処理をしていた人物で、佐藤がその下で補佐していた」と推論したのは鋭く、その通りであった。

「終戦メモ1946─1─11」と表紙にあるが、実は一九四五年一一月一日に始まるメモの冒頭は、「M、池谷来訪」である。黒幕政治家・亀井貫一郎と七三一部隊総務部長で平房破壊・証拠隠滅責任者であった太田澄は、一〇月のサンダースの増田知貞尋問を無事にのりきったところで、どちらが呼びかけたか石井四郎が呼んだかは不明だが、GHQ対策と残存七三一部隊管理の交点で、早くから石井と一緒に打ち合わせている。

GHQ対策の方は、英語に流ちょうな亀井貫一郎の担当で、一一月三日「M　モーア少佐の招待?」「M高級の招待日は?」、九日「一一月二〇日手製ケーキ、ドウナット」、一一日「連合国一一月二〇日招待時の買出し一覧表作成し、主なるもの打電手紙を出し置き返事を得ること（M用）」「Mに池谷、佐藤　招待の状況報告を受けること」とある。米国側出席者の人選は、亀井が有末機関および新妻清一・内藤良一と相談したのであろうか、最終的にG2のカール・エクランド大佐、H・H・ブラック少佐、技術将校のカール・W・マイヤー大佐、ジャック・J・ヒンメン・ジュニア中佐、A・C・テスター少佐、通訳のS・イノウエ少佐が二〇日に若松町の石井宅にくる。

そのための送迎・食事メニュー・予算などのロジスティクスは、残存部隊を率いる太田澄の担当で、部下の佐藤重雄は、七三一部隊総務部時代からの経理・兵站での太田側近であろう。米国人接待に明るい鎌倉の亀井は、この会合を成功させるため、食事メニューやデザートまでチェックしている。

隠蔽第一から積極供述・免責へのGHQ対策変更、北野・石井の召喚切迫

会談内容では、石井「終戦メモ」一一月三日に「X及PはGの許す限り確保す」とある。GHQが許す限りで、ノミ及びペストの問題を隠しておく、追及されたら防御用として話すという意味であろう。一〇月三〇日

京都での田中淳雄尋問でうっかり「ペストノミ」を出してしまった対策が、尋問を受けた増田知貞・内藤良一・新妻清一とは別個に、石井四郎自身が尋問される局面を想定して、若松荘でも検討されたのだろう。

一一月二〇日の宴席で「髪を伸ばして戦後米国に行く」「来たらBlackの所へ行き、次々と三か月ずつ宿れば一年くらい居られる。Blackシボレーホカナイ」「カールはリンカーンを持っている」とあるのは、石井四郎のアメリカでのクルマを使った「亡命」生活の可能性が、ジョークも交えて話し合われたのをメモしたものだろう。[162]

一九四五年一一月二〇日は、ナチスの戦争犯罪を裁くニュルンベルグ裁判開廷の日であり、この時点での「科学者の亡命」とは、戦犯不訴追と引き替えでの米国への拉致・協力を意味する。六人の米軍情報・技術将校の中に、ドイツの科学技術者を免責してアメリカに連れ帰った「アルソス作戦」「ペーパークリップ作戦」に関係した人物が加わっていた可能性をも示唆する。もっとも有末精三や亀井貫一郎であっても、ドイツのナチ科学者のアメリカ大量「亡命」を知っていたとは思われない。マッカーサー、ウィロビーなら、知っていたかもしれない。

一二月四日「Sandersの後任は誰になったか」「Ⓜ　戦犯の件はどうなる　どうする」とあり、亀井に戦犯訴追・免責可能性の情報を催促しつつ、自分自身が尋問される場合の想定問答集をつくる。

1、ハルビンと奉天の研究所、全然デマ、奉天には全然なし、ハルビンは濾水器工場と給水。

2、米兵、中華兵にペスト菌注射。米兵も中華兵の捕虜に居らず。ペスト液も予防液も注射することなし。

3、飛行機で共施設を爆撃せる事実更になし

162 青木、前掲書、三八〇―三八六頁、四四五―四八八頁。

4、ハルビンと奉天で人間モルの実験せる事実なし。又、奉天で感謝状受く間違いなり。
5、石井は大地主に非ず。勤労所得者なり。三六五日一日も休日はとらず、祭日、日曜もなし。自活農保有限度の＊分もなし。
6、石は未復員者なり[163]

占領改革は、農地改革まで具体化していた。大地主としてリストアップされてはかなわない。フィリピンでは一〇月末から戦犯裁判が始まり、「マレーの虎」山下奉文大将には、一二月七日に死刑判決が出ていた。天皇側近の木戸幸一も近衛文麿も責任を問われ、近衛は一二月一六日、出頭目前に自決した。

CISソープ准将の石井四郎捜索も進み、「偽装葬儀」情報や共産党の告発があったもとでは、G2ウィロビー＝連絡事務所有末精三のラインで情報は入っても、東京での隠匿継続は、限界がきていた。かつて朝枝繁春が直観したように、「人間モル」＝人体実験が焦点だった。奉天捕虜収容所での、フィリピンから移送した連合軍・米国人捕虜への人体実験も問題にされる可能性があった。中国人・ロシア人なら実験材料にしても見逃されうるが、アメリカ人、イギリス人、オランダ人に対しては重罪になることを、米国側・日本側の人種差別主義者たちは、熟知していた。

ここで「隠蔽」から「免責」へと、七三一部隊のGHQ対策の戦略は、変更を強いられる。第二代部隊長の北野中将召喚も近づき、石井四郎の身元判明・召喚も時間の問題だった。「鎌倉会談」への増田知貞・石井四

163 青木、前掲書、四五九頁。

郎の出席はなんともいえないが、少なくとも石井四郎への尋問を想定した問答集は検討されたであろう。[164]

残存七三一部隊のサバイバル作戦

石井四郎「終戦メモ」のもう一つの主題は、家庭・家計のこまごまとした日常を別にすれば、帰国した七三一部隊の組織的延命策である。隠匿物資・資金を管理し、隊員ネットワーク連絡網を引き受けた「池谷、佐藤」＝太田澄大佐とその側近佐藤重雄が担当する実務、部隊の兵站・人事も扱った総務部の、サバイバルの仕事である。

一一月三日の「メモ」に「一〇月二九日　佐」として、「1、自分の事は自分にて責任を持ち部下に責任は負わせぬとの指示に基く、2、出張命令でも兵站給与なれば旅費、宿泊料は出ぬ。只、旅行雑費だけが出るのみ、但し、車馬賃を要する場合は旅行経路を作成す、最初に概算として前渡せる雑費を精算して会計検査院に書類を提出す」以下一二項目の、会計処理・給与・住宅等の決済事項がある[165]

一一月一三日「小浜」宛で、「金沢行きの運転手は無断出発を禁ず。日殊にあるケンビキョウ二台を小浜自らより検査して、必ず、積載準備をなすべし」など四項目は、物資・器材運搬・食糧などの指示で、金沢にお隠匿物資があること、実験器材ほかの保存・移送は日本特殊工業・宮本光一が太田澄と連絡しつつ担当して

164　この頃亀井貫一郎は、大政翼賛会東亜部長の経歴から、すでにソープ准将、ＣＩＳポール・ラッシュ中佐指揮下のＣＩＣに監視されていた形跡がある。一九四六年一月一六日付ラッシュ作成の陸軍情報部「亀井貫一郎ファイル」には、「彼は巣鴨刑務所に収監されてもおかしくない人物」で「亀井の助手の一人は防疫給水部の増田医師（名前は不明）」、鎌倉の自宅は「金のかかった豪華な家で、最近、増田をこの邸宅でもてなした」と、「鎌倉会談」への増田の出席を示唆するような記述がある。ＣＩＣが石井四郎を探索している時期であるから石井の出席は難しくても、石井の代理で増田が出席した可能性は否定できない。青木、前掲書、四一九—四二〇頁。

165　青木、前掲書、四五〇—四五一頁。

いることがわかる。「小浜」は人名とも、金沢に近い福井県小浜市に隠匿基地があるとも読める。一一月二〇日、二八日、一二月四日の「首切代」が、青木冨貴子の解読する軍人・軍属への未払い給与・退職金であるとすれば、石井四郎は、参謀本部解散、陸海軍省の復員省への改組にもかかわらず「皇軍」の存続・財政援助と部隊のスリム化した存続を夢想していたことを意味する（この点は第二部で詳述）。

同時に、帰国して「一時帰休命令・自宅待機」が三ヵ月、七三一部隊の「三つの掟」も軍紀もほころびを見せて、給与を生活費として要求し、自己都合退職も辞さない隊員が出てきたことを示唆する。[166] 米陸軍情報部「石井四郎ファイル」には、CICレポートとして、石井四郎宅に届いた部下からの日本語脅迫状も、いくつか綴られている。[167]

近藤昭二氏が九月二〇日「通告」と共に見つけた文書綴りの、昭和二〇年一一月三〇日付「業務連絡（一報）」一二頁、一二月三一日付「連絡　第三報」三頁、「内地帰還届」の統一書式一頁、「連絡第四報　内地帰還者処理に関する件連絡」等々の文書は、これらについての具体的指示で、「伝達責任将校」を通じて全国に流されたものだろう。

せっかく九月に再建した七三一部隊の存続自体が揺らいでおり、一九四五年末の石井四郎は、内憂外患に悩まされていた。ここでも戦略の再編を迫られた。

留守業務係・佐藤重雄――七三一部隊経理部からミドリ十字株主へ

これらのサバイバル指示・指令は、九月二〇日付隊長名「通告」で、「太田大佐（仮名池谷清）をして当ら

166　同書、四五二―四五五頁。
167　春名『秘密のファイル』上巻、三一七―三一八頁。

しめ更に連絡には千葉県稲毛町陸軍留守業務部付佐藤重雄を利用する」とされていた。太田澄大佐は隊内でよく知られていたが、留守業務を引き受ける「佐藤重雄」とは何者であろうか。

常石敬一『医学者たちの組織犯罪』（朝日文庫）、小俣和一郎『検証 人体実験 731部隊・ナチ医学』（第三文明社、二〇〇三年）をはじめ、七三一部隊関係者の戦後を追った書物は多く、ウェブ上にもいくつかのリストが掲げられている。ただし、ほとんどは医師・医学者に限られ、七三一部隊の軍医・技師・嘱託が戦後日本医学界にいかに大きな影響力を持ったかが示される。そこには「佐藤重雄」はない。おそらく太田澄総務部長のもとで、経理や人事に精通していた総務部の文官・事務官であっただろう。

このように想定して、私の集めた七三一部隊関係者の各種隊友会の記録をたどって、ようやく「佐藤重雄」に行きつくことができた。

森村誠一によれば、七三一部隊には、比較的上層幹部による一九五五年結成「精魂会」、元少年隊員が集まった一九五七年結成「房友会」、航空班員による「波空会」などがあるという。[168] しかし七三一部隊には「佐藤」姓の隊員は多い。それでも「佐藤重雄」と特定されると、二木秀雄の創設した中堅幹部同窓会「精魂会」名簿に出てくる、以下の人物と同定して間違いないだろう。

精魂会名簿一九五六年版「佐藤重雄　大阪府豊中市桜塚本通り七ー一二一　会社重役」
精魂会名簿一九六六年版「佐藤重雄　新潟県小千谷市川井二五六九　会社重役　小千谷市教育委員会経理部　年齢六三歳」
精魂会名簿一九七三年版「佐藤重雄　新潟県小千谷市川井二五六九　会社重役　小千谷市教育委員会

168　森村『「悪魔の飽食」ノート』晩聲社、一九八二年、四九頁。

経理部」

これ以外の、私の集めた一九四五年八月帰還時「乗船者名簿」、『東郷会誌』一九八六年「第七三一部隊戦友会名簿　軍人軍属」、少年隊員が多い一九九〇年「房友会会員名簿」、溝渕俊美編『平房燃ゆ』一九九一年「大東亜戦争従軍徽章」授与者名簿には、佐藤重雄の名は見当たらない。六六年に六三歳の年齢から逆算すると、一九〇三年頃の生まれで、古参経理幹部である。

菬昭三の『平房燃ゆ』解読記録には、平房「本部の総務部経理課予算担当官・主計准尉」だった江村寛二手記の帰国時の記述中に、「八月二五日仙崎港上陸、金沢に開設の仮部隊本部で〔昭和〕二〇年一一月末まで佐藤主計少佐と残務整理」とあるという。「佐藤主計少佐」がこの時期、金沢仮本部と東京の石井四郎、日本特殊工業、千葉の留守業務部を往復していたとすれば、佐藤重雄にふさわしい。これまでも幾度か参照した近藤昭二作成の七三一部隊組織図（図2、本書五〇頁）で、総務部「経理課（伊地知俊雄・佐藤〇〇）」とあるが、この〇〇が「重雄」であれば、これもぴったりである。

一九四五年秋、太田澄と共に石井四郎に密着し、七三一部隊のロジスティクスを担ったのは、当時千葉県稲毛、一九五六年大阪・豊中市、一九六六年以降新潟県小千谷市で教育委員会に勤務していた、七三一部隊本部経理部出身、「会社重役」佐藤重雄であった。

一九五六年の住まいが大阪なので、内藤良一・二木秀雄・宮本光一の「日本ブラッドバンク」の一九五〇年創設時株式引受人名簿（一九五〇年一一月二〇日）も調べてみた。やはり、佐藤重雄の名がみつかった。郷里山口県萩市で開業医となった太田澄と同じく、二〇〇株の出資者であった。したがって「会社重役」とは、日本ブラッドバンク＝ミドリ十字関連である可能性があるが、それ以上はいまのところわからない。[169]

日本医学界ばかりでなく、医療機器・薬品業界でも、七三一部隊敗戦時に悪魔の亡霊の菌がまかれ、培養され、マネーを喰っていったのである。

四六年一月「北野中将へ連絡事項」――GHQ・戦犯訴求対策

これら「隠蔽」第一から「免責」第一への戦略的転換による当面の結論、「鎌倉会談」での四六年初頭の免責工作の内容は、以下の「北野中将へ連絡事項」から推定できる。

七三一部隊はあくまで防疫給水研究部隊であるとし、人体実験と細菌戦実施以外は積極的に供述する。石井四郎と部隊の本隊は、一応まだ満州だと偽装する、帰国時に下関・金沢で組織した連絡網を使って部隊そのものは維持する、という方向である。

ちょうど、昭和天皇「人間宣言」で天皇制維持の方向が見えて、マッカーサー三原則にもとづく日本国憲法草案策定、天皇地方行幸に入る局面、公職追放が始まり労働運動も本格化する頃である。

第一次サンダース調査団帰国後、四六年初めには米軍の第二次トンプソン調査団を迎えることになった。「鎌倉会談」をもとに、四六年一月九日に第二代隊長だった北野政次軍医中将が中国から帰国するにあたって、七三一部隊としての延命策「北野中将へ連絡事項」が作られた。

北野中将へ連絡事項

一、〇及「保作」は絶対に出さず

169 『ミドリ十字三〇年史』一九八〇年、二〇四頁。

二、関防給は石井隊長以下尚在満しあり
三、増田大佐は万難を排して単独帰還し「マ」司令部へ出頭せり
四、関防給は総務部長兼第四部長大田、第一部長菊池、第二部長碇、第三部長兼資材部長増田大佐となり其他は転出又は解隊しあり
五、第一部研究、第二部防疫実施並に指導　第三部給水実施並に指導及資材修理　第四部製造資材部資材保管補給を担任しあり
六、七、八棟―中央倉庫、田中班―P研究、八木沢班―自営農場に使用しあり
七、「保研」に関しては石井隊長、増田大佐以外は総合的に知れるものなし研究は細分して常に人を代へて之に当たらしめあるを以て他の者は部分的に之を知れるのみなり而も其の目的は知得しあらざるならん
八、北野中将在職中「保研」は前任者の実験を若干追試せる外　積極的に研究せず中止の状態なり
九、「保研」は上司の指示にあらず　防御研究の必要上一部のものが研究せるものなり
一〇、北野中将は在職中専ら流行性出血熱の研究に没頭せり[170]

第一項の〇はマルタの人体実験、「保作」は細菌戦の実施作戦である。この二点だけは絶対に出してはいけない。第二項以下の「関防給」は「関東軍防疫給水部」、すなわち石井四郎と七三一部隊はまだ満州にいることにするという口裏あわせである。マルタを収容した七、八棟は「中央倉庫」とする、田中班はペストの研究だけでノミの爆弾は隠蔽、八木沢班の枯草作戦もたんなる「自営農場」とし、四つの部の公式の任務と部長名

170　太田、前掲書、一一三―一四七頁、二三五―二三六頁、カタカナをひらがなに改めた。

は出してもいいが、「保研」＝細菌戦は防御的学術研究であり、その全貌を知るのは石井四郎と増田知貞の二人のみ、北野は隊長だったが在職中は流行性出血熱の研究に没頭していたことにして余計なことはいうな、という指示である。

そのうえで、念には念を入れて、北野が帰国して真っ先に会うのは、「有末機関」の有末精三であった。GHQ出頭直前に、有末から「アメリカ軍とは、戦犯免責について話がついている」と告げられる。「連絡事項」をもとに、尋問対策が練られたであろう。

七三一部隊隠蔽・免責工作に関与した中核部隊八〇人

太田昌克によると、内藤・増田・新妻等が練ったと思われるこの「連絡事項」は、カーボン紙で八〇枚作られたという。敗戦時七三一部隊の博士クラスが五三人の軍医・技師であったことに注目し、この口裏あわせマニュアルが、北野政次だけではなく医学的尋問を受けそうな中堅幹部全員に配送されただろうとしている[171]。これに隊外で協力する亀井貫一郎、有末精三と有末機関幹部一五人を含めると、八〇人の配布範囲が概ね推定できる。

仮本部が千葉に移った後の金沢の石川太刀雄、二木秀雄も、無論、この最高機密共有グループに入っていた。ただし二木秀雄は、七三一部隊インテリジェンス担当として、別の形でのGHQ工作を始めていた。

そして、こうした幹部たちの秘密の戦略転換、隠蔽戦略から一部隠蔽・積極供述、戦犯不訴追・免責工作への転換は、九月二〇日部隊長「通告」により七三一部隊の存続と身分・給与の継続を知らされ都道府県単位で組織された数千人の一般隊員には、ほとんど知らされなかった。もちろん、満州に残ってソ連軍に捕虜とされ

171　太田、前掲書、一四七頁

た人々を配慮する余裕はない。

彼らは、平房撤退時の生死の境で叩き込まれた「三つの掟」――「一、郷里へ帰ったのちも、七三一に在籍していた事実を秘匿し、軍歴をかくすこと」「二、あらゆる公職につかぬこと」「三、隊員相互の連絡は厳禁する」――を必死で守りながら、食べることと家族を守るのに精一杯の焼け跡日本に投げ出された。

第二部　七三一部隊の免責と『政界ジープ』

一　金沢でのＧＨＱ工作――二木秀雄の雑誌『輿論』刊行

戦後金沢文化の原点？――二木秀雄の創刊した『輿論』

国文学者・高橋新太郎は、近代日本の古書や雑誌の蒐集で知られる。二〇〇三年に没したが、その膨大なコレクションは、ゆかりの学習院女子大学と尾道市立大学に「高橋新太郎文庫」として保存されている。そのセレクションの書籍化にあたって、文芸評論家・紅野謙介は、「目論むところはひとすじ、政治にふりまわされる文学者の軌跡である」という推薦文を寄せた。

その「文庫」生成の途上、『彷書月刊』という愛書家雑誌に、高橋新太郎は「集書日誌11　戦後の金沢文化――旬刊『輿論』ほか」という一文を寄稿している。

『輿論』は戦後金沢で最も早く創刊された雑誌で、「全くの素人揃ひではあるけれども、再建日本には純正なる言論による民意の確立こそ絶対不可欠なりとの信念の下、一切の虚飾を避けて、ひたすらに、事実を読者諸賢の机上に呈することを使命」とすると「編集後記」でうたっている。同人はすべて郷里に縁故のある人達ばかりであるとも記している。創刊号は、「進駐軍を語る」特輯のほか、「再建政治のあり方」

「原子爆弾を視る世界最新の動向——平和維持のために」と題する記事や、常設の「敗戦哲学」「国際短波」なるコラムがある。

第二号からは、「新生婦人の常識」欄も設けられた。十二月には金沢本社の外、東京・京都・九州・北海道にも支社が置かれた。創刊号以来、大なる小なり原子爆弾に関する記事を取り上げ、国民輿論に訴えているのが特色で、第四号（十二月二十一日）には、被爆者の学術調査団に加わった金沢医大病理学教室石川太刀雄博士の「廿世紀の神話　原子爆弾」が発表された。編集子は「原子爆弾に関する日本否世界最初の学術的、啓蒙的原稿」と特筆している。……[1]

創刊は一九四五（昭和二〇）年一一月一〇日、まだ敗戦三ヵ月である。発行元は輿論社。高橋は、「編集兼発行人は元金沢医大細菌学の教室で輿論社社長の二木秀雄（創刊号のみ大山公平）である」と、「戦後の金沢文化の息吹き」の一端を紹介している。

第一部を読んだ読者には断るまでもなく、七三一部隊の石川太刀雄であり、インテリジェンス担当・二木秀雄である。それが雑誌『輿論』を創刊するとは、いったい何が起こったのだろうか？　高橋新太郎も「政治にふりまわされた文学者」だったのだろうか？

石井四郎の偽装死亡日に創刊された旬刊雑誌『輿論』

金沢で『輿論』創刊の一九四五年一一月一〇日といえば、米陸軍情報部「石井四郎ファイル」のなかに、「一九四五年一一月一〇日、死亡を宣告され、千葉県山武郡千代田村（加茂）にて葬儀が行われた」という偽

1　高橋新太郎「集書日誌　戦後の金沢文化——旬刊『輿論』ほか」『彷書月刊』一九九四年六月。

装葬儀情報がＣＩＣに寄せられたと出てくる、その偽装死亡日当日である。[2] 実際には、東京・石井邸に潜伏して、一一月二〇日の米軍Ｇ２接待工作が始まっていた。雑誌刊行準備も考慮すれば、東京と金沢の連携とは考えにくい。

二木秀雄は、四五年八月平房からの撤退時、本部総務部長・太田澄大佐の「徹底爆破焼却」を助け、総務部企画課長として対米ソ・連合軍の情報収集と「徹底防諜」を担当していた。釜山から下関へいち早く帰国した「野口列車」組の増田知貞大佐に同行し、郷里の石川県金沢市に仮本部を用意し設営した。その場所は野間神社境内とした。物資搬送にどう関わったかは特定できないが、軍服姿の出入りが目撃されていることからして、四三年七月に八〇〇〇枚の病理標本を持ち帰って金沢医大第二病理学教室教授に戻っていた元隊員・石川太刀雄よりも、企画課長二木の方が、重要な役割を果たしただろう。

九月末から千葉県稲毛に移った仮本部は、「池谷」こと太田澄を責任者とし、佐藤重雄が「留守業務部付」であったが、その前の金沢仮本部にも、責任者・増田知貞を補佐する実務担当がいただろう。佐藤重雄が「佐藤経理少佐」と同一人物なら、佐藤は金沢でも経理を一一月までみていたことになる。二木秀雄の方は、平房時代末期の活躍ぶりからすれば、インテリジェンスと渉外担当であろう。

二木秀雄は金沢に戻って、野間神社の仮本部で、石井四郎、増田知貞、菊池斉、太田澄ら最高指導部の七三一部隊隠蔽・部隊再組織の陰謀に加わり助けてきた。九月二〇日の部隊長「通告」で仮本部が千葉県に移動した後、二木が手がけたのが、雑誌の刊行であった。

二木は、七三一部隊で軍医ではなく軍属の技師であったから、他の青年将校技師と同じく、母校金沢医大の研究室に戻る道もあったであろう。恩師・谷友次教授、先輩・石川太刀雄と相談したか否かは不明だが、輿論

2　春名『秘密のファイル』上巻、三一一頁。

社という小さな出版社を興して『輿論』というローカル雑誌を創刊し、金沢から再出発する道を選んだ。二木のこの転身は、石井四郎「終戦メモ」にある、「一〇月二九日　佐」の「1、自分の事は自分にて責任を持ち部下に責任は負わせぬとの指示」にもとづく、当面の生活の糧であったのだろうか。

とはいえ、この二木が編集した『輿論』という旬刊雑誌（翌年三月に月刊『日本輿論』と改題）の性格は、四六年夏東京に移って創刊する大衆時局雑誌『政界ジープ』とは、外観も内容もかなり異なり、評価が難しい。『輿論』という誌名からしても、高橋新太郎が「金沢文化の息吹き」を見出したのは当然で、ＧＨＱ・ＧＳ（民政局）主導で始まった「非軍事化・民主化」の香りが漂う。

ソープ准将指揮下のＣＣＤ検閲体制と金沢ローカル雑誌『輿論』

西田圀夫によれば、石川県で本格的文芸雑誌『北窓』が刊行される一九四五年一二月一五日以前に、「戦後の金沢で創刊された雑誌は僅かに次の二種であった。一つは『輿論』（旬刊）で、二木秀雄（元金沢医大細菌学教官）と柏原勉（元主計大尉）が一一月一〇日に出したもの。全一六ページ。五〇銭。金沢市石浦町二八輿論社発行。他の一つは『さくら文庫』（月刊）で、佐々木良治が一二月一日に出したもの。全八ページ。四五銭。金沢市桜畠さくら書房発行」とある。[3] 二木秀雄の『輿論』は、戦後金沢文化の再出発の、文字通りの第一弾であった。

もっとも、全国大学図書館、国立国会図書館はもとより、現地の石川県立図書館、金沢市立図書館等にも現物はない。占領期日本のあらゆる出版物を、検閲を通じて網羅的に蒐集した米国メリーランド大学プランゲ文庫にさえ、『日本輿論』への改題以前の旬刊『輿論』は入っていない。どうやら占領直後のどさくさで、検閲

3　西田圀夫『創刊のこころ――金沢の戦後雑誌から』非売品、一九七三年、四三頁。

を逃れたようである。
占領期のGHQの検閲は、CIS（民間情報局）指揮下のCCD（民事検閲局）によって行われた。一九四五年九月三日に、CIS局長でCIC（対敵諜報部隊）隊長でもあるソープ准将が、「国内の新聞とラジオの検閲はCCDが担当する」とマッカーサーに勧告し、新聞・出版から映画・演劇・放送をもカバーする、メディア専門の検閲組織PPB（プレス・映画・放送課）が九月一一日から活動を始める。九月一九日に検閲の基準となる「プレスコード」が作られ、連合国への批判、原爆に対する記事などが検閲され報道禁止となったが、日本側の情報局もまだ活動しており、全国のあらゆる出版物を検閲規制する体制は整っていなかった。[4]
一九四五年九月から四六年五月のソープ准将帰国までは、検閲を担当するCCDは、CISソープ准将の指揮下でフーバー大佐等が担当した。一九四五年一一月二八日に七八一人の米国軍人がCCDに登録された。日本語検閲を補助する日本人職員は、翌四六年二月に全国一四六〇人が登録されたが、三月に三〇〇〇人が配属されるまでは、十分に機能してはいなかった。第一部でも見たように、石井四郎を見つけて隠匿したGHQ・G2ウィロビー及び日本の有末機関は、この段階ではCCDの検閲を管轄していなかった（ソープ帰国後、G2の傘下に入り、反共色を強める）。
検閲は、出版物・映画・ラジオにとどまらなかった。CCDには郵便、電信、電話を検閲する通信部門もあり、個人の手紙や電報も検閲された。そのための「ウォッチリスト（要監視対象リスト）」には、ソープ准将が行方を追ってきた石井四郎が一九四六年二月という早い段階からリストアップされていたことを、山本武利は通信検閲の典型例として紹介している。[5]

4　山本武利『GHQの検閲・諜報・宣伝工作』岩波現代全書、二〇一三年、四—七頁。加藤「米国の占領政策——検閲と宣伝」東郷和彦・波多野澄雄編『歴史問題ハンドブック』岩波現代全書、二〇一五年、をも参照。
5　山本武利、前掲書、七—八頁。

1、石井四郎陸軍中将に関するあらゆる言及、
2、細菌戦に関連するあらゆる言及、
3、平房研究所に関するあらゆる言及、
4、わが軍関係者から尋問を受けた人物に関するあらゆる事実に関する言及、
5、これらの人物の一人ないし仲間との会合などに関するあらゆる言及、

通信検閲でこのように明記されているのだから、新聞・雑誌検閲でも、原爆報道と共に、石井四郎と七三一部隊関係が要注意・監視事項（キーログ）であったことはまちがいない。

『輿論』はいかに創刊されたか、印刷所吉田次作商店の役割は？

私は八方手を尽くして、『輿論』を捜した。インターネットの個人ホームページ「ネチズンカレッジ」で公開探索し、金沢の古書店やメディア研究者の協力で、現物の多くをようやく手に入れたものの、それでもいくつか欠号がある。これらの中で、プランゲ文庫に入り、検閲が確認できるのは、『日本輿論』第二巻三号・四号（一九四六年三月・四月号）のみである。

創刊号のみ発行者となっている「大山公平」については、全く情報がない。西田圀夫が名前を挙げた「柏原勉（元主計大尉）」については、『輿論』四六年一月一日号で、鳩山一郎が金沢に来た際の鳩山総裁と石川県自由党幹部を迎えての座談会で、「本社側二木社長、副社長柏原勉」として出席しており、副編集長格と経理を担当したのだろう。柏原勉は、中小企業金融に詳しいらしく、戦時中に「中小工業の集団転業と有限会社」という論文を『工業国策』という雑誌に寄稿しているが（第三巻第八号、一九四〇年）、七三一部隊関係者であ

るか否かは確認できなかった。

輿論社所在地の金沢市石浦町二八番地は、現在の香林坊、金沢一の繁華街である。二木秀雄の本籍地、戦前住所にも近い。実質的に、二木秀雄事務所であった。

『輿論』『日本輿論』の印刷者は、「金沢市中町二四番地　吉田次作」とある。これも、二木秀雄の言論デビューを知る手がかりとなる。吉田次作の吉田商店は、今日では全国展開の「ヨシダ印刷グループ」として金沢と東京に本社を持ち、「一九〇六年の創業以来、『社業を通じて新しい社会に貢献する』という理念のもと、常に、質の高い印刷物・お客様第一のサービスをご提供することで、信頼を得て参りました。『印刷の本質は情報伝達機能である』と考える私たちは、時代の変化とともに、媒体の垣根を超えて、デジタルコンテンツ制作へも事業を展開しています」と謳って、金沢経済界で枢要な位置を占めている。

「軍御用達」吉田次作商店と牡丹江「印刷開拓団」

吉田次作は一九一〇年生まれ、二木秀雄より二歳若く敗戦当時は三五歳、明治以来、紙と印刷を扱う「吉田商店」の二代目で、金沢の陸軍第九師団司令部ほか軍隊関係施設の用度品を納入する「軍隊の御用達商人」の跡取りだった。活版印刷工場をもち、舞鶴の海軍鎮守府の指定も受けたが、一九二二年に父の早逝により一二歳で家業を継ぎ、高等小学校までで進学をあきらめ、得意先拡大に専念した。

一九三一年の満州事変以降、印刷工場・製紙工場・製本工場も作り、関東軍第五方面司令部の要請で「満州工場」＝牡丹江の掖河に満州第一一部隊印刷所を開設した。紹介者に石川県出身で陸軍参謀本部（三六年から関東軍参謀部）の辻政信大佐がいた。二四名の従業員と家族が「印刷開拓団」として満州に滞在し、高級軍人の名刺から機密の乱数表・暗号書の印刷まで引き受けた。ただし「印刷開拓団」は、間島・朝鮮まで商圏を広げたが、四五年八月ソ連侵攻で、従業員は二年余の抑留生活を強いられた。

新京には関東軍の印刷工場が別にあったというから、この牡丹江「吉田商店」と七三一部隊に取引があったかどうかは定かでないが、石井部隊の旧制四高関係者、金沢出身の増田知貞や二木秀雄らにとっては、心強い地元出身企業であったろう。吉田商店が満州にも進出した老舗の「軍御用達」であったことが、金沢野間神社に仮本部を置いた七三一部隊、雑誌を始める二木秀雄や柏原主計大尉にとって、信頼できる商売相手だった。

社長の吉田次作は、戦時は主に金沢で、軍関係から官庁・病院・学校などの仕事を引き受け、業界団体の幹部になっていく。戦後は金沢商工会議所会頭を二期勤める。[6]

戦時から戦後に続く用紙・出版統制のなかでの『輿論』の用紙調達

この吉田次作商店とのつながりなしでは、『輿論』刊行は難しかった。なぜなら一九四五年秋では、新聞・出版用紙の入手が大変だったからだ。一九四〇年、商工省が「用紙配給機構整備要綱」を作り、都道府県単位の商業組合を通じて紙需要の統制が始まった。四四年四月の統制会社法で紙の生産・配給が一元化され、出版業・印刷業も産業統制組合に統合された。情報局指導下の日本印刷文化協会石川支部では、若輩の吉田次作が監事を勤めた。

戦後ＧＨＱは、この戦時用紙・出版統制が言論の自由を妨げてきたとして、用紙割当制度の刷新を日本側に求めた。一九四五年一〇月二六日、「用紙配給に対する新聞及び出版統制団体の統制排除に関する覚書」で用紙割当配給機能を停止、一一月二六日に情報局の下に新聞及出版用紙割当委員会を創設した。年末には情報局の廃止に伴い商工省の管轄とされたが、物資不足そのものは如何ともしがたく、用紙割当そのものは、ＣＩＥ

6　以上、『きさらぎの都　吉田次作追悼記』非売品、一九八五年、より。

（民間情報教育局）のブラウン情報部長のもとで、占領初期には避けられなかった。[7]

したがって、老舗の出版社・新聞社でさえ用紙確保に苦労している時に、新しい雑誌の用紙調達・印刷は並大抵ではなかった。一九四六年から簇生するいわゆる「カストリ雑誌」は、用紙統制外の仙花紙に刷られたことがよく知られているが、金沢の雑誌第一号『輿論』は、戦前の官報などと似た普通紙に活字で刷られている。いったいどこから入手したのか。

『輿論』創刊は一一月一〇日で、ちょうど用紙統制権が、日本の情報局からGHQ指導の割当委員会に移る時期である。正規の申請手続きを経たとは思われない。

ただし、抜け道はいくつもあっただろう。一つは、七三一部隊が満州から持ち帰った膨大な物資である。武器・弾薬や医薬品・実験機器・データ、研究書籍や現金・貴金属・証券類もあっただろうが、八月帰国時の細かい指示をみると、数千人分の寝具・夏冬衣料・携帯食料・工具・日用品等も入っていた模様だ。

そのうち「私物」は、一九四五年八月二六日付「会報」「命令」により一般隊員が「一時帰休命令・自宅待機」の指令を受けてそれぞれ持ち帰っただろうが、「官物」は、貨物列車・船・トラックで、いったん金沢に持ち込まれた。金沢医大倉庫・陸軍病院倉庫などのほか、二木秀雄や石川太刀雄は、自宅・親族・友人宅なども使って一時保管したであろう。後に辻嘉六や児玉誉士夫で問題になる言葉でいえば、軍の「隠匿退蔵物資」である。関東軍指令など機密書類や不要な印刷物は平房で「徹底爆破焼却」されていたが、未使用の印刷用紙や布地反物などはどうであったか。隠匿されていた可能性は否定できない。

ちなみに七三一部隊隠蔽・免責で重要な役割を果たす亀井貫一郎が、政治の表舞台から消えてGHQ・G2の、後にはCIAのエージェントになるにあたっては、この隠匿物資が重要な意味を持った。軍隠匿物資の払

7　井川充雄『戦後新興紙とGHQ――新聞用紙をめぐる攻防』世界思想社、二〇〇八年、など参照。

下げにからむ「軍服事件」で、一九四八年国会不当財産取引調査特別委員会に証人喚問され、五一年に刑事事件として懲役三年・執行猶予四年の有罪判決を受けた。

金沢財界の若き実業家、吉田次作と二木秀雄の意気投合？

二木秀雄が七三一部隊隠匿物資から印刷用紙を調達した可能性と共に、印刷者である吉田次作商店が大きな製紙・印刷工場を持っていたから、そのストックから雑誌用紙を確保することも可能であった。

敗戦直後の吉田次作は、「県下の紙配給業務の総元締めとして采配を振り、配給業務に支障のない様努力をしておられた」。すなわち、用紙供給の中心だった。それればかりでなく、金沢経済界の若手経営者として、「戦後の荒廃した世相、特に金沢経済界の将来をどう展望するか、次第に社会主義化の方へ辿ろうとしているという現状認識」のもとで「自分達で新境地を拓こうと、経済の民主化を標榜」していたという証言もある。[8]

つまり、二木秀雄の七三一部隊隠匿物資の一部であれ、軍御用達商人だった青年経営者・吉田次作の手持ちの統制・配給用紙からであれ、金沢生まれの三〇代後半の野心ある青年実業家二人が意気投合すれば、金沢で最初の雑誌刊行、「金沢文化の息吹き」再生のための用紙確保は可能であった。この面の実務は、柏原勉が担当したのだろう。

『輿論』創刊号は二木秀雄隠し、ポツダム宣言と「進駐軍」歓迎

ともあれ戦後金沢で最初の雑誌、『輿論』は、一九四五年一一月一〇日に創刊された。全一六頁で定価五〇銭、表紙には「PUBLIC OPINION」と英語も掲げられ、「創刊の辞」「進駐軍と語る」「進駐軍とわれら」「再

8 『きさらぎの都』八—九頁。

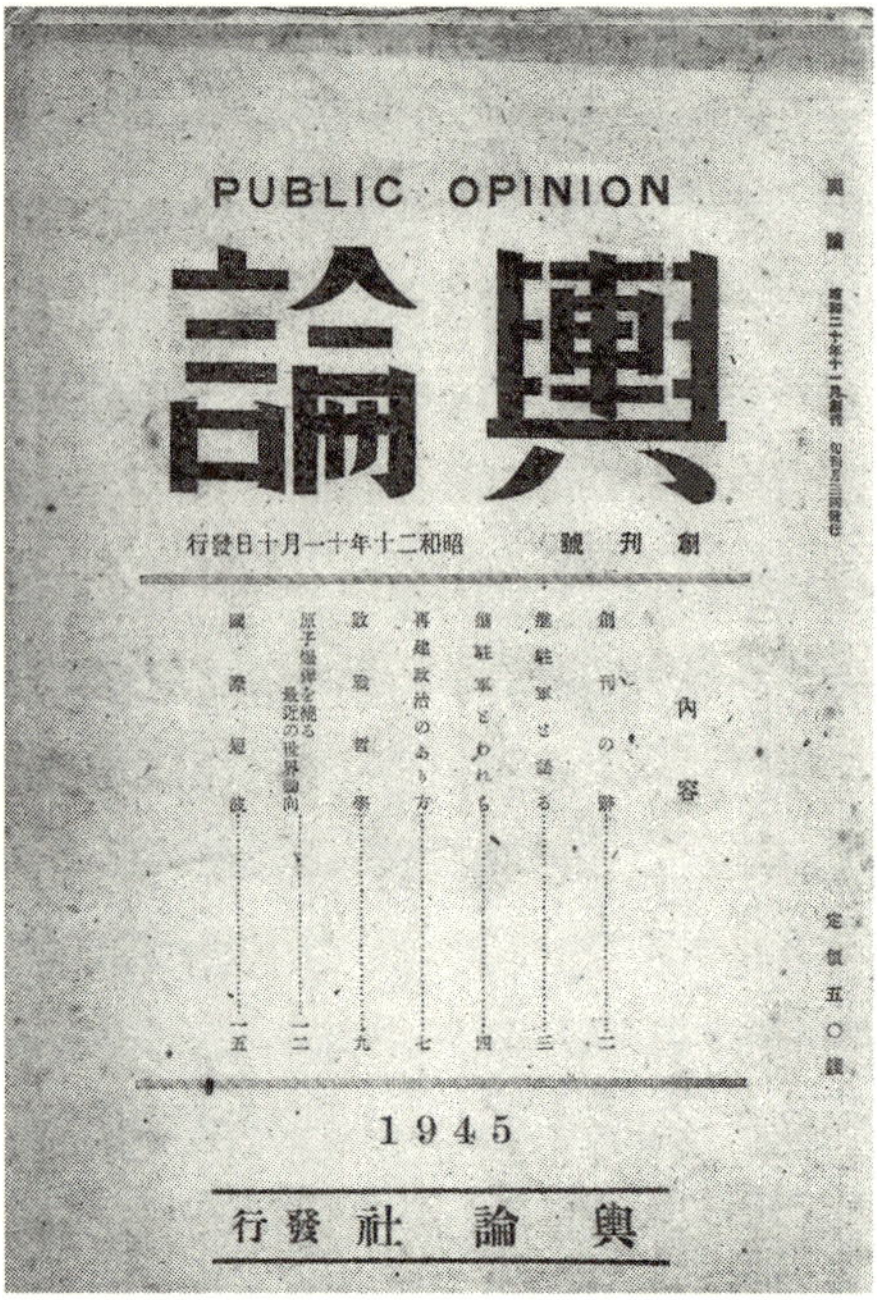

建政治のあり方」「敗戦哲学」「原子爆弾を繞る最近の世界動向——平和維持のために」「国際短波」と「内容」が目次風に出ている。

「創刊の辞」のエッセンスのみ、掲げておこう。

八ヶ年の惨烈な流血戦争は終った。國破れて得た唯一のものが「自由」であった。百萬の同胞と廣い天地への希求を犠牲にして与へられたものが「自由」であるといふに至っては実に皮肉である。自由は国民の渇望したものである。明治維新も自由への獲得革命であった。今次の戦争も姿をかへた自由獲得のあがきであった。敗戦と、そして賠償と、実に莫大な精神的、物質的犠牲の下に漸くあたへられた自由こそ力つきてあたへられた唯一のものである。自由は自主独往であり、自由奔放である。そうして独創である。ここに責任が生じてくる。ポツダム宣言を受諾した日本は、八月十五日を劃して心に自由をあたへられた。同時に責任もまた明瞭になった。この苦難にみちた敗戦後の国内事情に新しい役割を果すものは輿論である。溌剌たる輿論こそ新日本建設の中核である。輿論は自由の聲であり国民の実力である。そしてまた民衆の創造である。……

わが社はこの新日本のバロメーターの一つとして輿論の忠実なる調査発表を以てその使命とした。十月以来僅かに一ヶ月米国流の能率主義を以て頑張った。新しい時代の息吹をいくばくでも早く、すこしでも廣く伝へんとする同人達は素人ばかりの寄合ひではあるが忠実なる輿論の代表者たる事に対して最善の努力を盡さんとするものである。尚ほ同人はすべて郷里に縁故のある人達ばかりである。

あらかじめ述べておけば、金沢『輿論』『日本輿論』の半年間を通じての輿論社・二木秀雄の論調には、二つの柱がある。第一が、輿論にもとづく民主政治を説くことによる天皇制の維持、第二に、敗戦の最大要因として米国の原爆の威力を強調することによる「原子力の平和利用」を含む新生日本の科学技術立国の必要、である。

もっともこの創刊号の段階では、輿論と民主主義はでてくるが、天皇制については触れない。原爆の威力についての各国の報道は詳しく紹介されるが、科学技術立国は出てこない。何よりも奥付が「昭和二十年十一月八日印刷　昭和二十年十一月十日発行、編集兼発行人　大山公平、発行所　輿論社、印刷者　吉田次作」とあるだけで、実質的社主である二木秀雄はもとより、執筆者名が出てこない。エッセイ・コラム・編集後記を含め、すべて無署名である。創刊へのＧＨＱと「輿論」の反響を気にしている気配である。

ただし「風の穴」というコラムで戦争指導者を「神経衰弱症」と診断して「救急法」を説いたり、巻末「生活医学」欄で腸チフス・赤痢流行への家庭で「手を洗う」予防法を述べるさいに、金沢医大医学博士・二木秀雄の顔が透けてくる。

無署名の「編集後記」が、「創刊の辞」を補完して、雑誌の性格を示す。

自由の聲、民主主義の聲は巷に満ち溢れて来た。……わが社は創刊の辞にも述べられている如く素人揃ひではあるけれども、再建日本には純正なる言論による民意の確立こそ絶対不可欠なりとの信念の下、一切の虚飾を避けて、ひたすらに、事実を読者諸賢の机上に呈することを使命とし、……社内に政治経済学術文化研究所を設置、新日本の生くるべき道は一般国民の知識水準の昂揚による世界文化への寄与にありを考え、……その研究機関たらしむることにした。また本社は連合進駐軍との了解の下に、連合軍の有する意見、希望等に関しても今後紙上を以て一般に紹介することになっていることを附記する。

まだ検閲はなかったが、むしろ進んでGHQの了解を取り、意向を紹介するというのである。広告はほとんどなく、裏表紙に「北鉄興業株式会社、東洋第一温泉ホテル　白雲荘」と金沢の老舗百貨店「大和　更新明朗」という二つだけだった。

創刊号から透けて見える七三一部隊・二木秀雄の言論戦術

とはいえ内容に立ち入ると、すべての論文を執筆ないし校閲したらしい、七三一部隊・二木秀雄の狙いも、かいま見えてくる。

『輿論』創刊号の特色は、「特集　進駐軍と語る」で匿名であるが米兵を登場させ、「進駐軍とわれら」で「進駐軍将士と真に理解のある友誼的関係を結ぶこと」を読者に説く。一〇月から準備し「連合進駐軍との了解」も得たというから、七三一部隊仮本部移転後の二木秀雄は、金沢に進駐してきた占領軍、おそらくCIC（対敵諜報部隊）隊員に直接接触し、同時に内外の激動する情勢をインテリジェンス風に分析して、子供たちにチョコレートを配る陽気で親切な「進駐軍」を積極的に描く。米国を礼賛し、米軍に食い込むことこそ、サバイバルの道だと見通したのだろう。金沢にはG2ウィロビーや有末精三の権勢が及ばないもとで、東京・千葉での隠蔽・免責交渉とは異なる、ポツダム宣言と「非軍事化・民主化」のGHQ基本政策に沿った、米国への迎合である。

例えば「再建政治のあり方」では、「米国は、国家としての歴史は非常に浅い。それにも不拘今日あれだけの国家を形成し、然も尚前途に多大の発展的要素を有するもの実に、米国政治の優秀性にある」と断言し、

「時代は変移した」「敗戦は民族再生への一大反省」「政治は速度を要求」と日本政治の旧弊を批判する。「軍閥」は批判するが、天皇はもとより帝国陸海軍の「責任」には触れず、「政治家の無定見、無能」に責任転嫁し、アメリカ型民主主義、政治指導の「能率主義」が対置される。

「原子爆弾を繞る最近の世界動向――平和維持のために」という記事は、「連合進駐軍との了解」とは、金沢CICとの雑誌創刊と占領政策推進レベルのもので、個々の論文・記事の編集と具体的記述については、二木秀雄らに任されていたことを、問わず語りに物語っている。

というのは、この時期東京の大手新聞・雑誌では、「プレスコード」による検閲が始まっていた。まだ日本人補助者の大量動員体制は整っていないにしても、日系二世米兵らのCCD検閲は九月から実施されており、原爆報道は最も厳しい検閲対象であった。それでも朝日新聞社の嵯峨根遼吉『原子爆弾』が一九四五年一〇月三〇日に刊行されるなど、検閲をくぐった書物・論文・記事がなかったわけではないが、それは「原子爆弾の副産物」「原子力自動車」など「原子エネルギーの平和利用」の報道が多く、広島・長崎の原爆被害、特に放射能の影響に関する記事は厳しく検閲され削除された[9]。

二木秀雄の執筆とみられる『輿論』一一月一〇日の「原子爆弾を繞る最近の世界動向」は、日本のポツダム宣言受諾の直接要因として、①空爆による国内抗戦力破滅、②原子爆弾使用、③ソ連参戦のうち、②の原爆こそ「今次大戦中最大のトピックであり、その威力の惨烈さは正に世界人類の滅亡を想わせる」と原子エネルギーの威力を語り、各国の反応と世界の「異常なる関心」を論じた。このこと自体は辛うじてCCDでも許容される範囲であろうが、「両都市の蒙れる損害は死傷合計四十七萬に達し」として広島・長崎両市の死者・負傷者、家屋全焼・半焼、被災者数を具体的に挙げる部分は、放射能や後遺症被害まで踏み込んではいないもの

9　詳しくは、加藤「占領下日本の情報宇宙と『原爆』『原子力』」、『インテリジェンス』一二号、二〇一二年。

の、東京のCCDなら、間違いなく検閲対象とし、削除ないし書き直しを指示したであろう。

二木秀雄は「自由の国」米国の強さ・偉大さを示すためにこの原爆記事を書いたのであろうが、まだGHQ「プレスコード」の具体的運用や、占領軍の歓迎する論説・記事の書き方には習熟していない。それは、四六年三月『日本輿論』での検閲・発禁体験で学ぶことになる。

『輿論』『日本輿論』概観――天皇制存続と科学技術立国が二本柱

『輿論』第二号（一九四五年一一月二〇日）から、「編集兼発行人二木秀雄」が現れる。

この第二号の「社論　天皇制を国民直接投票に決せよ」と「原子力と将来の産業――石炭に代るウラニウムの威力」によって、『輿論』『日本輿論』の論調の二本柱が鮮明になる。

その論理に立ち入る前に、あらかじめ、これまで収集できた『輿論』各号の主な目次を掲げ、七三一部隊企画課長（インテリジェンス担当）二木秀雄の細菌戦学者から言論ビジネスマンへの初発の転身過程を概観しておこう。四六年三月第二巻三号から月間『日本輿論』となるが、巻数号数は継続なので、ここでは一緒に扱う。

［］内は私の補足である。

第二号（一九四五年一一月二〇日　編集兼発行人　二木秀雄、金沢市石浦町二八番地　輿論社、印刷者吉田次作）社論「天皇制を国民直接投票に決せよ」、無署名［二木？］「原子力と将来の産業――石炭に代るウラニウムの威力」、「終戦前夜御前会議の真相」、「主食三合配給の断行」、「米スポーツマンM中尉は語る」、「復員兵士のこと」、（以下連載）村瀬幸子「短歌　新生」、中村静治「新生婦人の常識」

第三号（一九四五年一二月一〇日）社論「新世界観による日本憲法の創造」、「輿論調査　貴下は天皇制を存続せしむべしと考えられるか否か」、「敗戦哲学」、「中共軍全満の要衝席捲」、「悲惨北鮮の同胞」、平松博（金沢医大）「新しき教育――教育を能率化せよ」、「農地制度の根本的改革」、「政治家・政党・国民」、中村静治「新生婦人の常識」、「アメリカの家庭生活を訊く」、「生活医学」、「コント」、「国際短波」

第四号（一九四五年一二月二一日）石川太刀雄（金沢医大、〔七三一部隊病理班長〕）「二十世紀の神話　原子爆弾」〔「原子爆弾に関する日本否世界最初の学術的、啓蒙的原稿」、広島は人体実験、放射能影響長期〕、「ドイツの陰謀、緑の計画」、谷川勉「東京は狂ってる」、中村静治「日本経済再建の道」、バーナム「管理社会革命」、ナイト（米軍人）「日本の風物に接して」

第二巻一号（一九四六年一月一日）「既成人と新人の一問一答」、「自由党総裁鳩山一郎氏と輿論社社長二木秀雄博士」（本社側二木社長、副社長柏原勉、日本自由党鳩山総裁、代議士瀧澤七郎、元代議士竹田儀一、自由党石川県幹事長重山徳好、自由党石川県婦人部長加藤二郎、自由党婦人会員樫田操）、輿論調査発表「審議会には新人を」、北斗玄洋「救済に全国方面委員は立つ」、中村静治「新生婦人の常識」、医学博士・田中富士夫「生活医学」、村瀬幸子「短歌」

第二巻二号（一九四六年一月二一日、発行所　金沢市武蔵ヶ辻　田守ビル　輿論社　に転居）、「輿論調査（一二一七サンプル）発表　天皇制の絶対護持九一%、天皇制廃止説九%」二木秀雄「新生日本の理想」、中村大三郎「これからの絵画」、谷川勉「アメリカの対日輿論」、室伏哲郎「一箱の煙草の話」、広告（三和銀行、月桂冠）

第二巻三号　改題月刊『日本輿論』（一九四六年三月、金沢市武蔵ヶ辻　田守ビル・輿論社・発行人二木秀雄全四八頁、〔プランゲ文庫に検閲記録あり　7 deletions〕）表紙、二木秀雄「旬刊輿論改題、輿論調査網の確立」、室伏高信「輿論と方向」、渡辺政之助「天皇制の内容について」、京大教授・大西芳夫〔雄〕「天皇制に就いて」〔検閲大幅 delete, nationalistic〕、「天皇制の輿論調査発表　調査数五〇〇〇、回答一一三一　天皇制支持一九六三（九二・一%）天皇制否定一二〇（五・六%）」、住谷悦治「明治維新の性質について」、伊東春男「日本再建の目標」、谷友次「戦後の癌　性病を語る」、北山良平「婦人の地位」、座談会（伊藤大輔・稲垣浩・マキノ正博［雅弘］ほか）「日本映画界の昨日・今日・明日」［検閲、一部delete］、中村静治「民主講座」、春木猛「米人学者の日本観」、郭沫若小説、村瀬幸子短歌、棟方志功カット

第二巻四号『日本輿論』（一九四五年四月、プランゲ文庫に検閲記録あり、流通したかは不明）安田徳太郎「働く婦人に生理休暇を与えよ」、座談会　神戸正雄・蜷川虎三・田岡良一・田畑盤門「永久平和への道」、三木秀雄「日本の方向」、室伏高信「新たなる構想」、倉田一郎「女権の前史――婦人参政権をめぐりて」、入山雄一「老闘士河上肇博士逝く」、渡辺政之助「ああ河上肇博士」、越村信三郎「自由と平等」、河上肇「亡友山本宣治君の墓前に語る」、加賀耿二［谷口善太郎］「蕾の梅　山宣追悼会参列記」、入山雄一「社会詩　肇国二千六百年」、深水清吉郎「紙幣は腐らず」、新洞壽郎「日本映画再建のために」［検閲一部delete, criticism of SCAP］、大庭さち子「小説　返り咲き」、世相評論「物物交換」［三木執筆？一部delete, black marketing］、詩「国立自殺庁」［検閲disturbs public tranquility］

第二巻五号『日本輿論』（一九四五年五月？　プランゲ文庫四月号の検閲記録に予告があるが、実際に刊行されたかは不明）「時代の触覚――帝都一流新聞記者の打ち明け話座談会、毎日・朝日・読売各社記者」、「財閥の法的機構とその解体」、「知事公選論」、「家族制度論」、原「歴史は如何に書き換えるべきか」、越村信三郎「資本論人民講座」、高谷「歌舞伎の新生命」など

二　『輿論』『日本輿論』とＣＣＤの検閲——天皇制と原爆・原子力

国体護持のための天皇制輿論調査

『輿論』第二号（一九四五年一一月二〇日）の「社論　天皇制を国民直接投票に決せよ」は、「日本は敗れた。ポツダム宣言受諾の八月十五日、二千六百年の伝統と不敗を、前提として世界にその国体を誇示した大日本帝国は、永久に抹殺された。敗戦国日本の上にあるのは連合軍司令部である。日本の憲法はポツダム宣言の支配下にある」と書き出される。

無署名だが、当然に、社主として奥付に顔を出した二木秀雄の執筆である。

　幸ひにして国民の自由意志による責任ある自由政府の存在を許されて、我々は自由を与えられた。……世界は挙げて日本の戦後処理に注目している、神聖にして侵すべからざる天皇に統治された国家が、如何に民主主義国家として再建し得るか。

天皇個人と天皇制の問題は別個なものであるが、国民は天皇に関して余りにも知ること少なく更に天皇制に関しては触れる事を極力避けんとした。然し再建日本にとっては将来最も大きな問題は天皇制である。

ポツダム宣言に際し、天皇の主権は変化なきものと一方的に解釈して無条件降伏に調印したが、現在天皇は事実に於いて連合軍司令部の下にある。……世界はいま日本の軍国化還元に関し甚だ疑惧を抱いてゐ、然もその根源をなすものは天皇制にあると解している。国民の聲は如何。この際天皇制の本質を充分検討し、天皇制存続の可否を国民直接投票によって世界に現示することこそ平和日本再建の基礎をなす根本的問題であると確信する。

当時すでに、治安維持法は撤廃され、政治犯は釈放されていた。天皇制廃止を掲げる日本共産党が合法的に活動を始め、一〇月二〇日に『赤旗』再刊一号、一二月一日から第四回党大会が開かれ、占領下の「民主化・非軍事化」の政治において重要な役割を果たす。戦前の合法左翼を集めた日本社会党も一一月二日に結成されたが（委員長片山哲）、当初は「国体護持」を掲げていた。保守政党の日本自由党は、鳩山一郎を総裁に一一月九日に結成された。すでに政府は松本烝治を委員長とする憲法問題調査委員会を一〇月二五日に設置し、GHQ指令で一一月二〇日に皇室財産の凍結、一二月一五日に国家神道廃止と、天皇制の行く末が政治の大きな関心事だった。

二木秀雄の七三一部隊が、「天皇の戦争責任」と直結する問題となり、G2ウィロビーの庇護下で隠蔽・免責工作を進めていることは、無論新聞報道もなく、知られていない。

『輿論』「社論」の「天皇制を国民直接投票に決せよ」は、存続とも廃止とも主張せず、それは「輿論」に任せよという、一見中立的な、アメリカ風民主主義の主張だった。

ただしそれは、二木秀雄にとっては、GHQに媚びつつ天皇制＝国体護持を実現するための、迂回戦術だった。同時に「輿論調査」という民意を直接的「能率的に」把握する技法を、二木秀雄のインテリジェンス活動のメニューに加えるものだった。

第一回天皇制輿論調査——絶対護持九一%、廃止九%

そのための「輿論」誘導も、一一月二〇日第二号から始まっていた。「社論」に続く巻頭「終戦前夜御前会議の真相」では、四頁を使って、終戦にいたるポツダム宣言受諾はけっきょく「天皇の御聖断」によったとし、「この御前会議の中に含まれた天皇の人間味」を浮き彫りにする。

その同じ第二号末尾に「輿論調査　貴下は天皇制を存続せしむべきものと考へられるか否か　一　天皇制存続すべし、二　天皇制廃止すべし」の二択で「貴下の職業、年齢、性別、学歴」を付し「締切十二月二十日、用紙不問」で輿論社に送れ、というのが最初の天皇制世論調査であった。[10]

その結果は、第二巻二号（四六年一月一〇日）に「輿論調査発表　天皇制の絶対護持　九一%、天皇制廃止説　九%」として大々的に発表された。郵送回答サンプル数二二七と少なく、男子二一二、女子一五という偏ったものではあったが、「天皇制存続説」「天皇制廃止説」をそれぞれ文書回答で紹介した。結論は「国民輿論は天皇制の絶対護持、婦人に廃止の聲なし」で、二木秀雄の思惑通りであったが、「輿論」としての信頼性は弱い。

ただし、四五年一二月実施の金沢『輿論』調査は、敗戦直後の日本で行われた天皇制世論調査としては、全国的に見ても、きわめて早いものであった。『南日本新聞』などが四五年一〇月から調査をしたというが結果が散逸不明で、四五年一二月の『社団法人・日本輿論調査所（東京・神田区）』天皇制支持九四・八%、否定四・九%、『日本輿論調査研究所（東京・千代田区）』支持九一・三%、反対八・七%が記録に残る最も早いものとされ、『輿論』と調査時期も存続・廃止分布も、ほぼ一致する。

10　佐藤卓己が説くように、日本語の「輿論」と「世論」は歴史的に意味と用法が異なるが、本書では雑誌『輿論』と関わる場合は「輿論」としながらも、一般的には「輿論の世論化」に即して「世論」「世論調査」という現代的用法を用いる（佐藤卓己『輿論と世論——日本的民意の系譜学』新潮選書、二〇〇八年、参照）。

右の第一回調査結果が発表された第二巻二号（一九四六年一月一日）に、「今回輿論本社は業務拡張のため左記に移転しました、金沢市武蔵ヶ丘辻田守ビル　輿論社」という「社告」が掲げられた。金沢市の一等地である。その前号『輿論』第四号（一二月一一日）「編集後記」では、「本社は、一二月より左の四支社を設置し、輿論地方版の計画中である」として、「東京支社　東京都大森区池上町徳持、京都支社　京都市下鴨松竹撮影所内、九州支社　小倉市貴船場町、北海道支社　札幌市南一条東四丁目」と全国展開を宣言していた。定価は五十銭のままだが、半年分九円、一年分十八円の定期購読と郵便振替口座が案内され、本格的に雑誌事業に取り組む体制である。[11]

月刊『日本輿論』第二回輿論調査と日本国憲法ＧＨＱ草案

その結果が、第二巻三号（一九四六年三月）からの『日本輿論』への改題と、四八頁・一部二円の月刊誌化である。同時に「東京都大森区田園調布二―六九一」へと本社を移転し、日本出版販売株式会社（日配）から全国に配本する。ただし「編集兼発行人　二木秀雄　金沢市中町二四番地、印刷人　吉田次作」はそのままである。

二木秀雄署名の巻頭「改題・輿論調査網の確立」は、「輿論は、国民大衆の実力である。輿論はその時代の現実であり、現実は時々刻々に創造され、発展し、変化する。輿論も亦この範疇の中にある。……世は民主主義一本である」と創刊以来の社論を繰り返しつつ、「本誌は昨年十一月『旬刊輿論』として誕生以来、専ら大衆の聲の把握に努め更に本号より月間『日本輿論』と改題同時に全国に五千名の直接輿論調査網の組織化に努力した」と金沢ローカル誌から全国誌への脱皮を宣言する。

11　これが七三一部隊の全国連絡網に沿ったものであるかどうかを検討してみたが、担当者氏名がなく、支社の住所のみなので特定できなかった。

その果実が、全国五〇〇〇名に調査票を送り、二一三一の回答を得たという、ヴァージョン・アップした第二回「天皇制輿論調査」結果の発表である。これは、前年一二月調査の延長としているが、調査数五〇〇〇、回答二一三一、「天皇制支持」一九六三（九二・一％）、内現状のまま九二七（四七・二％）、大権を縮小四三一（二一・四％）、政治の圏外に立ち道徳的中心として六一五（三一・四％）、「天皇制否定」一一〇（五・六％）、内絶対不可八七（七二・五％）、現在必要なるも将来不必要三三（二七・五％）、国民投票の後決定二一（一％）、不明二七（一・二％）」と設問そのものが異なり、サンプル数を増やし、詳しい調査結果になっている。

しかも、四六年一月一日に昭和天皇の人間宣言、二月三日にマッカーサーがＧＨＱ・ＧＳに新憲法草案の作成指示、一〇日ＧＨＱ草案完成、一二日、ＧＨＱが二月八日に提出された日本政府の憲法改正要綱（松本試案）を拒否、二月一九日から天皇の行幸開始、二月二二日の幣原内閣閣議でＧＨＱ草案受け入れ決定、という日本国憲法と天皇制の激動のさなかである。参考資料として輿論調査研究所の「回答数二一三八九、天皇制支持九一・四％、反対八・六％」も紹介し、『日本輿論』は「国体護持＝天皇制存続」九割支持が世論調査の上でほぼ固まったと確認することで満足し、扱いも第一回に比べ半頁と小さい。

以後、東京で『政界ジープ』を刊行する一〇年間を通じて、二木秀雄は、すでに天皇制存続を確信し、象徴天皇制の日本国憲法に安心し、極東国際軍事裁判の天皇不訴追に満足したのか、継続的調査の記録はない。「輿論」への関心を失ったのか、政局分析でほとんど世論調査という手法を用いない。

二木秀雄のＧＨＱ対策――マルクス経済学者から鳩山一郎まで幅広く

その理由と思われるのが、『日本輿論』に改題して初めて経験したらしい、ＣＣＤ（民事検閲局）の検閲である。米国メリーランド大学プランゲ文庫の検閲資料には、『輿論』は入っておらず、『日本輿論』になった一九四六年の第二巻三号及び四号のみが入っている。

二木秀雄の『輿論』でのGHQ対策は、創刊号で述べた「連合進駐軍との了解の下に、連合軍の有する意見、希望等に関しても今後紙上を以て一般に紹介すること」であった。

実際創刊号の「進駐軍と語る」、第二号「米スポーツマンM中尉は語る」、第三号「アメリカの家庭生活を訊く」、第四号の米軍第一三六部隊シビルオフィサー、メジャー・ナイト「日本の風物に接して」と、ほぼ毎号、米国軍人の米国生活紹介や日本印象記を登場させ、全体の論調も、アメリカ民主主義と占領軍歓迎を貫いた。

そればかりか、「政治的中立」を装うためか、第二号以降連載の村瀬幸子（女優、石川県出身の演劇家・北村喜八の妻）の短歌で「神風はついにぞ吹かず新たなる国転換の強き産聲」「戦禍なを荒ぶる街に目にしむは進駐軍の伊達姿かも」などと戦争の反省、米軍への恭順を詠い、四六年一月に亡くなった河上肇博士の追悼や後の著名なマルクス経済学者中村静治、越村信三郎らを登用して、左翼にウィングを広げた。同時に、日本自由党鳩山一郎総裁が金沢に来ると二木秀雄社長・柏原勉副社長が対談するなど、保守勢力にも目配りする幅広さを示した。

この一見「政治的中立」のラインは、東京での初期『政界ジープ』にも踏襲され、共産党・社会党にも、自由党・民主党にも登場機会を与える編集方針となった。七三一部隊の免責が確定する四八年以降、反ソ反共の旗幟を鮮明にする。

ほぼ毎号登場する中村静治は、当時は地元地方新聞のジャーナリストで、五二年以降、金沢郊外・内灘射撃場反対闘争の運動側ルポルタージュで清水幾太郎と共に名声を得、マルクス主義技術論・産業論の著作を多数著して、横浜国立大学教授となる。内灘闘争では、衆院議員の辻政信、参院選に立候補した二木秀雄の論敵になるが、皮肉なことに、中村静治の才能を見出し売り出したのは、『輿論』創刊時の二木秀雄であった。

また、当時の日本国憲法GHQ草案にも影響を与えた憲法研究会・室伏高信の論文もみられるが、これはどうやら、後に作家・評論家として売り出す甥の室伏哲郎が、まだ旧制四高文科在学中（昭和二二年卒）から輿論社でアルバイトしエッセイを書いていた縁での寄稿らしい。こうした編集方針で、二木秀雄の『輿論』『日本輿論』は、ＧＨＱの「民主化・非軍事化」を支持する自由主義左派の雑誌と受け止められた。

もっとも当時を知る私の金沢の年長の友人は、「敗戦直後に天皇制を国民投票で決めろと訴えた、調子のいい雑誌が金沢にあったらしい」という昔話として、二木秀雄の『輿論』を紹介してくれた。無論、七三一部隊やその仮本部が金沢にあったことなど、当時は知る人はいなかった。金沢医大出身の医学博士ということだけが、誌面からある程度わかる二木秀雄の経歴であった。

二木秀雄が初めて体験したＣＣＤの『日本輿論』三月号検閲

二木秀雄は周到に地元のＣＩＣに食い込み、ＧＨＱの方針については、「東京・大森・田園調布二－六九一」に設けた輿論社・東京支社から、金久保道雄・蔦信正共著『連合国の日本管理方策　附・ポツダム宣言以下重要指令集』という初の単行本を準備した。占領支配に忠実な「全国民必携必読」のマニュアル本と謳って大きな広告を出したが、その広告の載った当の『日本輿論』四六年三月号が、ＣＣＤ（民事検閲局）の検閲に遭う。

この頃ＣＣＤは、日本人補助者を大量に雇用して、全国的検閲体制を確立した。東日本・北海道の第Ⅰ区、関西・四国の第Ⅱ区、中国・九州の第Ⅲ区に大きく分けて、各区に数ヵ所の検閲部（ＰＰＢと通信検閲）をおくかたちであった。石川県の輿論社の場合、第Ⅱ区の管轄で、「大阪市北区中之島　旭ビル四階　民事検閲局第二区出版演芸放送検閲部出版課」に出版物各二部を提出し、ＰＰＢの検閲を受けることになった。[12]

検閲官には「プレスコード」を具体化した要注意・監視事項（キーログ）マニュアルがあったが、検閲され

12　山本『ＧＨＱの検閲・諜報・宣伝工作』七五―七八頁。

る側には何も示されなかった。それどころか「検閲に関し記述し、又は何等かの技術的方法によって検閲事項を暗示することは之を禁ず」と規定され、検閲の存在そのものが見えないものとされた。

戦前日本の内務省検閲では、左翼出版物に「×××」などと検閲箇所が記され、読者は想像力で原文を類推することが可能であったが、アメリカ式のスマートな検閲は、発禁になれば書店に出ず、削除（delete）の部分は同じ字数・行数で書き直して差し替え、不自然な検閲の痕跡が残らぬようにしなければならなかった。

『日本輿論』四六年三月号は、七箇所の大きな削除を命じられた。二木秀雄と輿論社にとって不幸中の幸いだったのは、新参の『日本輿論』は事前検閲ではなく、最初は事後検閲であったことである。それも本社は東京に移転したのに、プランゲ文庫の検閲文書では「出版地　金沢」とあり、金沢から大阪に持ち込んでの検閲である。発売されて問題があれば、販売中止・回収を命じられるかたちだった。

唯物史観はオーケー、国家主義的天皇論・検閲批判は削除

ＣＣＤの検閲で『日本輿論』第二巻三号がとがめられたのは、ほかでもない天皇制の問題だった。それは、目玉の第二回天皇制輿論調査結果ではなく、それに関連して書かれた三本の特集論文、室伏高信「輿論と方向」、渡辺政之助「天皇制の内容について」、京大教授・大西芳雄「天皇制に就いて」のうち、二木秀雄がもっとも権威付けに使えると思ったらしい、京都帝国大学憲法学講座・大西芳雄教授の論文であった（『日本輿論』の「芳夫」は誤り、後に立命館大学教授）。室伏の「輿論」に委ねた天皇論、渡辺の唯物史観に依拠した天皇と天皇制の区別、天皇制の歴史的推移論は、何ら問題にされなかった。

プランゲ文庫の検閲記録では、大西論文の「天皇の御本質は国家権威の体現者である」「国体は日本の歴史を通じて挙国以来一貫して不変のもの」「天皇は天照大臣神の肉体的な御後裔」「日本の天皇といふものはイギリスの君主といふものと同じじゃない、天皇制の中には君主制の性質が含まれてゐるけれども日本の天皇制は

無私の権威者」といった神がかりの叙述数ヵ所の前後十行ほどが「削除　delete」と大きくマークされ、全体として「国家主義的　nationalistic」と警告された。

他にも伊藤大輔、マキノ正博〔雅弘〕らの座談会「日本映画界の昨日、今日、明日」の司会者の言葉「戦争中は軍や官から色々と掣肘を受け、戦後は映画製作の自由となったが一応はマッカーサー指令にもとづいて製作をしてゐるわけです」、マキノ正博の「検閲制度は要らんじゃないか」という発言全体などが、一頁弱「削除」とされた。

マッカーサーや検閲制度への言及が「プレスコード」違反なことは、おそらく東京の大手新聞社・出版社では常識になっていただろうが、金沢の俄作りの文化人・二木秀雄にとっては、予期せざる事態となった。

『日本輿論』四六年四月号・五月号は流通できたか不明

とはいえ、ＣＣＤの検閲に対する輿論社の対応が、機を見るに敏なインテリジェンス技師・二木秀雄らしいものだった。プランゲ文庫の検閲記録によると、事後検閲のため、『日本輿論』は既に日配（日本出版配給統制株式会社、当時の独占的雑誌取次）を通じて書店・販売店に流され、発売されていた。

二木秀雄は、直ちにＧＨＱへの恭順の意を示した。「全国書店各位に警告」と題して「実は既に日配を通じ貴店にて販売中の三月号日本輿論は今回都合により販売を中止いたすことになりました。御多用中實に御面倒ながら取纏め日配宛御返品方御配慮煩したく御迷惑ながら此段御願い申上げます」と販売停止・回収を依頼し、同時に「『連合国の日本管理方策』も近く発行の運び」とちゃっかり宣伝も忘れない「昭和二十一年三月　輿論社」名のチラシ文書を作った。

この活版文書をＣＣＤに持ち込んで再編集・再発行の許可を申請したことが、新たな火種となった。全文が英訳され、ＣＣＤ内で議論されたらしく、英語手書きのやりとりが延々八頁、検閲そのものと同じ分量で記録

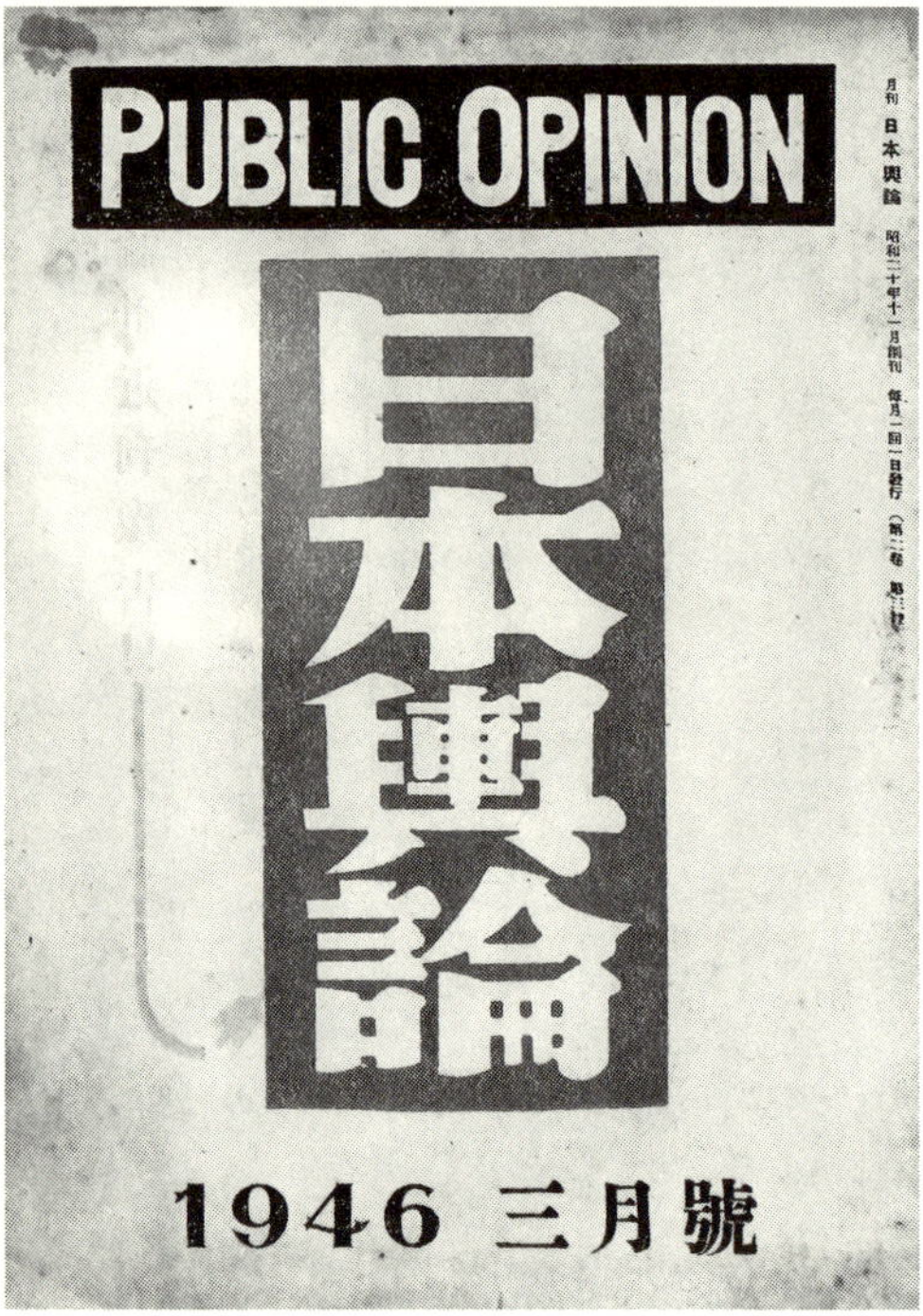

に残され、結局不許可になったらしい。英語手書き文書が不鮮明で、詳細は解読できないが、どうやらこれが「検閲に関し記述し、又は何等かの技術的方法によって検閲事項を暗示することは之を禁ず」というCCD規定に触れ、GHQの検閲の存在を「暗示」しかねないと判断されたようだ。

その間に、配本された雑誌は売れていく。実際に回収が行われたか否かは確認できないが、私が古書店で入手できたのは検閲前の現物で、プランゲ文庫の検閲文書と比較すると、問題になった箇所がはっきりわかる。検閲研究にとっては、貴重な記録となった。

二木秀雄のプレスコード学習——大東亜戦争、闇市も検閲事項

次の『日本輿論』一九四六年四月号も、検閲を受けている。プランゲ文庫検閲記録の冒頭に手書きで全目次が英訳されていて、これは検閲官の審査用とも、輿論社側があらかじめ英訳して準備し持ち込んだものとも読める。そこに「Tokyo」とあるから、今度はCCD第I区、「東京都港区芝田村町一ノ一　関東配電ビル四階民事検閲局第一区出版演芸放送検閲部出版課」に事前に持ち込んだのかもしれない。

京大憲法学の国家主義者・大西芳雄のズタズタの検閲に懲りたのか、一月に亡くなった京大左派の代表・

河上肇博士の追悼が小特集である。河上肇の遺文「亡友山本宣治君の墓前に語る」も、経済学者・越村信三郎、作家・加賀耿二（後の共産党衆議院議員・谷口善太郎）の追悼文もフリーパスである。入山雄一の社会詩「肇国二千六百年」などひっかかりそうなものであるが、京都大学新聞社の入山が河上肇の追悼文を別に書き、「二千六百年」に「六百余年の懸値があるのだが」と断った天皇制批判の内容のためか、ノーチェックである。

検閲されたのは、おそらく二木秀雄にとっては、思いがけない箇所だった。深水清吉郎のエッセイ「紙幣は腐らず」に一言出てくる「大東亜戦争」という呼称にチェックが入り、入山の「社会詩」に続く「国立自殺庁」という詩は「公序紊乱［disturbs public tranquility］」で全文削除、新洞壽郎「日本映画再建のために」の十行ほどが「占領軍批判　criticism of SCAP」で削除である。二木秀雄自身は、「日本の方向」で民主主義日本の建設を提唱したのだが、これはフリーパス。頁合わせの穴埋めに二木が書いたらしい短い世相評論「物物交換」が、「闇市 black marketing」に触れたとして削除を指示された。

この『日本輿論』四月号は、プランゲ文庫の検閲記録があるだけで、現物が見当たらない。国会図書館所蔵もプランゲ文庫のマイクロフィッシュのみである。前号の検閲結果からして、ＣＣＤの事前検閲にまわされ、流通しなかったのかもしれない。四月号に予告の出ている五月号も同様である。

ともあれ二木秀雄の『輿論』『日本輿論』は、地元金沢ではＧＨＱに巧みに食い込んだが、まだＣＩＳ（民間情報局）ソープ准将の指揮下にあったＣＣＤの検閲には、抵抗できなかった。ソープ准将が帰国しウィロビーのＧ２傘下にＣＩＣもＣＣＤも入った頃、二木秀雄は東京にジープ社を興し、ＣＣＤに迎合しつつ大衆時局雑誌『政界ジープ』の発刊に踏み切る。

『輿論』『日本輿論』の原爆・原子力観——二木秀雄の科学技術立国

天皇制とならぶ、『輿論』『日本輿論』のもう一つの柱が、原爆・原子力と科学技術発展、科学技術立国の問題だった。

創刊号の「原子爆弾を繞る最近の世界動向」は、『輿論』がまだ検閲から逃れていた実例として、すでに紹介した。第二号に無署名「原子力と将来の産業——石炭に代るウラニウムの威力」、四号（一九四五年一二月二一日）石川太刀雄（医学博士）「二十世紀の神話　原子爆弾」、第二巻二号の二木秀雄「新生日本の理想」、室伏哲郎「一箱の煙草の話」などが、主なものである。

四五年一一月二〇日の第二号に、無署名だが二木秀雄執筆と思われる「原子力と将来の産業——石炭に代るウラニウムの威力」という記事が出ている。「原子力の応用はファラデイが一世紀前に電磁気を発明した様に、実に重大なるものである。主として熱力を原動力に使用せられ放射性物質も医学、工業に用いられる」「原子力による能率のよい発電所は、一ヶ年以内に作る事は可能である」「一ポンドのウラニウム鉱より採られる原子力は、石炭の千頓より得られるものに相当し、ウラニウムは石炭に比し遙かに経済的である」と、放射能防御の必要も一応述べてはいるが、手放しの「原子力の平和利用」の勧めである。

二木秀雄名での一二月二一日第四号「新生日本の理想」では、日本の終戦が「最高度の科学的産物」である原爆投下を見ての昭和天皇による「御聖断」によるとして、天皇の免責と共に、原子力の威力と将来の産業利用を、この時点で予測する。「原子エネルギーを理解するものこそ、新日本建設のユートピアを感得し得る」、「原子力は万物を壊滅するかも知れない。然し万物に真の平和郷を与えすべてのものの太陽となる事も可能である」と、アメリカの科学技術を讃えて占領軍に迎合し、原子力の画期性、科学立国の必要性を説く。

興味深いのは、第二巻一号（四六年一月一日）の鳩山一郎・自由党総裁と二木秀雄・輿論社社長の対談が、天皇制と原爆について議論したことである。天皇制絶対護持については完全に合意し意気投合したが、二木が「科学兵器の極端な発達がくると戦争はできなくなる」「ある特定の国の武力が強くなれば、当然戦争する事は無駄ですし、他の国に原子爆弾等の兵器が出来はせんかと心配になるのは当然です。それで結局は世界警察組織或は世界一体観、又は世界連邦国家といふものを造った方がよいといふ考えに落着きませんか」と挑発して、鳩山は答えに窮し「……」と煙に巻いている。

当時国連や日本の武谷三男らの議論に出ていた、核兵器国際管理、「原子爆弾の平和利用」の考え方で、後の「核抑止論」に通じる。[13] 七三一部隊インテリジェンス班長二木秀雄は、どうやら国内外の原爆や最先端科学技術についての情報を集めることを、雑誌刊行の目的の一つにしていたようである。後に二木秀雄が政界に出ようとして挫折するさい、二木の五三年参院選金沢地方区立候補の裏には鳩山一郎がいると噂された。

石川太刀雄「二十世紀の神話　原子爆弾」——原爆被害調査からの免責・復権

『輿論』第四号（一九四五年一二月一一日）の「医学博士　石川太刀雄」名の「二十世紀の神話　原子爆弾」は、二木秀雄の「編集後記」で、「原子爆弾に関する日本否世界最初の学術的、啓蒙的原稿」と自画自賛されている。

無論、金沢医大教授の石川太刀雄が七三一部隊の病理班長で、ペスト患者五七人を生体解剖して医学誌に発表、八〇〇〇枚の人体実験標本を持ち帰ったことなど、二木と関係者以外には知られていない。東京では、CICも石井四郎の行方がわからず、後に二木と共に日本ブラッドバンクを創設する内藤良一らが、米軍サンダース軍医中佐の通訳として隠蔽・免責工作を進めている局面である。

この時点で、金沢の『輿論』は、まだCCDの検閲を受けていない。四頁を割いたこの論文で、石川太刀雄は、非軍人を「地方人」と呼ぶ陸軍特有の語法を用いながら、原爆の仕組みと威力を「①爆風圧、②熱線、③放射能、④その他」として分析的に解説する。同時期に都築正男や嵯峨根遼吉も書いて検閲を受けたが、病理

13　加藤『日本の社会主義——原爆反対・原発推進の論理』第四・五章、岩波書店、二〇一三年。

学者石川は、「広島上空に生れた勢力値の公表は恐らく許されないだろう」としながらも、「放射性物質による生体障碍効果」は「人体を対象としては勿論知られて居なかった」が「不幸なる実験値を広島が示した」、つまり広島の原爆が医学的に「人体実験」の意味を持ったと、冷徹に述べる。

さらに、米軍や嵯峨根が残存放射能の影響を否定していた時に、「原子爆弾症がどう経過するか、其の慢性的症候は判らない。何分にも今迄とは桁外れの刺激が働いたのだから、予想外の発展をとらぬとは保証できない」「将来、癌にならぬとは云い切れない」と長期的影響をも否定しない。

一見科学者として誠実に見えるこの分析は、原爆の脅威と共に原子エネルギーの画期性を説き、「今や、文化史的にも、私共は古今希な転換期に立っているのでないか。『原子力主義』」という結論、科学技術立国と原子力時代の到来を導くためのものであった。[14]

前歴を問われていない石川太刀雄は、四五年九月に京大調査団、更にGHQのPHW（公衆衛生福祉局）が管轄する米軍調査団、日米共同ABCC（原爆障害調査委員会）調査団の一員として、幾度か広島に入った。この論文は、京大調査団での経験をもとに書かれている。

二木秀雄の「編集後記」は、「世界最初の広島は幾多の人名を失ったが、更に［九月の京都帝大原爆災害綜合研究調査班］眞下［俊一京大教授］、杉山［繁輝金沢医大教授］両教授始め貴重なる学究十八名は、此調査、研究途次不幸にもかの山陰、山陽、四国を襲った豪雨と山崩れ［枕崎台風］に遭遇しあたら生命と貴重なる記録をも流失してしまった。幸い石川博士は其の前日、資料をもって出発、事なきを得た事は不幸中の幸ひとし我が国科学界のために喜ばしき限りであった」と述べた。

右の文の「広島」を「平房」と置き換えれば、七三一部隊のソ連侵攻による満州脱出、金沢への細菌戦研究

14　この石川太刀雄論文については、加藤「占領期における原爆・原子力言説と検閲」、木村朗・高橋博子編『核時代の神話と虚像』明石書店、二〇一五年、参照。

データ搬送・集積の経験と重なる。東京で内藤良一・増田知貞らが米軍サンダース調査団に対して述べる「純粋な科学的調査」と相通じる。

広島の被ばく史研究者・堀田伸永は、二〇一一年東日本大震災・福島原発事故の直後、この石川太刀雄の論文を掲載した『輿論』四号が広島市立中央図書館郷土資料室に保存されているのを見出し、京大原爆調査団、文部省調査団、日米合同調査団（ＡＢＣＣ）などに七三一部隊に関わった石川太刀雄、緒方富雄、渡辺廉、木村廉、小島三郎、田宮猛雄、御園生圭輔らが入って、原爆被害の「治療なきデータ収集」が行われたこと、その流れが、国立予防衛生研究所、放射線医学総合研究所、放射線影響研究所（放影研）、広島大学医学部・長崎大学医学部を含む大学医学部、日本医学界主流の今日の放射線被ばく研究に連なっていることを、克明に描き出した。[15]

Ｇ２ウィロビー、有末機関の庇護の下、亀井貫一郎、内藤良一、新妻清一らが暗躍して、石井四郎と七三一部隊の隠蔽から免責のルートを懸命に切り開いていた時期に、金沢にとどまった二木秀雄と石川太刀雄は、免責から復権に通じる別のルートを見出しつつあった。

15　堀田伸永「戦後にっぽん『放射線安全ムラ』形成史」、肥田舜太郎『ヒロシマの記憶　原発の刻印』遊絲社、二〇一三年、所収。

三　石井四郎の出頭からデータ提供とバーターでの免責へ

隠蔽から免責工作・復権へ——三段階論の理論的含意

東京でのＣＩＳ（民間情報局）・ＣＩＣ（対敵諜報部隊）の石井四郎探索は、一九四六年一月、ようやく石井四郎の生存と自宅蟄居を見つけ出した。一九四六年一月に、帰国したサンダースに代わって第二次トンプソン調査団が来日し、以後、第三次フェル調査団、第四次ヒル＝ヴィクター調査団と、米軍の細菌戦調査は一九四七年末まで続く。これらはいずれもＧＨＱ・Ｇ2の援助で報告書をまとめたが、七三一部隊にとっては、ＧＨＱ・ＬＳ（法務部）及び極東国際軍事裁判（東京裁判）での戦犯訴追の可能性も脅威であった。

結論的に言えば、七三一部隊石井四郎らは、この過程で人体実験を含む医学的データを米軍に提供して戦犯不訴追・免責となる。以後は、中堅幹部クラスの医学界・医薬産業進出を中心に、免責から復権へと反省なき生き残りを遂げる。

この過程を私は、一九四五年の隠蔽から、四七年までの免責、四八年以降の復権の三段階とみなし、同時に免責過程にも三つの小段階を考えている。

急いで断らなければならないが、四五年の隠蔽段階から免責工作が始まっていたように、四六年以降の免責段階でも復権は始まっている。隠蔽はすべての段階を貫き、今日まで続いている。ちょうどアントニオ・グラムシに示唆を得た私の機動戦・陣地戦・情報戦論が、陣地戦・情報戦段階でも機動戦の存在を否定せず、ただ歴史的な主導性と優先順位、意味づけと政治舞台の変容を含意しているように（加藤『20世紀を超えて』『情報戦の時代』参照）。

しかも七三一部隊の場合、二木秀雄、石川太刀雄ら中堅幹部以上と、全国に散った一般隊員・少年隊員では、隠蔽・免責・復権の意味も時期も異なる。さらに個々人に立ち入ると、免責された石井四郎が復権過程では不遇をかこつように、またシベリア抑留によりハバロフスク裁判で有罪とされた隊員もいたように、部隊の絆と戦後の生き方は、歴史的共通体験の弛緩と風化で拡散していく。その中から忌まわしい記憶を語り、記録に残そうとする勇気も生まれてくる。

逆に当事者がフェイドアウトする戦後七〇年の戦争・侵略体験の風化と共に、刹那的共通体験を美化し、過去を正当化しようとする、ノスタルジアの動きも活発になる。それらはさまざまな神話や物語として復活し、歴史そのものを書き換えようとする。

以下は、七三一部隊医師・インテリジェンス担当・二木秀雄に即した、免責と復権の現代史である。

日本共産党の情報提供で始まった石井四郎帰国報道

一九四五年一二月の米英政府合意にもとづき、原爆開発のマンハッタン計画に準じて、生物化学戦での米英戦時協力の威力を誇示するため、一九四六年一月三日には、米陸軍軍事研究局の元局長ジョージ・W・マークが、各国の生物戦活動の報告書を発表した。ただし同年七月二四日、「ワシントン政府はマッカーサーに、アメリカの安全保障を危険にする恐れのある情報、とりわけ科学情報は英連邦以外に対しては秘密にするよう命令した」という。[16]

七三一部隊にとっての次の試練は、米ソを含む連合国による極東国際軍事裁判（東京裁判）だった。すでにドイツでは、ニュルンベルグ裁判が始まり、ドイツの医師・医学者達は、強制収容所におけるメンゲレ博士らの双子実験、空軍の低温実験等で裁かれていた。

一九四六年一月六日の米軍英字紙『パシフィック・スターズ・アンド・ストライプス』は、UP東京電で、石井四郎の人体実験を報じた。この報道は、マッカーサーもG2ウィロビーも予期せぬものだった。UP通信社東京支局長の署名記事で、ニュースソースは、日本共産党だった。

TOKYO（UP）　日本共産党の指導者がUPに伝えたところによると、日本の医療部隊は満州のハルビンや奉天で、アメリカ人や中国人捕虜に腺ペスト菌の接種を行う細菌戦実験を行った。日本共産党機関紙『アカハタ』編集長の志賀義雄は、ソ連部隊がハルビン付近まで近づいたとき、この細菌戦施設は、実験の証拠を隠すために日本軍の飛行機によって爆撃されたと主張した。ハルビンや奉天で『人間モルモット実験』を指揮したのは、日本医療部隊の中将で、ハルビンにあった石井機関の責任者である石井四郎博士だと共産党ソースは明らかにした。……千葉県の大地主である石井は、日本へ逃げ帰り、健在で、自由の身にある。情報源によると、彼は村長の取り計らいによって、偽装葬儀を挙げたといわれる。[17]

青木冨貴子も述べているように、この共産党情報は、CISソープ准将指揮下のCICが、すでに一二月に

16　ウィリアムズ＝ウォーレス『七三一部隊の生物兵器とアメリカ』一一七頁、一六六頁。七月二四日決定の邦訳一六六頁の訳文は「一九四六（昭和二二）年七月二四日」としているが、二〇一頁注6から一九四六年と判断した。青木『七三一』三九七頁も参照。

17　青木、前掲書、二七二―二七三頁。原文は、近藤昭二編『七三一部隊・細菌戦資料集成』CD。

得ていたものである。ＣＩＣは、四五年一〇月の日本共産党員など政治犯釈放を担当した。「獄中十八年」の徳田球一・志賀義雄ら合法化されたばかりの共産党指導部にとって、文字通りの「解放軍」であった。Ｇ２の反共主義者ウィロビーは、もともと共産党員の釈放そのものをいまいましく思っていたから、ＵＰの報道にも反発したが、報道検閲のＣＣＤもソープ准将下にあり、どうすることもできなかった。

ＵＰ電は世界に発信され、中国人ばかりでなくアメリカ人捕虜の人体実験にも触れていたため、ワシントンの陸軍省参謀二部から、石井の逮捕と尋問を求める電報が打たれた。ウィロビーのＧＨＱ・Ｇ２も出先機関であるから、それに従わざるを得ない。ソープ指揮下のＣＩＣは、一月七日にＵＰ東京支局を訪れ、共産党が石井を見つけたらすぐにＣＩＣに連絡すること、石井四郎情報は以後報道しないことを要請した。Ｇ２と有末機関が隠匿してきた石井四郎の召喚は、時間の問題になった。直接的には一月九日に、マッカーサーから日本政府の終戦連絡中央事務局に、石井四郎の引き渡しが命じられた。

石井は日本に帰国し、金沢の石川太刀雄のもとに立ち寄ったというＣＩＣ情報があって、金沢ＣＩＣが捜索したが、みつからなかった。一二月に原爆についての論文を『輿論』に発表した石川太刀雄も、その仕掛け人・二木秀雄も、事態が切迫していることを知った。金沢の『輿論』『日本輿論』には、原爆や科学立国、生活医学の論説・記事は載っても、石井四郎の七三一部隊や細菌戦について触れたり示唆するものは一切なかった。

北野政次の召喚と第二次トンプソン調査団来日

一九四六年一月九日に、七三一部隊の第二代隊長だった北野政次が、上海から米軍機で東京に召喚された。同じ日、アメリカからサンダースに代わる米国細菌戦調査の第二陣、キャンプ・デトリックのＡ・Ｔ・トンプソン獣医中佐が来日した。石井と北野の元隊長二人ともＧ２ウィロビーの管理下におかれたが、奇妙なことに、トンプソンが北野政次を直接尋問できたのは、二月六日であった。石井四郎も、一月一七日には自宅でＣＩＣ

に身柄が確保され、CICの尋問、書面インタビューが行われたが、トンプソン中佐の石井四郎に対する直接の尋問は、北野尋問の前後、二月五日と八日であった。

常石敬一は、早くに「石井に対するトンプソンの尋問が遅れたのは、石井が参謀二部の支配下にあり、参謀二部による予備尋問が長引いたからか、と推測できる」と述べていたが[18]、北野政次についても同様であった。

北野政次は、上海から到着した翌日の一月一〇日に有末機関の有末精三に会い、「アメリカ軍とは、戦犯免責について話がついている」と告げられた。石井四郎と会う機会はなかったが、前年末か年初の「鎌倉会談」における申し合わせ「北野中将へ連絡事項」一〇項目について、有末本人ないし有末機関員から詳しい説明と指示を受けたであろう。

「トンプソン・レポート」によれば、北野は翌一一日に、S・E・ホワイトサンド大佐とA・H・シュダーテンベルグ大佐の尋問を受けるが、トンプソン獣医中佐より階級が上の二人の大佐の尋問内容は、後にトンプソンに伝えられる。二人は所属がはっきりせず、常石は「極東軍（FEC）所属の参謀二部の将校と思われる」という[19]。FECとGHQ・SCAPはこの頃機能的には異なるが人的に重複しているので、G2ウィロビー少将の指揮下にある。

イギリスのテレビ・ドキュメンタリー作家は解説する。「G2はトムプソンが彼の被尋問者たちに会う前に、毎日でも彼らに秘密情報を漏らさないよう指示を与えることは簡単にできた。それにも増して、通訳をコントロールする立場にあったG2は、日本人が確実に『言っていいこと』だけを言うようにすることができた。……トムプソンのすべての尋問は、［G2］技術情報部のD・S・テイト中佐の指揮のもと、陸軍省情報部［G2］

18　常石『医学者たちの組織犯罪』六八―六九頁。
19　同書、七一頁。

のE・S・エリス中尉の協力で行われた。エリスというのは実は通訳だった」と。[20]つまり、石井四郎も北野政次も、「連絡事項」に沿って米軍に応対した。ワシントンに報告されるトンプソン中佐の公式尋問の前に、それぞれG2ウィロビーと有末機関の息のかかった予備尋問ないし尋問訓練が行われ、想定問答も用意されたと考えられる。

石井四郎にまるめこまれたトンプソン報告書

トンプソンは、三月までに七三一部隊の石井四郎、北野政次、増田美保薬剤少佐、佐々木義孝軍医中佐、陸軍軍医学校防疫研究室の内藤良一、及び海軍の嶋田繁太郎大将を尋問した。すべての尋問に、G2の将校が立ち会った。それらの尋問内容及び公式のトンプソン・レポートは、近藤昭二や常石敬一らによって訳出され、まとめられている。[21]

トンプソンは、第一次サンダース調査の内容を石井四郎・北野政次という七三一部隊隊長の尋問で具体化し、関東軍防疫給水部の組織や配置、細菌の種類や研究項目、風船爆弾や細菌爆弾の種類と構造図面、効果、製造数などについて詳しい報告をまとめたが、結論は「日本の生物戦研究の最初の動機」は防御的なものであり、「軍の最高幹部の支持がなかった。科学の重要性が認識されていなかった」ために資金・要員・機器が不足し「攻撃面についての大規模な研究をしていたにもかかわらず、結局生物兵器を実用的な武器とするにはいたらなかった」とするものだった。人体実験や実戦使用には、踏み込むことができなかった。[22]

20　ウィリアムズ＝ウォーレス、前掲書、一三九頁。
21　近藤『七三一部隊・細菌戦資料集成』、常石『標的・イシイ』、ウィリアムズ＝ウォーレス、前掲書。
22　常石『標的・イシイ』三四八頁。同『医学者たちの組織犯罪』六五頁。

ただし、トンプソン獣医中佐は、日本側の隠蔽工作に気がついていた。帰国後の四六年五月三一日最終レポートには、「日本の生物戦研究・準備について、おのおの別個とされる情報源から得られた情報は見事に首尾一貫しており、情報提供者は尋問において明らかにしてよい情報の量と質を指示されていたように思える」とある。石井四郎の尋問については「どのインタビューでも、彼が防疫や給水や濾水に関する活動を強調し、みずから指揮した組織である関東軍防疫給水部の生物戦とのかかわりを小さくみせようとしていることは明らかである」とコメントしている。[23] もちろん、その背後に免責を狙う「鎌倉会談」や「北野中将へ連絡事項」一〇項目の存在があったことなど知らず、それを米軍内部のGHQ・G2ウィロビーも容認していたとは思わなかったであろうが。

トンプソン獣医中佐は、新宿の石井四郎宅で盛大なフェアウェル・パーティの接待を受け帰国した。翌四七年第三次フェル調査団の時期にも来日し、ソ連側の石井四郎尋問に米軍側の一人として立ち会ったという。一九五一年五月、朝鮮戦争で米国の細菌戦が噂された時期に日本を再訪し、なぜか第一ホテルでピストル「自殺」する。[24]

こうした経緯を知ると、一九四六年三月三〇日の最初のトンプソン・レポート「情報局特別研究」中で、トンプソンが七三一石井部隊のインテリジェンス的側面に注意を促していたことが、本書の立場からすると注目に値する。

生物戦に対する日本のもうひとつの組織が防御諜報機関と呼ばれるものであった。この機関の主要な任

23 常石『標的・イシイ』三二七―三二九頁。
24 西里、前掲書、七四頁。

務は連隊およびそれ以上の部隊の軍医に対して生物戦の背景説明を行うことであった。これら軍医の任務は疫学班を組織し病気の発生すべてを追跡調査し原因を究明し、それが人為的な流行であるかどうかを判定することであった[25]。

実際、米国国立公文書館所蔵の米国陸軍情報部「石井四郎ファイル」は、サンダースやトンプソンの細菌戦調査団の得た医学的・疫学的な調査結果にはほとんど関心をもたず、CICの日本共産党情報に依拠した石井四郎個人の探索から朝鮮戦争時までの諜報調査の記録であった。石井四郎と石原莞爾・小泉親彦・東条英機の関係、石井四郎への元隊員からの脅迫状や隠匿資金の行方、人体実験情報、亀井貫一郎との関係、ソ連の捕虜とされた隊員の行方、豊田法教をリーダーとした石井四郎直轄北支諜報網、朝鮮戦争期の石井四郎の行方不明情報など、虚実をとりまぜたランダムなインテリジェンス情報が、一三〇頁にわたってファイルされている[26]。米国にとって、七三一部隊は、細菌戦部隊であると共に諜報部隊でもあった[27]。

二木秀雄にとって幸いだったことは、トンプソンが注目した七三一部隊内インテリジェンス活動が、医学的・疫学的細菌戦調査ではその後問題にされず、CICの方は関東軍憲兵隊や特務機関情報に力を割いて、七三一部隊における総務部企画課の役割や対ソ諜報活動には立ち入らなかったことである。

25 常石『標的・イシイ』三一四頁。

26 もともと春名幹男が米国情報公開法にもとづき見つけた資料だが（春名『秘密のファイル』上巻、三一一—三二〇頁）、近藤昭二『七三一部隊・細菌戦資料集成』に原文が収録された。日本語では、西里扶甬子『生物戦部隊七三一』八四—一〇六頁が、詳しく解読している。

27 山本武利『日本のインテリジェンス』新潮社、二〇一六年は、「アジア歴史資料センター」所蔵の関東軍防疫研究所関係日本側文書から、関東軍憲兵隊と結びついた七三一部隊の諜報活動を抽出している。

すでに雑誌『政界ジープ』編集者・出版実業家に転身していた二木秀雄は、第一部二木班での医学的実験とデータ以外では、七三一部隊関連の尋問を受けることはなかった。おそらく二木秀雄の課報情報は、G2ウィロビーの反ソ反共諜報戦の一部に組み込まれ、隠匿された上で保護された。

免責の第一段階から第二段階へ——G2の国際検察局・法務部七三一部隊捜査妨害

七三一部隊の免責は、すでに一九四五年秋のサンダース調査時のGHQマッカーサー、G2ウィロビーによる暗黙の了解、それに沿った有末機関と内藤良一・新妻清一・亀井貫一郎らによる人体実験と細菌戦実戦使用以外の積極供述方針、そのシナリオに依拠した石井四郎・北野政次等のトンプソン調査団への統一供述で、隠蔽と免責の入り交じった第一段階が終わった。

第二段階は、G2のウィロビーが四六年五月にソープ准将を帰国させて、CIS・CICをG2の傘下においてGHQ内で治安・課報権力を強大化させたにもかかわらず、GHQの体制が整い、日本国憲法制定などGS主導の民主化やLS（法務部）の戦犯追及も進み、ソ連やオーストラリア、インド等を含む連合国軍としての極東国際軍事裁判（東京裁判）が、ワシントンの極東委員会、東京の対日理事会をも通して本格的に動き始めたなかでのものである。

端的に言って、石井四郎と七三一部隊関係者をG2が囲い込み、国際検察局（IPS）もGHQ法務部（LS）も、戦犯調査を妨害され、訴追が難しくなった。そこには、すでに戦時中の米英原爆製造マンハッタン計画や戦後ドイツ・東欧・朝鮮半島分割、中国内戦に孕まれていた資本主義アメリカと社会主義ソ連の対立、いわゆる東西冷戦が、当初から影を落としていた。GHQの中でG2は、日本の国内冷戦を米国の国益に沿って監視し策動する諜報・謀略の中核機関となった。

一九四六年に入ると、G2にコントロールされたトンプソン調査と併行して、連合国による極東国際軍事裁判のために国際検察局（ＩＰＳ）の戦犯調査が進められており、主席検事キーナンのもとで、石井四郎の戦争犯罪への追究が始まった。まだトンプソンが滞在中の一九四六年三月二日のキーナン検事宛メモで、ＩＰＳのトーマス・Ｍ・モロウ大佐は、南京事件等とならぶ日本の中国侵略についての訴追事由として細菌戦犯罪の調査を挙げ、石井四郎尋問の必要も述べていた。ところがモロウ大佐は、四六年三月八日のレポートで、トンプソン及びＧ２技術将校テイト大佐と面談し、生物戦と石井四郎訴追のための証拠を探ったが「否定的結果」だったという。[28]

青木冨貴子は、米国国立公文書館で、この間の三月五日にＩＰＳダグラス・ウォルドーフ陸軍少尉がつくった、「ジェネラル・シロウ・イシイについて」というメモを発見した。モロウ大佐の石井尋問要求を特別課報部デイビス大佐に伝えたところ、「ジェネラル・イシイ関連事項はすべて参謀二部の技術諜報部Ｄ・Ｓ・テイト大佐の絶対的管轄下にある。これによりモロウ大佐が要求しているジェネラル・イシイ尋問については参謀二部のテイト大佐が決定を行う。……モロウ大佐自身が直接テイト大佐にこの件の方針についてコンタクトすること」とある。

このＧ２の「絶対的管轄」下で、ＩＰＳに許されたのは、モロウ大佐の石井四郎直接尋問ではなく、ちょうど来日して調査中のトンプソン獣医中佐との三月八日面談、それもＧ２テイト大佐の立ち会いのもとでの間接調査だった。ここでもＧ２が妨害し、石井四郎の庇護者となった。それでもモロウやデヴィド・Ｎ・サットン検事らは、中国で現地調査を行い、南京栄一六四四部隊・榛葉修供述書など、ＩＰＳとしての情報収集を続けた。しかし、四月二九日のＩＰＳによる極東国際軍事裁判への起訴状には、東条英機以下Ａ級戦犯二八名の中に、昭和天皇も石井四郎も入っていなかった。[29]

28　近藤昭二『七三一部隊・細菌戦資料集成』「東京裁判未提出記録」。
29　青木、前掲書、三一三―三一七頁。

GHQのLS（法務部）も、H・R・スミス中尉らが、独自に七三一部隊に迫ろうとしていた。IPSからもG2からも独立に、主として捕虜虐待などBC級戦犯を扱うLS調査・訴追課には、日本の旧軍人や民間人からの戦犯告発の手紙が多数届いていた。石井部隊の細菌戦についても、一九四六年八月の「西村武」名の第一〇〇部隊若松有次郎獣医少将らの人体実験告発、一〇月の「元軍医上木寛」名の石井四郎らの「連合軍捕虜に対する残酷なる生体実験」を告発する投書があった。そこで内藤良一、金子順一らを尋問し、石井四郎、増田知貞、北条円了らのデータを集めていた。このうち一九四七年一月二四日の内藤良一尋問は、石井四郎に対する重要な告発を含むもので、「石井は人体実験をしていたことで有罪と考えられ、私は彼は罰せられるべきであると思います」とまで述べていた。七三一部隊隠蔽作戦での、内部からの裏切りの兆候であった[30]。

LSは、小島三郎らの東大伝染病研究所（伝研）や相模原陸軍病院など九つの病院での人体実験の有無も調査したが、四七年四月一七日に、G2ウィロビーは、細菌戦調査はG2の管轄する最高機密事項であるとし、G2の同意なしでの訴追や情報公開を禁じた。LSは、九州大学米軍パイロット生体解剖事件の立件の方に力を注ぎ、七三一部隊の告訴には進めなかった[31]。

こうして、石井四郎と七三一部隊の情報を、GHQ内部でG2が「絶対的管轄」下におき、米国以外の検察

---

30 シェルダン・H・ハリス『死の工場』二七八―二七九頁。

31 同書、二七九―二八六頁。IPSとLSの細菌戦・人体実験調査とその不訴追ついては、ウィリアムス＝ウォーレス、前掲書、一四八―一五六頁。青木、前掲書、第八章、をも参照。一九四七年四月八日にLSに尋問された金子順一は、人体実験を否定したが、一九四〇年六月の農安、一〇月寧波、四一年常徳での細菌散布の結果二万五九四六人がペストに感染した記録を、東京大学に博士論文として提出した『金子順一論文集（昭和一九年）』に残しており、この記録が二〇一一年に国立国会図書館関西館で見つかった。国会でも新たな証拠として追及されたが、政府は事実としては認めず、「今後の歴史学者の研究を踏まえていきたい」とした。渡辺延志「七三一部隊　埋もれていた細菌戦の研究報告　石井機関の枢要金子軍医の論文集発見」『世界』二〇一二年五月号。九大生体解剖事件については、東野利夫『汚名「九大生体解剖事件」の真相』文藝春秋、一九八五年、など参照。

官を含むＩＰＳも、独自の権限を持つＬＳも調査が妨害されることにより、一九四六年から四七年春までには、消極的な意味で、免責・不訴追の方向が固まった。

免責の第三段階――東西冷戦のなかでの米国による細菌戦資料独占

免責の第三段階は、冷戦の直接の副産物だった。一九四六年秋からソ連が動き出すことにより、七三一部隊の処理は、極東国際軍事裁判（東京裁判）に持ち込まれる可能性が高まり、米国全体の国益と戦後世界戦略に関わる重要問題になった。東京のＧＨＱだけではなく、ワシントンの米国政府が大きく関与して、最終的に、石井四郎等七三一部隊の詳しい供述とデータの米軍への提供、それに対するワシントンの免責保証の黙認というかたちで決着された。その過程では、最高責任者石井四郎と、Ｇ２に食い入った内藤良一、増田知貞、宮本光一、亀井貫一郎ら、それまでの支援者たちとの亀裂も現れてきた。

トンプソンの尋問・帰国後、石井四郎宅にＧ２ウィロビーがよく来ていたと、娘の石井春海は回想している[32]。四六年五月のソープ准将帰国以降、Ｇ２は、ＣＩＳ（民間情報局）やＣＩＣ（対敵諜報部隊）及び日本の警察組織をも指揮下において、この頃台頭する労働運動と日本共産党の動向に目を光らせていた。反ソ反共の諜報活動には、日本の旧軍人、特高警察や特務機関員、元共産党員やシベリア抑留帰還者を利用するようになっていた。

ウィロビーの片腕となった日本通、ＣＩＳ文書編集課長ポール・ラッシュのもとには、旧特高警察資料四万五七九八件、高級公務員履歴書五万六〇〇〇人分、その他三万六七七三人分の個人記録と五七二四団体の資料

32 青木、前掲書、三二六頁。

が収集され、ファイルされていた。それは、戦犯訴追や公職追放で大きな役割を果たした[33]。後にレッドパージにも使われる。

一九四六年一月二六日、中国・延安からモスクワ・朝鮮半島経由で日本共産党・野坂参三が帰国した。「獄中十八年」組の徳田球一・志賀義雄に「亡命十六年」の野坂が加わり、合法化された「愛される共産党」は、四月の戦後初の(第二二回)総選挙で五議席を得るにいたった。鳩山自由党が一四一議席で第一党になったが、五月四日に鳩山が公職追放となり、外交官上がりの吉田茂が首相となった。

吉田茂は、日本国憲法制定についてはマッカーサーとGHQに従ったが、GS(民政局)主導の急進的民主化・労働運動奨励策には手を焼き、ソープに代わり治安政策の責任者となったG2ウィロビーに接近し、連携を深めた。東芝・東宝・日本鋼管などで労働組合による生産管理闘争が起きていた。五月一日の戦後初のメーデーに五〇万人、五月一九日の「米よこせ」食糧メーデーに二五万人が参加し、マッカーサーも「暴民デモは許さず」と声明を出して鎮静化をはかった。

こうした状況は、ニュルンベルグ裁判(一九四五年一一月—四六年一〇月)で裁かれている敗戦国ドイツおよびヨーロッパの情勢とあいまって、日本の戦後処理にも、影をおとしはじめた。連合国軍(the United Nations)の延長で国際連合(the United Nations)が発足した。四六年一月には戦勝五ヵ国を常任理事国とした安全保障理事会が成立したが、原爆の国際管理などで米ソが対立し、イギリスのチャーチル前首相は、三月五日のフルトン演説で「鉄のカーテン」を語った。

日本の戦後処理は、ポツダム宣言と米国国務省・陸軍省・海軍省の三省調整委員会「初期対日方針」(SWNCC150)で基本方向が定まったが、連合国としては、四六年二月にワシントンで極東委員会(FEC)

33 加藤『ゾルゲ事件』一〇八—一〇九頁。

が、四月五日に東京で対日理事会が発足した。

米国の四六年「対ソ総力戦」構想と軍事的「逆コース」

柴山太の大著『日本再軍備への道』は、米英露など各国公文書館の公文書に広く当たって、「ワシントンのアメリカ軍部が、一九四六年以降、自国、同盟国、占領地域の全ての資源を利用した総力戦で、対ソ連戦争を勝利する観点を確立し、日本の軍事的潜在力を利用するという方針を打ち出した」「いわゆる『逆コース』が一九四八年ではなく一九四六年に始まっており、しかもそれは経済の分野ではなく軍事の分野であった」ことを、米国各政府機関の多元性をも踏まえて、説得的に主張している。[34]

本書の主題に即して言うと、ソ連との戦争を孕んだ対立を想定することではトルーマン大統領下の米国政府(及び英国)は一致しているが、そこに日本の旧軍部を利用することについては、米国国務省、マッカーサー、GHQ・GSホイットニー、ケーディスらには、抵抗とためらいがあった。しかし米国軍部・諜報機関には「対ソ総力戦」への備えを強力に主張する勢力が強く、GHQではG2ウィロビーと結びついていた。ウィロビーは、積極的に旧日本軍の対ソ戦経験・ソ連情報を利用しようとした。

柴山の挙げる具体的事例では、一九四六年一月の野坂参三の帰国時からワシントンもGHQも日本共産党の「武力による権力奪取」の可能性を警戒しており、非軍事化・民主化を進めるGSとは裏腹に、G2ウィロビーは米ソ戦争＝第三次世界大戦を想定して、共産党を「ソ連戦争準備の手先」とみなしていた。四七年二・一スト以降は、「共産党が労働運動重視から次第に離れ、左翼在日朝鮮人やソ連支配地域からの帰還者を同党の政治活動に組み込み、機会があれば、武力革命をめざす」と「国内冷戦」と治安政策上もソ連と共産党情報

34 柴山太『日本再軍備への道』ミネルヴァ書房、二〇一〇年、六二—六五頁。

の収集に力を注いだ。

ウィロビーは四七年八月五日のメモで、ソ連のいわゆるシベリア抑留帰還者のなかに、「共産主義に洗脳された旧軍人および帰還者」が含まれているとして、「GHQと米国型民主主義に忠誠心がある旧将校らを給与付で『地方援助局』に配し、帰還兵の教化にあたらせること」「占領に敵対する組織に関して、旧将校らにその情報収集を担当させること」を極東軍参謀長に提案した[35]。

G2ウィロビーのエージェントとしての有末機関と服部機関

このウィロビー構想の受け皿は、すでに敗戦直後から育成されていた。日本陸軍の将校達にとっての敗戦後のサバイバル・モデルは、第一次世界大戦後のドイツ国防軍の再建、ゼークト将軍、ヒンデンブルグ元帥らの秘密再軍備であった。その敗戦直後からの典型が、ウィロビーに近づき七三一部隊の隠蔽に大きな役割を果たした、参謀本部第二部長(諜報部)の有末精三中将と有末機関であった。

四六年夏以降は、これに河辺虎四郎中将の河辺機関と、中国から呼び寄せた服部卓四郎大佐が加わる。彼らはそれぞれに旧軍再建を夢見ながら、米軍、いやG2ウィロビー将軍に積極的に協力し、表向きは復員省の史実調査部(資料整理部)、G2歴史課のマッカーサー戦史編纂に加わりながら、米軍の反ソ反共諜報、謀略活動に従事する。

例えば有末は、一九四六年二月の米陸軍省軍事情報局(MIS)の要請に応じて、日本軍の集めた満州、朝鮮、ソ連極東、モンゴルの軍事地図とソ連軍配置情報をG2を通じて提供した。「四六年中葉から、旧日本軍の対ソ情報と帰還将校の情報をG2に持ち込み、彼ら自身の有用性を売り込んでいた」。四六年半ば、河辺虎

35 同書、第二章、特に七六―七七頁。

四郎中将の「河辺機関」に有末も吸収され、下村定元陸相、辰巳栄一中将らもウィロビーに取り込まれる。

ウィロビーが最も評価し重用したのが、四六年五月のGHQ特別指令で中国から帰国した服部卓四郎で、西浦進、堀場一雄、林秀澄、井本熊男、種村佐孝ら旧高級参謀の「服部機関」を設け、第三次世界大戦の予測から中国内戦・朝鮮半島情勢、日本共産党の潜在的脅威等々の情報をG2に売り込んだ。「占領政策から対ソ防壁へ」という服部グループの提案は、ウィロビーやワシントン米軍部の意向に沿うもので、やがて日本再軍備計画へと具体化された。[36] J・ダワー『敗北を抱きしめて』(岩波書店、二〇〇四年)のいう日本国憲法・戦後民主主義の日米合作の裏側での反ソ反共合作であり、旧帝国軍人の醜い生き残り策・失業救済であった。

七三一部隊の経験とデータは、有末精三らの手で「民主化・非軍事化」のラインに対抗して隠匿・隠蔽された後、G2ウィロビーの対ソ総力戦準備のための活動に組み込まれていく。石井四郎の娘石井春海の回想する「服部参謀など陸軍省」による石井四郎の自宅保護・隠匿とは、一年違いの記憶、一九四六年夏から四七年の対国際検察局(IPS)・法務局(LS)対策での暗躍だったのではないか。この点は第一次資料が乏しく、仮説にとどめておく。

36 同書、第三章、特に一一五頁、一一七―一三〇頁。なお、阿羅健一『秘録・日本国防軍クーデター計画』をも参照。同書で服部卓四郎がウィロビーと初めて会ったのは、有末・河辺と共に出席した一九四七年五月のG2歴史課編集会議とされているが(九三頁)、私は、別の問題、戦時在独日本大使館嘱託でありながらスウェーデンに「亡命」した元東大講師の経済学者「崎村茂樹」研究の方から、日本側G2歴史課長となる荒木光太郎・元東大教授の妻、三菱財閥とつながる荒木光子とウィロビーの関係が決定的だと考え、一九四六年五月の服部卓四郎の帰国=GHQ特別指令自体、ウィロビー=荒木光子合作の謀略の疑いがある、四六年夏には、服部が秘書官を勤めた東条英機夫妻と親しかった荒木光子の発案で、復員局資料整理部長をカバーにして、服部はウィロビーのエージェントとなったと推定している。

ソ連の抑留七三一部隊員供述にもとづく石井四郎らの尋問要求

冷戦は熱戦ではないが、情報戦を伴う。ソ連の側も、ドイツ・日本敗北後の世界支配をめぐる米英との対決を予測していた。一九四五年八月ヒロシマ原爆直後の満州国境侵攻、樺太・千島占領は、アジアにおける戦後世界分割の予兆であったが、中国内戦と朝鮮半島分裂は、連合国による日本占領のあり方にも、色濃く影を落とした。

下斗米伸夫は、極東委員会、対日理事会におけるソ連側の態度に、早くから冷戦が宿っていたという。スターリン自身は、核兵器とヨーロッパ情勢の方に関心があって、対日占領でのアメリカの主導権を認めざるをえなかったが、それでも一九四六年一月の極東委員会発足にあたっては、モロトフ外相からグロムイコ代表への「指令」で、「ソ連の国益」に従って日本の完全な武装解除と非軍事化、日本帝国主義の復活と侵略の可能性防止、日本が極東におけるソ連の脅威となる条件を創り出さないこと、などが指示されていた[37]。

その観点での対日理事会の当初の争点は、昭和天皇の戦争責任と天皇制の帰趨で、ソ連側は君主制廃止を原則として主張したが、日本国憲法制定による象徴天皇制の方向性が見えてくると、四六年三月二〇日のソ連共産党政治局会議では、極東国際軍事裁判のソ連側スタッフに、「天皇を告訴する問題は出さないこと、ただし他の国がこれを提起した場合には支持すること」と指示していた[38]。日本国憲法の草案にも批判的意見を述べたが、それも対日理事会を「マッカーサーの反動的占領政策を暴露する場」とする情報戦からのもので、むしろ労働運動の高揚や日本共産党の活動を背後で支援するかたちをとり、実質的には対日理事会・極東委員会の

37 下斗米伸夫『日本冷戦史』一〇一頁。
38 同書、一一一頁。

形骸化・空洞化が進んだ[39]。

一九四七年に大きな問題になったのは、ソ連が戦争捕虜とした日本兵の引揚問題であった。二月一八日と一一月二八日の対日理事会ソ連側代表デレビヤンコとマッカーサーの会談で論題となったが、マッカーサー自身は多くを知らず、大きな争点にはならなかった。しかし、四六年末にマッカーサーの代理で米ソ会議に出席したG2ウィロビーは、対ソ戦争は不可避であると主張していた。他方、対日理事会ソ連側代表代理のアレクセイ・キスレンコは、ソ連共産党と日本共産党とのパイプ役を務めており、四七年末に「引揚促進」を求める共産党の徳田球一に、抑留者に「共産主義思想を教える」ことも抑留の理由であると答えていた[40]。

一九四七年一月七日、極東国際軍事裁判の国際検察局（IPS）ダグラス・ウォルドーフ米陸軍少尉に、ソ連側検察官から電話で、七三一部隊の石井四郎、太田澄、菊池斉の尋問申し入れがあったのは、こうした文脈における、新たな情報戦の始まりであった。ウォルドーフは、石井四郎の身柄がG2ウィロビーの「絶対的管轄下」にあると知っていたので、米国側窓口をG2ウィロビーを通じて、R・P・マックフェール大佐（テイト大佐の後任）にまわし、ソ連に公的文書での申し入れを要求した。

ソ連側は、ニュルンベルグ裁判にも関わったスミルノフ大佐が出てきて、一月一五日、米ソ交渉が始まった。スミルノフは、七三一部隊の第四部長川島清少将とその部下であった柄澤十三夫少佐を旧満州で逮捕・尋問し、「戦争で使用する目的で」細菌の研究を行い「実験の結果、合計二〇〇〇人が死亡」との証言を得たので、極東国際軍事裁判に訴追する準備があるとし、石井四郎部隊長、菊池斉第一部長、太田澄第二部長の身柄引き渡しと尋問を求めた。もっともスミルノフの同僚のラジンスキー大佐は、一九八五年に「日本陸軍が特別の細菌

39 同書、一一六―一二一頁。
40 同書、一二二―一二三頁。

戦部隊を持っていた証拠を、一九四六年九月に［米国側に］提示しました」と回想しているから、IPS米国側検事団にとってもGHQにとっても、不意打ちというわけではなかった[41]。

ここから七三一部隊の扱いは、まだ対日理事会や極東委員会レベルの多国間問題ではなく、IPS内部の二国間関係とはいえ、東京のG2ウィロビーもマッカーサーも完全にはコントロールできない、米ソ冷戦の一舞台となった。

それは、約一年かけて、ワシントン主導で決められる。米国陸海軍・国務省の三省調整委員会（SWNCC）の内部討論ならびに日本の出先機関とのやりとりについては、米国国立公文書館にかなりの公文書が残されている。シェルダン・ハリス『死の工場』やウィリアムズ＝ウォーレス『七三一部隊の生物兵器とアメリカ』は、アメリカの国益に沿った生物化学兵器技術独占のハイライトとして、このプロセスに焦点をあてる。

人体実験よりも細菌戦、尋問証言よりも実験データ

アメリカ側は、ソ連側が実験データやペストノミ製造技術など七三一部隊の最高機密をまだ入手していないだろうと想定し、ソ連側の尋問要求をある程度認め、それも材料として、GHQ・G2を介して石井四郎らを脅しながら、詳細な供述を得る。そのさいネックとなったのは、一つは日本側の要求する戦犯免責・極東国際軍事裁判不訴追の保証を与えるべきか否かの問題、もう一つは、その裏側としての、ソ連側が三人の尋問に満足せずさらに訴追を要求してきた場合の備えである。

もっとも七三一部隊の当事者たち、G2ウィロビーのエージェントになった支援者たちが、アメリカ本国で

41　ウィリアムズ＝ウォーレス、前掲書、一六五頁。近藤昭二編『七三一部隊・細菌戦資料集成』には、一九四六年九月一二日付けのソ連側尋問川島清調書・柄澤十三夫調書が米国側保管資料として収められている。同書には大量のSWNCC351関係資料が収録されている。

の動きをどれだけ知っていたかは疑問である。

サンダース、トンプソンに代わってキャンプ・デトリックからやってきた第三次調査団のN・H・フェル博士、第四次調査団のE・V・ヒル博士とJ・ヴィクター博士は、右のソ連側七三一部隊調査と米ソ交渉の始まりを受けて派遣された本格的調査団で、対ソ戦争を想定した米国の世界戦略にとっての七三一部隊情報の価値を評価する権限を持って来日した。

もしも石井四郎らが提供する供述とデータが、すでにニュルンベルグ裁判やアルソス作戦、ペーパークリップ作戦で得られたドイツの細菌戦情報以上の価値がなければ、マッカーサーやウィロビーがどのように主張しようとも、人体実験を理由に訴追することも、ソ連との取引材料にすることも、可能であった。石井四郎ら七三一部隊の医師・医学者たちにとっては幸いなことに、ドイツの細菌戦研究はヒトラーの好んだ毒ガス化学戦の研究ほどには進んでおらず、アメリカ側は、七三一部隊の人体実験データやペストノミ爆弾製造法の独占に、ソ連との対抗で意義を見出した。これが、最終的に文書では出さなかったが、七三一部隊を免責した理由であった[42]。

エド・レジス『悪魔の生物学』は、米軍生物戦関係者にとって、「連合軍の諜報機関による報告とは裏腹に、ドイツの生物戦プロジェクトはささやかなもので、実際の兵器は一つも製造していなかった。……それとは対照的に、日本は第二次世界大戦が始まるずっと前から、大規模な細菌戦プログラムに乗りだしていた」という[43]。

また、アニー・ジェイコブセンによると、ナチス・ドイツの全国保健指導者代理でペスト菌を研究していた

---

42 ウィリアムズ=ウォーレス、前掲書、第三章、ハリス『死の工場』第一二―一五章、参照。

43 エド・レジス『悪魔の生物学――日米英・秘密生物兵器計画の真実』河出書房新社、二〇〇一年、一〇四頁以下。

クルト・ブローメが、いったんペーパークリップ作戦でアメリカ側に「保護」され米軍に協力していたが、第三帝国軍医総監でワクチン開発の最高責任者だったヴァルター・P・シュライバー少将がソ連の捕虜となり、一九四六年八月二六日、ニュルンベルグ裁判にソ連側検察の証人として出廷、ドイツの細菌戦準備・人体実験の主任ブローメのペスト研究を証言し、戦犯として告発した。そのためブローメは逮捕されてニュルンベルグ医師裁判の被告となり、シュライバーはソ連の刑務所に戻された[44]。

いわば石井四郎が「日本のシュライバー」で、川島清が「七三一のブローメ」の役どころだが、ソ連が戦争捕虜として確保したのは石井ではなく、シュライバーと川島であったことで、ドイツと日本の細菌戦指導者のその後は異なるものとなった。ただしブローメは、医師裁判で起訴されたが無罪となり、西ドイツの米軍基地内で米国の生物戦研究に携わった[45]。またシュライバーは、四八年にソ連から東独に帰還したが、西独に移り、アメリカ、アルゼンチンと数奇な運命を辿った。

こうした事情が、四七年に入っての、ソ連側による石井四郎らの身柄引き渡し・尋問要求の背景にあったと考えられる。

ともあれ、米国側の当初の目的は、ワシントンSWNCCの決定に従い、米軍立ち会いのもとでのソ連側検察団の石井四郎・菊池斉・太田澄の尋問をコントロールすることだった。しかしフェル博士の精力的な調査の過程で、石井四郎を含む七三一部隊関係者は全面的協力に転じた。これらすべてが終わった後、米国側は、ナチス・ドイツからは得られなかった七三一細菌戦関係のデータを獲得し独占した。

---

44 アニー・ジェイコブセン、前掲『ナチ科学者を獲得せよ！　アメリカ極秘国家プロジェクト　ペーパークリップ作戦』三三〇―三四六頁。

45 ダニエル・ウィクラー「アメリカ人の視点から見た七三一部隊の戦後史」『十五年戦争と日本の医学医療研究会会誌』第八巻二号、二〇〇八年。

第三次フェル調査団の来日――ソ連側尋問の管理と細菌戦情報独占

ソ連の石井四郎以下の尋問要求に、G2ウィロビーらは、三月まで回答を引き延ばして綿密に準備し、最終的に、東京での米軍立会いの下での三人の尋問を認めた。それは、ワシントンのSWNCCにおける三月二一日マッカーサー宛指示で、「菊池、太田両大佐はアメリカの専門家の尋問を受けさせること、陸軍省は尋問の実行とそれに続くソ連の尋問を傍聴するために、特別に訓練された専門家を直ちに派遣する用意がある」「事前の尋問においてソ連側に暴露するべきでないと思われるほど重要な情報が出てきた場合、菊池と太田はその情報をソ連側に明らかにしないよう指示を受けること」を伝えた。

さらに念を入れて、「ソ連の尋問に先立って、日本の生物戦専門家たちはこの件についてアメリカの尋問を受けたことを言わないよう指示を受けること」「日本人による中国に対する戦争犯罪について興味を持っているということは明確に示されていないので、尋問はそうした角度からというよりは、友好国の政府に対する友好的な態度の表明として許可されるものである。今回の尋問許可は将来の前例となるものではなく、その都度検討されるべきものであることをソ連側に明確に示すこと」をも指示した。[46]

この線に沿って、G2ウィロビーの管理下で、石井四郎、太田澄、菊池斉の米国側の予備尋問とソ連に対する米軍立ち会いの上での尋問、それに「特別に訓練された専門家」ノバート・フェル博士が来日して加わり、米軍第三次「フェル・レポート」が作成される。ハリスによれば、フェル博士は当時キャンプ・デトリックの予備実験部主任、「アメリカの細菌戦計画においても最も影響力のある人物の一人」で「日本の細菌戦計画の

46　ウィリアムズ＝ウォーレス、前掲書、一六七頁。なお、同書二四七頁には、「ソ連がマッカーサーに石井を引き渡すよう要求した時、石井がサムス准将のところに話に行くと、サムスはソ連側に行くなと助言した」という元七三一部隊隊員の匿名証言がある。サムス准将とは、GHQのPHW（公衆衛生福祉局）局長で、米国側滞日軍医の最高の地位にあり、G2ウィロビーと共に七三一部隊の免責に重要な役割を果たしたと考えられるが、この問題は、第三部で詳述する。

進展を探る任務を担当した最初の重要な科学者」であった。[47]

フェル博士は四月一六日に東京に到着し、六月まで日本に滞在し、精力的に調査を進める。その間の調査は、G2マックフェール大佐らが補佐した。したがって、ウィロビー傘下の有末機関・服部機関が背後で暗躍した可能性は高いが、表に現れてフェルらと日本側関係者を仲介したのは、かつて四五年第一次サンダース調査団来日期に石井四郎と米軍G2を取り持った、亀井貫一郎であった。

フェルは、後の六月二〇日付レポートで、「一人の有力な日本人政治家（彼はアメリカに対して全面的に協力することを願っているようである）の助力を得られたので、日本の細菌戦の鍵となる医学者と連絡が取れ、彼らはすべてを明らかにすることに同意した」とある。これが、亀井貫一郎である。

再び登場した亀井貫一郎の免責工作

亀井貫一郎は、戦後に「財団法人聖戦技術協会」を改組した「常民生活科学技術協会」理事長として、占領政治の裏側で蠢いていたが、四五年末から四六年初め「鎌倉会談」セットの後、第二次トンプソン代表団来日時は表面に出なかった。大政翼賛会東亜部長の経歴ゆえに、ソープ准将指揮下のCIS（民間情報局）・CIC（対敵諜報部隊）に睨まれていたためで、戦犯訴追は受けなかったが、四六年四月の総選挙に立候補を準備したが出馬できず、公職追放になった。

CISで亀井の調査にあたったのは、戦前聖公会牧師・立教大学教授で、帰国して戦時中は陸軍軍事情報部（MIS）日本語学校人事課長の経験もある、CIS文書課長ポール・ラッシュであった。一九四六年一月一六日付で、ラッシュは、亀井についてのファイルを作った。「彼は巣鴨刑務所に収監されてもおかしくない人

47　ハリス、前掲書、二九〇頁。

物であり、少なくとも尋問の間は収監されることが予想される」「亀井の助手の一人は防疫給水部の増田医師（名前は不明）である」、鎌倉の自宅は「金のかかった豪華な家で、最近、増田をこの邸宅でもてなした」と、「鎌倉会談」への増田の出席を示唆するような記述もある。[48] 一―三月のトンプソン調査中は、おそらくCICの監視下にあって動けなかった。[49]

亀井は戦前の無産政党歴もあり、大言壮語でソ連の要人との関係をほのめかした可能性があり、G2ウィロビーからみれば、共産主義者の疑いもあった。四六年四月三〇日にIPSの尋問に答えたのは満州事変前後の政局であったが、同時に公職追放になった。ただし本人は、自伝「五十年『ゴム風船』を追って」では、この時点ですでに「G2の特別顧問」だったといい、「追放除外の内達」を敢えて断り、「日本共産革命計画に対処」する方策をマッカーサーに助言したという。

五月のソープ准将帰国、G2ウィロビーのCIS局長兼任の意味を、有末精三らから知ったかどうかは確認できないが、亀井は、ウィロビーに自分を英語の出来る反共の闘士として売り込む。有末精三と共にウィロビー傘下に入った河辺虎四郎の紹介で、ウィロビー本人と面談し、八月二九日付け英文手紙では、ウィロビーに「常民生活科学技術協会」への支援を訴える。これは、後に作られた「亀井ファイル」の履歴中では「一九四六年九月、米軍一機関の助言者の地位を公式に要請」と書かれた。

この頃には中国から呼び寄せた服部卓四郎もウィロビーのエージェントになっているから、亀井は、有末・河辺・服部などG2歴史課に組み込まれる旧参謀本部軍人とは別個に、旧華族・政財界人脈や共産党・社会党情報に詳しいG2通訳兼エージェントになって、米国側調査に介入したのだろう。フェル博士来日の直後、四

48　青木、前掲書、四一九―四二〇頁。

49　以下の経緯は、米国国立公文書館所蔵陸軍情報部「亀井貫一郎ファイル」、およびウィリアム＝ウォーレス、ハリス、青木、前掲書、それにフェル、ヒルのレポートを収録した松村高夫編『論争　731部隊』晩聲社、一九九四年、をもとにする。

七年四月一八日には日本共産党神奈川県委員会の組織・党員情報を「日本における共産主義の活動」として持ち込み、米国側の信用を得ようとした。

亀井貫一郎の増田知貞・金子順一・内藤良一説得、石井四郎売り込み

一九四七年四月二一日、亀井貫一郎と初めて会った日にフェル博士に手渡されたと思われるG2のメモには、亀井の略歴と共に、「生物戦争プロジェクトとのつながり」として、フェルの部下であるサンダースの第一回調査に関わったこと、彼は「生物戦の専門家」ではないが、ソ連からの七三一部隊尋問要求を知り、米国側の共産党とソ連に対して隠したい事情を知っていること、日本人生物戦関係者は戦犯訴追を恐れているので、免責を保証すれば自由に完全な情報を与えるだろうと言っている、等々の情報が書き込まれていた。

実際、亀井貫一郎は、G2のマックフェール大佐、通訳の吉橋太郎と共に、フェル博士と七三一部隊関係者の間に立ち、細菌戦の事実供述、人体実験のデータ提供とソ連に対する情報遮断による戦犯不訴追の仲介者となった。亀井は、当初は増田知貞を、次いで金子順一、内藤良一を加えた三人を、フェルに引き合わせた。

四月末から五月初め、フェルが口頭で「取り調べを行った日本人関係者に戦争犯罪人が関与していなかったことを保証する」と三人は協力的になり、人体実験と中国での細菌戦の一部を認めた。

内藤と金子は東京の防疫研究室が長かったが、満州平房での研究・実験内容には詳しく、内藤はすでに一月の法務部（LS）での尋問でも人体実験の存在と石井四郎の戦争責任を認めていたから、フェルの尋問には積極的に応じ、関係者への戦犯不訴追の保証があれば連絡をとって報告書を出させるという。七三一部隊の実質ナンバーツー増田も、部下たちの石井離れ、一般隊員の石井への脅迫状や責任追及を語り始めた。七三一部隊内部に、亀裂が生じた。

フェルら米国側は、ワシントンからの指令で文書による免責保証は禁じられていたが、ソ連からの尋問可能

性で脅して、戦犯不訴追をほのめかし、多くの供述と詳細なデータを得た。第二代隊長北野政次は、日本語一七頁のレポートの英訳文が四七年四月一日付けで法務部に送られているが、前回トンプソン報告書中の供述の焼き直しで、フェルの関心をひかなかったためか、呼ばれていない。

亀井は、米国側が最も重視する石井四郎には、石井の戦後の生活の実質的スポンサーとなった日本特殊工業の宮本光一を通じて説得した。石井は、自宅で尊大な態度でフェルらの尋問に応じたが、すでに外堀は埋められていた。五月八―一〇日の三日間、フェルが尋問理由を「技術的、科学的情報のためで戦犯のためではない」と述べたので、「私は平房で行われていたこと全体の責任を負っていた」ことを認め、「もしあなた方が私自身と上官、部下のために文書で免責をくれるなら、あらゆる情報を提供できる」と述べた。自分は増田・金子・内藤以上の情報を持ち、「ロシアとの戦争の準備」のためにも「アメリカに細菌戦の専門家として雇われたい」とまで売り込む[50]。石井は、ソ連側尋問に答える内容について細かな指示を受け、最終的には石井自身の「二〇年に渡る経験の概要」を報告書にして提出することを約する。

ソ連側は、米軍にもソ連にも多くを語らない菊池斉を五月六・七日に、太田澄を五月一四日、石井を五月一五・一七・一九日、六月一三日に尋問した。米国側からフェル博士のほか、G２マックフェール中佐と吉橋通訳も立ち会った[51]。その五月六日のロシア側尋問が始まるにあたって、マッカーサーは、ワシントンに、「人体実験は三人の日本人が解説し、石井は暗黙のうちにこれを確認した」以下五項目の電報を送った。戦犯免責をえさに「説得と日本人のソ連に対する恐怖心を利用する戦術と、アメリカに協力したいという願望」で首尾良

50　ハリス、前掲書、二九六―三〇〇頁。
51　青木、前掲書、四一〇―四一五頁。近藤編『７３１部隊・細菌戦資料集成』。

くシナリオ通りに展開していることを報告した[52]。

ソ連側は、それ以上の要求を出してこなかった。ＩＰＳ委員会にも提起せず、ＩＰＳは訴追しなかった。ソ連の方も、昭和天皇の訴追が難しくなったこの局面で、極東国際軍事裁判への戦犯訴追よりも、細菌戦情報の獲得の方に狙いがあったのである。連合軍の東京裁判は、一九四八年一一月に結審した。もっとも冷戦が激化した四九年末ハバロフスク裁判では、再び石井四郎と昭和天皇をセットにして、戦犯追及を始めるのであるが。

米国側も、ワシントンと東京の頻繁な交信の中で、米国ＳＷＮＣＣ（国務・陸軍・海軍調整委員会）は「アメリカにとって日本の生物戦データは国家安全保障上高い重要性を持つものであり、『戦争犯罪』として訴追することの重要性はそれに及ぶものではない」「日本人生物戦専門家を『戦争犯罪』裁判に付した場合、その情報が他国に対しても明らかになってしまうため、国家安全保障上望ましくない」「日本人情報源から得た生物戦に関する情報は、情報チャンネルにとどめ、『戦争犯罪』の証拠として用いるべきではない」とし、国務省の反対により石井の求めた「文書による免責」は出さなかったものの、東京でのＧＨＱの動きを追認した[53]。

四七年「鎌倉会議」九項目による細菌戦関係者の積極供述

その過程で、一九四七年五月頃、亀井・増田・内藤らが、太田澄ら細菌戦実験・実戦を担当した約二〇名の七三一部隊関係者にレポートを書かせるため、鎌倉で作ったのが、以下の「鎌倉会議」九項目であった。米国側文書に「亀井は報告書を書く者の安全を保証し、彼らの協力を得るために、米国の意思と思われる以下の条

52 ウィリアムズ＝ウォーレス、前掲書、一七一―一七二頁。
53 同書、一八六―一八九頁。

件を提示した」とあるから、少なくともフェル、マックフェールらは了解していたのだろう。

1．この秘密の調査報告はフェル博士、マックフェール中佐、および吉橋通訳とGHQのアメリカ人、そして石井と約二〇名の研究者のみに限定されている。
2．日本人研究者は戦犯の訴追から絶対的な保護を受けることになる。
3．報告はロシア人に対しては全く秘密にされ、アメリカ人にのみ提供される。
4．ソ連の訴追及びそのような（戦犯を問う）行動に対しては、絶対的な保護を受けるものである。
5．報告書は一般に公表されない。
6．研究者はアメリカ合衆国の保護下にあるという事実が明らかにされないよう注意が払われる。
7．主要な研究者は米国へ行くことを許可される。
8．細菌戦実験室が作られ、必要な経費が支給される。しかし、アメリカ人実験室長の下に行われる日本人研究者との共同研究はさらに考慮される。研究に基づく特別実験が予定される。
9．アメリカ人だけによる全面的な共同研究は日本の問題に良い影響を与える。アメリカ人とこれらの条件を決定するに当たり、8以外はすべてアメリカ人の一般的意図に基づく。[54]

ただし、これがそのままワシントンで認められたわけではない。フェル博士を含む米軍側は、亀井の政治的狙いを見透かして、利用しただけであった。

亀井はこの頃、常民生活科学技術協会に被服協会を合併して軍用被服の払下げに携わっていた。いわゆる軍

54　米陸軍情報部「亀井貫一郎ファイル」一九五〇年四月六日尋問記録。青木、前掲書、四二八―四二九頁。

服事件で、米軍「亀井貫一郎ファイル」にも、四七年一一月二八日毎日新聞、一二月九日世界日報の逮捕・起訴記事がスクラップされた。翌四八年五月の国会不当財産取引調査特別委員会に喚問され、懲役三年・執行猶予四年の有罪判決を受ける。そのため改めてG2に情報ブローカーとして取り入っての交渉記録が「亀井貫一郎ファイル」の多くを占めている。亀井は、朝鮮戦争直前の五〇年二月に月二万円の給与を要求したが一万五〇〇〇円に値切られ、G2エージェント、やがてCIAエージェントになっていく。米軍スパイとしてのこの報酬額は、ちょうどこの頃、ゾルゲ事件のアグネス・スメドレー、伊藤律情報を売った川合貞吉のケースと近似している[55]。

二木秀雄の名は、フェル博士の調査のために四月一九日付けで作成した約百人の石井四郎関係者リストに、一応入っていた。したがって太田澄以下一九人の細菌戦記録者にも入っていると思われるが、六〇ページの英文報告書「一九人の医者による（人体実験）リポート」は所在不明で、確かめることができない。ただし後のヒル報告書には入っている。

「ウィロビー・メモ」に見る日本側データ提供者への金銭供与・懐柔策

亀井貫一郎が介在した「鎌倉会議」の背後で、ポール・ラッシュ、有末精三、服部卓四郎らがどのように暗躍したかについては、なお闇のヴェールに包まれているが、二〇〇五年に常石敬一が発見した一九四七年七月一七日付のG2ウィロビー部長の極東委員会対策のメモ「細菌戦に関する報告」（極秘）は、要旨以下のように述べて、石井四郎らデータ提供者の一連の情報は、金銭報酬ばかりでなく、食事やエンターテインメントな

55　加藤『ゾルゲ事件』一二三―一二八頁。

どの報酬の結果であったことが認められている。継続的支払いも暗示されている。[56]

ウィロビー「細菌戦に関する報告」

一、陸軍省の細菌戦専門家のフェル博士は以下の点を報告している。

一、陸軍化学戦部隊と陸軍、国務、司法各省の代表が出席した会議は、博士の調査で得られたすべての情報を機密にしておくことで非公式に合意した。

一、獲得した情報は、将来の米国の細菌兵器開発計画にとって最大限の価値を持つだろう。

一、報告書の内容は、人体実験の概要や中国軍に対する野外実験で使われた戦術など。博士は（1）日本側は真実を伝えている。（2）細菌兵器製造では米国の方が進んでいる、（3）人体実験データはこの上なく貴重だろう、と結論づけている。

一、こうした重要な情報は（七三一部隊の活動に携わった）第一級の病理学者に対する巧みな心理的アプローチによって、初めて獲得できるものだ。

一、金銭報酬をはじめ、食事や贈り物、エンターテインメントなどの報酬、ホテル代、検体発掘経費が支払われた。一五万―二〇万円に満たない額で、二〇年分の実験、研究成果が得られた。

一、軍情報部の秘密資金を制約なしに活用することで、こうした情報獲得が可能になった。部隊関係者を（金銭的に）つなぎ留められなければ、彼らの要求を満たすことはできず、これまではぐくんできた関係も損なわれる。

56　以下の二つの資料については、共同通信配信記事（二〇〇五年八月一四日）「七三一部隊に現金供与　人体実験データ目的に　秘密工作、二〇〇〇万円以上、米、細菌兵器開発を優先　公文書、初めて確認」より。

そして、七月二二日付の東京G2ウィロビー部長からワシントンのチェンバリン陸軍省情報部長あて書簡（極秘）に、以下のようにまとめられ、更なる機密費の措置を要求した。

一、フェル博士の報告は内容的に興味深く、軍情報部の秘密資金を無制約で活用し続ける必要性を説明している。

一、報告にある情報は、一五万―二〇万円で得られた。安いものだ。

一、（しかし）こうした支出は現在、制約を受けている。新たな制約は日本からの情報提供を困難にするだろう。

一、現場の情報関連部局は制約に抗議している。私の経験から言うと、こうした制約ほど国際的な情報収集活動を破壊するものはない。

第四次ヒル＝ヴィクター調査団への日本側全面協力とデータ提供

これらを受けて、米軍キャンプ・デトリックは、四七年一〇月から一一月にかけて、第四次調査団のE・V・ヒル博士とJ・ヴィクター博士を派遣し、一二月一二日付で「ヒル・レポート」を作成した。ヒルはデトリックの基礎科学部長で「細菌戦の権威であり最も政治力がある」大物だった[57]。

ヒルは、「細菌戦に関してハルビンまたは日本で研究した以下の人たちを尋問した」として、エアゾール（高橋正彦、金子順一）、炭疽（太田澄）、ボツリヌス（石井四郎）、ブルセラ（石井四郎、山之内裕次郎、岡本耕造、早川清）、コレラ（石川太刀雄、岡本耕造）、毒ガス除毒（津山義文）、赤痢（上田正明、増田知貞、小

57　ハリス、前掲書、三〇六頁。

島三郎、細谷省吾、田部井和）、フグ毒（増田知貞）、ガス壊疽（石井四郎）、馬鼻疽（石井四郎、石川太刀雄）、インフルエンザ（石井四郎）、髄膜炎（石井四郎、石川太刀雄）、ムチン（上田正明、内野仙治）、ペスト（石井四郎、石川太刀雄、高橋正彦、岡本耕造）、植物の病気（八木沢行正）、サルモネラ（早川清、田部井和）、孫呉熱（笠原四郎、北野政次、石川太刀雄）、天然痘（笠原四郎、石川太刀雄）、破傷風（石井四郎、細谷省吾、石光薫）、森林ダニ脳炎（笠原四郎、北野政次）、つつが虫（笠原四郎）、結核（二木秀雄、石井四郎）、野兎病（石井四郎）、腸チフス（田部井和、岡本耕造）、発疹チフス（笠原四郎、有田正義、浜田豊博、北野政次、石川太刀雄）、を挙げている。

ここには内藤良一は入っていないが、陸軍軍医学校の津山義文、国立予防衛生研究所の小島三郎、京大医化学教室の内野仙治ら、フェル報告よりも広くあたり、七三一部隊関係者の証言と資料が集められた。笠原四郎は流行性出血熱のデータを進んで提供した。

二木秀雄と石川太刀雄も人体実験データ提供、二五万円で最終免責

おそらく一九四七年春「鎌倉会議」九項目は、かつて一九四五年末「北野中将へ連絡事項」を配布した七三一部隊幹部のネットワークを通じて、金沢仮本部を支えた二木秀雄と石川太刀雄にも伝えられた。すでに東京に移って出版業をしていた二木秀雄は、結核班班長としての尋問だけで、梅毒生体実験、企画課長としての細菌戦への参画やインテリジェンス活動は、追及されずに済んだ。

しかし金沢医大教授の石川太刀雄の場合は、すでに四七年六月フェル報告で、「細菌戦の各種病原体による二〇〇人以上の症例から作成された顕微鏡用標本が約八〇〇〇枚あることが明らかにされた。これら標本は寺に隠されたり、日本南部の山中に埋められていた。この作業すべてを遂行あるいは指揮した病理学者［＝石川］が、現在その標本の復元、標本の顕微鏡撮影、そして各標本の内容、実験場の説明、個別の病歴を示す英文の

完全なレポートを準備している」と述べられていた。[58]
そして、四七年一二月「ヒル・レポート」では、第四次調査団の「成果」の中心に据えられた。

金沢で我々に提出された病理標本は全く無秩序な状態にあった。この標本を事例番号順に整理し、標本番号の一覧表をつくり、標本を目録に記入することが必要であった。……

金沢の病理標本は、ハルビンから石川太刀雄によって一九四三年に持ってこられた。それは約五〇〇の人間の事例からの標本から成っている。そのうちの四〇〇だけが研究に適した標本である。ハルビンで解剖された人間の事例の総数は、岡本耕造博士によれば、一九四五年に一〇〇〇以下であった。この数は石川博士が日本に帰ったときのハルビンに現存していた数より約二〇〇多い。最初に提出された標本目録の結果からして、多くの標本が提出されていないことが明らかであった。しかしながら、最初提出されたよりも著しく多い標本の追加的コレクションを入手するには、多少催促をするだけでよかった。[59]

ここではソ連側が重要証拠を得たとする人体実験よりも、細菌戦兵器及びその実験データの方が問題にされた。ペストノミの製法も実戦データも、米軍の手に落ちた。

ヒル博士は、一九四七年一二月一二日付最終報告書（総論）において、次のように述べる。二年半にわたる七三一部隊による隠蔽・免責作戦の結果は、七月ウィロビー・メモ時点からさらに五―一〇万円上積みして、米軍に総額二五万円（今日の二五〇〇万円相当）で買い取られたデータとバーターでの、極東国際軍事裁判不

58 前掲、松村編『論争　７３１部隊』二八六頁。
59 同書、二七七―二七九頁。

訴追、戦争責任からの免除であった。

この調査で収集された証拠は、この分野のこれまでにわかっていた諸側面を大いに補充し豊富にした。それは、日本の科学者が数百万ドルと長い歳月をかけて得たデータである。情報は、特定の細菌の感染量で示されているこれらの疾病に対する人間の罹病性に関するものである。かような情報は我々自身の研究所では得ることができなかったものである。なぜなら、人間に対する実験には疑念があるからである。これらのデータは今日まで総額二五万円で確保されたのであり、研究にかかった実際の費用に比べれば微々たる額である。

さらに、収集された病理標本はこれらの実験の内容を示す唯一の物的証拠である。この情報を自発的に提供した個々人がそのことで当惑することのないよう、また、この情報が他人の手に入ることを防ぐために、あらゆる努力がなされるよう希望する。[60]

飽食した悪魔たちが免責され、復権していった。

60 同書、二八一頁。

四　二木秀雄の大衆時局雑誌『政界ジープ』——免責迂回作戦

左翼大衆誌『真相』のライバルとしての『政界ジープ』創刊

敗戦直後に金沢で雑誌『輿論』『日本輿論』を創刊した二木秀雄は、米軍サンダース、トンプソンの細菌戦調査が済んだ一九四六年夏、東京に出てジープ社を興し、月刊誌『政界ジープ』を刊行し始める。創刊号の表紙は、金沢『日本輿論』のイメージと大きく変わらない。ただし、表紙はカラーになる。四六年に創刊される『展望』『世界』『思潮』などいわゆる総合誌・論壇誌の格調はないが、『りべらる』『実話雑誌』『美貌』『猟奇』など通俗的カストリ雑誌の類とも一線を画する。中間的である。

強いて言えば、四六年三月に「実話読物」と銘打って創刊された雑誌『真相』が、デザイン・編集共に近いもので、その後両誌は一〇年間継続して、ライバル誌となる。メディア史研究のカテゴリーでいえば、時局雑誌、それも大衆時局雑誌である。

しかし月刊雑誌『真相』が、戦前からの日本共産党員佐和慶太郎の興した人民社の発行で、中西功の「人民叢書」などを刊行して占領軍の民主化の波に乗りつつ、三月号「創刊のことば」では「理屈でなしに事実により、天皇制、資本主義機構の徹底的解剖を行ひ、人民諸君に対する民主主義教育の一助たらんとする」と旗幟を鮮明にしているのに対して、『政界ジープ』のフットワークはもっと軽く、「進駐軍御用達」「永田町業界紙」風である。

『輿論』『日本輿論』の後継誌なのに、なぜか金沢時代には触れず、「進駐軍」のシンボルとして「ジープ」を誌名にする。「二木」署名の「アクセルを踏む前に——はっかんのことば」は巻末で、『輿論』『日本輿論』の天皇制護持の「社論」とは、様変わりである。

街を歩いているとジープの波である。ジープはみたところ軽快で、丈夫そうである。どこへでも、山でも、坂でも、ぬかるみでも、何なく突破してゆけそうである。そしてスピードもある。戦車や大砲に比べたらさしみのつまの様でもあるが、なくてはならぬものの様でもある。小粒で手軽だがピリッとしている。

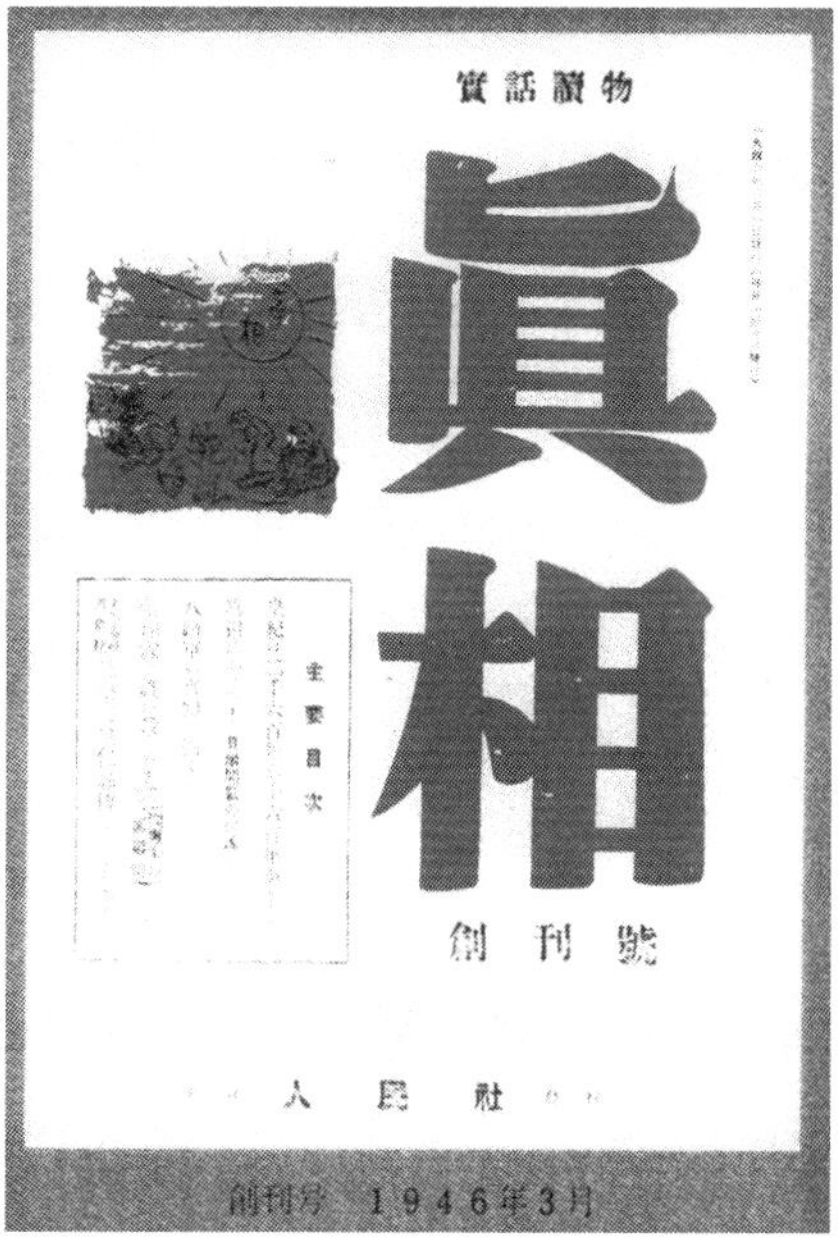

創刊号　１９４６年3月

日本の様な狭い場所には、うってつけの「足」である。

「政界ジープ」は、ジープで表象される雑誌として生まれた。自由、民主という白粉をつけた言論が、昔のデパートの十銭ストアみたいに、色さまざまのよそおいをこらして本屋の店さきにハンランしている。「政界ジープ」もおそまきながら、その中の一つに加えて貰ったわけである。裏からも、横からも、縦からも、上からも、下からも、そして時々は表からも、淡々としたアスファルト道路をゆく様に駆けまわってみる積りである。……

軽やかなジープも、近代科学文明のエキスである様に、「政界ジープ」も、新しい科学的世界観が、一本のスヂを通している積りである。日本、世界、地球、宇宙と並べてみると、狭い様でもあり、広い様でもあり、小さい様でもあり、大きい様でもある。まあ区別できるとすればとかく日本はせまく、封建的であるが、世界となると、広くて民主的である様な気がする。……無数の生物の中で、只一つ垂直性の発達を、かちえたものは人間であるが、その歴史も、伝統も、科学も、道具も、みな立つことによって発展した大脳の所産に他ならない様である。

ジープは近代アメリカ文明の最頂点の一つのあらわれである様に、人間現象の頂点は、せまい容積内ではあるが、すべてを綜合したり、そして常に発展している大脳につきるといわねばなるまい。……「政界ジープ」は足であるとともに頭脳である。つまり一つの「人間」である。

町医者のエッセイと思って読めば、読めないことはない。しかし二木秀雄は、東京に進出した『政界ジープ』では、七三一部隊はもとより、医学博士で医者であることも隠している。創刊号では目立たないが、九月号以降、薬品会社の広告が多くなるのに気づくのは、七三一部隊の痕跡を追って読む場合に限られるであろう。

四七年まで印刷は金沢・吉田印刷所、ジープ社は銀座に進出

創刊号の三三頁に、『政界ジープ』自身の広告が載っていて、この方がわかりやすい。

毎号四十八頁をわかものの熱と力で縦横に盛り上げる溌剌独特の編集陣
★勤労大衆のための唯一の政界案内誌
★政治の本質を平たい言葉で衝く雑誌
★弄騰する社会事象をやさしく説く雑誌
★政治と国民を談笑の間にむすぶ雑誌
★新生日本から「悪」と「醜」を叩き出す雑誌
　東京・神田錦町三―一四　振替・東京一九五一〇九番　ジープ社
　毎月一回・二〇日発売断行　定価一部三円五十銭・半年分二十一円

ただし、金沢の影を引きずっている特徴がある。それは、印刷所である。「編集発行人　二木秀雄」は東京・神田の出版街に進出したが、「印刷人　吉田次作」は金沢『輿論』時代と変わらず、「印刷所　吉田印刷所　金沢市中村町七―三四」で、用紙と印刷は吉田次作に頼っていた可能性が強い。ジープ社の住所は四六年一〇月号から「東京都大森区田園調布二―六九一」に変わるが、相変わらず印刷所は金沢吉田商店である。
雑誌が軌道に乗ったらしい四七年七月号では「印刷人　大橋芳雄　印刷所　共同印刷株式会社」と大手印刷会社に変わる。四八年には東京証券印刷が使われる。七三一部隊戦犯不訴追がほぼ定まる四七年九月号から、ジープ社の住所は「東京都中央区銀座七丁目二番地」に移り、以後、銀座の一等地（有楽町駅と新橋駅の間の東海道線沿い）に定着する。

ライバルとしての佐和慶太郎のバクロ雑誌『真相』

二木秀雄を戦後占領期の言論人として扱おうとすれば、まずは『政界ジープ』全号を集めて、そこに示された論調の流れを考察し、ジープ社の他の出版物や当時の政治的・思想的潮流との対比で、論じる必要があるだろう。

当時の大衆時局雑誌としては『日本評論』『旋風』『レポート』等もあるが、『政界ジープ』は、左派の『真相』との対比でクローズアップされる。実際『真相』と『政界ジープ』は、表紙・口絵・漫画などの体裁、暴露記事・政財界スキャンダル報道などで、酷似する。一九四六年から十年間の継続、五—一〇万部の発行部数で、読者層も重なる。

そこでここでは、ライバル誌『真相』の特徴をひとまず概観し、それとの対比で、二木秀雄の『政界ジープ』を見ておくことにする。[61]

佐和慶太郎の『真相』は、一九七九年から二〇〇四年まで岡留安則編集で刊行された有力な情報雑誌『噂の真相』に影響を与えたこともあり、一九八〇年代に全号復刻版が出ている。[62]

月刊『真相』は、一九四六年三月に「実話読物」を謳い文句に創刊し、五七年三月（一〇八号）まで存続した。「バクロ雑誌」「民衆の雑誌」「常に真実のみを語る」と自己規定し、天皇制批判、旧軍人・保守政治家の旧悪暴露、汚職・女性スキャンダル、戦時中の軍隊の横暴・腐敗、女性の社会進出の裏側などを、記事・寄

61　以下の『真相』と『政界ジープ』についての記述は、加藤「占領期における原爆・原子力言説と検閲」、木村朗・高橋博子編『核時代の神話と虚像』明石書店、二〇一五年、の一部を下敷きにした。

62　雑誌『真相』復刻版、三一書房、一九八〇—八一年。『真相』については、「佐和慶太郎氏に聞く——戦後革命と人民社、一—五」法政大学『大原社会問題研究所雑誌』三七八—三八三号、一九九〇年、佐和慶太郎『左翼労働運動の反省のために』労働者新聞社、一九九一年、なども参照。

稿・手記・読物・写真・漫画・口絵などを駆使して報じた。

シベリア抑留などソ連については甘い記事が多かったが、共産党や社会党の内実の告発報道も多く、中国内戦や朝鮮戦争についても最新情報をセンセーショナルに報じた。発行元の人民社社長・佐和慶太郎は、日本共産党員として知られ、当初は中西功らの「人民叢書」を刊行、権力と闘う左派ジャーナリズムとして、後の『噂の真相』に大きな影響を与えた。総合雑誌『世界』『潮流』などとは異なる読者層と大衆的影響力から、今日では占領期の言論資料として全号復刻され、容易に読むことができる。

『真相』は、CCD（民事検閲局）の検閲を最も厳しく受けた雑誌として知られる。一九四七年一〇月にCCDは原則事後検閲に移行したが、その際要注意雑誌として『世界』や『中央公論』『改造』と共に事前検閲が残された二八誌の一つであった。プランゲ文庫データベースによる私の調査によると、四六年三月創刊から四九年末のCCD検閲廃止まで、表紙・目次・広告・タイトルを含む記事一六八〇件中二四二件、約一五パーセントが「公表禁止 Suppress」「一部削除 Delete」等の検閲処分を受けた。「真相裁判」として著名な「天皇箒事件」は不敬罪の廃止で免訴となったが、八〇人以上から名誉毀損で訴えられ、佐和は『真相』を編集した八年間のうち一年半を獄中で過ごした[63]。

『真相』は、一九五〇年の日本共産党分裂による社員内紛により五一年一月（五六号）に一時休刊し、講和・独立後の五三年一一月（五七号）から復刊して「平和、独立、民主主義の旗じるし」「アメリカに帰ってもらう世論をつくる雑誌」と謳う。復刊直後から「真相鋏厄史、占領下の言論とはこんなもの」という自誌の検閲

---

63 『真相』一九四七年九月号が、昭和天皇が巡幸で立ち寄る宿舎や道路が綺麗に整備されるのを皮肉り、「天皇は箒である」という記事と合成写真を掲げて、保守勢力が「不敬罪」を適用すべきと告発した事件。この頃天皇・天皇制批判には検閲処分は少なく、比較的自由に論じられた。逆に『日本輿論』四六年三月号大西芳雄論文のような復古主義的論調・家族主義的天皇制論は、削除や書き直しを命じられた。

体験の記録を一三回にわたって連載し、今日では検閲研究の貴重な素材となっている。検閲された事例は、読売争議、米兵描写、シベリア抑留、天皇制、蒋介石報道などである。[64] CS（民政局）ケーディス大佐の愛人鳥尾鶴代、G2ウィロビーの愛人と言われた荒木光子の写真を「現代日本名花列伝」として掲げ、暗に「奴隷の言葉」でGHQを批判した。

稀覯大衆時局雑誌としての『政界ジープ』

一九四六年八月に「勤労大衆のための唯一の政界案内誌」「女の子にもわかる大衆の政治誌」と銘打って創刊された月刊『政界ジープ』は、一九四六年から五六年まで（途中に五一年八月から五二年三月の休刊をはさみ）一〇年・一〇〇号ほどを刊行し続けた点で、常に『真相』のライバルであった。ただしその内容と主張は通常「反共右派」雑誌とされる。

『真相』には復刻版があるが、『政界ジープ』は、全号を所蔵する図書館はない。国立国会図書館では欠号が多く、メリーランド大学プランゲ文庫もCCDの検閲が終わる一九四九年刊行分までで、これもいくつか欠号がある。法政大学図書館、大宅壮一文庫、日本近代文学館、江戸東京博物館などで欠号を補い、全国の古書店からの購入で相当数が埋まったが、それでも一九五二年から五六年三月「政界ジープ恐喝事件」で廃刊するまでの一〇数号の所在がわかっていない。[65]

64　『真相』の検閲については、原田健司「雑誌『真相』検閲の事例紹介」『インテリジェンス』一二号、二〇一二年、参照。

65　これまで見つかった『政界ジープ』については、私の個人ホームページ「ネチズンカレッジ」に主な論説・記事、表紙カバーを含めて掲載し逐次更新しているので、本書では総目次はかかげない。以下のURLを参照のこと。http://netizen.html.xdomain.jp/yoronjeep.pdf

なお、以下で『政界ジープ』を引用する際は、旧漢字を新漢字に改め、現代仮名遣いを用いる。

本書の主題である七三一部隊の隠蔽・免責との関わりでは、『政界ジープ』は、直接には資料にならない。むしろメディア史・言論史の対象である。ＧＨＱの検閲があるから当然ではあるが、一九四九年頃までは、近過去としての戦争や東京裁判を論じることはあっても、七三一部隊や細菌戦が扱われることはない。『輿論』と違って、二木秀雄以外の関係者が寄稿することもない。

最盛期の四八年九月に「今では政治の民主化の旗手として全国一〇万読者」とあるが、私の調べたプランゲ文庫の検閲記録では刷部数五万部で、同号の「わが国唯一の大衆政治誌」「断然類誌を圧倒、躍進、特ダネ満載」にはやや誇張がある。

四九年八月には「ある権威ある調査で、総合雑誌は文藝春秋、婦人雑誌主婦の友、文芸雑誌小説新潮、政治時局雑誌では政界ジープが上半期最も売れた雑誌」と自讃し、五〇年九月の創刊五周年記念号では「戦後続々

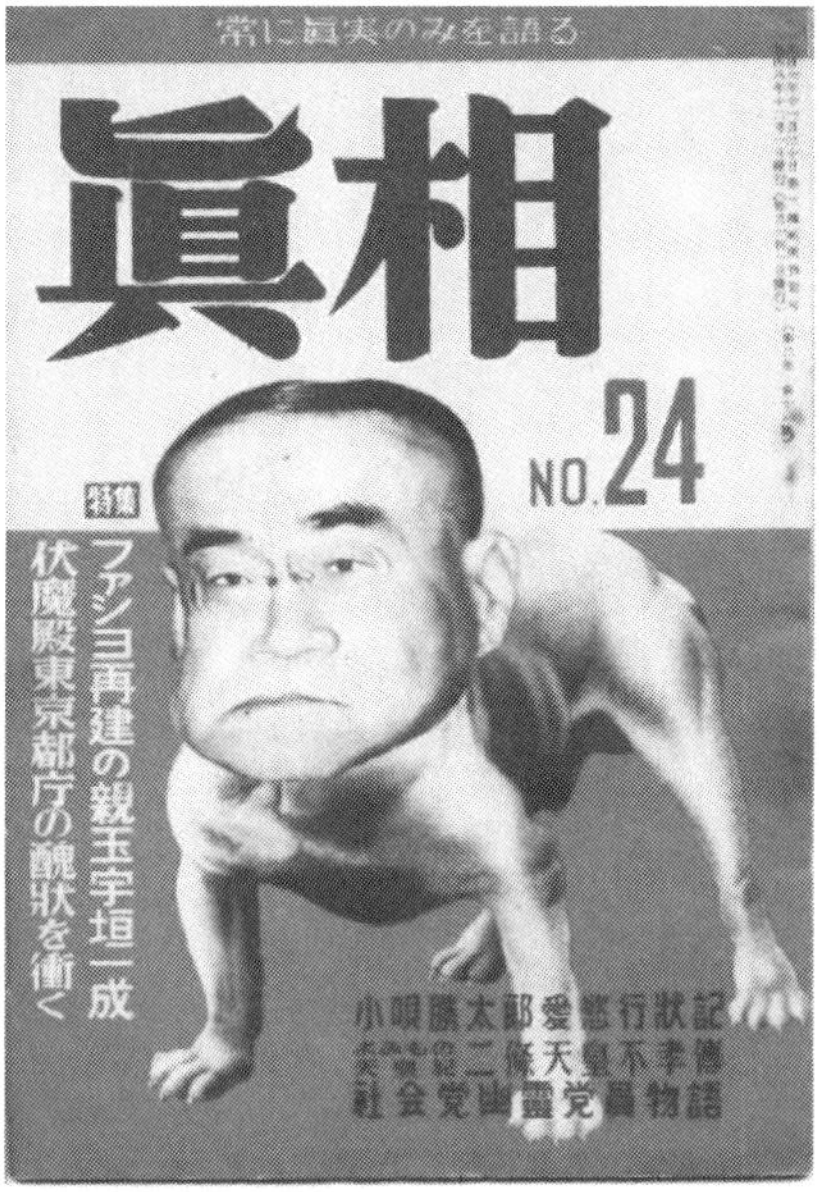

現れたいわゆる時局雑誌の多くはすでに影を消したが、今日残っているレポートにしろ真相にせよ旋風にしろ例外なく、その内容は別として、企画の立て方から編集の組み方まで、いちばん早く発足した本誌のスタイルをまねてスタートした」と、このジャンルの老舗であることを誇示した[66]。

二木秀雄は、四六年八月創刊の『政界ジープ』では、『日本輿論』でのCCDの検閲に学び、注意深く「検閲要綱」事項を論じること自体を避けた。一時は目次を事前に英訳してCCDに届け、米軍の検閲に全面的に従った。検閲だらけのライバル誌『真相』とは正反対である。そのため『政界ジープ』は、『輿論』発刊の目玉であった原爆や天皇制を大きく取り上げることなく、占領政策の展開と「逆コース」に忠実にあわせて、ほとんどフリーパスで四九年の検閲終了を迎える。

『政界ジープ』の論調は、創刊時は尾崎行雄・長谷川如是閑ら自由主義者に論説を依頼し、マルクス主義者・社会主義者も登場させ、共産党や社会党の国会議員も寄稿した。しかし、極東国際軍事裁判で昭和天皇も七三一部隊関係者も免訴となり、片山社会党・芦田民主党内閣のスキャンダルを暴く頃から、保守・反共色を前面に出すようになる。

七三一部隊隠蔽・免責交渉期の『政界ジープ』の左派的論調

一九四六年八月創刊号では、巻頭の尾崎行雄「新日本建設の基点」で、「新しい日本を建てるためには、日本が敗れた国家であることという事を、本当に国民全部がはっきり認識せねばならない。そのためには根本的に国民自体を、正しい教育によって作りあげる様な方法が必要である」として、天皇の在位に関わらない改元による人心一新を提案する。

66　一九五〇年九月に「創刊五周年」を名乗るのは、『政界ジープ』が一九四五年一一月刊の金沢『輿論』『日本輿論』誌の後継であることを示し、『真相』より半年早く創刊したことを誇示するためである。

他方でマルクス経済学者井汲卓一に「つだ・さうきち博士に寄せて――天皇制学説の新展開」を書かせて、すでに象徴として憲法草案に入った天皇制存続の根拠薄弱を説き、「皇室は常に、過去のすべての搾取者と支配者のための権威の象徴であり、その権力の装飾物であり、その意味において権力の重要な構成部分であり、上下の序列、支配の機構を維持する精神的武器であった」と論じる。憲法研究会の鈴木安蔵は、「勝利のために――民主人民戦線の展望」で「日本の眼前の荒廃と圧迫とは、民主革命の促進によるほかは絶対に救われない」と主張する。

岩波書店の新雑誌『世界』で息子の丸山眞男が論壇にデビューしたばかりのベテラン記者丸山幹治が「政変日録」で「幣原から吉田へ」の政局を解説し、常連寄稿者になる。杉野糸子「婦人代議士診断簿」、社会党・山崎道子と新光クラブ・松谷天光光の「わたしの議会初日誌」で女性議員誕生に注目する。「米軍政治将校 ロイ・L・マルコルム少佐に聴く」で「まずは家庭内の民主主義化から」と語らせ、村山節「世界革命史物語」で、イギリス革命、フランス革命、ロシア革命の流れを紹介する。

次の四六年九月号では表紙に「女の子にもわかる大衆の政治誌」「小粒でピリットした政界裏面誌」と謳い、メインは高橋正雄「割れた人民戦線」、長谷川如是閑「『象徴』の諸相」で、高倉テル、小川一平、細迫兼光の国会便り、井上まつ子「婦人代議士の悩み」、一〇月号は植原悦二郎「議員生活二五年」、丸山幹治「原敬は官僚か」、高倉テル「山本宣治の死」という具合で、小坂善太郎、上林山栄吉ら保守政治家の寄稿や社会党内紛の裏話も出てくるが、むしろ左派を積極的に登用する。

共産党代議士高倉テルはほとんど毎号連載で一一月号にも寄稿し、志賀義雄「世相随筆」、鈴木茂三郎「無産運動二五年」の掲載で、『真相』と競い合う。一二月号には中西功「尾崎さんの想い出」でゾルゲ事件が登場し、末川博「河上肇博士」と濱口雄幸遺児・濱口雄彦「父を語る」と並ぶ。「革命家」尾崎秀実の扱いは、二年後には「赤色スパイ」となるのであるが。

こうした編集方針は、四七年、四八年前半も続く。幣原喜重郎「政界よもやま話」(四七年一月)、須藤恭「政党と人民」(三月)、羽仁五郎「片山内閣論」(七月)、松本治一郎「水平社運動二五年」(九月)、吉田茂「野党の心境」(一〇月)、瀧川幸辰「国会への期待」(四八年二月)、西園寺公一「なぜ政局は安定しない」(三月)、中曽根康弘「青年の息吹」(四月)等々、左右・中間リベラル派、老練・若手政治家に女性を加えて発言の場を与え、国会・官僚・財界の裏話やエピソードを写真や似顔絵・漫画を使って散りばめる。プランゲ文庫で見ても、CCDの検閲による削除や修正はほとんどない。

GHQと政局に迎合した初期『政界ジープ』の基調

こうした初期『政界ジープ』の論調は、第一に、当時のGHQの占領政策に従い、日本の国内政局の流れに忠実に合わせたものである。四六年五月に極東国際軍事裁判が開廷し戦争責任は問題になっていたが、「天皇は訴追せず」で一一月には象徴天皇制・戦争放棄の日本国憲法が公布される。吉田茂内閣のもとで約二〇万人の公職追放が進むが、農地改革、傾斜生産方式採用など経済改革も始まる。二・一ゼネストはマッカーサー命令で中止されるが、四七年四月総選挙で社会党が第一党になり、六月片山哲社会党首班内閣が成立し四八年二月まで続く(三月、芦田均・民主党内閣)。プレスコードのGHQ批判はもとより、民主化・非軍事化を実行する日本政府への批判もほとんどない。

第二に、編集兼発行人はジープ社社長・二木秀雄であるが、二木自身が登場することはほとんどない。四六年九月号「編集後記」に「現役、第一線の記者諸君が、その豊富な知識と体験を、何らの主観をまじえないで、大衆の前に露呈しているのだ。淡々とした筆致で書かれた記事こそ本当の事実である。無名とかでなく内容をしっかり見て貰いたい」とある。金沢『輿論』『日本輿論』時代の地域同人誌的・論壇誌的性格を脱して、全国的大衆時局誌になった『政界ジープ』は、編集・取材にも制作にも多くの編集員を必要とする。編集部員・

記者が何人かの記録はないが、二木の「編集後記」の記述から、一般紙や業界紙の無名の記者がアルバイトなどで寄稿していたことがわかる。その中には言論の自由や政治の民主化を求める左派や共産党に近い記者もいたであろうことは、一九四八年一二月に「旧政界ジープ同人編集」と銘打って『政界アサヒ』（編集発行人笠原真太郎、青銅社）という、編集方針で二木と別れた左派の新雑誌が出ることで裏書きされる。

二木秀雄は、ほぼ四八年半ばまでは『政界ジープ』の版元ジープ社の経営者に徹し、読者の定着と広告を含む経営の安定を図った。

この期の言論活動は、四七年九月刊行の単行本『政界ニュー・フェイス——日本を動かす３４１人』にまとめられている。「政界ジープ特集号」として二木秀雄が編者となっているが、「総選挙をさかいとして一新された政界の中心人物三百数十氏をピックアップして、その印象、経歴等を広く紹介」した政界人名録である。

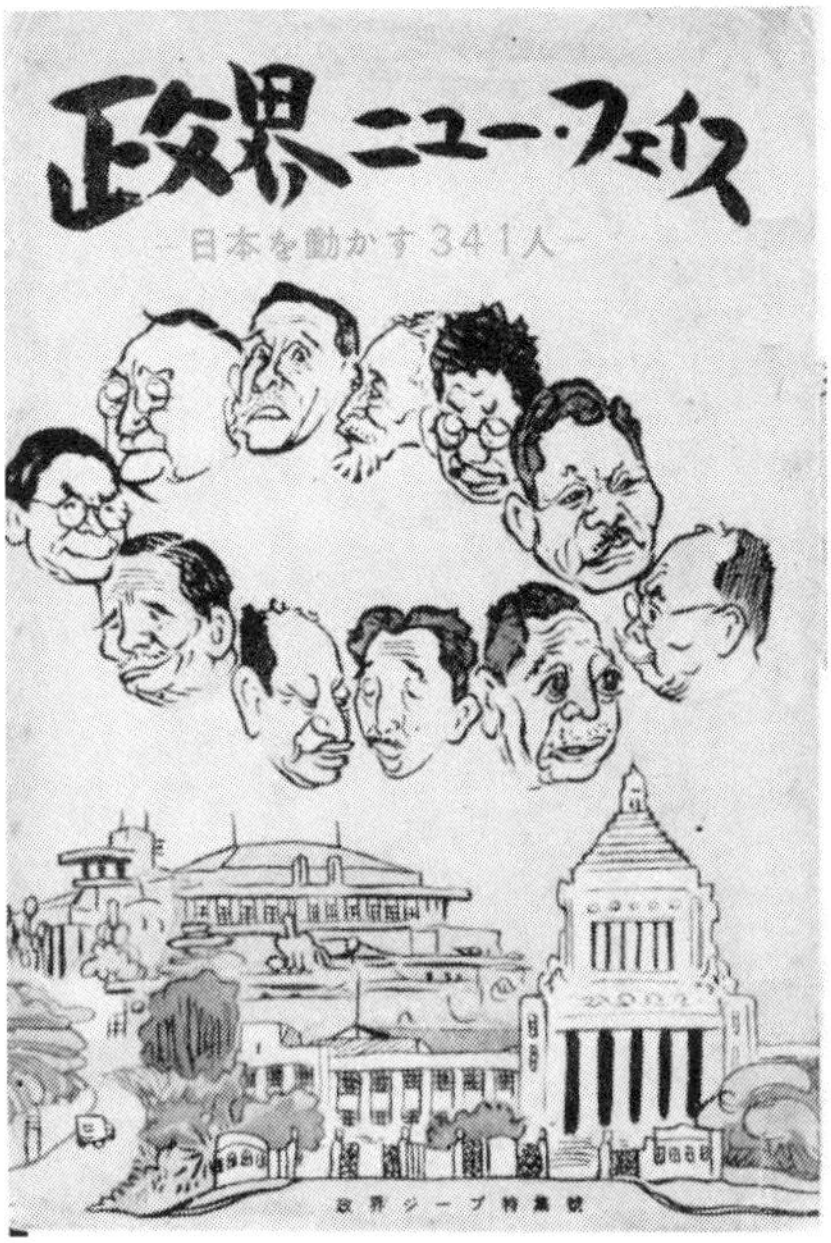

「執筆者は東京第一流紙の記者十数氏」とあるように、自由党から共産党まで近藤日出造の似顔絵付で面白おかしく寸評している。編者の政治的立場や主張はみられない。

また、ゴシップやスキャンダルを売り物にするので、「本誌の名をかたって金銭を強要するものにご注意」「本誌の記者を名乗る○○はすでに退社し本社とは一切関係がありません」といった社告が、特に四八年以降の巻末に頻出する。ジャーナリストばかりでなく旧特務機関員、いわゆる大陸浪人、陸軍中野学校出身者なども登用していたことは、後の

「政界ジープ事件」で明らかになる。二木秀雄以外の七三一部隊関係者がジープ社に雇われていた事例はいまのところ確認できないが、総務や経理・広告、地方通信員などに入っていた可能性も否定できない。

ジープ社は、一九四七年一二月に『財界ジープ』、四八年八月に読み物雑誌『じーぷ』、四九年三月に『とびら』(『医学のとびら』)、四九年一一月に『経済ジープ』と次々に新雑誌を出し(ほとんど数年で廃刊)、ジャンルと販路を広げ単行本も増えるが、これらが旧七三一部隊隊員の受け皿、失業対策であったかもしれない。

天皇制と戦争責任を追及する『真相』、政財官ウラ話に徹する『政界ジープ』

こうした編集方針と論調を、ライバル誌『真相』と比べると、二木秀雄の出版人としての狙いが、いっそうはっきりする。

「実話読物」「バクロ雑誌」と銘打って四六年三月に創刊された『真相』の目玉は、天皇制の批判と旧軍人・政治家の戦争責任の追及だった。禰津正志、田中惣五郎、山崎今朝弥らの歴史家・弁護士らを登場させて、天皇制の神話を「称徳天皇淫蕩伝」「村上天皇不倫伝」などとスキャンダラスに暴き、「松岡駒吉とはどんな男か」「河合厚相の戦犯を暴く」「第一級戦犯の姻戚調べ」「石橋湛山の戦犯記録」等々と、戦前天皇制日本を告発し、政治家・運動家の過去を暴く論説・記事を売り物にした。

これに対して『政界ジープ』は、戦争責任は「一億総懺悔」風に日本の再起をはかり、政官財界人の過去を問わずに占領政治の人脈を追う。

もう一つの違いが、『真相』は「蒙古脱出記」「露国皇帝処刑の真相」「李香蘭を中国人にしたのは誰か」「ハリウッドの『赤』騒ぎ」などと、戦前の延長上での世界とアジアの動きを検閲でズタズタにされながらも追いかけようとしたのに対し、初期の『政界ジープ』は、米駐留軍人の寄稿や極東国際軍事裁判のニュース報道以外、海外の動向をほとんど伝えない点にある。

これを七三一部隊の隠蔽・免責の文脈に置き換えると、東京に出た二木秀雄は、石井四郎、増田知貞、太田澄、内藤良一、宮本光一、亀井貫一郎、新妻清一、有末精三らが関わるG2管理下の米軍細菌戦調査団、法務局（LS）、国際検察局（IPS）による七三一部隊調査の進展を知りうる立場にいた。特に四七年のフェル、ヒル＝ヴィクター調査団には直接尋問される立場にあった。そこではまず、米国及び占領軍に恭順の意を示すことが必要だった。医師・医学の世界に留まらず、出版経営者という別世界で再出発していることは、七三一部隊結核班長としての実験データを提供して免責されるさいに有利に働いた。結核菌は米軍の求める細菌戦データとしては傍流で、人体実験も尋問過程で深く追及されることはなかった。

ただし青年将校の一人であっても、言論界で目立つことは禁物だった。『真相』の得意とする戦争犯罪追究では、ジープ社の提携する左翼記者であっても、関東軍七三一部隊に行き着くことがありえた。こうした問題は、CCDの検閲対策上でも、取り上げないことが一番だった。最終編集権は二木が握っていた。初期の『政界ジープ』が政治的旗幟を鮮明にせず、左右を問わず政治家を登場させ一見「中立的」であることは、出版経営を安定させるためばかりでなく、七三一部隊と二木秀雄自身の戦犯不訴追を担保するために、必要であった。

さらにいえば、万が一でも七三一部隊がメディアと世論の注目を引いた場合に、すばやく反論しもみ消す防諜・情報戦機能を考えていたのかもしれない。それにはGHQ・G2の言論統制との連携が必要になるが、この点で二木秀雄が、CCD東京での検閲担当以外のどのような窓口を持ち、亀井貫一郎、有末精三、服部卓四郎らとつながっていたかは、資料も証言もなくわからない。七三一部隊総務部企画課長としての二木秀雄のインテリジェンス能力がG2の反ソ反共活動で使われていた可能性はあるが、この点は闇につつまれたままである。

五　帝銀事件におけるG2の捜査妨害――七三一部隊の実質的解散

七三一部隊はいつ解散したのか？――一般隊員の連絡網と給与のその後

七三一部隊の隠蔽・免責は、一九四七年末の米軍第四次ヒル報告書への大量データ提供で、ほぼ完成した。ヒルがデータの対価として安上がりと考えた二五万円がどのようなもので、誰に支払われたかはわからないが、七三一部隊自体の隠匿資金・隠匿物資も、当然残されていた。

推理作家・森村誠一は、『悪魔の飽食』三部作を完成した後にも残った「七三一『五つの謎』」の第五に、この問題を挙げている。

第五の謎は、七三一が保有していた大量の貴金属、錫のインゴットの行方である。七三一には細菌計量用の白金製シャーレをはじめ貴金属、錫のインゴットが資材部倉庫に高積されていた。その一部を釜山港埠頭で目撃した旧隊員たちは多い。こうした貴金属、インゴットが釜山港から七三一部隊員を乗せた軍用船の船倉に積みこまれ、無傷のまま日本の港に着いたことは多くの証人によって確実である。その後、それがだれの手によってどのように処分されたかは不明である。

元隊員の間には、「七三一の首脳が米軍高官へのプレゼント用に使った」「戦後の一期間、七三一幹部の生活費に充当された」「換金された上で元隊員の自宅に送金された」などの風評があるが、いずれも根拠が乏しい。七三一は関東軍随一の豊富な物資を誇る秘密部隊であった。部隊撤収のどさくさにまぎれ、物資、現金を私物化し、戦後に羽振りをきかせた隊員も少なくない[67]。

一般隊員は、一九四五年八月平房撤退時に、「三つの掟」――「一、郷里へ帰ったのちも、七三一に在籍していた事実を秘匿し、軍歴をかくすこと」「二、あらゆる公職につかぬこと」「三、隊員相互の連絡は厳禁する」を叩き込まれた。関東軍自体がなくなったのだから、それは部隊解散後の戦争責任追及への対策であったろう。

ところが特別列車・船で日本に着くと、八月二六日「会報」「命令」で部隊は存続し給与も出るとされ、都道府県ごとの名簿に登録されて「一時帰休命令・自宅待機」に入った。

金沢仮本部で作られた九月二〇日付石井部隊長「通告」では、七三一部隊はまだ満州にいるという偽装工作とセットで、部隊員の「予備役編入」＝退官・退職が軍属を含めて取り消され、「伝達責任将校」を通じて給与が渡されることになった。これは、陸軍省が解体され復員省になっても、退職金も将来の軍人恩給も受け取れないことを意味する（実際には一九四七年日本遺族厚生連盟設立、五三年以降に軍人軍属の恩給復活[68]）。

東京で最高幹部の周辺にいた二木秀雄ならいざしらず、地方に散った一般隊員には、東京でのＧＨＱとの七三一部隊免責交渉の情報は、ほとんど伝えられなかっただろう。

67　森村『「悪魔の飽食」ノート』晩聲社、一九八二年、一八五頁。
68　赤沢史朗「一九五〇年代の軍人恩給問題」『立命館法学』三三三―三三四号（二〇一〇年五・六月）。

下級隊員へ退職金を支払っての四五年末残存部隊スリム化構想？

青木冨貴子の発見した石井四郎一九四五年秋「終戦メモ」を、隠語で出てくるM＝亀井貫一郎、池谷＝太田澄、佐（佐藤）＝佐藤重雄と解読して帰国後の生活を見ると、石井四郎自身の日常生活は、意外に慎ましい。「石井は大地主に非ず、勤労所得者なり」と米軍情報に憤慨したり、母親孝行で着物や新米を用意したり、部下たちの出張旅費や給料への細々とした記述もある。どうやら石井四郎のもとで、部隊の財産と資金・給与を管理していたのは、池谷こと太田澄と佐藤重雄のようである。

一九四五年一一月二〇日、二八日「メモ」等で「首切代」と出てくるのは、隊員の退職金のようである。一一月二〇日の佐藤重雄の報告で、「女軍、下兵、少年、特定者に送金済み。一三〇〇名（兵七〇〇、女四〇〇、少二〇〇）約六〇本」「首切代の件はⓂ〔マッカーサーの意〕に難色あり。陸軍省、及、留守部にても確定しあらず」とある。下級兵士、女性・少年隊員を退職金で除籍し、残存部隊をスリム化しようとしたようである。

一一月二八日「メモ」に「1／2〔四六年二月一日？〕迄に全部の首切代は留守業務部より各家庭に発送する如く経理と経理局と相談の上協定したので安心なり」とあるのは、次の「①女子軍属、②営内下士官以下、③少年隊、④新採用者（半ヶ年以内）、⑤特殊事項あるもの、⑥機密あらざるもの」への「首切代」＝退職金予算措置であろう。

「⑦年限職から考慮していく、⑧尉官—左官—将官」とあるのは、スリム化した後の残存部隊の将校・技師の編成・給与基準であろう。続く「部隊　現九〇本なり。首切三六〇本、俸給二ヶ月は六〇万で四二〇万を要す、これは全部、留守業務部からやる」とあるのは、退職金＝口止め料で三六〇人の将校・技師の部隊離脱・退職を認めるという意であろうか。

現に連絡がつく九〇人の残存秘密部隊は、四五年末「北野中将へ連絡事項」の八〇枚カーボンコピーの配布範囲での軍医・技師・幹部将校にしたかったかのように見える。

四五年一二月の七三一部隊解散・秘密部隊化構想とその挫折

ただし、G2ウィロビー保護下で石井四郎の帰国さえCICに知られていない段階での隠蔽・免責範囲スリム化＝秘密部隊化の構想は、すぐに挫折する。

一二月四日「終戦メモ」に、「陸軍、海軍大臣迄は、首切代は断固許可せず。各省も同様なり。本日、総理大臣が陳情に出たり。各省大臣はあらゆる努力したがダメなり。皆けられた」「対策として、各省とも首切代支給停止せると日時を懇談す」とある。これは、幣原首相まで登場するので、七三一部隊の問題ではない。どうやら一二月一日の陸軍省・海軍省解体、第一・第二復員省への再編にあわせて、軍人・軍属・官吏を大幅に減員することになり、それらへの退職金支払いを幣原内閣がGHQマッカーサー司令部に「陳情」し拒否された話のようである[69]。

石井四郎は、四五年九月にいったん七三一部隊存続を指令し連絡網も作ったものの、一〇月・一一月のサンダース調査団の来訪、増田知貞・内藤良一・新妻清一に亀井貫一郎と有末精三が加わったG2ウィロビーとの隠蔽・免責第一段階で、連合軍の日本軍全体の解体・非武装化方針を知り、数千人の部隊全体の存続は困難だと悟った。そこで、一二月の旧軍機構解体・官庁再編に便乗して、七三一部隊隊員中の下級兵士、女性、少年隊員、非中核将校を「退職者」名簿に滑り込ませ、退職金で忠誠を確保し口止めすること、秘密部隊としての存続は直接細菌戦・人体実験に関わった九〇人程度にすること、を考えた。

ただし、敗戦国軍人・官吏の虫のいい「退職金」など、認められるはずはない。それはすべての省庁がそうだった。そこで結局、「部隊対策の一案として十一月三十日以前のもの明に指示ある迄そのままとす」、つまり七三一部隊の隠匿資金での給与支払いによる隊員つなぎとめを余儀なくされる。

---

69 以上の石井四郎「終戦メモ」は、青木、前掲書、四四六―四五五頁。

「メモ」には「支払い分は年末賞与の七ヶ月分と五ヶ月の俸給（一一、一二、一、二、三月）及九月の臨時賞与一ヶ月分、計一三ヶ月分を支給して首切りはやらぬこととせば、概ね該当すべし。年末の臨時賞与は家族へ留守宅送金の形式をとれば本部より発送できる筈なり」とも書かれている。

七三一部隊の給与は、もともと関東軍の中でもきわめて優遇され、下級隊員・少年隊員さえ優雅な生活を送ってきたから、そこに九月帰国・年末ボーナスの特別手当まで加えた一三ヵ月分は、一人一万円には届かぬにしても、当時の退職金＝口止め料としては十分なものであったろう。それだけの隠匿物資・資金が、四五年末にはまだ残され、太田澄・佐藤重雄らにより管理されていたのだろう。

ただしそれが、四六―四七年の幹部隊員免責交渉期に、一般隊員に行き渡ったか否かは疑問である。CICやLSの記録にあるように、一般隊員からの生活費要求の口止め脅迫状が石井宅に直接届いたり、待遇上での不満や石井四郎らの物資隠匿をGHQに直接告発する事例が出てきた。

増田知貞や内藤良一が、四七年フェル調査の頃には石井四郎個人に距離をおき、やがて見捨てる隠れた条件は、この七三一部隊秘密連絡網の弛緩・分裂、機密保持の困難だった。おそらく二木秀雄もそれを知って、出版業での経済的自立をはかり、後に内藤良一・宮本光一と共に日本ブラッドバンクを設立する。

隊長のもとに二千万円？　下級隊員給与は月一五〇円？　千円の口止め料？

ただし、森村誠一『悪魔の飽食』刊行後のいくつかの一般隊員の回想では、実際にある時期まで、都道府県ごとの隊員連絡網が機能し、給与を受けとっていたという話も、残されている。

七三一部隊牡丹江支部に一九四五年三月に配属された山口県の和田十郎は、主としてペストや赤痢、腸チフスなどの細菌培養を担当していたが、自らも赤痢に感染して入院、八月九日のソ連参戦直後にシベリアに抑留された。ソ連では七三一部隊員だったことを隠して四六年一二月に復員した、特異な体験を持つ。

和田が集めた元隊員三一人の証言によると、「主要な部隊員には復員後、サンフランシスコ講和条約の締結のころまで、『徒歩連絡要員』が毎月のように巡回訪問。連合国に逮捕された際の供述内容について、想定問答を作って口裏合わせをしていた」「打ち合わせや連絡には、証拠が残るから手紙はもちろん電話さえ使わず、必ず連絡員が来た」という。[70] 山口県では、「仮本部」の総括責任者・太田澄が、故郷の萩市に戻って医院を開いていた。長く連絡網が保たれたとしても、不思議はない。

石井四郎に戦後も運転手として使われた、長野県の越定男の以下の記述は、一般隊員の戦後の心象風景として、やや長くなるが、引用するに値する。

私には戦後という区切りはなかった。アメリカ軍に発見され、不利な立場に追いつめられ、裁判にでもかけられたら困るという不安がたえずつきまとっていた。私は長野県出身の柄澤十三夫少佐という人が、ハバロフスクで裁判にかけられ、死んだということを聞いていた。とにかく、いったんひっくくられたら絞首刑だという恐れを抱いて、戦後を生きていたのである。だから、「秘密は墓場まで持って行け」「隊員相互の連絡はとるな」という秘密指令は、戦後も生き続けていたわけである。ほとぼりがさめ、何とか一般の市民と同じように生きていけそうだと思い始めたのは昭和三十〔一九五五〕年以後のことであると思う。

事実、終戦から少なくとも五年の間は、今のように事実を証言するなどしたら、抹殺されたと思うフシがあった。私の同僚や上司の口ぶりからいって、「秘密を洩らした者は抹殺する」という確証を得て、ぞっとした経験がある。……

70 『朝日新聞』一九九五年九月一九日。和田十郎『ソ連軍進攻から復員まで —— 日本陸軍最初と最後の復員 関東軍防疫給水部(七三一部隊)隊員の記録』自費出版、一九九五年。太田澄の開業医になっての生活をモデルにしたという、諸井條次『戯曲 冬の旅』劇生活社、一九五三年、も参照。

隊員で戦後も特に生活の苦しいものには、あるルートで金が出ていたというのである。隊長は当時でも、年間二千万円の金を握っているといわれた。どうしてそういう莫大な金を手に入れたかは想像はいろいろできるが、明確なことはわからない。しかし、おそらくその種の金が末端の私たち下級隊員にまで流れてきたのは事実である。一日五円、月百五十円の金が出ていた。私も昭和二十一年頃だと思うが、長野駅前の青木旅館……に集められてその金をもらった。

私がもらったのは、三か月分ほどであったが、なかには五年間も受け取り続けていた者もあった。おそらくあまり生活が苦しくなると、ぜいたくな生活をしている幹部に逆恨みをして、ついつい、腹いせに秘密を暴露することありはしないか、という懐柔政策であったことは確かだと思う。[71]

ここでの石井四郎隊長の隠匿資金は、年間二〇〇〇万円（現在の価値で二〇億円）と見積もられている。首切代＝口止め料＝退職金を一人一万円とすれば、二〇〇〇人分である。石井四郎は、四五年一二月に、一度はそれを拠出して一般隊員を野に放ち、一〇〇人以下の秘密結社にしようと考えたが、実行できなかった。やむなく約束した給料、月一五〇円＝年一八〇〇円を、特に困窮した隊員には払おうとしたが、それも長くは続かなかったようだ。

金額はやや異なるが、一九九四年の「いわて731部隊展」を機に行われた七三一部隊少年兵の対談で、岩手県在住の少年隊第四期山内隊員は「帰って来てから仙台から軍服をきた兵隊さんが、ウチを訪ねて来て、当時の金で私は千円だと思うんだが、三百円という人も五百円という人も。確かに金を持ってきた、言うならば口止め料ね」と語り、一期生の金田康志は「金を持ってきたのは将校。七三一部隊はまだ満州に居続けている

71　越、前掲書、一七七―一七九頁。

ことになっており、それに対する俸給で、口止め料ではない」と答えている[72]。どうももらった金額と回数・時期、都道府県毎の連絡体制の違いで、給料という認識と退職金＝口止め料という認識の違いがあるようだが、一時期一般隊員への連絡網が機能し、将校の手渡しで現金が配られていたことは事実のようである。

七三一部隊免責の最後の危機——帝銀事件における平沢貞通の冤罪

越定男は、こうも回想している。

戦後、帝銀事件のあった時は、私自身もしやと思ったものである。強力な細菌株をひそかに持ち帰ったらしいということも事実らしいし、青酸カリやペスト菌の恐ろしさを知りすぎるほど知っていたから一層、秘密は墓場まで持って行けという言葉の重さがわかっていた。幸い犠牲者は出ていないと思うが、消されるという恐れはあった[73]。

帝銀事件とは、一九四八年一月二六日、東京都豊島区の帝国銀行椎名町支店に、「厚生技官・医学博士　松井蔚」の名刺を持ち、「防疫消毒班」の腕章をつけた中年の男が現れ、「進駐軍の命令」で「近所で赤痢が発生したので、予防に来た」と告げておこされた大量毒殺事件である。男は行員一六人に予防薬と称する青酸化合物を服用させ、内一二人を殺害し、現金一六万円と小切手一万七〇〇〇円を奪って逃走した。

72　高橋龍児編『岩手県出身元七三一部隊の証言「関東軍防疫給水部」の不都合な真実』八二—八三頁。
73　越、前掲書、一七八頁。

警視庁の捜査の過程で、七三一部隊や登戸の陸軍第九技術研究所などで毒物を扱った旧日本軍関係者も容疑者とされたが、四八年八月、松井と名刺交換した人物の一人で、名刺を紛失していた画家の平沢貞通が逮捕された。

自白のみでも証拠となる旧刑事訴訟法による過酷な取り調べで（四八年七月新刑事訴訟法）、平沢はいったん犯行を自白したが、公判では一貫して無実を主張、しかし五五年最高裁で死刑が確定した。獄外でも冤罪として「救う会」が作られ再審を求めたが、平沢は一九八七年獄中で死亡した。遺族と弁護団は、二〇一五年一一月にも第二〇次再審請求を申し立てている。

冤罪の疑いの濃い帝銀事件の決定的物証は、「松井蔚」名の名刺と、犯人が「消毒薬」として二回に分けて被害者に飲ませた毒物であった。松井は実在の人物であったが、確かなアリバイがあった。彼が名刺交換した人物が徹底的にあたられ、六月に平沢貞通が浮上し、八月に逮捕された。毒物は、平沢がテンペラ絵具の下絵に用いた青酸カリとされた。

しかし、警視庁の平沢逮捕までの捜査の主流は、毒物が青酸化合物であるが、青酸カリのような即効性ではなく、遅効性の特殊な薬物で、旧軍で作られ実験されたものではないかとして、容疑者は七三一部隊をはじめとする化学薬品を扱う旧軍関係者に絞り込まれていた。さらに犯人が「進駐軍の予防衛生」と述べていたため、米軍の防疫衛生部隊も捜査の対象とされた。

大量毒殺事件は、連日大きく報道されたから、越定男のような一般隊員が、七三一部隊の関係者が帝銀事件の犯人ではないかと疑ったのは、当然だった。

平房の駐屯兵で「公職につくな」の掟を破り国鉄に就職していた篠原鶴夫の勤務先には、帝銀事件後、刑事が訪ねてきた。篠原は、刑事に「あんたは七三一部隊にいたね。ソ連軍か米軍に逮捕されたときは自殺せよと上官から青酸カリをもらっているだろう」と問われた。そのため上司にも素性をきかれて、「篠原は戦争犯罪人だ、公務員の資格なし」という噂が立ち、国鉄を辞めざるをえなかった[74]。

甲斐文助「捜査手記」とGHQ「帝銀事件ファイル」

帝銀事件の捜査に対する石井四郎ら七三一部隊の対応は、TBSディレクター吉永春子による薬物捜査にあたっていた甲斐文助警部「捜査手記」発見（一九七五年）、アメリカのジャーナリストであるウィリアム・トリプレットのGHQ「帝銀事件ファイル」の発見（一九八二年）によって、おおむね明らかになった。それは大量殺人事件の真犯人を特定するものではないが、占領下での裁判の不当性、強いられた自供のみによる平沢貞通の冤罪を裏付けるものであった[75]。

「甲斐手記」によると、薬物が青酸カリではなく青酸ニトリールという特殊な青酸化合物であった可能性と共に、陸軍中野学校や七三一石井部隊、陸軍第六技術研究所（化学兵器研究）、第九技術研究所（登戸研究所）、陸軍習志野学校など三〇余りの軍施設の関係者に嫌疑がかけられた。「松井名刺」の松井蔚博士も南方防疫給水隊の厚生省側責任者で、石井四郎のネットワークに入っていた。石井部隊の青酸化合物実験を追って、平房七三一部隊以前の背陰河・東郷部隊時代の青酸カリ人体実験までつきとめた。敗戦時の「マルタ」処理にも青酸カリが使われ、広く隊員に自決用毒物が配布されていた。

帝銀事件捜査が七三一部隊に及ぶのは、四八年三月からであった。石井四郎をはじめ七三一部隊関係者は、

---

74 ハル・ゴールド『証言・731部隊の真相』二六二頁。

75 森川哲郎『秘録　帝銀事件』祥伝社文庫、二〇〇九年、常石敬一『謀略のクロスロード——帝銀事件捜査と731部隊』日本評論社、二〇〇二年、ウィリアム・トリプレット『帝銀事件の真実』講談社、一九八七年、吉永春子『謎の毒薬　推究帝銀事件』講談社、一九九六年、和多田進『新版　ドキュメント帝銀事件』晩聲社、一九九四年、松本清張『日本の黒い霧』文春文庫、一九七四年、など参照。

なぜか警視庁の捜査に協力的だった。前年末までの米軍フェル、ヒル調査団で、人体実験データ提供による免責の方向は確実になったが、石井四郎が当初要求した文書での免責は受けていなかった。不安定な立場での刑事事件であるから、メディアの取材や噂の流布など七三一部隊情報の拡散を恐れ、G２ウィロビーのコントロールが効く日本の警察に情報提供して、隠蔽をはかったのかもしれない。

常石敬一は、陸軍軍医学校出身で第一復員局軍務部医務課長の井上義弘が、四月六日・一二日に捜査班に伝えた石井四郎以下七三一部隊幹部たちが渋谷区代々木大山町の宮本光一・日本特殊工業社長宅に集まって打ち合わせをしていた事実をのべ、そこで刑事が四月一三日に宮本光一に聞き込みすると、宮本は帝銀事件を「七三一部隊の者がやったのではないか」と述べたことを紹介している。井上義弘は、自ら諜報部隊である陸軍中野学校の講師であったこと、「石井四郎の懐刀」である内藤良一も中野学校で講師であったことも認めたという。陸軍諜報学校・中野学校関係者も、捜査対象だった。[76]

七三一部隊関係者は広く捜査対象になり、『政界ジープ』の二木秀雄は、四月一三日に聞き取りされ、捜査員に「本当に青酸カリが出たのか」と逆質問したという。常石は「彼は部隊での経験から、青酸カリがそう一般的に流通しているものではないことを知っていたから、捜査員に確認したのだろう」とコメントしている。[77]

四月一五・二六日の七三一部隊技手井上政善や二七日八木沢行正の聴取では、GHQがすでに幹部の尋問をおこなったこと、それはソ連や有末機関と関係していることまで出てきた。石井四郎自身、四月二四日以降に捜査本部の聴取に応じ、青酸化合物の致死量を解説し、東郷部隊（七三一部隊の前身）一六人の幹部名簿や青

76　常石『謀略のクロスロード』一一七―一一八頁。
77　同書、三六頁。

酸実験の関係者情報を提供した[78]。

G2エージェント服部卓四郎と有末精三の介入で毒物関係捜査中止

ところが七月二〇日、石井四郎が「軍関係に間違いなし、自分もそう思う。特務機関に関係」「自分の部下に犯人がいるように思う」と洩らして容疑者が絞られてきた矢先、GHQからクレームが入る。「甲斐手記」では、八月三日「元参謀本部服部卓四郎は、石井部隊はGHQとの関係があるから、これを念頭において捜査をやるべき」「有末機関の有末精三は、復員局の嘱託で、GHQと旧日本軍関係との取次をやった。軍の機密を聞くのは、GHQの関係で無理だろうと云う」とある。帝銀事件捜査の決定的局面で、すでにウィロビーのG2歴史課に深く組み込まれた服部卓四郎と有末精三が、捜査の方向そのものに介入し、圧力をかけた[79]。

そこで八月一〇日、毒物ルートではなく「松井名刺」捜査ルートで浮上した容疑者、画家の平沢貞通に逮捕令状・捜査令状がとられ、北海道小樽での二一日平沢逮捕となる。

おそらくG2エージェント服部卓四郎や有末精三は知っていたが、石井四郎を含む七三一部隊関係者には知らされなかったであろう帝銀事件捜査方向転換の謎、平沢貞通冤罪逮捕・死刑の秘密は、米国国立公文書館のGHQ「帝銀事件ファイル」に隠されていた。

資料の発見者トリプレットによれば、SCAP／G2・PSD（公安課）の文書綴りで、事件発生直後から、G2は独自に事件の情報を集めていた。四八年二月二〇日には警視庁刑事部捜査二課から米軍の防疫活動につ

---

78 同書、一二四頁以下。吉永『謎の毒薬』九三―九七頁。

79 森川哲郎『帝銀事件』四七八頁。常石『謀略のクロスロード』一〇二頁。私が服部卓四郎の七三一部隊問題での暗躍は四六年五月帰国以後と推定する理由は、四六・四七年には表に現れず、この帝銀事件で突如重要な役割を果たす点を重視するからである。

いて捜査協力の要請があり、犯人の述べた「進駐軍の予防衛生」との関わりを調べた。

三月四日のPSDメモランダムには、警視庁から「大戦中に毒薬担当委員として朝鮮に派遣された元日本軍人グループに関して、入手可能なあらゆる情報を確保するように協力してほしい」という協力要請があった。「このグループのメンバーは、毒物の調合について高度な訓練を受けており、GHQの一部局が、戦争犯罪容疑で調査している、と見られている」と付記されていた。

これにもとづく三月一一日の警視庁とPSDの会合について、警視庁は七三一部隊ではなく習志野部隊を追っているようだが「ある部隊が朝鮮に派遣され毒物を人間並びに動物に使用していた事実」「本情報は軍事裁判における戦争犯罪告発の対象となる恐れがあるため、要請に基づき秘密に付された」とメモされる。

警視庁藤田刑事部長が「捜査を妨害する新聞には少なからず困惑している」として読売新聞を名指したのに対し、PSDは直ちに新聞検閲を統括するCIE（民間情報教育局）インボデン少佐を通じて「旧日本軍化学兵器研究所関係者と帝銀事件の関わり合いに関する警察捜査に触れたあらゆる記事の公表差し止めを検閲官に要請する」というCCD（民事検閲部）への指示が出された[80]。

つまり、四八年三月段階で、これまでも石井四郎と七三一部隊の免責を管理してきたG2ウィロビーのもとに、警視庁が帝銀事件を旧軍薬物関係者の犯行とみて捜査を進めている情報が入った。まだ七三一部隊とは特定されていなかったが、読売新聞などが動き出したので、とりあえず報道管制を敷いた。四月以降七三一部隊関係者に捜査が及び、石井四郎や宮本光一らが、人体実験の話まで話し始めた。

この三月―八月のG2・PSDの記録はファイルされていないが、G2ウィロビー、服部機関・有末機関は、おそらく警視庁による関係者の供述内容を監視し収集していただろう。石井四郎は、これまでの免責黙約があ

80 トリプレット、前掲書、七九―八三頁。

るので、何人かの容疑者を生け贄にすれば刑事事件は決着し、幹部達には及ばないと考えたようだが、ウィロビーにしてみれば、国務省の反対意見を抑えてまでようやく成立させた細菌戦情報と免責のバーターが壊れ、明るみに出る危険があった。それは、国際的問題になることを意味した。

四八年八月は、極東国際軍事裁判結審（一一月）の前であり、朝鮮半島の二つの国家への分裂が決定的になり、中国内戦で共産党の勝勢が確定する時期である。ソ連がいつ人体実験の問題を蒸し返すかも、予断を許さなかった。かくて、ウィロビー配下の旧軍最強力メンバー、有末精三と服部卓四郎を捜査本部に派遣して、七三一部隊調査にストップをかけた。日本の警視庁も、G２・CICの管轄下にあり、従わざるをえなかった。

帝銀事件捜査に対する一般隊員・幹部隊員の対応の不統一

帝銀事件は、七三一部隊にとって、両義的だった。もともと前年末で石井四郎ら幹部達の免責は米国とのあいだでほぼ固まり、復権段階に踏み出す矢先での不意打ちだった。大量殺人の猟奇的事件で、たんなる銀行強盗とも考えられなかった（現金一六万円と小切手一万六〇〇〇円余が奪われ換金されたが、その数倍の現金が現場に残されていた）。

越定男ら七三一部隊の一般隊員が「隊員の犯行では」と直観したのは、当然だった。敗戦・帰国直後の「一時帰休命令・自宅待機」と給与支給の約束が十分に果たされず、解散命令で退職金＝口止め料が皆に出たわけでもなく、秘密保持と公職厳禁の掟にしばられ求職活動もままならない生活苦の境遇を共有していて、他人事ではなかったからだろう。そのうえ警察の捜査は広域にわたっていたから、篠原鶴夫のように、せっかく見つけた職場を失う者まで出てきた。捜査の進行次第で、「三つの掟」が根拠を失する危機だった。

二年以上のGHQとの交渉で何とか戦犯訴追を逃れてきた幹部・中堅幹部達でも同じだった。「甲斐手記」に出てくる、米軍に対する宮本光一宅での「口を割らない相談」とは、常石敬一が解読したように、一九四五年秋から四六年のサンダース、トンプソン調査対応のものであろう。[81] 帝銀事件にさいして、石井四郎以下幹部隊員が一同に会しての対応協議、ないし警視庁の聴取に対しての口裏あわせは、確認されていない。石井四郎は関係者・容疑者の名を挙げており、その範囲内で個人的に調整することはあったかもしれないが、警視庁の捜査対象は数百人に及び、とうてい統制不可能だった。

すでに前年四七年のフェル、ヒル＝ヴィクター調査、法務局（ＬＳ）、国際検察局（ＩＰＳ）尋問に対しても、亀井貫一郎が間に立った「鎌倉会議」九項目での「積極供述・データ提供による免責」以上の秘密保持は期待できず、石井四郎と増田知貞、内藤良一、宮本光一らの対応には、人体実験の認否、石井四郎の指導責任などで、微妙な差が出ていた。帝銀事件に際しては、石井四郎の指揮を離れて、いくつかのグループないし個人が、それぞれに警察捜査に対応したと思われる。

二木秀雄――時代の波に乗った調子のいいビジネスマン

帝銀事件で「石井離れ」した一人が、ほかならぬジープ社社長・二木秀雄であり、後の日本ブラッドバンク社創設の基盤は、この時期に作られた可能性が高い。

七三一部隊と帝銀事件を生涯追い続けた、ＴＢＳディレクター吉永春子のドキュメントに、次のように出てくる。

一兵卒が悔恨の情に苦しみながら、償いの道を模索しているのに比べ、幹部の中には、何食わぬ顔をして平然と新しい波にスイスイと乗り生きている幹部達がいる。二木秀雄もその一人だった。二木秀雄のこ

81 常石『謀略のクロスロード』一一八頁。

とは、七三一部隊の関係者は皆知っていた。二木は時と場所に応じて、小滝秀雄と名乗っていた。金沢医科大学出身の二木がいつ七三一部隊に入隊したのか、甲斐手記などによると、すでに一九二七、八年頃から二木の名は登場する。

二木は帝銀事件捜査の刑事達には協力的であった。「犯人は大体我々の仲間から出たと思う」とあれこれ名前をあげてみせた。しかし刑事達の眼には二木は何かを画策している男に見えた。二木はたびたび宮本光一（七三一部隊御用商人として日本特殊工業を設立していた男）宅に行って、石井四郎の弟達と、ゴソゴソと何か事業を始めようとしていると上司に報告している。

事実、戦後の二木は忙しかった。一時故郷金沢市に住んでいた。そこで市内のある店の二階の一部屋を借り、雑誌、『誉［輿］論』を発行した。その後、上京、『政界ジープ』と名を改め、雑誌を発行した。その後昭和二十八年参議員選挙には、石川県の地方区から立候補したものの落選。その後証券会社、銀行から六千四百万円を脅しとったとして、恐喝罪で起訴され、昭和四十四年には懲役三年の実刑が確定した。

私は二木秀雄が住んでいると思われる田園調布の自宅を訪ねた。しかしそこには夫人が一人住んでいるだけで、「二木はもうかなり前からここに寄りつかず、どこにいるのか自分もよく知らない」とのことだった。[82]

二木秀雄の七三一部隊入隊時期など不正確な情報もあるが、帝銀事件での二木の捜査協力を切り口に、乏し

82　吉永春子『七三一——追撃・そのとき幹部達は…』筑摩書房、二〇〇一年、八二—八三頁。なお、二木秀雄を「帝銀事件の新犯人」と推理した前掲、大橋『拳銃伝説』が出ているが、帝銀事件関係資料から見ると、無理な推論である。ただし第三部で詳述するが、大橋は、前著『毒婦伝説』以来、二木秀雄と七三一部隊の関係をユニークな視角から追いかけており、石井四郎の恩師・清野謙次の裏面史や初代の七三一部隊総務部長だった中留金蔵（四四年戦死）の経歴など、本書でも参考にした。

い二木情報をよくまとめあげた調査記録である。朝鮮戦争時の内藤良一・宮本光一との日本ブラッドバンク設立には、帝銀事件時の宮本光一と二木秀雄の連携があったと考えられる。そこに石井四郎の兄弟（四郎は四男の末っ子で、兄剛男・三男はいるが弟はいない）も関わったというのは気になるが、帝銀事件当時の刑事の聞き込み情報であるから、そのままにしておく。

吉永の「何食わぬ顔をして平然と新しい波にスイスイと乗り生きている幹部」という表現が的確である。二木秀雄を調べていくと、「機を見るに敏」「調子がいい男」「口八丁手八丁」といった表現がよく当てはまる。敗戦三年目にして、二木秀雄は、七三一部隊企画課長の顔を隠し、戦後の大衆文化・出版ビジネスの裏方へと変身していた。

ライバル誌『真相』の帝銀事件報道に安堵した『政界ジープ』

松本清張『日本の黒い霧』の一編「帝銀事件の謎」には、二木秀雄は出てこない。ただしこれを原作とした一九八〇年一月放映、ＡＮＮテレビドラマ『帝銀事件・大量殺人　獄中三十二年の死刑囚』には、二木秀雄らしき人物が登場する。新藤兼人脚本、森崎東演出、第一七回ギャラクシー月間賞受賞のこのリアリズム・ドラマでは、仲谷昇が主役を演じる平沢貞通が冤罪であることを強く示唆しながら、青酸カリの出所を探り聞き込みする刑事たちの捜査を追う。

そこで、七三一部隊関連で毒物情報を握っているとされるのが、小松方正の演じる「政界真相社の男」で、事情を知る者には、二木秀雄がモデルと特定できる。ドラマでは刑事達の聞き込みに応じ、「マルタ」について問う警察がどこまで七三一部隊を知っているかを探りながら、青酸カリではない遅効性化合物が七三一部隊で「マルタ」処理用に帝銀事件と同じ飲み方で使われていたと証言する。意味深長な役回りである[83]。

ここでの「政界真相社」は、言い得て妙である。帝銀事件時の二木秀雄『政界ジープ』は、GHQ、特にG2の反ソ反共政策に迎合しながらも、七三一部隊の人体実験・細菌戦がメディアに現れることのないよう、情報収集の網を張っていた。特に危険なのは、大衆時局雑誌界のライバル、日本共産党員佐和慶太郎が発行する雑誌『真相』だった。

左派バクロ雑誌『真相』第二〇号（一九四八年八月）は、表紙に「見よ！　帝銀毒殺魔の正体」というセンセーショナルな見出しを掲げた。だが本文は、「『真相』に帝銀事件捜査本部があったなら——和製シャーロック・ホームズの一推理」と題する、警察捜査の無能を揶揄する内容であった。

「当局でも、もとの軍関係、とくに特殊部隊の医薬関係方面に見当をつけて捜査していたが、この捜査をどうしたわけか十日かぎりで打ち切り、松井博士の名刺の行く先、もう一ぺんあたってみるらしいが、これが外れたら、いよいよ事件は迷宮入りとみているようだ」

として、「毒薬の正体は？」「なぜ二十万円だけ盗んだのか？」「犯人は麻酔中毒者か？」と「麻酔薬のヤミ取引」に真犯人を見出す観測記事で、七三一部隊には全く触れていなかった。

二木秀雄はおそらく、これを読んで安心した。G2が七三一部隊の秘密を守ってくれると確信できた。ライバル誌の観測記事を無視し、『政界ジープ』は、時

83　http://www.tvdrama-db.com/drama_info/p/id-17789

の芦田内閣を揺るがす昭和電工事件の方を大々的に取り上げ、帝銀事件に触れることはなかった。

一九四八年夏――七三一部隊の実質的解散

二木秀雄にとって、帝銀事件での七三一部隊関係者捜査は、米国とGHQ・G2が約束したデータ提供・免責不訴追の有効性を確かめる機会であった。G2服部機関・有末機関との直接的つながりは確認できないが、大量毒殺事件の警視庁捜査さえ動かし隠匿するG2ウィロビーの権力は、確認することができた。出版ビジネスでもそこに依拠すれば、免責ばかりでなく、復権への道が拓けると確信できたであろう。事実、その方向に進む。

石井四郎にとっては、米軍への協力による戦犯不訴追・免責は、文書確認がなくても可能だと安堵できたが、数千人の部下の中から、掟破りの脱落者・裏切り者、情報ブローカーや犯罪者が出てくるのも不可避だと悟った。それを退職金＝口止め料で解決する資金・資産も乏しくなった。

そればかりか、幹部たちの中でも軍隊的規律は緩み、個人的にGHQに媚びたり、石井四郎一人に責任を負わせる動きが出てきた。もはや再軍備に向けて石井部隊を再建する夢は不可能だった。幹部たちもそれぞれに、勝手に自立の道を歩み始めた。

つまり一九四八年春から夏の帝銀事件捜査は、七三一部隊関係者にとって、石井四郎ら幹部の免責・不訴追の確認であると共に、部隊の実質的解散の意味を持った。それを確認する会議開催も、「自宅待機」の一般隊員への解散通知も退職金支給もかなわなかったが、その規律の弛緩と連絡網の機能不全そのものが、解散を意味した。

一番のしわよせは、帝銀事件を報道で知りつつ、かつての仲間と連絡もとれず、ひたすら「墓場まで秘密を持って行け」という指令を守って、生活の糧を見つけ、家族にも事情を打ち明けることのできない、一般隊員たちであった。

いや、もっと大変な隊員たちもいた。ソ連政府の管理下で強制収容所の重労働を強いられた抑留者、ソ連や中国で石井部隊に関わったが故に戦犯扱いされ引揚も出来なかった隊員たちは、引き続き米ソ冷戦下の情報戦に翻弄された。

そして、七三一部隊の最大の犠牲者、隠蔽・免責された人体実験の材料とされた「マルタ」とその家族たち、細菌戦爆弾で家族や友人を失った中国大陸の被害者たちが声をあげる機会を得るには、さらに半世紀の歳月が必要であった。

第三部　七三一部隊の復権と二木秀雄の没落

一　二木秀雄『政界ジープ』の逆コース、反共雑誌化

四八年一〇月「ゾルゲ事件」特集は『政界ジープ』の転換点

七三一部隊の戦犯訴追の可能性がほぼ消え、帝銀事件の捜査もGHQ・G2の介入で平沢貞通逮捕に舵を切られた一九四八年秋、二木秀雄の時局雑誌『政界ジープ』は、それまでの左右に広く誌面を開いた「是々非々＝中立」的論調から、反共保守、反ソ親米へと、旗幟を鮮明にする。

第一部で、リヒアルト・ゾルゲの遺骨発見のきっかけをつくったと論じた『政界ジープ』四八年一〇月号（特別政治情報第二号）は、その転換点に位置した。それまでもっぱら尾崎秀実の獄中書簡『愛情はふる星の如く』からイメージされてきた戦時の反戦・反ファシズム抵抗のストーリーを、「赤色スパイ事件」と名付けて、翌年二月の米国陸軍省ウィロビー報告「極東におけるスパイ事件の真相に関する報告書」発表の先駆けとなった。

実はこの『政界ジープ』四八年一〇月特集号を、私は平凡社新書『ゾルゲ事件』を執筆した時点では入手していなかった。プランゲ文庫の検索等から、ソ連「スパイ事件」としてのゾルゲ事件報道は、戦時司法省発表で小さな扱いだった四二年五月一六日「国際諜報団事件」新聞報道以降では、四九年二月米国陸軍省ウィロ

ビー報告の新聞発表と、それを受けた『講談倶楽部』四九年五月号が初めてのものである、と記してきた。[1]その理由は簡単で、日本に勝利した連合国の一員であるソ連の諜報活動とその発覚・検挙・裁判の事情について、米国主導の占領軍ＧＨＱが、詳しい報道・記事の掲載を許すはずはない、と考えていた。後にウィロビー『赤色スパイ団の全貌――ゾルゲ事件』としてまとめられる米国陸軍省発表までは、厳しく検閲され統制されていた、と私が思い込んでいたからである。この点では、前著を訂正しなければならない。

特集の内容は、裁判資料の公開されていない当時としては、画期的なものだった。メイン・タイトルを「絞首台に叫ぶ愛情の『さようなら』　尾崎・ゾルゲ国際スパイ事件の真相　疑惑はここに解かれた」とし、「日本軍閥の必死の『防諜』にも拘らず、このスパイ団が極めて組織的に活動し、彼らに与えられた任務を検挙以前にほとんど完了していたこと。彼らを裁いた当時の法廷が、憲兵監視下の秘密裁判という形で軍閥時代の暴政を端的に示したこと。これこそ戦時日本を霊感させた『尾崎、ゾルゲ赤色スパイ事件』の扉を開くための合鍵でなければならない」と謳っていた。

一見「日本軍閥批判」のように見えるが、冒頭で取り上げられ批判されるのは、岩波書店の雑誌『世界』四六年一二月号に掲載された松本慎一による親友・尾崎秀実の回想「日本帝国主義と尾崎秀実」であった。三木清・戸坂潤と並べて「尾崎秀実の刑死は、民主日本の政治革命にとって、重大な損失であった」という松本慎一の評価に対して、『政界ジープ』特集記事は「果たしてそうであったろうか」と疑問を投げかけ、「国を売った共産主義者」として尾崎を描きだす。

小見出しは「謎はまだ残されている」「当時の関係者はどうしているか」と、尋問・裁判関係者の戦後を追う。「怪電波と空家探し」では、和歌山の特高警察がアメリカ帰りの「北村とも」を追って宮城與徳に行き着

1　加藤『ゾルゲ事件』三二―三四頁。

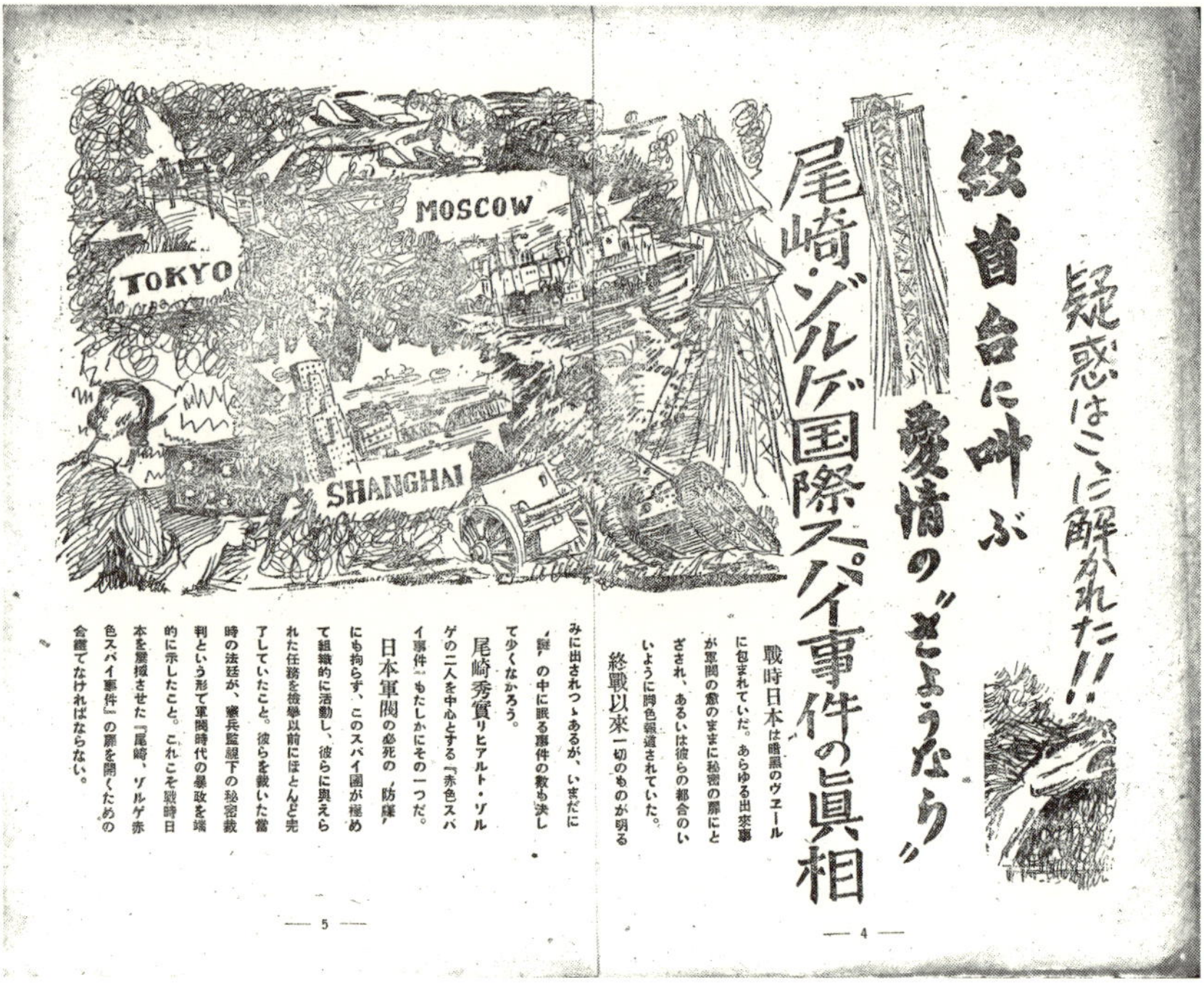

疑惑はここに解かれた!!

絞首台に叫ぶ 愛情の〝さようなら〟

尾崎・ゾルゲ国際スパイ事件の眞相

戰時日本は暗黑のヴエールに包まれていた。あらゆる出來事が軍閥の意のままに秘密の扉にとざされ、あるいは彼らの都合のいいように脚色報道されていた。

終戰以來一切のものが明るみに出されつゝあるが、いまだに〝謎〟の中に眠る事件の數も決して少くなかろう。

尾崎秀實リヒアルト・ゾルゲの二人を中心とする『赤色スパイ事件』もたしかにその一つだ。

日本軍閥の必死の〝防諜〟にも拘らず、このスパイ團が極めて組織的に活動し、彼らに與えられた任務を檢擧以前にほとんど完了していたこと。彼らを裁いた當時の法廷が、憲兵監視下の秘密裁判という形で軍閥時代の暴政を端的に示したこと。これこそ戰時日本を震撼させた『尾崎、ゾルゲ赤色スパイ事件』の扉を開くための合鍵でなければならない。

— 4 —　— 5 —

いたのが、ゾルゲ諜報団発覚・検挙の始まりだったという。「北林トモ」が正しい名前だが、戦前司法省発表に北林の名はない。特高警察の捜査記録か裁判記録を使っている。ただし、四ヵ月後のウィロビー報告でセンセーショナルに扱われる、北林検挙の端緒としての日本共産党員・伊藤律の名は出てこない。

以下「尾崎、ゾルゲら暁の検挙」「尾崎、ゾルゲと親交を結ぶ」「正体を現さぬゾルゲ」「黒ネクタイと赤ハンカチ」「オットー大使夫人もトリコに」「すべては筒抜けに打電された」「尾崎情報はどこから出たか」「憲兵監視下の秘密裁判」「絞首台上に叫ぶもの」「女泣かせのブケリッチ」「姿を消したクラウゼン」「国家機密は何か」と、今日ではみすず書房の裁判記録『現代史資料　ゾルゲ事件』でよく知られる、ゾルゲ諜報団の四一年御前会議情報打電、逮捕、裁判の概略が、読物風に述べられる。

しかし当時は、捜査・裁判記録は戦災で焼失したとされていた。石井花子が驚いたゾルゲ・

尾崎の処刑日時と遺骨の行方など、それまでの尾崎秀実の反ファッショ活動報道にはなかった新しい情報が多数含まれている。尾崎未亡人のインタビュー「夫は正しかった　風雪に耐えて咲く百日草」(三田陽子記)と犬養健「あの問題にはふれたくない」(K記者)という取材記事で補足されているとはいえ、一二頁に及ぶ無署名の本文は、果たして『政界ジープ』記者の、ジャーナリズムとしての調査報道であろうか？

『政界ジープ』ゾルゲ事件報道はG2・CISのリーク？

『政界ジープ』四八年一〇月号のゾルゲ事件特集報道は、結論的に言えば、二木秀雄が七三一部隊免責過程でGHQ・G2と結びつき、そこからリークされた資料ないし情報にもとづいて書かれた、反ソ反共スクープ記事と考えられる。

当時の腕利きの事件記者が旧特高警察関係者、検察・司法関係者から取材したとしても、上海での尾崎・ゾルゲ・スメドレーの出会いから逮捕・処刑、クラウゼン夫妻の戦後行方不明まで系統的に書かれた、ここまでの情報を得られるであろうか。得られたとしても、GHQ・CCDの検閲がある。なぜ発表できたのだろうか。

二木秀雄は、帝銀事件調査で警視庁に協力しているが、当時の日本の警察が、戦前ゾルゲ事件を改めて追いかける理由はない。ちょうど片山内閣が、G2と旧内務省(四七年一二月三一日解体)の意向で「公安庁」を設置しようと画策し、GSケーディスの警察民主化政策と衝突、G2が旧警察法・地方自治法に基づく自治体警察に併行して、国家地方警察を設置する局面である。七三一部隊もゾルゲ事件も、日本の警察組織の管轄外にあった。

こう考えて、前著で描いた米軍G2ウィロビー少将とCISポール・ラッシュ中佐の、秘密裏のゾルゲ事件追跡に行き着いた。G2が、四九年二月ウィロビー報告前に、日本の雑誌を使ってサンプル記事を流し、尾崎秀実の反戦悲劇中心のゾルゲ事件イメージの転換、シベリア抑留帰還者から多数見つかったソ連スパイ摘発の条件をつくり、事件関係者の反応を探ろうとしたのではないか。事実、ゾルゲの「東京妻」石井花子のように、直ちに動き出した関係者が出てきた。

『ゾルゲ事件』に記したように、GHQの内部では、G2ウィロビーが早くから戦前日本でのソ連諜報団の活動に注目し、警察・裁判資料を押収していた。一九四六年初めにCIS（民間諜報局）T・P・デイヴィス中佐の「ゾルゲ手記」にもとづく報告書、四七年八月五日付無署名「ゾルゲ事件」報告書、四七年一二月一五日にCISのH・T・ノーブル博士「ゾルゲ・スパイ団――極東における国際スパイの事例研究」報告書がある。四七年八月の無署名だが英文一〇五頁の詳細な報告書は、当時のCIS文書編集課長ポール・ラッシュ中佐の作成であることも、前著で指摘しておいた。[2]

四九年二月のウィロビー報告は、これら三種の報告書の集大成であった。そのさい米軍CISは、日本の特高警察・裁判記録の範囲を超えて、独自に改めて事件を調査し、元被告や日本側資料に出てこない関係者と目される人物を、戦後もソ連のスパイではないかと疑い、監視していた。上海時代のゾルゲ・尾崎・スメドレー関係の唯一の生き残り証言者・元被告である川合貞吉については前著に詳しく記したが、例えば戦前ドイツ通信（DNB）日本人記者石島栄は、戦後は北海道の農民運動に関わっていて、日本側捜査資料にはないのに、米軍からゾルゲ事件関係者として監視されていた。[3]

2　同書、九六―一〇三頁。ポール・ラッシュ中間報告書の邦訳は、白井久也編『米国公文書　ゾルゲ事件報告集』社会評論社、二〇〇七年、所収。

3　高田信二「『ゾルゲ事件』――七〇年間誰も知らなかった謎の人物――石島栄」『ゾルゲ事件関係外国語文献翻訳集』三五号（二〇一二年一二月）。米国国立公文書館米国陸軍情報部ファイル（CIC・IRR）には、川合貞吉・石島栄のほか、戦後米軍CICが作成した尾崎秀実、マックス・クラウゼン、田口右源太、山名正実ら元被告、中西功、秋山幸治、宮西義雄ら関係者のほか、安藤次郎、後藤憲章、伊藤雅夫、リリー・アベック、オイゲン・オット、ヨゼフ・マイジンガーらも、ゾルゲ事件関連で監視されファイルされていた。

そして、これらの米軍収集ゾルゲ事件資料は、G2ウィロビーのもとで管理されていた。七三一部隊情報の「絶対的管轄」と同じである。つまり、七三一部隊の隠蔽・免責とゾルゲ事件のウィロビー報告による「赤色スパイ」事件公表は、同じコインの裏表の関係にあった。対ソ諜報のため、石井四郎は隠され、尾崎秀実は「赤色スパイ」として断罪される。

ついでにいえば、どちらにも日本人の黒幕、本物の米軍スパイが介在する。ゾルゲ事件では、元被告・川合貞吉が積極的に米軍に情報を提供し、当時の日本共産党政治局員・農民部長・伊藤律をゾルゲ事件発覚の端緒をつくる「生きているユダ」に仕立てあげ、日本共産党を分裂に追い込むきっかけの一つを作った。その報酬は、当初月二万円、やがて月一万五〇〇〇円に減額されたが、米軍G2エージェントとなり、後にCIAにも関与した。[4]

七三一部隊の隠蔽・免責には、鎌倉会議を仲介したが軍服事件で有罪となった亀井貫一郎が、月二万円の報酬で日本共産党情報提供をG2ウィロビーに申し出、月一万五〇〇〇円のエージェントとなった。その後CIAに協力する点まで同じである。

元七三一部隊企画課長・対ソ諜報担当だった二木秀雄が、どこまでG2に入り込んだかは不明であるが、戦犯不訴追以上のなんらかの代償をえて、ゾルゲ事件「赤色スパイ」報道の先駆けとなった可能性は高い。同じ特集号のもう一つの目玉が、「謎を包む札束の『カーテン』――復金の正体と昭和電工事件」で、社会党の入閣した片山・芦田内閣を崩壊に導く昭電疑獄の暴露記事であったから、G2ウィロビーにとっては、公称十万部の反共保守の日本語時局雑誌を、「逆コース」の情報戦に用いる一つのルートを得たことになる。

4　加藤『ゾルゲ事件』一二四―一二八頁。

二木秀雄の誌面登場と外交デビュー、政界怪文書の拡声器に

『政界ジープ』誌上でのその兆候は、一九四八年に入って、いくつか現れていた。七三一部隊免責が不確かな四七年までは、ジープ社社長・二木秀雄の大きな署名記事はなかった。四七年九月号で「政治危機の断層を衝く——参議院新設の政局放談」の司会として「本誌主幹　二木秀雄」が登場したが、出席者は羽仁五郎、西園寺公一、佐々木良作（電産労組）、岩間正男（全教組）という名だたる左派の論客で、目立たぬ交通整理役である。

短い「編集後記」を書いていただけの二木秀雄が、四八年に入ると、誌面に頻繁に現れる。四八年二月号で、「近づく総選挙の分野　有力第一線新聞記者がものする政界裏面のバクロ座談会」があり、「有力各社の第一線記者」は匿名ＡＢＣＤだが、司会が「二木」で、論点整理を行っている。同じ「二木」名の「編集後記」は「本誌の企画を狙ったような政界雑誌、パンフレットなどを続々と店頭に現れだしている。内容を比較検討して下されば、自から真価は明らかにされることだろう」「政局が不安になると、またぞろ本誌の名をかたって金銭を強要するものが出て来る。本誌は絶対にそのようなことをすることはなく、あくまで金銭にとらわれず不偏不党で行く」と創刊以来すでに一七号を刊行した自信のほどを示す。

四八年四月第一九号では、「二木秀雄」名で主役に躍り出る。「本社主幹　二木秀雄」は、『肉体の門』の作家・田村泰次郎との対談・巻頭「政治なき国会の門」で、「政治の貧困が闇の女を生む」「女代議士と芸者とパンパンガール」「弱い女の共感者」「国会の門に政治なく肉体の門に政治あり」と新時代の新たな道徳を提唱する。同時にこの号から「編集後記」は編集長の中西清に委ねられる。

二木秀雄は、『政界ジープ』四八年六月第二一号の巻頭で、「駐日中国代表団　謝南光」との対談「米ソ戦は起こらない」に登場する。二木の外交デビューである。謝南光は、台湾出身で、東京高等師範で学び抗日運動に加わった。中国共産党と内戦中の中国国民党政府の対日代表高官で、七三一部隊出身の二木は、中国国民党

に近づくことで、米国の反共世界戦略に従うつもりだったのかもしれない。謝から「日本は平和的に発展するか、それとも戦争の潜在勢力を培養して戦争を再生するか、此は中国人が日本に対する政策を考える場合の一つの重大なポイントです」と語られ、二木も「結局中国としては日本民主化というものが名実共に完成され侵略の脅威がなくなるという段階が出来るまでは中々油断は出来んぞというわけですね」と応じている。

二木の対談相手の謝南光は、内戦で中国共産党が勝利し国民党政府が台湾に移ると、故郷の台湾に戻らず、国民党から離れて毛沢東の新中国で華僑代表の中国人民代表会議議員をつとめた。二木の中国国民党接近は、失敗に終わった。

同じ号では、「怪文書　共産党黒沢尻会議」という、日本共産党が岩手県黒沢尻町で秘密会議を開き、北海道経由でソ連との秘密の連絡方法を決定し宮本顕治と土方与志をソ連に派遣した、という怪文書を発表した。これは米軍G2かその傘下の反共特務機関から流れたものと思われるが、共産党『アカハタ』は「笑止千万なデマ」と否定した。片山内閣時代の政界には、共産党に限らず各種の怪文書・謀略情報が流れていた。『政界ジープ』は、その拡声器になって、販売部数を伸ばす。

次の二二号の奥付は「六月一日発行」と二一号と同じ日になっており、七月号を前月に出す大手他誌に合わせたようである。時の人、民自党［民主自由党］総裁吉田茂の寄稿「強力単独内閣を主張する」を得て時局雑誌としての箔をつけ、八月号は終戦時駐ソ大使・佐藤尚武の「ソ連をこう観る」、九月号巻頭が元内閣書記官長、保守政界の怪物・楢橋渡と二木秀雄の対談で、同時に「日本共産党を動かすのは誰か『赤い軍隊』の指揮官」という共産党の内部情報を特集する。保守系反共時局雑誌の基本性格が整った。

ジープ社出版の多角化、『経済ジープ』刊行で政官財界人脈づくり

二木秀雄のジープ社は、月刊『政界ジープ』をメインにしながらも、四八年頃から他の雑誌に手を広げ、単

行本を含む綜合出版社への変貌を図る。ゾルゲ事件を特集した四八年一〇月号は「特別政治情報第二号」と謳っていたが、この月は「どうなる総選挙と次の政権　朝日・毎日・読売政治部長に聞く」「社会党黒田騒動の内幕」「中共党工作の正体　狙いは細菌戦術」などを掲載する通常号も出ている。別冊形式の増号である。

別冊「特別政治情報」は、前月九月に「再開された娘の身売り　転落に哭く戦争未亡人」「飛行機丸囓り、石油ガブ飲み、廃兵器何処へ流れたかは汚染疑獄の核心、兵器処理事件の全貌」といったどぎつい見出しの大型ゴシップ・スキャンダルを、頁数を増やして集中的に特集する第一号で、ゾルゲ事件は、その第二弾「赤色スパイ事件」として世に出た。

通常号との大きな違いは、表紙に佐田七郎画の女性の裸体を描いて、当時の「カストリ雑誌」のエロ・グロ・ナンセンス路線に追従していることである（二五頁表紙参照）。近藤日出造らの政治家似顔絵を表紙にした通常号にも、女性議員記事や女性スキャンダルが多かったが、「特別政治情報」はそれに輪をかけて、政治の裏面の男女関係を描く。だからゾルゲ事件特集でも、裸の女性の表紙のほか、アヴァス通信記者ブランコ・ブケリッチの妻エディットを持ちながらの日本人女性山崎淑子との恋愛が、センセーショナルに描かれた。この「特別政治情報」型編集手法は、五〇年四月の『別冊　政界ジープ』創刊に受け継がれていく。

『政界ジープ』はまた、出版事業の延長上で、街頭政治にも乗り出す。四八年七月一〇日、『政界ジープ』創刊二周年記念事業として、日比谷野外音楽堂を借り切り「政界浄化各党代表大討論会」を開催する。昭和電工事件、炭鉱国管事件などを背景に、衆議院不当財産取引調査委員会委員長・武藤運十郎（社会党）のほか、民自党［民主自由党］・石田博英、民主党・荊木一久、社革党・田中健吉、農民党・中野四郎、国協党・石田一松、共産党・徳田球一の七党代議士が演説、それを「本社社長　二木秀雄」の挨拶でまとめるかたちだった。この記録が、実は「特別政治情報」九月創刊号の小特集であり、「政界浄化の一大国民運動」と銘打ち、「万余の聴衆」を前に演説する二木秀雄の写真も出ている。同時に、石田博英から徳田球一まで、政界の要人にジープ社社長の自分を売り込んでいる。

　そればかりか、二木秀雄のジープ社は、四八年八月から、「大衆読物雑誌」「娯楽雑誌」と銘打って、月刊『じーぷ』の刊行を始める。国立国会図書館には四八年八月創刊号から一二月第五号までしか残っておらず、四九年以降も出たかどうかは不明であるが、私の古書店から得た四八年一二月第五号は「戦後八大犯罪特集　戦慄・情痴の世界を衝く」となっている。巻頭は、永田久正「恋の平澤、色の小平」である。帝銀事件の平沢貞通被告の女性関係を敗戦直後の小平義雄の連続強姦殺人事件と同列に扱い、旧軍七三一部隊と帝銀事件の真犯人との関係を切り離して、猟奇殺人に仕立て上げている。

　ジープ社は、カストリ娯楽雑誌の読者層に手を広げると同時に、四七年一二月から、月刊『財界ジープ』を刊行、いつまで続いたかは不明であるが（国会図書館蔵書は四八年四月号まで）、四九年一二月からは後継の

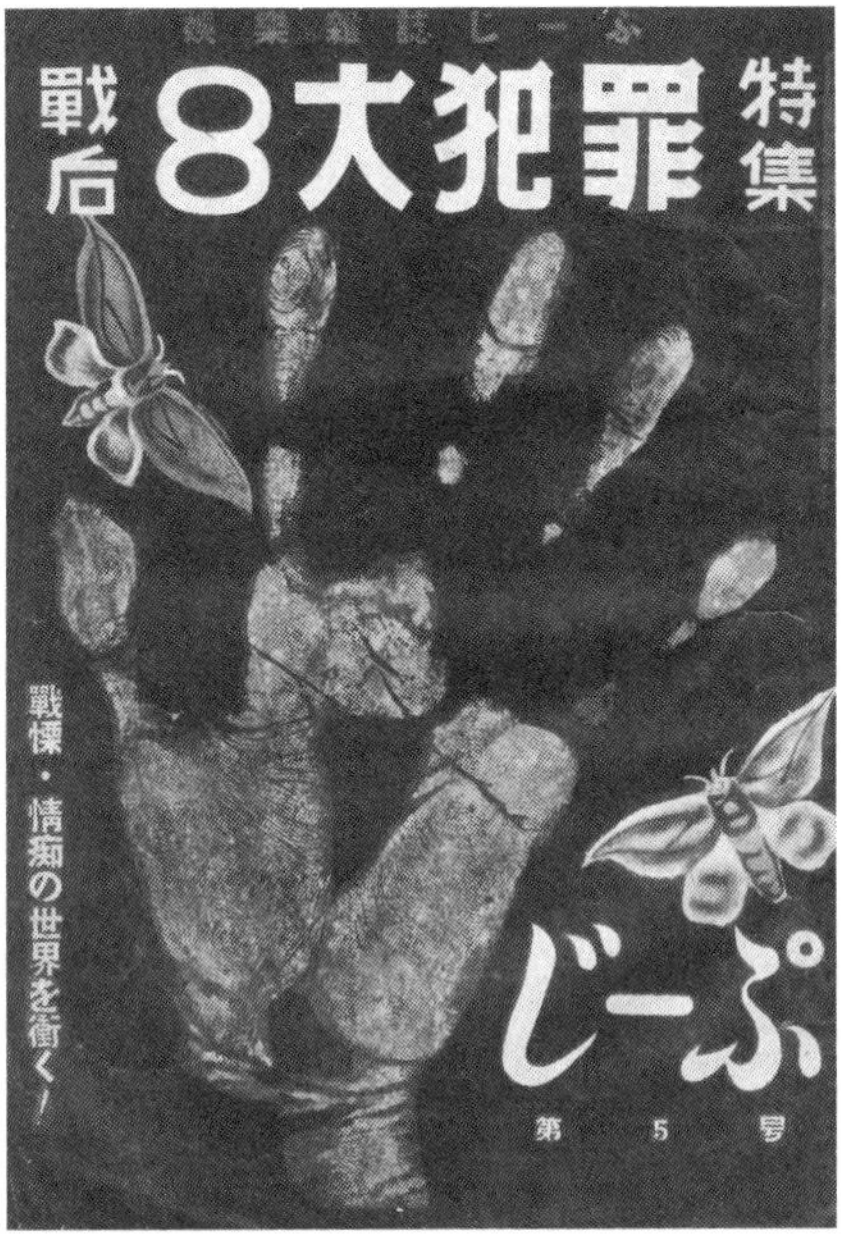

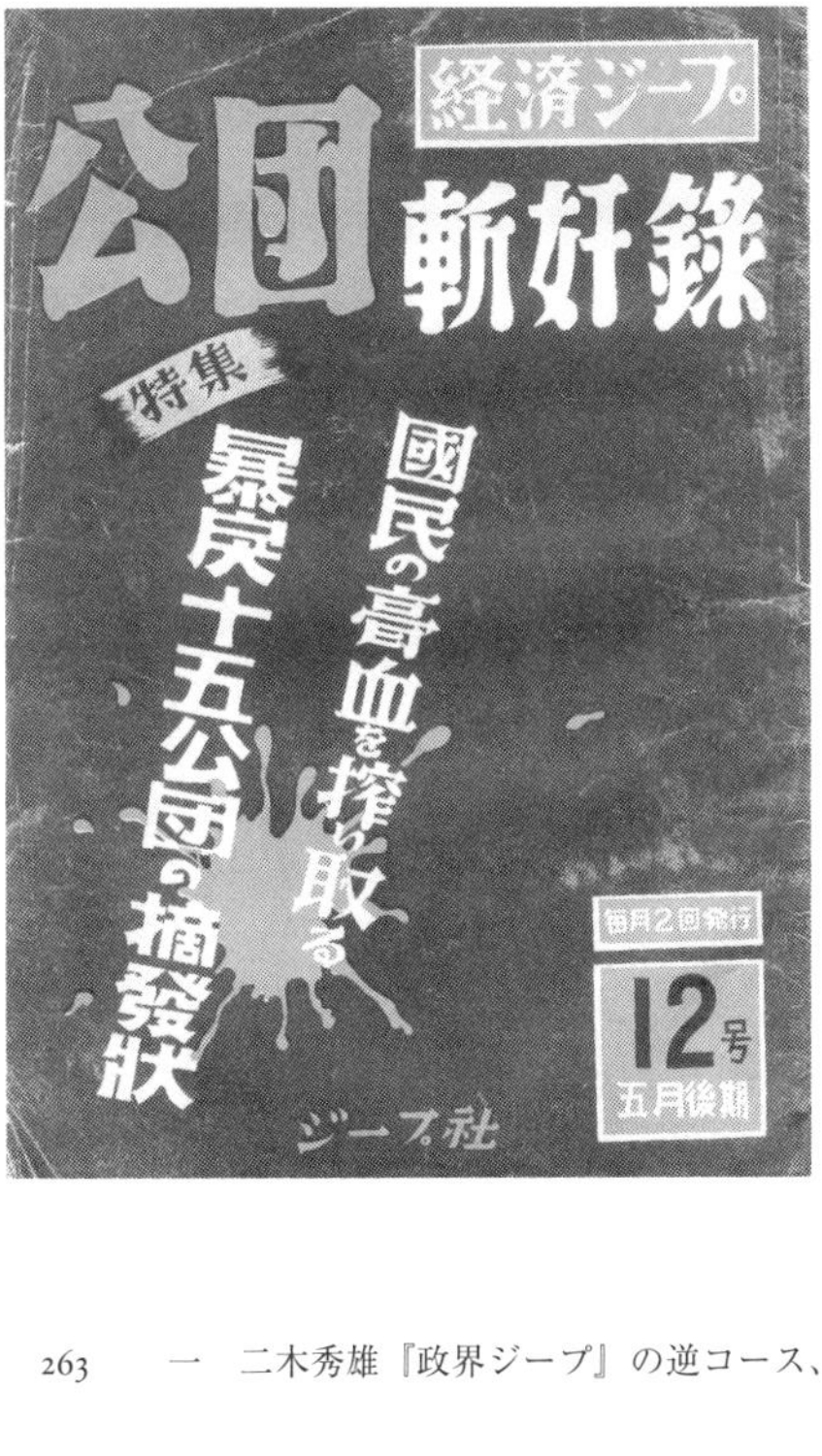

『経済ジープ』を三〇号出している（国会図書館蔵書は五一年三月第三〇号まで）。二木秀雄が政界から財界へと人脈を広げ、同時に広告収入による経営の安定を図ったものと考えられる。[5]

『経済ジープ』は月二回刊で、創刊号の四九年一一月五日号の目玉は、一万田尚登・日銀総裁と二木秀雄の対談だった。私の持つ五〇年五月後期第一二号は「特集　公団斬奸録　国民の膏血を搾り取る暴戻十五公団の摘発状」、五〇年九月前期第一九号は「特集　脱税手口四十八手　地方税難産記」であった。大企業・銀行保険・商社・医薬企業の広告が多く、中央・地方の官庁・企業スキャンダルをセンセーショナルに暴く。

二木秀雄は『経済ジープ』にエッセイ「素粒子堂雑記」を連載しているが、どうやらこの『財界ジープ』『経済ジープ』の手法が五〇年代の『政界ジープ』に受け継がれ、五六年「政界ジープ恐喝事件」と記者たちの闇金融・総会屋ビジネス参入につながるようだ。

造反社員の『政界アサヒ』、『医学のとびら』で七三一医学者再結集

こうした一九四八年の『政界ジープ』の反共保守雑誌化、ジープ社出版事業の多角化に対しては、社員や提携記者達の反発もあったらしい。『政界ジープ』四八年八月号「編集後記」は「いまでは政治の民主化の旗手として本誌の名は全国十万の読者から親しまれている」と書いたが、この頃のプランゲ文庫検閲記録では、米軍ＣＣＤに五万部印刷と正直に届け出ている。その数ヵ月後、「旧政界ジープ同人編集」の名で、造反社員たちの『政界アサヒ』四八年一二月創刊号が刊行される。

『政界アサヒ』「発刊の言葉」は、ジープ社社長二木秀雄の七三一部隊での前歴と戦犯不訴追・免責を知ってか知らずか、ジープ社の内紛を、以下のように暴く。おそらく社会党や共産党からもニュースを得てきた良心

5　当時の特許庁『工業所有権公報』によると、二木は『財界ジープ』のほかに、『女性ジープ』『よみものジープ』『世界ジープ』（以上、四八年三月号）、『世界ロマンス』（七月号）を「第六六類・雑誌」名として商標登録している。

的記者達の反乱で、二木に追放されたのだろう。

私達編集同人は二年前、大衆のための政治誌をめざして『政界ジープ』を発刊した。……しかし雑誌の基礎漸く固まらんとするころ、その編集方針はガラリと一変せられ、大衆に迎合する安易な政治への追随主義と変ってしまった。民主主義を説く社内が最も非民主的なものになってしまったことも体験した。そして発刊の趣旨も主張も完全に失われてしまった。私達が政界ジープ社と絶縁してしまったのはその為からであった。苦節半歳、私達はここに『政界アサヒ』を創刊する。新しい民主主義と正しい政治のために……。

編集兼発行人・笠原真太郎とあり、版元は青銅社である。ただし体裁は、『政界ジープ』表紙の近藤日出造の政治家似顔絵が、『政界アサヒ』では清水崑の描く片山哲に代わったくらいで、グラビア・構成・コラム等も『政界ジープ』そっくりである。内容も特集「昭電旋風吹きまくる＝吹っ飛んだ芦田内閣」「戦線をかくらんする人々＝民同攻勢何処へ？」で、『政界ジープ』の反共色をやや薄めた程度である。左派ライバル誌『真相』ほどの急進性も、天皇制や資本主義の批判もない。

版元の青銅社は『政界アサヒ』発刊のためにできた出版社らしく、その後『真相』を休刊した佐和慶太郎が加わり、無着成恭『山びこ学校』を一九五一年のベストセラーにした。平塚らいてふ・櫛田ふき監修『われら母ならば平和を祈る母たちの手記』（一九五一年）、ルイ・アラゴン『共産主義的人間』（五三年）などの単行本を出す。雑誌『政界アサヒ』は、国会図書館に四九年六月第四号まであるというが、私が入手できたのは、四八年一二月創刊号のみである。どうやら二木秀雄には対抗できず、半年で廃刊に追い込まれたようである。

『政界ジープ』の方は、四九年四月号巻末に「最近『旧政界ジープ同人編集』と名乗る本誌類似の雑誌が発行されておりますが、右は本社とはまったく関係がありません」と小さな「社告」が出ているだけである。二木秀雄にとっては、七三一部隊の旧悪が暴かれたわけでもなく、軽くあしらうことで済むエピソードであった。

二木秀雄の出版ビジネスにとってより重要なのは、ジープ社発行の医師・医学生向け雑誌、厚生省医務局編『医学のとびら』（四九年発刊時は『とびら』、五一年まで）刊行で、旧七三一部隊関係者を自社の雑誌を通じて再結集し復権すること、及び単行本市場にも手を広げ、一九四八年一点・四九年二点から五〇年に突然四〇冊以上の出版に踏み切ることであった（後述）。

「逆コース」の中での七三一部隊復権

一九四九年は、占領政策のいわゆる「逆コース」が明確になり、日本資本主義のソ連型社会主義・共産主義に対抗するかたちでの再建、米国の核軍事力に依拠した日本の西側同盟参入の方向性が定まる時期である。

一九四八年一月六日、米国のロイヤル陸軍長官は、日本を反共の防壁にすると宣言した。ソ連は四七年一〇月にヨーロッパ共産党・労働者情報局（コミンフォルム）をつくり、四三年コミンテルン解散でいったん中断した国際共産主義運動を再建した。ドイツでは四八年六月にベルリン封鎖、朝鮮半島で南北分裂政権が相次いで成立、四九年四月北大西洋条約機構（ＮＡＴＯ）に続いて東西ドイツに分裂国家、八月ソ連の核実験、一〇月中華人民共和国成立、国民党政権は台湾へと、東西冷戦は、一つの頂点に達する。

アメリカ国内では、トルーマン政権が公務員やハリウッドの「赤狩り」を開始した。四七年国家安全保障法をつくり、新たな諜報機関ＣＩＡが、世界中で活動を始めた。四八年一〇月、米国家安全保障会議（ＮＳＣ）の「米国の対日政策についての勧告」（ＮＳＣ―13／2）は、その日本版であった。[6]

米軍占領下の日本は、冷戦の影響をストレートに受けた。四七年二・一ゼネスト禁止命令からその兆候は現れていたが、四八年七月政令二〇一号による公務員スト権剥奪、八月東宝争議への介入、一二月経済安定九原則から四九年三月ドッジ・ラインの資本主義再建策、四九年は、夏の下山・三鷹・松川事件に象徴される共産党弾圧からレッド・パージ開始の年だった。それらすべてが、ＧＨＱ内部での、ＧＳ（民政局）からＧ２（参謀二部）への主導権移行を反映していた。

ただし、「逆コース」が可能になったのは、日本側にその受け皿があったからである。米国の占領政策がポツダム宣言の「非軍事化・民主化」に沿って改革が進み、日本国憲法をはじめとしたいわゆる戦後民主主義の制度が機能する限りで、労働組合運動や社会党・共産党など左翼勢力の影響力も増大した。旧軍部や戦前支配エリートが戦犯訴追や公職追放で政治の表に現れない限りで、男女平等の普通選挙が、社会党が加わる片山・

6　柴山前掲書のほか、国立国会図書館ＨＰ「史料にみる日本の近代」など参照。http://www.ndl.go.jp/modern/cha5/description10.html

芦田内閣を可能にした。

しかし、GHQがG2主導で米国本国の対ソ封じ込め政策（NSC—20／4、四八年一一月）を実行し始めると、戦後に勢力を大きくした日本共産党、在日朝鮮人運動などを「ソ連の手先」として警戒・監視し、四九年四月の団体等規制法（団規法）から「定員法」による国鉄等官公庁行政整理、民間企業を含むレッド・パージの大量解雇に進む。

その過程で、早くからGHQのG2に協力してきた旧軍幹部、親米政治家・財界人等は、復権を果たす。有末機関・河辺機関・服部機関のような直接G2ウィロビーの手足となる旧軍諜報幹部ばかりでなく、鳩山一郎・岸信介ら保守政治家や内務官僚、新旧財閥関係者、メディア関係者や右派知識人も「逆コース」に便乗して復活する。

米ソの直接占領で旧ナチ勢力の戦争責任追及と追放が徹底し、国家が東西に分裂したドイツとは相対的に異なる、日本的戦後が生まれ、朝鮮戦争を機に、再軍備とサンフランシスコ講和・日米安保条約に帰結する。

石井四郎をはじめとした七三一部隊の戦犯不訴追・免責は、日本で早くから冷戦を推進したG2ウィロビーの庇護・管理下で進行し、国内冷戦の定着の過程で復権・復活に向かった。二木秀雄の『政界ジープ』刊行・普及、ジープ社の経営安定・多角化の歩みは、その一つの事例であり、かつ、復権の一つの指標であった。

二　シベリア抑留と米ソ情報戦

もう一つの国内冷戦――シベリア抑留帰還者と七三一部隊

米ソ冷戦の日本国内への浸透で、G2の日本共産党敵視・在日朝鮮人運動抑圧とならぶ意味を持ったのが、いわゆるシベリア抑留帰還者の問題で、七三一部隊の免責・復権とも直結する。

旧ソ連のシベリア抑留については、二〇〇〇冊以上の記録・回想・研究がある。ただし「抑留 internment」というのは日本的語法で、ソ連や米国の公文書では、基本的に「戦争捕虜　prisoner of war（POW）」と出て来る。旧ソ連の戦争捕虜は、ソ連側公式統計でドイツ約二四〇万人、日本六四万人、ハンガリー五一万人、ルーマニア一九万人、オーストリア一六万人、チェコスロヴァキア七万人、ポーランド六万人など総計四一六万人となっている。中国人一万三〇〇〇人、朝鮮人も八〇〇〇人近くが、戦時中にソ連に連行された。[7]

7　白井久也『シベリア抑留』平凡社新書、二〇一〇年、八〇頁。日本人捕虜の約一割が死亡されたとされるが、正確な人数は未だに確定しない。逐次更新される厚生労働省HPによると、二〇一六年一二月現在、①旧ソ連地域に抑留された者約五七万五〇〇〇人（うちモンゴル約一万四〇〇〇人）、②現在までに帰還した者約四七万三〇〇〇人（うちモンゴル約一万二〇〇〇人）、③死亡と認められる者約五万五〇〇〇人（うちモンゴル約二〇〇〇人）、④病弱のため入ソ後旧満州・北朝鮮に送られた者等約四万七〇〇〇人、となっている。

「抑留」とは、本来一時的な身体の自由拘束であるが、日本での「シベリア抑留」には、連合国ヤルタ会談の密約にもとづくソ連の満州侵攻が日ソ中立条約の有効期限内であったこと、ポツダム宣言によれば日本兵は武装解除後速やかに本国へ帰還することになっているのに、長い人は五年以上も「厳寒・飢餓・重労働」の「シベリア三重苦」を経験したことで、二重の意味で国際法違反である、という告発のニュアンスが込められている。また「生きて虜囚の辱めを受けず」という日本軍『戦陣訓』の指導責任から逃れようとする意味も込められている。

アメリカの原爆投下に続いてソ連が満州国境から参戦した時、第一部で引いた朝枝繁春回想の参謀本部指令「なるべく多くの日本人を、大陸の一角に残置すること」が事実であったか否かは確認できないが、実際に起こったことは、抑留者の一人であるソヴェト法研究者・藤田勇らが描いた、以下のような現実であった。

満州・関東州に居留していた一般邦人は開拓団を含めて約一五五万人で、一九四五年六月以降約一五万人が逐次関東軍に召集されていた。開拓団は満州の全省に入植し、一般開拓団九五五ヵ所、開拓義勇隊九九個中隊、報国農場七三ヵ所の総人員は約二七万人で、このうち壮年男子約五万人が軍に召集され、日ソ開戦時には老幼婦女子を主体とする約二二万人が居留していた。突然、戦争状況に巻き込まれた辺境地域の開拓団員の多数は、徒歩で長途の退避行動を余儀なくされたが、この間にソ連軍の進攻と現地住民の反乱や飢餓・疾病等による多くの犠牲者を出し、さらには進退きわまり集団自殺をするなど、悲惨な事件も発生した。戦死・自決・病没などを含めるとこの間の犠牲者は八万人とも推測されている。

関東軍は、満州南部の通化を中心とする陣地に拠って持久作戦をおこない、「皇土朝鮮」の保全を企図したのであるが、在留邦人の保護については何の対策も持たなかった。だから、開拓団をはじめ一般在留邦人は「遺棄された」といってよく、関東軍の「棄民政策」として批判されているのは当然といえよう。

ただし、総司令部は軍人家族の安全地帯への移送はすばやくおこなったのである。[8]

石井四郎ら七三一部隊は、天皇の戦争責任への波及をおそれて、いち早く「内地」に逃れたが、関東軍本隊も、敗戦が決まると軍人・軍属家族を優先的に移送し、開拓団員など民間人の多くが抑留前に犠牲者となった。

ドイツ二四〇万人、ハンガリー五〇万人、日本六〇万人の強制奴隷労働

ソ連の側は、すでにドイツ人捕虜二四〇万人、ハンガリー人五〇万人以上を収容所に入れて強制労働に従事させていた。最後の敗戦国となった日本人捕虜も、戦争で大きな打撃を受けたソ連経済・社会の復興に使うことは織り込み済みだった。四五年八月二三日の国家防衛委員会決定九八九八（スターリン秘密指令）は極東、シベリアの環境下での労働に適した五〇万人の労働力確保を命じていたから、満州ばかりでなく南樺太、千島まで含めて、ソ連の占領地域から六〇万人もの日本兵が捕虜として移送された。

それは、私なりに解釈すると、一九三〇年代に旧ソ連在住日本人共産主義者ら約一〇〇人が政治犯として体験した、スターリン粛清の強制収容所（ラーゲリ）労働と同質の、奴隷労働だった。[9] 事実、日本人・ドイツ人の捕虜収容所の所在地を、ソルジェニツィン『収容所群島』のラーゲリ地図と重ねると、ほぼ一致する。ドイツ人はウラル山脈の西側、日本人は東側に相対的に多くなるが、ソ連の捕虜収容所では国籍に関係なく一緒

8 ソ連における日本人捕虜の生活体験を記録する会、高橋大造・江口十四一・藤田勇編集『捕虜体験記Ⅰ　歴史・総集編』一一頁。シベリア抑留については膨大な文献があるので、さしあたり、白井久也、前掲書、栗原俊雄『シベリア抑留――未完の悲劇』岩波新書、二〇〇九年、富田武『シベリア抑留者たちの戦後』人文書院、二〇一三年、同『シベリア抑留――スターリン独裁下、「収容所群島」の実像』中公新書、二〇一六年、をも参照。

9 加藤『国境を越えるユートピア』平凡社ライブラリー、二〇〇二年。

だった場合が多いのは、多くの日本人抑留体験者の証言・回想が描く通りである。[10]

こうした囚人奴隷労働は、一九一七年のロシア革命直後からソ連型社会主義の計画経済に組み込まれ、一九三〇年代後半のスターリン粛清最盛期には全労働力人口の一割以上を占めていた。第二次世界大戦での二千万人以上ともいうソ連人犠牲者を補うために、ラーゲリは戦争捕虜で補充され、戦後復興に動員された。収容所の待遇も粛清時代の延長であり、内務人民委員部（ＮＫＶＤ、後のＫＧＢ）が管轄する政治犯ラーゲリが、戦犯ラーゲリに改築ないし拡張されたものが多かった。現存した社会主義ソ連は、歴史学のいう「奴隷包摂社会」だった。

日本人捕虜の中には、七三一部隊と関係した軍人・軍属も含まれていた。そのことを石井四郎らも覚悟していた。第一部で紹介した一九六三年厚生省援護局が作成した「関東軍防疫給水部略歴」によると、敗戦時のハルビン本部石井四郎以下一三〇〇名は大部分帰国できたが、一部は逃げ遅れハルビンでソ連軍の捕虜となった。大連支部・安東洪次以下二五〇名、海拉爾支部・加藤恒則少佐以下一六五名、牡丹江支部尾上正男少佐以下二〇〇名、孫呉支部西俊英中佐以下一三六名、林口支部榊原秀夫少佐以下二二四名のほとんどはソ連に連行された、と認識していた。大連の安東洪次のようにうまく逃げて本部隊の復員に合流した幹部もいるが、ソ連軍の捕虜となった可能性の高い隊員は総計約一〇〇〇名にのぼる。彼らはソ連の収容所で、所属部隊と軍歴を隠しながら、三重苦に耐えなければならなかった。

このうち四九年末のハバロフスク裁判で戦犯として裁かれたのは、関東軍司令官・山田乙三大将、軍医部長・梶塚隆二軍医中将、高橋隆篤獣医中将、七三一部隊川島清軍医少将、同柄澤十三夫軍医少佐、西俊英軍医中佐、尾上正男軍医少佐ら一二人で、三友一男軍曹、菊池則光上等兵、久留島祐司衛生兵など一般兵士も含ま

10　ただし、西ドイツの場合は、一九六四年の旧戦争捕虜ドイツ人の補償に関する法律という国内法で、帰還者は戦後に国家補償を得た。日本ではようやく二〇一〇年になって、戦後強制抑留者に係る問題に関する特別措置法（シベリア特措法）が作られた。

れていた。ソ連側は、早くから細菌戦・人体実験関係者・証言者を抑留者の中から見つけ出し、選別して、戦犯及び証人として扱うことを決めていた。裁判で使われた証言は数十人、尋問された七三一部隊関係者は一〇〇人程度というが、その他に、多くの軍歴を隠した隊員が抑留者となった。

ソ連で戦犯とされた七三一部隊抑留者、洗脳教育と民主運動

それが極東国際軍事裁判（東京裁判）にからんで、一九四七年初めには川島清と柄澤十三夫の尋問記録が米国側にも示され、米国側立ち会いのもとでの、ソ連側の石井四郎、菊池斉、太田澄が尋問されることになったことは、第二部で述べた通りである。

その際も述べたように、日本人捕虜の帰国問題は、ポツダム宣言に照らして、対日理事会・極東委員会での米ソ対立の大きな争点であった。占領政策を独占する米国にソ連がクレームをつけると、米国側が逆に持ち出すのが、ソ連の捕虜引揚・帰還の遅れだった。しかもそれは、日本国内での日本共産党の活動と結びつくことにより、GHQ、とりわけG2ウィロビーにとって、看過できない問題となった。

一九四六年一一月二七日の米ソ暫定協定、同一二月一九日の本協定にもとづいて、ナホトカから舞鶴のルートを中心に、一二月から抑留者の送還が始まった。協定では毎月五万人引揚、輸送船は米軍・日本側が準備とされたが、ソ連側が冬期の領海凍結などを理由にサボタージュし、遅々として進まなかった。

引き揚げ船は、四七年八三隻、四八年八六隻、四九年四四隻、五〇年四隻で総計五〇万人ほどが帰国したが、五〇年四月二二日、ソ連・タス通信は「日本人捕虜の送還は完了した。ソ連領内に残っているのは『戦争犯罪人』一四八七人と病気療養中九人」と発表した。米軍GHQ及び日本政府は、三六万九〇〇〇人がなお未帰還であると主張し、大きな食い違いがあった。

七三一部隊ハバロフスク裁判被告たちは、この「戦争犯罪人」として、その後も留め置かれた。しかも日ソ

国交回復で「戦犯」も帰国が決まった直後、一九五六年一〇月に、七三一部隊被告柄澤十三夫はイワノヴォ収容所で首つり自殺する。その一〇日後には、やはり「戦犯」として一一年間各地の収容所を経てきた近衛文麿元首相長男・近衛文隆が、同じ収容所で同年配の柄澤の死にショックを受け不審死する。米国国立公文書館のCIA「石井四郎ファイル」及び陸軍情報部「近衛文隆ファイル」は、この帰還を目前にした日本人戦犯二人の同時死が、七三一部隊で開発されソ連側が改良した薬物による殺人ではないかと疑った。いわば、イワノヴォ収容所版「帝銀事件」である。[11]

そのさい、米国側がシベリア抑留帰還者に注目するのは、七三一部隊関係者のハバロフスク裁判供述に限らず、シベリア抑留帰還者にみられるソ連社会主義に対する協力的態度、時には日本共産党への接近が、抑留地でのソ連の共産主義洗脳教育、いわゆる民主運動の結果ではないかと警戒したからである。

事実、ソ連の捕虜収容所では、ドイツ人捕虜の思想改造、「民主ドイツ＝東独」帰国を促す反ファシズム民主運動（ANTIFA）にならって、日本人捕虜のソ連型思想教育が行われた。一九四五年九月『日本新聞』創刊から、民主グループ、反ファシスト委員会結成、さらには「スターリン大元帥への感謝決議」「ソ同盟に対する感謝状」にいたる運動が進められた。

それが抑留者の収容所での待遇、日本への帰国時期に影響してくるに及んで、収容所での「批判と自己批判」、吊し上げ、帰国時の「赤旗グループ」と「日の丸グループ」の対立、帰還者に対する「赤化された抑留者」イ

11　この点については、アルハンゲリスキー『プリンス近衛殺人事件』（新潮社、二〇〇〇年）、西木正明『夢顔さんによろしく』（文藝春秋、一九九九年）、工藤美代子『近衛家七つの謎』（PHP研究所、二〇〇九年）などを参照しつつ、米国陸軍情報部「近衛文麿ファイル」を解読しての仮説をのべておいた。講演記録であるが、加藤「ゾルゲ事件からシベリア抑留へ」『ゾルゲ事件関係外国語文献翻訳集』日露歴史研究センター、第四六号、二〇一六年五月。三友一男『細菌戦の罪――イワノボ将官収容所虜囚記』泰流社、一九八七年、をも参照。

メージ・偏見にいたる問題を惹起したことは、よく知られている。[12]それは、米軍にとって大きな脅威であると共に、第三次世界大戦に向けてのソ連情報を収集する貴重な機会であった。

帰還者米軍尋問――陸軍プロジェクト・スティッチと空軍プロジェクト・リンガー

引揚船での帰還者は、舞鶴と函館の港に入港した。厚生省の引揚援護局が受入業務を担い、引揚証明書発行など復員手続のほか、未復員者の個人情報収集、部隊・収容所等の一般情報収集を行った。同時に日米両政府は、帰還者が故郷に戻る前に、ソ連情報の収集を行った。

引揚開始時の一九四六年一二月の外務省北方課「ソ連地区（沿海地方）第一次帰還者に関する調査復命書」には、『日本新聞』や「友の会」の民主運動について注意したうえで「最近のソ連事情」「ソ連の現実およびソ側論評に対する帰還者の所感及びその及ぼした影響」「政治教育」「特殊政治教育」の調査項目があった。帰還者は船内でアンケートを書かされ、上陸後に担当官の面接を受けた。[13]

実際にこの帰還者調査にあたったのは、GHQ・G2ウィロビー傘下のCIC（対敵諜報部隊）であった。さらに「アクティヴ」とか「親ソ」と見なされた者は、日系二世軍人などCICのより詳しい尋問を受けた。郷里に帰国後も、近くのCIC事務所などで繰り返し尋問をうける場合もあった。

こうした米軍尋問は、ようやく日本に帰国できた抑留被害者に対して、二重・三重の苦痛を与えるものであったが、それは米国により、ソ連から西ドイツに復員したドイツ人戦争捕虜に対しても行われた。米国の対ソ戦略の一環であり、尋問個票はワシントンに送られ、ドイツその他ヨーロッパで収集されたソ連情報と照ら

12　白井、栗原、富田、前掲書のほか、高杉一郎『極光のかげに』目黒書店、一九五〇年、同『わたしのスターリン体験』岩波現代文庫（改訂版）、二〇〇八年、それにフィクションだが当時の事情をよく伝える井上ひさし『一週間』新潮社、二〇一〇年、など参照。

13　前掲『捕虜体験記　I』三三三―三三八頁。富田『シベリア抑留者たちの戦後』五七頁。

し合わせて、起こりうるべき第三次世界大戦の軍事戦略策定に用いられた。実際には第三次世界大戦は起こらなかったが、一九五〇年に朝鮮戦争が勃発すると、そこでの作戦立案に用いられた。

このことを、私はここ数年米国国立公文書館に通って、大きな二つの記録群から見出した。その第一は、米国陸軍（RG319）の「プロジェクト・スティッチ（Project Stitch　縫い物作戦）」と名付けられ、ソ連の戦争捕虜収容所の実態を分析し、あわせてそこで行われた政治教育・思想改造の手法を調べ上げた。ソ連側の工作を受けた対象者を「PSA（Possible Soviet Agent　潜在的ソ連協力者）」として抽出するものだった。

その第二は、米国空軍の記録群（RG341）にファイルされていた。「プロジェクト・リンガー（Project Wringer　絞り作戦）」と名付けられ、膨大な戦争捕虜帰還者から得た情報から、収容所周辺の地理・資源・交通・都市情報を集め、ユーラシア大陸のソ連支配地域の詳細な地図をつくり、第三次世界大戦での米軍戦略爆撃目標を設定するためのものであった。

こうした意味では、戦犯免責と引き換えに細菌戦・人体実験データが米軍に独占された七三一部隊調査の場合と、基本的性格は同じである。シベリア抑留帰還者は、ソ連の三重苦の強制収容所体験で得た知識・情報を米国に提供することにより、米国占領下の日本で家族や友人と再会できた。

陸軍プロジェクト・スティッチで見つかった「ソ連スパイ」三五二人

シベリア抑留体験者の手記や回想の多くには、舞鶴港での米軍二世による尋問、GHQに呼び出されての事情聴取が出てくる。尋問した側の記録は多くはないが、NHK「戦争証言アーカイブス」の中に、尋問を担当した米軍日系兵士ヨシノブ・オーシロ、それを指揮したCICテッド・クリッチフィールドの証言が入っている。

CIC第441部隊に配属されたハワイ生まれのオーシロは、「いつも一人が「引揚」船に乗り込んで、リストがあったのよ。そのリストをもらって、二千人の間から一〇％の人を抽出して、二百人。……任務はある種の元捕虜を選別することでした。ソ連の大義をコミュニティに広める必要があると信じるほど洗脳されている人。あるいは何も話さないのであれば、極秘の任務を与えられている場合もあります。彼らはあらゆる手段を使って反占領軍、反米の活動をします。たとえば基地を見張って、どんな飛行機があるか、セキュリティはどうかなどを報告します。彼らはそんなことを私たちに話しませんが、でも結局は、そういう事をさせるのが（ソ連）の目的だったんです。プロパガンダに加え、特別の活動のために人を選んでいました。占領軍やアメリカ軍をスパイするとか。占領軍の成功に障害になる活動をする人たちです」という。

クリッチフィールド証言の冒頭に「プロジェクト・スティッチ」の名が出て来る。「ソ連協力者をあぶりだし」するための尋問で、「抑留者の中に日本で遂行すべき任務を負った者や、日本に帰還して、誰かがコンタクトをしてくるのを待つようにと言われている者がいるのはわかっていました。最終的に、そのような抑留者は三五〇人ほどいました」とある。[14]

米国国立公文書館の陸軍情報部個人ファイル（ＣＩＣ・ＩＲＲファイル）には、二〇〇〇名以上の個人の経歴・監視記録がある。昭和天皇裕仁、近衛文麿・東久邇稔彦・吉田茂・岸信介・中曽根康弘・大平正芳ら首相経験者、児玉誉士夫・笹川良一・里見甫ら右翼、有末精三・今村均・辻政信・山田乙三ら旧軍人、浅沼稲次郎・野坂参三・徳田球一・中野重治ら左派有力者が監視され記録されている。尾崎秀実・中西功・川合貞吉らゾルゲ事件関係者、石井四郎・亀井貫一郎ら七三一部隊関係者のものもあるが、残りの多くは占領期の無名の日本人の記録である。

共産党員や共産主義者と疑われた人々と共に目立つのが、旧ソ連からの抑留帰還者で、米国側はＰＯＷ（戦

14　ＮＨＫ「戦争証言アーカイブス」（http://www.nhk.or.jp/shogenarchives/）には、女性・朝鮮人を含め六八件の「シベリア抑留」関係の証言が収録されている。

争捕虜）と記し、抑留地・収容所歴など詳細な個人情報が入っている。

手記を書かされたり、顔写真を撮られた者も多い。舞鶴港・函館港などでのＣＩＣ尋問、嘘発見器でのソ連側工作についての応答が、一問一答形式で入っているものもある。こうした尋問史料が、米国国立公文書館に、約一五〇〇通残されている。

陸軍参謀将校や士官学校卒業者などの幹部クラス、特務機関員・憲兵隊員、無電技師・技術者、暗号解読者、それに東京外語・ハルビン学院卒業生などロシア語ができて通訳として使われた者は、ほとんど「ＰＳＡ（潜在的ソ連協力者）」とされている。『日本新聞』編集者、民主運動のアクティヴ、抑留中にソ連の諜報担当者（内務省、国家保安省）や政治将校と接触のあった者、特権を有していた者、ソ連に密告者として用いられていた者などは、もっとも厳しく尋問された。

それらにもとづいて、「プロジェクト・スティッチ」の総括報告書がつくられた。ユーラシア大陸の各地域・収容所毎に詳細な建物配置図、居住環境、労働ノルマ、食糧・衣料配給、衛生医療、捕虜組織・指導体系、ソ連側将校・監視体制、民主運動アクティヴ氏名などがまとめられた。

名越健郎の先駆的紹介によると、米国陸軍諜報部は、こうした抑留者尋問によって、「ソ連スパイ」三五二人を割り出し、内一三八人がスパイ工作を受けたと自白し、そのうちの三二人が帰国後に実際にソ連側から接触を受けた[15]。

15　米国国立公文書館史料については、前掲、加藤「戦後米国の情報戦と六〇年安保」。Project Stitch 総括文書（一九五二年一二月）は、名越健郎（当時時事通信ワシントン支局長）により「シベリア帰還者から『スパイ』三五二人摘発」『毎日新聞』一九九九年九月二一日、「ＧＨＱ全土でソ連スパイ狩り」『時事解説』二〇〇一年一〇月九日、と先駆的に報じられた。

「中村清之丞ファイル」——米軍が抑留尋問で得た七三一部隊情報

GHQ・CICによるこれら尋問・監視記録の中には、これまで知られていない七三一部隊関係者のファイルも存在する。

抑留とは直接関係しない「石井四郎ファイル」「亀井貫一郎ファイル」「有末精三ファイル」などのほか、「山田乙三ファイル」は関東軍司令官としての軍人ファイルで、ソ連のハバロフスク裁判については、ほとんど触れていない。むしろ「近衛文隆ファイル」が、ほぼ同時に自殺したハバロフスク裁判被告柄澤十三夫の死因の疑惑を追って、米国側のソ連細菌戦研究についての見方を知ることができる。

ハバロフスク裁判の被告であった菊池則光は、七三一部隊第六四三（牡丹江）支部実験室衛生兵見習として細菌戦に加わったとして、被告中では一番軽い二年の矯正労働刑の判決を受けた[16]。刑期が短かったため五一年一二月三日にイワノヴォ監獄から釈放され、ウラジオストック・樺太経由で稚内に帰国できた。米軍にも直ちに尋問されたが、すでにハバロフスク裁判『公判書類』が出版後で、従順に対応し新たな証言もなかったためか、米国陸軍「菊池則光ファイル」は、経歴とソ連側裁判の経過が述べられる程度で済んだ。

これらに対して、無名の「中村清之丞ファイル」には、ソ連側が抑留者中の七三一部隊調査で見逃した関係者の引揚時の証言が含まれており、貴重である。尋問当時五三歳の中村清之丞は、一八九五年生まれの青森県の理髪師で、抑留経験の有無ははっきりしないが、七三一部隊について何らかの情報を持っていたらしい。ただし四八年五月の二回の尋問結果はネガティヴ、あまり役立たずであった。

貴重なのは、中村の尋問のためにCICが準備したらしい「リード・シート（Lead Sheet　本来は楽譜の意）」がそのまま入っていることである。四八年当時の石井四郎と七三一部隊調査の基本情報で、組織体制や

16　『公判書類』七八八頁。

扱った細菌の種類、細菌爆弾の模型図も入っている、支部を含め五千人の技術者、五千人の一般労働者、二千人の学生がいたと誇大に報告されているが、石井四郎が東京でソ連側に尋問されたがソ連に情報を渡さなかった、とある。

基本情報に続けて、関東軍防疫給水部ハイラル支部（海拉爾第五四三部隊）に所属した西尾進という抑留帰還者のＣＩＣ尋問情報が入っている。高知県出身の西尾は、チタ等の収容所で戦争捕虜として働き、一九四七年五月に舞鶴港に帰還し、ＣＩＣ尋問を受けた。西尾はそこで、ハイラル支部が細菌戦部隊の一部であることを認め、友人・同僚・上司ら二〇人近くの名を挙げた。

西尾から得たのかどうかは判然としないが、四八年五月段階で、七三一部隊に「留守業務局」があり、都道府県毎に「世話課」を置いて連絡をとりあっていること、しかしその四つの世話課の隊員名簿には中村清之丞の名はない、と報告している。どうやらＧ２傘下のＣＩＣは、四六―四七年の石井四郎ら幹部達から細菌戦データを獲得して免責するのと併行して、太田澄・佐藤重雄の「留守業務部」に率いられた七三一部隊一般隊員の全国連絡網もつかんでいたようだ。福島・北海道・福岡・愛媛の「世話課」担当者の名がある。「松井名刺」など一月の帝銀事件の情報も二ヵ所に綴じ込まれているから、ＣＩＣは、警視庁とは別個に、帝銀事件の真犯人を七三一部隊の中から捜していたようである。

中村・西尾との関連は不明だが、小桧山茂という技術者の四八年九月のＣＩＣ尋問記録が、「中村清之丞ファイル」に入っている。小桧山は、一九三七年から四一年に日本特殊工業で技師をしていた。宮本光一の日本特殊工業は、七三一部隊への実験材料・器材納入等で大儲けし、戦後も石井四郎ら七三一部隊関係者のパトロンとなっていた。のみならず内藤良一らと共に、ＧＨＱとの免責・戦犯不訴追交渉に関わり、後に内藤良一・二木秀雄と共に日本ブラッドバンクを創設する。七三一部隊と各支部ばかりでなく、陰のパトロンだった日本特殊工業も、Ｇ２ウィロビーの独自調査の対象となっていた。日本特殊工業で七三一部隊発注の細菌爆弾製造工程に関わった技術者の名前などを聞き出していた。

これらの情報は、米軍にとって、石井四郎ら医師・医学者幹部から聞き出し独占した人体実験・細菌戦データを補強し、実戦に使える細菌爆弾製造技術工程のノウハウまで、対ソ戦に備えて準備するものであったろう。

総じて「プロジェクト・スティッチ」の情報収集は、抑留帰還者の個人情報・ソ連情報ばかりでなく、その家族、友人、同僚等との人間関係・交友関係を探り、敗戦国日本での米国風思想改造・反ソ親米化を図ったものであった。この記録の中から、一九五四年のラストボロフ事件、ソ連大使館員であるKGBラストボロフ書記官の米国CIAの手を借りた亡命事件時の、ラストボロフらソ連側が接触し情報を得た「日本人・ソ連スパイ」容疑者の多くが割り出されていく。[17]

「人間GPS」としての米空軍プロジェクト・リンガー

NHK「戦争証言アーカイブス」で、CIC「プロジェクト・スティッチ」尋問を担当した米軍日系兵士ヨシノブ・オーシロは、舞鶴港で同時に行われた「もうひとつのグループ」「HID（Headquarters Intelligent Detachment 司令部情報班）」の抑留帰還者調査について触れている。

「そのグループは、七五人から八〇人の二世がいて、そこは『目標情報』を収集していました。アメリカ空軍は、その当時は陸軍航空部隊だったでしょ。陸軍航空部隊は目標情報に興味を持っていた。そんな言葉がで

17　警視庁公安部『ラストボロフ事件・総括』（外事警察資料、昭和四四年四月）に挙げられたソ連諜報への「日本人協力者」三六人中一四人が「プロジェクト・スティッチ」の「PSA」該当者であり、米国によって「二重スパイ」に仕立てあげられたケースも含まれている。また、収容所で民主運動に加わり帰国後日本共産党に加わるような共産主義者よりも、外務省関係者のような政府中枢情報に近づく可能性の高い人物が、ソ連軍政治将校により選別されて「忠誠誓約」を強いられ、帰国後共産党やGHQに近づくことは禁じられ、数年たって初めて接触されるケースが多かったことがわかる。

きた、始まったばかりでね。彼らはハバロフスクやチタ地区にどんな建物がある、道が何本あるか、ここどこの間に何本電柱が立っているか、そんなことを調べてました」――これが、第三次世界大戦に備えたソ連・中国・朝鮮半島の地政学情報を集め戦略爆撃目標を絞り込む「プロジェクト・リンガー」である。
ただし同様の尋問は、ドイツ人戦争捕虜の西ドイツ帰還時に行われ、膨大なNATO（北大西洋条約機構）の対ソ戦略策定資料になっている。

この関係の日本人抑留者尋問史料は、米国国立公文書館の空軍史料（RG341）中に、概ね一万人分が含まれている。私はまだ一〇〇〇人分ほどしか読んでいないが、「プロジェクト・スティッチ」のようなソ連協力者・スパイ狩りとは異なり、もっぱら抑留帰還者の体験・見聞した満鉄・シベリア鉄道など交通網、収容所周辺・移動先での地勢情報を簡潔に記し、大部分に地図ないし帰還者のスケッチ画が付される。

特に飛行場・港湾・鉄道・道路・鉱山・軍事施設、造船所・石油プラント・化学工場・自動車工場、発電所・倉庫・河川・都市景観・気候などについての情報が大量に集められ、軍事地理学者の現地測量に代替して、未だ衛星写真もGPSもなかった時代の地形図がつくられていく。この作戦を私は、「人間GPS」と名付けている。

その尋問のさい、ソ連の原爆開発に注意され、例えば鉱山近くの港で見た鉱石や河川の色（ウラン鉱石は黄色でイエローケーキと呼ばれる）が問われたり、技術者だった抑留帰還者に工場での製造物や製造技術を推測させたりもする。細菌戦関係の地形尋問記録はまだみつかっていないが、ソ連も米国も、ハルビン郊外平房の七三一部隊敷地・建物の見取り図を作成し、技術工程についても情報を得ていたと考えられる。

舞鶴・函館での尋問は、直接にはCIC（対敵諜報部隊）とATIS（連合軍翻訳通信班）が担当したが、「プロジェクト・リンガー」の地理情報はG2ウィロビー直属の地理課（Geographic Section）都市地図班（Town Plan Division）でまとめられ、旧日本軍の作戦地図等も参照して、約一八〇のソ連都市、三〇の中国

GHQ機構

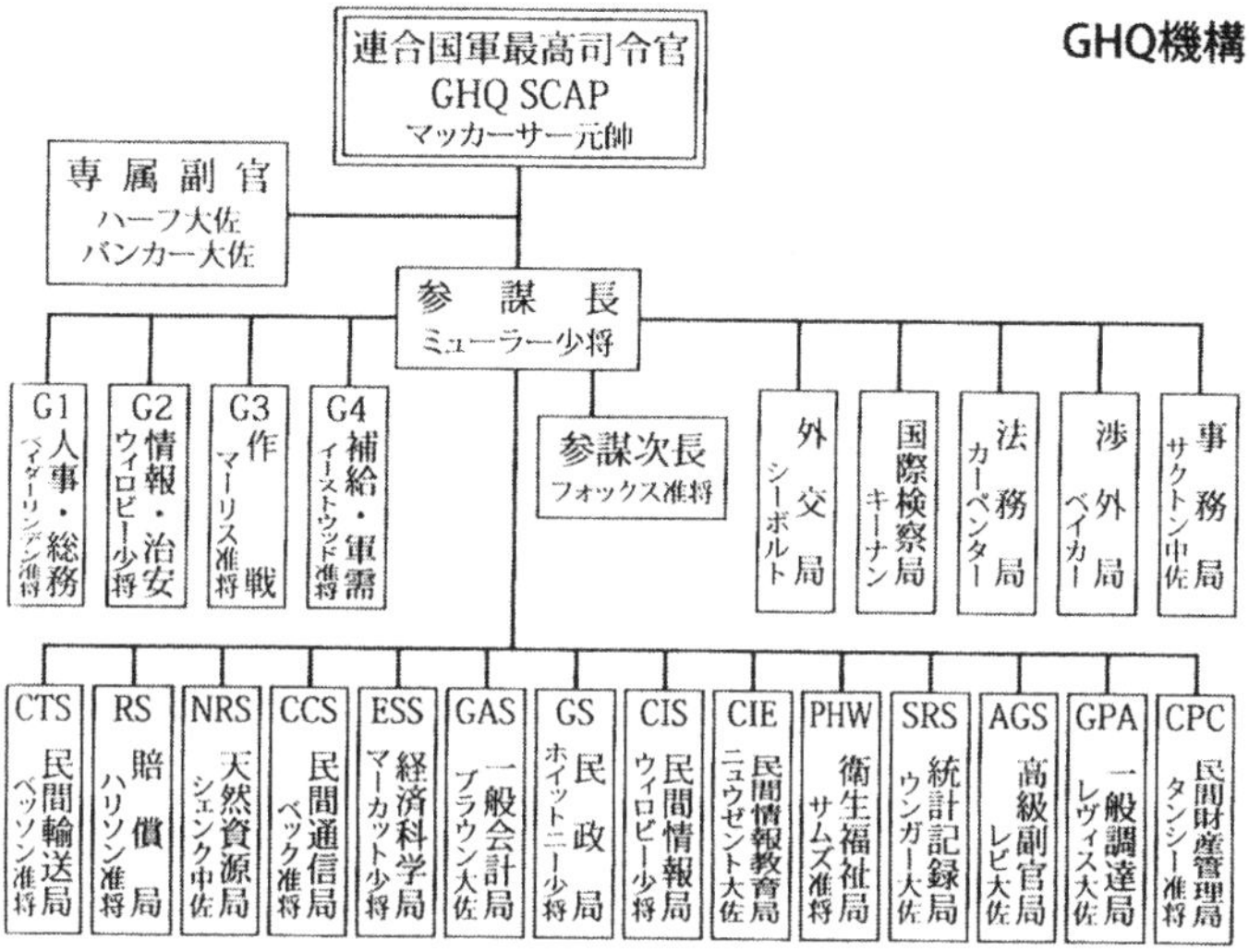

G2とZ機関

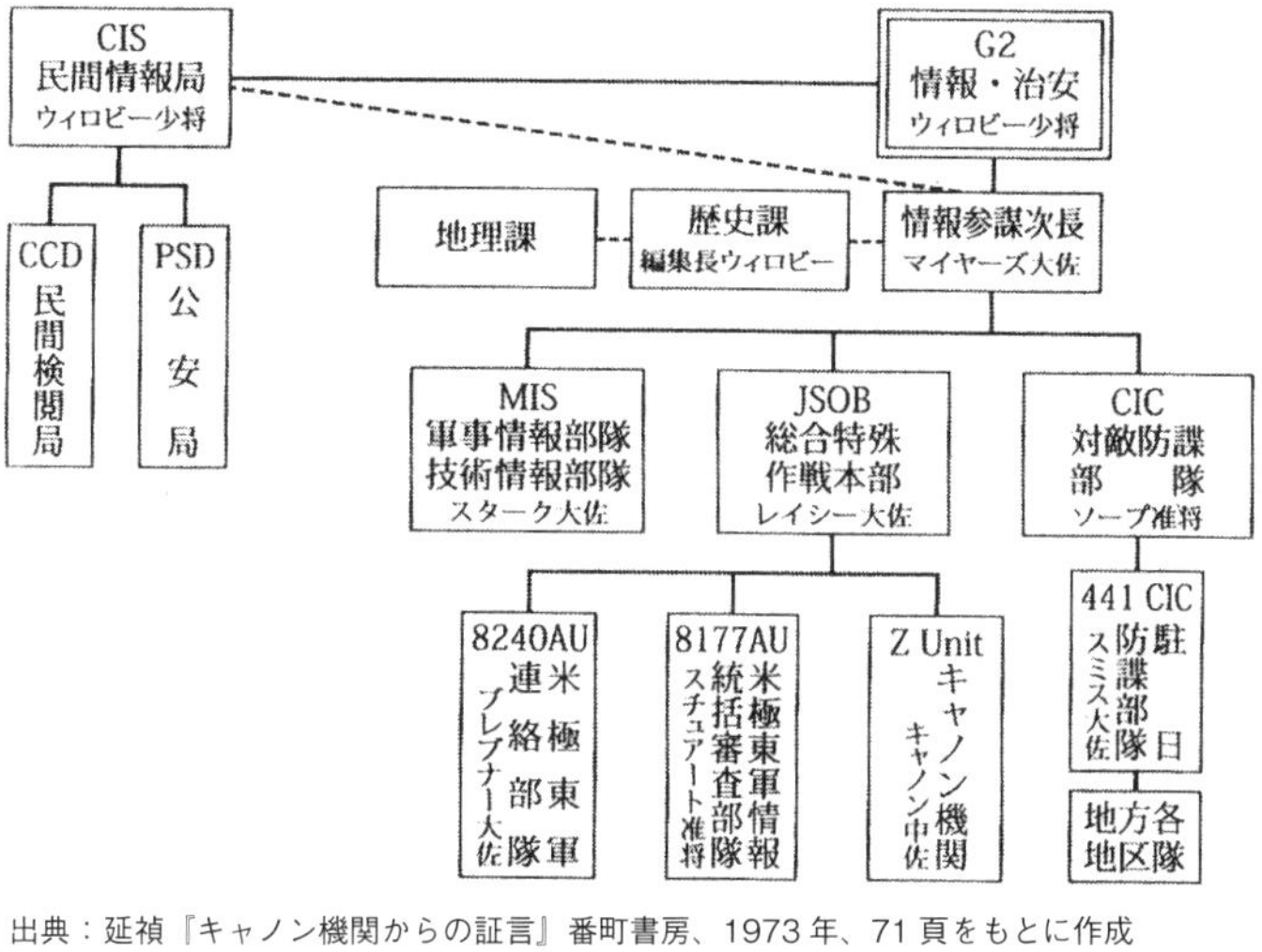

出典：延禎『キャノン機関からの証言』番町書房、1973年、71頁をもとに作成

都市について詳しい地形図が作られた。そこには旧軍で諜報活動に従事した三五人の日本人が勤務していたと言われる[18]。

「プロジェクト・スティッチ」の対ソ情報・謀略に従事していたと思われる有末精三・服部卓四郎らのG2歴史課の活動とならんで、謎のヴェールに包まれた特務組織である。

これらGHQ・G2の得た重要情報が、政治情報は本国の陸軍情報部へ、地理情報は空軍情報部へ送られたと推定できる。七三一部隊の問題は、シベリア抑留をめぐる米ソ冷戦・情報戦の一環だった。

18　G2地理課については、歴史課以上に謎が多い。さしあたり、「GHQ傘下に山崎機関、旧日本軍将校が戦略地図作成」『産経新聞』二〇一〇年一一月二五日、進藤翔太郎の京都大学大学院人間環境学研究科二〇一五年度修士論文「戦後日本を舞台とした米ソ情報戦の幕開け——引揚・復員を視座として」、参照。NATOの戦略爆撃目標設定に重要な役割を果たした西ドイツへのソ連捕虜帰還者尋問にもとづく「プロジェクト・リンガー」については、J. Erdmann, The Wringer in Post-war Germany: Its Impact on United States-German Relations and Defense Policies, in: Clifford Egan/Alexander Knott, *Essays in Twentieth-Century American Diplomatic History, Dedicated to Professor Daniel, M. Smith,* Washington/D.C. 1982, Klaus Eichner/Andreas Dobbert, *Headquarters Germany: Die USA- Geheimdienste in Deutschland,* Berlin 1997, Horst Boog, "The WRINGER Project: German Ex-Pows as Intelligence Sources on the Soviet Union〃 in *Secret Intelligence in the Twentieth Century,* Heike Bungert, Jan G. Heitmann, Michael Wala(ed.), London, 2003.

三　サムス准将の医療民主化と七三一医学者・医師の復権

医学・医療の民主化と七三一部隊の復権におけるＰＨＷ（公衆衛生福祉局）の役割

七三一部隊の人体実験・細菌戦が占領軍ＧＨＱのＧ２（参謀二部）の情報統制のもとで隠蔽・免責されるもとでも、ＧＨＱは民政領域の非軍事化・民主化を進めていた。日米合作の日本国憲法第二五条「すべて国民は、健康で文化的な最低限度の生活を営む権利を有する。２　国は、すべての生活部面について、社会福祉、社会保障及び公衆衛生の向上及び増進に努めなければならない」は、その指針となった。

第二五条の前半、いわゆる生存権の規定は、もともとＧＨＱの草案にはなかった。戦後第一回の国会に生存権を加える修正案を出したのは、日本社会党の森戸辰男・鈴木義男らであった。高野岩三郎、鈴木安蔵、森戸辰男、室伏高信、岩淵辰雄、馬場恒吾等の憲法研究会が一九四五年一二月に発表した民間憲法草案の「国民ハ健康ニシテ文化的水準ノ生活ヲ営ム権利ヲ有ス」をもとにしていた。その下敷きは、ワイマール憲法第一五一条第一項「経済生活の秩序は、すべての人に、人たるに値する生存を保障することを目指す、正義の諸原則に適合するものでなければならない」だった。

後半の国家の責任の部分、いわゆる福祉国家規定の部分は、民政局（ＧＳ）ケーディス大佐が指揮するＧＨ

Q草案に入っていた。この「社会福祉、社会保障及び公衆衛生」の起案・実施に関わったのは、クロフォード・F・サムス陸軍軍医准将が局長のPHW（公衆衛生福祉局）であった。この憲法にもとづいて、PHWが日本の厚生省・労働省・文部省等を指導し、福祉三法（生活保護法・児童福祉法・身体障害者福祉法）の制定、学校給食制度、伝染病対策・予防接種、医学教育・看護教育改革、病院・保健所・医師会など医療機関・組織の改革が行われた。そのためサムスは、今日でも「日本の福祉の父」「医療民主化の父」と評価されている。

だが、サムス准将はGHQの軍医トップであった。その第一義的任務は、四五年到着時四〇万人に及んだ連合軍兵士の生命と健康を守ることであった[19]。フィリピンから船で上陸した焼土日本は、あまりに不潔・不衛生で、兵士たちにとって危険な環境であった。サムスの代名詞のように語られる、いわゆる「DDT革命」とは、何よりも勝者・米軍兵士の安全と健康を確保するために、敗者である日本の民衆に施された予防衛生措置であった。今日では環境汚染物質とされる有機塩素系殺虫剤DDTを、シラミ退治のため港の復員者や学校児童に浴びせ、飛行機で空からもばらまかれた。

サムス准将を日本側で受け入れたのは、大本営軍医部の平賀稔中佐であった。兵士のための食糧・医薬品・器材、米軍用病院・医師・要員の確保、日本人の衛生・栄養調査から予防策まで、PHWの課題は山積していた。それには日本の軍医部のほか、厚生省と医師・医学者の協力が必要であった。

大学病院・研究機関の日本人のほとんどが、敗戦までの戦争協力に代えて、占領軍への協力を強いられた。もともと日本の医学のエリートは、多くが七三一部隊と関わっていた。石井四郎ら幹部達が人体実験・細菌戦を必死で隠蔽しG2を通じて免罪工作を進めていく過程で、関係者の一部は、PHWの業務に協力するかたち

19　C・F・サムス、竹前栄治編訳『DDT革命』岩波書店、一九八六年。『GHQサムス准将の改革』桐書房、二〇〇七年、はその再版であるが、サムスの日本観を示す三章分が削除されている。杉山章子『占領期の医療改革』勁草書房、一九九五年、酒井正覚「占領期におけるサムス准将の医療福祉政策の研究」国際医療福祉大学大学院博士論文、二〇一二年度、も参照。

で、事実上の復権を遂げていく。

米軍原爆被害調査と感染症対策を通じての医学者・医師の協力・復権

その一つが、第一部で金沢医大の石川太刀雄に即して述べた、広島・長崎の原爆被害調査である。サムス准将の回顧にも詳しく出てくるが、国際赤十字委員会の要請にもとづく当初の米軍原爆調査は、放射能と熱線被害の巨大さからして、米軍人・科学者の安全のために、日本人協力者を使った。

原爆を投下した加害者たちを双手を挙げて迎え入れてくれるはずなど、まずないと思った。そうは言っても、武装した護衛を科学者に付けて広島に送り込むのは好ましくなかった。そのために、もし暴動でも起きようものなら、援助どころか、事態をかえって悪化させてしまうことになる。結局私は、広島に入るアメリカ人の安全を日本人自身の責任に委ねることに決めた。[20]

一九四五年秋以降、サムス准将は、米国原子力委員会、原子爆弾の効果に関する合同調査会、合衆国公衆衛生局、陸軍軍医部諜報部、海軍軍医部諜報部などの原爆調査を管理・統括し、四七年日米合同原爆傷害調査委員会（ABCC）の診療なき長期的調査になっていく。七三一部隊関係者では、石川太刀雄、緒方富雄、渡辺廉、木村廉、小島三郎、田宮猛雄、御園生圭輔、貞政昭二郎らがこれに組み込まれ、同時にPHWへの協力を後ろ盾として、厚生省、日本の医学界への影響力を維持・回復していく。

もう一つのPHWを通じた復権ルートが、伝染病・感染症対策である。サムスはいう。

20 『GHQサムス准将の改革』三八頁。

日本の公衆衛生の水準は、先進的な国々の水準をはるかに下回るものであった。……占領当初の二年間ほどは、日本の集団は常に大きく動いていた。六五〇万人もの帰還者が、世界中から日本に戻ってきて、いくつかの港に上陸し、国内中に分散していった。日本にいた一九〇万余の朝鮮人の多くも、故国に帰ろうと本州の南端の下関港へと移動しつつあった。戦争中、爆撃を免れるために都会から田舎へ疎開していた人々も、都会の家に戻ろうとしていた。

……このような状況下では、人々の直接、あるいは間接の接触により、伝染病が野火のように急速に広がることが予想されたのである。伝染病の保菌者、あるいは罹病者が人々と接する機会は、集団の移動が少ない時と較べ何千倍にも増加した。懸念された伝染病は実際に発生し、一九四五年八月にわれわれが日本に到着した時には、すでに急速に広がりつつあった。[21]

サムスは、当初日本人の言う「エキリ」の正体に悩まされた。[22] 天然痘、発疹チフス、赤痢、腸チフス、パラチフス、ジフテリア、コレラ、日本脳炎、ポリオ、性病、結核などについて、それぞれに殺菌、ワクチン、予防接種やDDT、BCG、ペニシリンなどを使っていかに敏速に対処し撲滅していったかを、得意げに述べている。

---

21 同書、一一三—一一四頁。田中誠二・杉田聡・森山敬子・丸井英二「占領期における急性感染症の発生推移」『日本医史学雑誌』第五三巻二号、二〇〇七年、がPHW『週報』にもとづき、詳しく論じている。

22 二至村菁『エキリ物語』中公新書、一九九六年、参照。ただし同書は、サムスと第四〇六部隊との関係は随所に出てくるが、伝研からの予研分離や人事にも触れていないながら、陸軍軍医学校や七三一石井部隊との関係が一切出てこない。芝田進午「医学者の倫理と責任」山口研一郎編『操られる生と死』小学館、一九九八年。

実際、焼け跡・闇市の日本には、伝染病が蔓延していた。四五年から四六年にかけて天然痘（死者三〇〇〇人）、発疹チフス（死者三〇〇〇人）、梅毒（性病罹患四〇万人）、四八年日本脳炎（死者二六〇〇人）などの流行が記録されている。その対策・ワクチン製造に、旧七三一部隊関係者ら日本人医師・医学者が大量に動員される。

そこでは医療事故も避けられなかった。一九四八年一一月、宮城県岩ヶ崎町の乳幼児百日咳ワクチン接種による三人死亡を含む六五名の結核感染（岩ヶ崎事件）を、サムスは共産党によるBCG反対闘争の一環と考えた[23]。同時期に起きた京都市及び島根県で八四名が死亡したジフテリア予防接種事故については、杜撰なワクチン製造にあたった大阪日赤医薬学研究所の製造主任が「満州二五二〇一部隊」（七三一部隊の秘匿名）引揚者であったことも明らかにされている[24]。

東大伝染病研究所・国立予防衛生研究所への七三一部隊関係者の復活

当時の日本には、全国の最先端細菌学・生理学者を集めた陸軍防疫給水部、七三一部隊のほかに、東京帝大伝染病研究所（伝研）があり、ワクチン等生物学剤の研究・製造と、製剤の検査を行っていた。PHWサムス准将は、一九四七年に、伝染病研究所の半分を東大に残し、残り半分のワクチン検定等の研究業務を厚生省直轄の予防衛生研究所に分割した。東大伝研の方は一九六七年に医科学研究所に改組され、現在にいたる。予防衛生研究所（予研）の方は、ABCCの原爆調査も担当し、四九年に国立予防衛生研究所、一九九七年

23　サムス『DDT革命』三七八頁、渡部幹夫「昭和二四年の岩ヶ崎接種結核事件について——GHQ文書と日本の史料」『日本医史学雑誌』第四九巻三号、二〇〇三年、参照。

24　田井中克人『京都ジフテリア予防接種禍事件』新風舎文庫、二〇〇五年、一六八頁。和気正芳「一九四八年ジフテリア禍事件の原因論」『社会医学研究』第二三号、二〇〇五年、参照。

から国立感染症研究所となる。その間ＡＢＣＣの原爆調査は、一九七五年から放射線影響研究所（放影研）に分離・移管される。従って一九五四年ビキニ水爆被ばく漁船調査、八六年ソ連チェルノブイリ原発事故、二〇一一年福島原発事故での放射能被災調査等の起源も、ＰＨＷの指示でつくられた予研の方にある。

この伝研と予研の双方で、旧七三一部隊関係者が、重要な役割を果たす。伝研は、もともと七三一部隊第二代隊長北野政次の出身母体であり、多くの若手研究者を満州に送り込んだ。日本医学界の大ボスであった宮川米次（第五代伝研所長）、田宮猛雄（第七代で予研改組時所長）のほか、細谷省吾、小島三郎、柳澤謙、安東洪次、緒方富雄、浅沼靖らが戦後は伝研に籍をおく。

小島三郎と柳澤謙は、伝研から予研に移って、第二代・第五代の所長となる。特に小島三郎ら栄一六四四部隊からの帰還者は、予研に戻ったケースが多い。朝比奈正二郎、小林六造（初代所長）、福見秀雄（第六代所長）、村田良介（一六四四部隊、第七代所長）、宍戸亮（第八代所長）、北岡正見、堀口鉄夫、若松有次郎（第一〇〇部隊）、黒川正身、江島真平、八木沢行正ら、予研の中心には七三一部隊関係者が多い。

元七三一部隊員で、敗戦時は内藤良一の陸軍防疫研究室にいた金子順一は、一時支所長となった内藤と共に新潟の東芝生物理化学研究所新潟支所の技師長をつとめた。予研が発足すると予研に関係し、一九五〇年からは武田薬品工業に勤務した。その金子順一が、一九四九年に東京大学に提出した博士論文が二〇一一年に発見され、ペストノミ（ＰＸ）爆弾の感染効果を具体的に述べたものとして注目されることになった[25]。福見秀雄については、米国ＣＩＡがつくった日本人三一人の個人ファイルに、細菌戦関係で石井四郎と共にファイルされていたが、機密解除されたのは簡単な略歴二頁のみで、戦後のワクチン研究・開発に重要な役割

25 『朝日新聞』二〇一一年一〇月一五日、渡辺延志「７３１部隊　埋もれていた細菌戦の研究報告　石井機関の枢要金子軍医の論文集発見」『世界』二〇一二年五月号、参照。

を果たした福見の陰の部分は、なお未解明である。[26]

ＰＨＷサムス准将の日本人医師・医学者を使った伝染病・感染症対策は、もともとこの領域に君臨してきた七三一部隊関係者の、戦後における大きな復活基盤となった。

米軍細菌戦四〇六部隊、サムス准将の人体実験指令とキャノン機関協力

ＧＨＱサムス准将らＰＨＷ（公衆衛生福祉局）主導の改革、例えば生活保護法制定や学校給食は、戦後の飢餓や貧困へのセーフティ・ネットとなった。アメリカ風の自由主義的・実用的改革が、ドイツの影響の強かった戦前の権威主義的・国家主義的医学・医療からの解放の意味を持った。

もちろん日本国憲法第一三条の個人の尊厳・幸福追求権、第二五条生存権の規定が医療改革でも指針になった。ただしこの領域では、教育における教育基本法、農業における農業基本法のような、憲法上の生存権と個別法を結ぶ基本法は作られなかった。[27] 占領期にサムスの企図した医薬分業や国民皆保険制度など、不徹底ないし先送りになった問題も多かった。

サムスのＰＨＷ自体がもともと軍事組織で、占領統治の終了を前にサムスが辞任した一九五一年六月、再び米国太平洋陸軍医務局に移管された。日本国民より連合国軍人の健康が優先されたばかりでなく、軍隊組織に

26　加藤哲郎監修『ＣＩＡ日本人ファイル』「解説」参照。なお、予研第四代所長小宮義孝もしばしば七三一部隊関係者とされ、ＣＩＡも石井四郎・福見秀雄と同じく個人ファイルを作っているが、私は川上武と共に、生前の小宮の治安維持法違反検挙経歴、上海自然科学研究所時代の中国共産党支援などを調べた経緯があり、ＣＩＡのファイルも経歴のみなので、むしろ左翼としてファイルされたと見ている。

27　そのため二〇一一年東日本大震災・福島原発事故を契機に、二〇世紀にも何度か問題になった「医療基本法」制定が、具体的課題にのぼってきている。日本医師会・医事法関係検討委員会「『医療基本法』の制定に向けた具体的提言・最終報告」二〇一四年三月。

特有の役割も果たしてきた。

日本を占領した米軍には、第四〇六部隊という防疫部隊があった。一九四六年五月に横浜でスタートし、やがて丸の内の三菱ビルに移転、一九五六年には厚木米軍基地内に移る。この部隊はPHWに協力し、細菌学、化学、昆虫学、寄生虫学、病理学、血清学などの研究部門をもち、米軍将校教授九人、助教授二人、技術研究者二五人が配属され、一〇〇人以上の日本人研究者が勤務していた。

満州七三一部隊に実験材料として納入されていた埼玉県春日部市周辺で飼育されたラット・マウス等小動物が、戦後は七三一部隊資材担当だった小林孝吉らが日本実験動物綜合研究所を作って、取引先を日本軍から米軍に乗り換え、米軍四〇六部隊に納入され使われていた。旧七三一部隊の医師・医学者も勤務ないし共同研究等で協力した可能性は高いが、その実態は、ヴェールに包まれている[28]。

四〇六部隊研究所との直接のつながりは確認できないが、一九八二年二月五日の『毎日新聞』は、サムス准将が四六年秋に日本の厚生省・浜野規矩雄予防局長、東大伝染病研究所・田宮猛雄らに人体実験を命じていたと報じた。竹前栄治や高杉晋吾の調査では、これは日本の風土病である発疹熱と発疹チフスの関連実験で、田宮が医学生を使うのを拒否したのに対して、サムスが「それでは死刑囚を使え」と命じ、法務省が「受刑者本人の自由意志による承諾書」を条件として、実際に府中刑務所で生体実験が行われた。この頃すでに、北野政次は日本に帰国しG2の管理下におかれていた。高杉晋吾はその裏に、満州での北野政次の人体実験とその追

28　遠藤光司『高校生が追うネズミ村と七三一部隊』教育史料出版会、一九九六年、一七七頁以下、参照。私は米国国立公文書館で、米軍四〇六部隊の日本占領期の記録（の一部）を追ったが、日本人協力の実態についての文書は見いだせなかった。高杉晋吾『七三一部隊細菌戦の医師を追え』徳間書店、一九八二年、は、この裏面を追った貴重な記録である。

試の意味があったと考え、北野の関与を疑った[29]。

朝鮮戦争期になると、サムス准将とG2ウィロビー直属の謀略組織キャノン機関との直接の協力関係も記録されている。サムスはPHW局長であると共に、沖縄・朝鮮・台湾をもカバーする米国太平洋陸軍の幹部軍医であり、朝鮮戦争では国連軍衛生・福祉主任であった[30]。サムスの回想録にも朝鮮半島での天然痘、発疹チフス対策での活動が述べられている。竹前栄治編の旧版『DDT革命』には入っていたが新版で削除された三つの章のなかには「コミュニスト」という章があり、日赤病院労組のストライキ批判、共産党のBCGプログラムへの妨害、GHQ内共産主義者の封じ込めの話が出て来る。サムスはウィロビーと思想的に近い、頑固な反ソ・反共主義者であった。

一九五一年二月、いったん仁川上陸作戦に成功した国連軍が北朝鮮・中国義勇軍にソウルを奪回されて不利になった局面で、元山でペスト患者が出たという情報を、G2のキャノン中佐が得た。マッカーサー元帥、ウィロビー少将の召集した「ペスト会議」に、サムス軍医准将も加わり、キャノン機関の元山上陸作戦が秘密裏に行われることになった。サムス自身が北朝鮮の野戦病院から死体と患者を奪い取る作戦に加わり、サムスの診断で、結果的にはペストではなく発疹チフスと天然痘だと判明して国連軍の戦闘は続行された[31]。

---

29 前掲『GHQサムス准将の改革』「コラム⑧」一二七—一二九頁。高杉晋吾、前掲書、六六頁以下、前掲、酒井正覚博士論文、一五九頁以下、参照。

30 杉山章子、前掲書、五一—五三頁。

31 延禎『キャノン機関からの証言』番町書房、一九七三年、一六八—二一七頁。延禎は「C・F・シャームズ准将」と訳しているが、「一九四五年以来、GHQのPHW局長」で「陰の厚生大臣」として描かれているので、サムス准将に間違いない。サムスは「殺し屋キャノン」と並んで、マッカーサー、ウィロビーの指示に従う「有能な野心家」とされている。このことは、ウィロビー回顧録でも、前掲『知られざる占領』二七八—二九三頁で、延禎の叙述を用いて追認されている。

ここからも、ＰＨＷサムス准将とＧ２ウィロビーが、ＧＳホイットニー、ケーディスの「容共」民主化路線に対抗するＧＨＱ反共「逆コース」推進派の中核だったことがうかがわれる。ＰＨＷサムス准将は、Ｇ２ウィロビーの「絶対的」に管理する七三一部隊関係者と細菌戦・人体実験データを知り利用しうる立場にあり、陸軍四〇六部隊と共に、朝鮮戦争に従軍する。

朝鮮戦争時の「韓国と中国での細菌戦に関する国際科学委員会の事実調査報告書」（ニーダム・レポート、一九五二年）や当時の中国・朝鮮側記録から、米軍が細菌戦を実行し、それには石井四郎以下旧七三一部隊関係者が加わっていたという疑惑が長く議論されているが、それが事実とすれば、ウィロビーとサムス、及び米軍四〇六部隊の合作であった可能性が強い[32]。

厚生省の戦後と七三一部隊関係者の医学界・公職復帰

サムス准将が「陰の厚生大臣」と呼ばれたように、占領期ＰＨＷの医療改革は、厚生省を通して実際の政策・法となった。

厚生省は、もともと一九三八年に内務省から独立した、戦争遂行のための国家機関であった。戦争勝利と治安維持のための体力育成、疾病・伝染病対策、戦傷者・遺族対策が重要な任務であった。日米戦争開戦時の厚生大臣は小泉親彦であり、彼は石井四郎の強力な支援者で七三一部隊創設の立役者だった。戦後に解体された陸海軍は第一・第二復員庁として引揚・戦没者対応にあたるが、四八年一月には厚生省復員局に吸収された。いわば戦争遂行の「強制された健康」の文官業務を引き受けてきた官庁が、戦後の平和的生存権にもとづく

32　ウィリアムズ＝ウォーレス『七三一部隊の生物兵器とアメリカ』第四章。日韓関係を記録する会『資料・細菌戦』晩聲社、一九七九年、中嶋啓明「朝鮮戦争における米軍の細菌戦被害の実態　現地調査報告」『大阪経済法科大学アジア太平洋研究センター年報』一号（二〇〇四年三月）など参照。

医療改革を、サムス米軍軍医准将のＰＨＷの指令を受けて、遂行することになった。一九四六年一一月の官制改革で、公衆保険局・医務局・予防局の三局とされ、それまでの法学部出身文官ではなく技官をトップに据え、のちに復員局が加わった。地方行政・医学教育を含む改革には、医療行政を担う専門家や助言者が必要であった。そこには戦前の大学病院中心の医学者・医師のハイラーキーが色濃く継承された。

七三一部隊の隊員は、敗戦時の三つの掟の一つとして「あらゆる公職につかぬこと」を厳命されていたが、それは戦後改革が進む過程で、形骸化していく。[33] 二木秀雄の創設した幹部隊員同窓会「精魂会」の一九七三年現在の名簿掲載者二四三名中三三名が、職業を「公務員」と自己申告している。国立大学医学部教授等は「教授」といった記載が多いから、おおむね二割である。高度成長期には石井四郎らは過去の人となり、むしろ「公職につくこと」が免責・復権の証左となっていたことを示す。

厚生省幹部への登用はさすがになかったが、一般隊員の自治体衛生部・保健所など公的職員、国鉄など公共企業体への就職は止められなかった。長友浪男が北海道衛生部長から副知事まで上り詰めるのを頂点にして、文部省に入る植村肇、横浜市衛生局長になる山田秀一、岩手県繭検定所長となる松田達雄らがいる。東京都知事となる鈴木俊一も、内務省官僚として一時七三一部隊山西省分遣隊主計部に在籍したから、部隊関係者といえる。

無論、全国の大学医学部・医科大学は、もともと教授たちが「嘱託」など七三一部隊の協力者で弟子たちを

---

33 七三一部隊員の戦後の軌跡については、高杉晋吾『七三一細菌戦の医師を追え』、常石敬一『医学者たちの組織犯罪』、岩手県出身元隊員の前掲『「関東軍防疫給水部」の不都合な真実』などに名簿があるが、「精魂会」「房友会」名簿等をも参照して補充しても、数千人の足跡のごく一部にすぎない。むしろウェブ上の名簿が、逐次更新され正確になることがあり、またそれが望まれる。ここでは相対的に詳しい精神医学者・小俣和一郎作成の「七三一部隊に関与した医師・医学関係者」一七五名のウェブ上のリストをベースとし、各種リストの参照を求める。https://web.archive.org/web/20150807215132/http://hirukawamura.web.fc2.com/731/731.htm

部隊に送り込むケースが多かったから、技師などの資格で人体実験・細菌戦に携わった第一線研究者は研究室に戻り、アカデミズムで復権していった。東大（田宮猛雄、小島三郎、福見秀雄、細谷省吾、安東洪次、緒方富雄、宮川正、所安夫）、京大（木村廉、正路倫之助、岡本耕造、湊正男、内野仙治、浜田良雄、荘生規矩、笹川久吾、浜田稔）、東北大（岡本耕造、加藤陸奥雄）、名古屋大（小川透）、大阪大（藤野恒三郎、谷口典二、木下良順、大月明、岩田茂、渡辺栄）、東京工業大（河島千尋）、埼玉医大（宮川正）、慶応大（安東清、児玉鴻、早川清、三井但夫）、金沢大（戸田正三、石川太刀雄、谷友次、斉藤幸一郎）、京都府立医大（吉村寿人）、大阪市大（田中英雄）、大阪医科大（山中太木）、兵庫医大（田部井和）、名古屋市大（内野仙治、小川透）、信州大（野田金次郎、田崎忠勝）、三重大（潮風末雄）、大阪教育大（篠田統）、岡山大（妹尾左和丸）、九州大（山田泰）、長崎大（青木義勇）、長崎医大（林一郎、齊藤幸一郎）、熊本大（園口忠男、山田秀一、久保久雄）、久留米大（稗田憲太郎）、熊本医大（波多野輔久）、順天堂大（小酒井望、土屋毅）、日本歯科大（広木彦吉）、昭和薬科大（草味正夫）、帝京大（所安夫）、東京水産大（安川＝関根隆）、防衛医大（増田美保）等々、枚挙のいとまもない。

こうした人々が、医学界に復帰し、地位を回復するばかりでなく、ＰＨＷや厚生省の調査に加わり、制度改革助言者、各種委員会・審議会委員などとして復権し、細菌学や病理学、放射線学などの分野で君臨するようになる。サムスの改革は、医学教育とカリキュラム、医師国家試験制度創設、インターン制度、看護教育に及び、専門家としての医学者の関わる余地は大きかった。

これらの中には、石川太刀雄、岡本耕造、小島三郎、細谷省吾、田部井和ら、四七年の米軍フェル、ヒル細菌戦調査団のために七三一部隊での研究について尋問に応じ、データを提供した人々、従って石井四郎の中核部隊員として隠蔽・免責過程に深くコミットした医学者たちも含まれていたが、その事実が医学界に明かされることはなかった。

国立衛生試験所の山口一孝、国立科学博物館の浅沼靖、兵庫県衛生研究所の飯田敏行、香川県衛生研究所の浜田満博、都立衛生研究所の根津尚光、北里研究所に職を得た笠原四郎、春日仲善、広木彦吉、自衛隊衛生学校に入る園口忠男、中黒秀外之らも、大学研究者に準じて研究に戻る。中には吉村寿人、金子順一、池田苗夫のように、七三一部隊での研究成果を戦後の英語論文で業績にしたり、博士論文として大学に提出してステップ・アップするケースも見られた。

彼らの多くは、学界的・社会的地位が安定するにつれて、石井四郎や増田知貞らとの関係は疎遠になり、経歴そのものを否定するようになる。そしておそらく、G2のウィロビーやPHWのサムス軍医は、彼らの過去も現在も監視し知っていながら、厚生行政や大学・研究機関での復権に、暗黙の承認を与えていた。

日本学術会議における戦争反対決議と細菌戦決議否決

日本の学界全体は、戦前の帝国大学重鎮中心の日本学士院を残しつつも、一九四九年、新制大学の発足に合わせて、「学者の国会」として日本学術会議を設立する。当初は七部門に分かれ、会員は、各領域の科学者による選挙制であった。そのため民主主義科学者協会（民科）など科学技術研究の自由と大学・学会の民主化を唱えるグループが推薦候補を出して選挙運動を行うことができ、実際多くの部門で進歩的な、時にはマルクス主義的な会員が選ばれた。

朝鮮戦争直前、一九五〇年四月二八日の日本学術会議第六回総会は、「戦争を目的とする科学の研究には絶対従わない決意の表明」という声明を採択した（第一期四九号）。

日本学術会議は、一九四九年一月、その創立にあたって、これまで日本の科学者がとりきたった態度について強く反省するとともに科学文化国家、世界平和の礎たらしめようとする固い決意を内外に表明した。

われわれは、文化国家の建設者として、はたまた世界平和の使として、再び戦争の惨禍が到来せざるよう切望するとともに、さきの声明を実現し、科学者としての節操を守るためにも、戦争を目的とする科学の研究には、今後絶対に従わないというわれわれの固い決意を表明する。

しかし常石敬一は、一九五二年一〇月、日本学術会議第一三回総会で、朝鮮戦争をふまえ「細菌兵器使用禁止に関するジュネーブ条約の批准を国会に申し入れること」を民科系会員が提案したところ、第七部医学部系会員の強い反対で否決されたことに注目する。

当時の学術会議は、旧帝大の学部分類に応じた文、法、経、理、工、農、医の七部制となっており、各部門毎に科学研究者の直接選挙で、全国区・地方区の会員が選ばれた。科学者＝有権者数（一九四九年第一回選挙）で言えば、例えば第二部法学・政治学六八一人に対し、第五部工学一万六八五八人、第七部医学・薬学一万四七〇人と、圧倒的に理工系の方が多い。

ところが創立以来、決議等では文科系及び民科推薦の会員が討論をリードし、学問の自由、科学立国、大学・教授会の自治、原爆反対等の主張を政府に勧告してきた。五二年の細菌兵器禁止決議も、第二部（法学）平野義太郎、第四部（理学）松浦一、第六部（農学）福島要一という民科を代表する会員が提案し、ハバロフスク裁判や朝鮮戦争米軍細菌戦を想起させるものだった。

この時反対討論に立ったのは、第七部（医学）全国区三位で当選した戸田正三と第七部幹事木村廉だった。戸田正三は京大医学部長から金沢大学長、木村廉は京大教授で、二人とも七三一部隊関係者だった。木村は朝鮮半島細菌戦の科学的根拠が疑わしいこと、戸田は「生物兵器は今日では実用にならない」と決議に反対し、戦争放棄の憲法を持つ日本が戦時条約を批准するのは筋違いとする第二部我妻栄らの反対意見もあって、否決された。

これは常石敬一がいうように、石井四郎ら七三一部隊をかばったというよりも、日本医学界全体の権益を守ろうとしたもので、ＧＨＱ・Ｇ２ウィロビーやＰＨＷサムスの後ろ盾がなくても、戦後日本の医学・医療が七三一医学を暗黙裏に継承したことを示す。[34]

サムスによる軍医の公職追放特例、医師になった旧軍医たち

石井四郎、北野政次、増田知貞、太田澄、内藤良一らは、七三一部隊の最高指導部で、占領軍との隠蔽・免責交渉の最前線に立ってきた。彼らは高級軍医として戦争責任も重く、戦犯不訴追・免責になることが、まずは獲得目標だった。もっとも当座の生活資金は、佐藤重雄が管理する隠匿資金・物資があった。

軍医将校だった隊員は、軍属・文官扱いの技師とは違って、大学民主化の進む研究室に戻ることが難しかった。ただし医学博士の学位、戦前の医師資格は有効だった。大学・研究機関に戻れなかった七三一部隊医師の多くは、病院勤務や開業医になった。

医療機関の世界も、ＰＨＷの改革によって、大きく再編された。戦時日本医療は、陸軍・海軍病院に依存し、医療関係者徴用令（一九四一年）により、内地は医師不足であった。戦災にもあって破壊された病院・医院の再建は、サムスの回想にあるように、設備の残された病院がまずは占領軍用に接収された。陸海軍病院は厚生省に移管され、国立病院となった。そのうえでＰＨＷのサムスは、医師の確保のために、マッカーサーを通して民政局（ＧＳ）ホイットニーの了解をとり、軍医を非軍事化・公職追放の例外扱いとする特別措置を許された。やや長くなるが、サムスの自慢話を聞いてみよう。

34　常石『医学者たちの戦争犯罪』二〇五―二〇八頁のほか、当時の民科編『科学年鑑』『民科学術通信』『世界科学者憲章』、及び廣重徹『戦後日本の科学運動』中央公論社、一九六〇年、参照。

ワシントンからの基本指令の一つは、日本の完全な非軍事化であり、日本の職業軍人をすべて追放することであった。しかしこの指令は私を困惑させた。なぜならば、旧陸海軍病院にはまだ七万八〇〇〇人の傷病兵が治療を受けており、もしワシントンからの指令に忠実に従えば、これらの患者を治療している元軍医の仕事をただちに奪うことになるのである。時として政治目的で発せられた広範な政策指令の中には、解決困難な問題が含まれている。この場合には民政局を通して、マッカーサー元帥に懇願し、その結果、民政局長ホイットニー准将から、旧陸海軍の軍医として勤務していたが、現在は民間人医師として勤務している中佐以下の医師は、スタッフとして居残って勤務を続けることを許す、という許可を得た。

この軍医パージの特免にはおよそ一年半かかった。実はわれわれは、少尉の階級までの追放を指令されていたのである。この特免は、治療中の患者を路上にほうり出すことなく、徐々にこれらの旧軍医を民間人にとってかえるのに一息継ぐ期間を与えてくれたのである[35]。

これを、壊滅した日本医療を救い再建したサムスの英断とみなすことも可能であるが、他方で、医療・医学領域の非軍事化を不徹底にしたという評価もありうる。七三一部隊に関係した医師たちにとって、戦犯不訴追と共に公職追放も逃れる貴重な抜け道になった。

この恩恵を受けたかどうかは定かでないが、国立東京第一病院の大塚憲二郎、大阪日赤病院の工藤忠雄、国立岡山療養所の小坂愿、東京都立母子保健院の平山辰夫、国立都城病院の篠原岩助、県立都城病院の宮原光則、銚子市立病院の鈴木壌ら、国公立病院に職を得た元隊員がいた。

石井四郎はすぐには医療の場には戻らず、若松町の自宅を米軍将校を接待する高級慰安所・旅館として生計

35 『GHQサムス准将の改革』二二五―二二六頁。川上武『現代日本医療史』勁草書房、一九六五年、厚生省医務局編『医制百年史』ぎょうせい、一九七六年、をも参照。

をたてたといわれるが、一九五九年に咽頭ガンで亡くなるまで医院を開業していたともいう。晩年はキリスト教に入信し、六七歳での死の葬儀委員長は、第二代隊長北野政次がつとめたという[36]。

帰国時仮本部長だった増田知貞は、千葉で開業したが五二年に交通事故死する。その後の責任者であった太田澄は、郷里の山口県萩で開業医になったが、朝鮮戦争後は不明で、自殺したといわれる。平房第一部長だった菊池斉も東京・調布で開業医になったといわれる。

「精魂会」隊友会名簿など各種名簿をも参照すると、高橋正彦、江口豊潔、野口圭一、伊藤文夫、景山杏祐、加藤真一、可知栄、貴宝院秋雄、倉内喜久雄、児玉鴻、隈元国夫、高橋伝、竹広登、巽庄司、田中淳雄、中田秋市、中野信雄、夏目亦三郎、野呂文彦、早川清、羽山良雄、肥野藤信三、樋渡喜一、北条円了、細谷博、松下元、三留光男、平山忠行、高橋僧、池田苗夫、渡辺康、渡辺栄、小林勝三、大石一朗、三木良英、中野新ら、開業医ないし病院勤務医になった元七三一部隊隊員は多い。

七三一部隊の中で最も悲惨な目にあったソ連ハバロフスク裁判、中国・瀋陽戦犯裁判の被告たちも、五〇年代に帰国した後、医師に戻った。ハバロフスク裁判で人体実験の証言が使われ、帰国直前にソ連で不審死した柄澤十三夫の遺族は「日本に帰ったら、自分のやった事を日本人は許してはくれないだろう、と考えたのではないでしょうか」と述べたが[37]、同じ被告の川島清は千葉県八街市少年院医師、西俊英は東京で開業医となった。瀋陽裁判被告の榊原秀夫は、山口県で病院勤務医になったという。

この領域では、サムスの改革は不徹底で、日本医師会の改革も医薬分業も思い通りにはならなかったが、七三一部隊を体験した多くの医師にとっては、組織に拘束されずに自分を回復し、目立たぬかたちで戦後社会に

36　青木『七三一』四七三頁以下。医院開業説は、Daughter's Eye View of Lt. Gen Ishii. Chief of Devil's Brigade", *The Japan Times*.（一九八二年八月二九日）。一九五六年の隊友会『精魂会』名簿に、石井四郎は「開業医」と自己申告している。

37　近藤昭二「細菌戦部隊の史料と一将校の顛末」『一五年戦争と日本の医学医療研究会会誌』第一二巻第一号、二〇一一年一一月、八頁。

適応していく最も安全な道だった。

二木秀雄の選択と医療ビジネスの仲間たち

本書の主人公二木秀雄も、七三一部隊技師から戦後医師に戻ったという意味では、軍医出身の多くの七三一部隊隊員と軌を一にする。ただし素粒子堂診療所開設は一九五〇年一一月、朝鮮戦争時で、これまで詳細に見てきたように、戦後は時局雑誌『政界ジープ』を刊行する出版業ジープ社社長であった。出版検閲ばかりでなく、七三一部隊結核班長としての人体実験隠蔽、細菌戦データ提供・免責工作でも、GHQ・G2ウィロビーの手の内で踊り、時には反ソ反共情報戦にも加わる、特異な立ち位置にあった。回り道というよりも、本業転換に近いものだった。

二木秀雄は、「逆コース」が明確になる一九四九年から、すでに象徴天皇制は定着し、戦犯不訴追は定まったと得心し、新たなビジネスを展開する。そして医学・医療業界にも手を伸ばし、東京・銀座の一等地のジープ社に隣接して診療所も開設、医師・医学博士の肩書を復活する。

もっともこのスタイルは、七三一部隊関係者の中で、二木秀雄だけのものではない。陸軍軍医学校防疫研究室長・軍医中佐で敗戦を迎え、米軍相手の隠蔽・免責工作の最前線にあった内藤良一は、戦後は一時期東芝生物理化学研究所新潟支部長であったというが、郷里の京都に戻り、小児科医をしていた。

武田薬品研究部長となった金沢謙一、日本製薬の国行昌頼、興和薬品の山内忠重、日本医薬工場長の若松有次郎らは、製薬業界に入った。鈴木重夫（後に精魂会事務局）の東京衛材研究所、早川清の早川予防衛生研究所、八木沢行正の抗生物質協会、目黒正彦・康雄の目黒研究所、加藤勝也の名古屋公衆医学研究所なども医薬業界の一部である。そしてその業界は、もともと厚生省官僚の格好の天下り先となっており、東大教授等を経た医学者たちが顧問などの名目で迎えられる民間就職先だった。七三一部隊関係でも、例えば安東洪次は、伝研教授から武田薬品顧問となる。金子順一も武田薬品である。

こうした医薬業界に、出版業の二木秀雄は、『政界ジープ』創刊時から広告取りで手を広げていた。また七三一部隊の重要な実験資材・機器納入業者であった日本特殊工業は、社長の宮本光一が石井四郎の隠蔽から免責までの陰のパトロンとなり、自宅・別宅を隠れ家や秘密会議用に提供して、幹部たちの戦後を援助してきた。

今日七三一部隊の戦後の象徴としてしばしば言及される、日本ブラッドバンク創設からミドリ十字、薬害エイズ事件にいたる流れは、この医療ビジネスに関わった内藤良一、二木秀雄、宮本光一の発案によるものだった。そしてそれは、第二代隊長・北野政次らを直接迎え入れるばかりでなく、医学者・医師として立ち直った旧七三一部隊関係者の復権拠点、ネットワーク再建の核となる。

ただし、医師資格を持つ幹部・中堅隊員たちの医学・医療世界での免責・復権が、そうした資格も技能をもたない一般隊員たちにどれだけ反射的恩恵があったかは、疑問である。かつての上官・上司に請われて経理・営業などの職を得たものも一部にあっただろうが、数千人の一般隊員・雇員の多くの心中には、石井四郎の「三つの掟」——「一、郷里へ帰ったのちも、七三一に在籍していた事実を秘匿し、軍歴をかくすこと」「二、あらゆる公職につかぬこと」「三、隊員相互の連絡は厳禁する」が、重くのしかかったままだった。

四　二木秀雄の医薬業界への復権と日本ブラッドバンク創設

朝鮮戦争前夜に原子力礼賛を再開した二木秀雄『政界ジープ』

二木秀雄の『政界ジープ』は、占領政策の「逆コース」に乗って、左派の『真相』に対抗する右派の時局雑誌として部数を伸ばし、影響力を広げる。

一九四九年以降の誌面に踊るのは、従来からの政財界スキャンダルに加えて、「別冊付録　中国共産党の全貌」「赤い電波に踊る岡田嘉子」（四九年三月）、「徳田球一君への公開状」「鈴なりのアカハタ列車、文化人の集団入党」（同四月）、「十月革命説成るか——労働攻勢と共産党の戦術を衝く」「引き揚げ者討論　裸のソ連」（四九年一〇月）、「ハバロフスク将官特別収容所」（四九年一一月）、「ソ連を支配する一二人の男」（五〇年二月）、「徳田球一を裸にする」「徳田球一予審訊問調書」「一刀両断された赤い学生細胞」（五〇年七月）等々、反ソ反共記事を連発する。実際に部数が増えたのか、四九年八月創刊四周年号の巻末では「ある権威ある調査で、総合雑誌は文藝春秋、婦人雑誌主婦の友、文芸雑誌小説新潮、政治時局雑誌では政界ジープが上半期最も売れた雑誌」と誇った。

四九年一〇月にＧＨＱの検閲が終了し、ＣＣＤ（民事検閲局）は廃止される。原爆被害や第二次世界大戦での国際関係を論じることも可能になった。しかし占領は継続しているから、大新聞や大手メディアは、CCD時代の社内検閲・自主規制の延長上で、米国批判・旧軍礼賛などは注意深く避けた。

『政界ジープ』は、「中立＝是々非々主義」を掲げながら「逆コース」に迎合し、戦争秘話・戦記読物や第三次世界大戦切迫から朝鮮戦争報道を増やしていった。「南海の幽鬼――ニューギニアの悲劇――戦友の人肉を喰った」（四九年八月）、「天皇と幕僚」（同一〇月）、「戦争か平和か、米ソ戦を解剖する」（五〇年四月別冊）、「極東コミンフォルムの地下組織」「五〇年テーゼを生んだ革命指令」「共産党非合法化の前夜を探る」、「スターリン・吉田茂 架空対談」（五〇年八月）、「戦争、日本はどうなる、われわれの生活はどうなる」「ソ連はいつ攻勢に転ずるか、ソ連果たして原爆を使うか」「世紀の運命を決定する水爆の威力、日本国防軍は再建されるか、米国は日本を見捨てない」「戦禍の朝鮮」（五〇年九月臨時増刊）といった具合である。

『政界ジープ』四九年五月号から、社長の二木秀雄は、コラム「素粒子堂雑記」の連載を開始する。名前からして原子力を連想させるが、その第一回で、二木はかつて四五年九月に広島に入ったことを告白し、「原子力は人類を滅亡せしめるか、それとも平和的・建設的に用いられ新しい文明の創造者になるか」という、かつて金沢『輿論』創刊時に掲げた二本柱の一つを表に出す。天皇制はすでに護持され定着したことを前提として、科学技術立国・原子エネルギー利用の主張を再開した。

五〇年四月の「素粒子堂雑記」には、「原爆、水爆――次々に創造される人類の新しい力を何とか医学の上にも活用させたい」とある。朝鮮戦争直前、五〇年六月号では「原子爆弾は世紀の脅威であり、世界の戦慄であるが、それは米国の合理主義の産物であった。広島・長崎の受けた惨禍を思うと、次の戦争が人類文明の破滅を意味することは想像に難くない。……合理主義の産物として現れた原爆を破壊のために役立てないこと―

――これが合理主義の政治への課題でなければならない」と述べる。[38]

ライバル雑誌『真相』の原爆被害報道と左派平和運動へのコミット

こうした『政界ジープ』の編集方針は、左派のライバル雑誌、佐和慶太郎の人民社の発行する『真相』への対抗でもあった。『真相』は「逆コース」の時代にも、四九年下山・三鷹・松川事件報道などで左派の主張を貫いた。社会党や共産党の内情報道も『真相』の目玉で、『政界ジープ』と同じく公称一〇万部のバクロ雑誌と謳っていた。

占領期の『真相』は、他誌に先駆けて、大々的に広島・長崎の放射線被害継続を報じた。CCD検閲終了直後の四九年一二月号「平和都市を食う人々」で、「平和」には「ゲンバク」とルビを振った。広島平和記念都市建設法公布で、当時の浜井信三市長、楠瀬常猪知事、広島県選出国会議員池田勇人らが、復興事業の予算と利権をめぐって暗躍していると問題提起した。注目すべきは、ルポ記事中の小さなコラムで「広島の原爆のギセイ者は政府発表によると死亡十二万ということになっていたが、今年の記念日にやっと『実は二四万でした』と浜井市長から訂正があった。内訳は市民一八万、勤労奉仕隊その他労働者三万、兵士三万――当時の配給人口二四万五千にくらべて全滅状態といえよう」と、CCD（民事検閲局）では禁止された人的被害の実相

38　公平のために言えば、二木秀雄風の「原子力の平和利用」は、武谷三男・平野義太郎ら当時の民科系左派も主張したもので、二木に固有のものではない。左派のような「ソ連の核開発」への期待がないだけである。二木も「原爆反対」は述べており、栗原貞子「生ましめんかな」は、もともと『中国文化』創刊号（一九四六年三月）に発表されたが、全国に広めたのは日本基督教青年会同盟編『天よりの大いなる声』（一九四九年）への収録で、発行は東京トリビューン社名だが、二木秀雄が発行人で、同書には二木社長への謝辞が入っている。こうした「原爆反対・原発推進」の論理の問題性については、前掲、加藤『日本の社会主義』参照。なお、二木秀雄は『財界ジープ』と『政界ジープ』の連載をまとめて、単行本『素粒子堂雑記』を一九五〇年にジープ社から刊行する。

を正面から取り上げた。

以後も、「世紀の戦慄　米ソ水素爆弾競争を探る」（五〇年四月）、東北大学イールズ闘争での学生たちの「ここはアメリカの大学ではないぞ」「ノーモア・イールズ、ノーモア・ヒロシマ」の声の紹介（五〇年七月）を掲げ、「子供たちは戦争をどうみるか」では「今度、戦争がおきたらアメリカとソ連だ。そうしたらきっと日本にも原子爆弾がおちる」と解説する（五〇年八月）。朝鮮戦争が始まると、太田洋子の記録の紹介や世界の原水爆禁止運動報道など、反戦平和・原水爆反対の主張を正面から掲げる。

「原爆がもしニューヨークに落ちたら」（五〇年一一月）、「東京に原爆！　あなたはどうする？」（五〇年一二月）の仮想シミュレーションでは「身の毛のよだつ原子病」「東京に『ヒロシマ』を再現」し、広島・長崎原爆の悲惨を読者に伝えようとした。

「原子力の平和利用」、特にソ連の原子力発電については肯定的であったが、当時の仁科芳雄・武谷三男らの「原子力時代」礼賛には距離をおき、休刊直前の「日本版『ウラニウム狂躁曲』時代来る」では、原子力研究・原子炉開発が膨大な予算と新たな利権を生むと注意を促した（五一年一月）。

総じて佐和慶太郎の『真相』は、ＣＣＤの検閲を避けて四六―四九年はほとんど原爆に言及しなかったが、検閲から解放されると放射能被害の悲惨・長期化をも詳しく報じ、反戦平和運動にコミットした。

ただし『真相』の版元人民社は、多くの日本共産党員を抱えていた。一九五〇年一月のコミンフォルム批判を受けての日本共産党分裂により、人民社社員の政治的内紛がおこる。五一年一月には、人民社の廃業、『真相』の一時休刊に追い込まれる。[39]

ハバロフスク裁判報道と五〇年三月『レポート』誌の先駆性

二木秀雄は、日本共産党の分裂によるライバル誌の政治的苦境・経営危機を利用した。『政界ジープ』五〇年八月号は、『真相』を名指して、真正面から業界スキャンダルとして人民社の分裂を暴く。「暴力のペン振るう人民社の機密室、代々木本部と訣別した独立共産党」が大見出しで、「『真相』追放の真相」「なめられた共産党」「仮面をかぶった左翼商業主義——光クラブも顔負け」「人民社から追い出された労農通信社」「社員もお互い様と稼ぐ」「真相株主人名簿」「人民社翼賛議会」「ワンマンの天下」「天皇行状記、松原宏遠裸像」「『真相』日共の外郭機関」「真相独立共産党」「百鬼夜行の内幕——佐和・松原の泥試合」「恐るべきスパイ政策」「告訴によってフトる『真相』」「『真相』よ何処へ行く」と、センセーショナルに報じる。

だがそれは、実は『真相』五〇年四月号の長文の特集「内地に生きている細菌部隊　関東軍七三一部隊を裁く」というバクロ記事に対する、『政界ジープ』の反撃・逆襲だった。

関東軍防疫給水部、石井四郎等七三一部隊の人体実験・細菌戦を「細菌兵器の準備及び使用」の戦争犯罪として裁くソ連のハバロフスク軍事裁判は、一九四九年の末、一二月二五日から三〇日に公開で行われた。関東

39　コミンフォルムの批判による日本共産党の分裂、「占領下平和革命」論から民族解放を掲げた暴力革命路線への転換について、簡単には加藤哲郎「日本共産党とコミンフォルム批判」（『岩波講座　東アジア近現代通史　第七巻　アジア諸戦争の時代』岩波書店、二〇一一年二月）、詳しくは下斗米伸夫『日本冷戦史』参照。人民社を捨てた佐和慶太郎は、かつて『政界ジープ』を追われて『政界アサヒ』を出したことのある記者たちのいる青銅社に移って、無着成恭『山びこ学校』を五一年三月に刊行してベストセラーにする。その後サンフランシスコ講和・独立後の五三年一一月に佐和は真相社を興し、雑誌『真相』を復刊して（第五七号）、「平和、独立、民主主義の旗じるし」「アメリカに帰ってもらう世論をつくる雑誌」と謳う。

軍司令官山田乙三、七三一部隊川島清らの矯正労働二五年をはじめ一二人の被告全員に有罪判決が出たのは、第一部で見た通りである。

裁判記録は、タス通信やモスクワ放送で報じられたのち、日本語を含む七ヵ国語の『公判書類』としてモスクワ外国語図書出版所から出版されたが、当初の日本での報道は、簡単なものだった。四九年は九月にソ連の核実験成功が報じられ、一〇月に中華人民共和国が成立して、社会主義ソ連こそが第三次世界大戦を阻止する「平和勢力」の中心だと宣伝されていた。

『朝日新聞』では、五〇年二月三日に「ソ連大使ア長官に覚書　天皇の裁判要求」「ソ連大使談　細菌戦の責任」「総司令部法務局長談　米、拒否せん」「極東委の見解　覚書は矛盾」で、米ソの対立するシベリア抑留帰還の遅れに対する弁明、天皇の戦争責任問題の蒸し返しが「二つの宣伝目的」とされている。翌二月四日に、ソ連が昭和天皇、石井四郎、北野政次、若松有次郎、笠原幸雄（関東軍参謀長）の五人の戦犯容疑者を指名して国際法廷を要求してきたと報じた。すでに結審した極東国際軍事裁判（東京裁判）キーナン主席検事の「スターリンこそ戦犯」、イギリス・オーストラリアの拒否、「石井氏は行方不明」などと報じられ、五日の米国務省「天皇裁判拒否」声明発表で、ほぼ決着を見た。

いずれも一面掲載とはいえ、大きな扱いではなく、もっぱらシベリア抑留をカモフラージュするソ連のプロパガンダ、政治的裁判とみなされた。そのため大手の新聞や論壇雑誌ではほとんど無視されたが、こうした宣伝戦こそ、大衆時局雑誌の得意とする領域だった。

おそらく最も早いのは、「日本の内幕、世界の真相」をキャッチフレーズとする時事通信社『レポート』誌五〇年三月号の一〇頁の特集「七三一部隊の戦慄」で、ハバロフスク裁判の「カワシマ」（川島清）、「カラサワ」（柄澤十三夫）供述も使って、「荒野の文化都市」平房における「血に飽いた蚤と共に」使われた「人間モルモット」「細菌攻防戦」をセンセーショナルに報じた。

「果たして『関東軍細菌部隊』は実在したか?」「第七三一部隊はつたえられるがごとく、三千の罪なき命をうばった『無法部隊』だったか?」と疑問符を付しつつ、「本誌が全国の通信網を動員して」関係者にインタビューを行い、「東京都在住A氏＝本人の希望により名を秘す」や菊池則光被告の実父ら一〇人ほどの証言・談話を掲載した。今日振り返ると、貴重な調査報道であった。

『真相』五〇年四月号での二木秀雄の人体実験暴露

次に大きく報じたのが、『真相』五〇年四月号の一三頁の特集「内地に生きている細菌部隊」で、「捕虜たちは生身のまま凍らされ、メスでノコギリで手足を切断された。細菌を注入されてもだえ苦しむ彼らは、日本細菌部隊の実験材料であったのだ。新聞は『耳新しい』といい、『荒唐』だと白を切る。しかしこれは事実であり、以下は『真相』独自の調査による証拠書類である」とゴチックでセンセーショナルに書かれている。

実際タス通信のハバロフスク裁判報道をベースにしながらも、石井四郎への天皇「感状」や『陸軍軍医団雑誌』まで遡って調べ、被告一二名に留まらぬ七三一関係者を、清野謙次・宮川米次ら大御所から吉村寿人・石川太刀雄ら実行部隊まで、実名・現職を出して掲載する。帝銀事件での疑惑も報じて、戦後の七三一部隊の軌跡を幅広く追究する。

内藤良一の名はなく、「柄澤十三夫」を「唐澤富雄」と表記するような誤りもあるが、「天皇裁判はどうなる」というソ連側戦犯訴追要求の背後に被害者である「中国の四億の人民大衆」をおくなど、鋭い独自の分析が出てくる。

その七三一部隊隊員告発の中に、『政界ジープ』の二木秀雄が、写真入りで入った。「満州猿」とは、無論「マルタ」の人体実験のことである。

内地に生きている細菌部隊

関東軍七三一部隊を衝く

(6)

前例のない不思議な感状授與がおこなわれた——

昭和十四年十月二日、関東軍第六軍司令官荻洲立兵中将から、一衛生部隊に感状が授與された。

感　状

第六軍臨時防疫給水部

第二十三師團臨時防疫給水部

右ハ軍医大佐石井四郎ノ指揮ノ下ニ第二次「ノモンハン」事件ニ出動シ、全期間ニ亘リ防疫給水ニ任ズ……殊ニ八月下旬ノ敵ノ攻勢ニ際会スルヤ敵カ「ホルステン」河附近ノ水源ヲ死守シ井上軍医大尉以下死傷数十名ヲ出シ機材モ亦敵弾ノ爲破砕セラレタルニモ拘ラズ……九月上旬ニ於テハ全軍ノタメ大作業場ヲ開設シ連日有効ナル衛生勤務ヲ担任シ軍ノ作戦準備ニ遺憾ナカラシメタリ……

この感状をあたえた人、荻洲立兵元中将は、このあいだまで都内渋谷で運動具店をひらいていたが、昨年十二月廿二日、狭心症で死んだ。

衛生部隊を代表して感状をもらつたもう一人の石井四郎元軍医大佐——のちの中将は、都内新宿区若松町で旅館を経営していたが、目下行方不明をつたえられている。なぜ行方をくらましたのか、それはわからない。

「感状」の実物は、石井元中将みずから、本誌の記者に『これはヤミ、衛生部隊としては陸軍創始いらいはじめてのものだゾ』という註釈付で見せてくれたものである。

いわゆる「ノモンハン事件」は、昭和十四年五月一日から九月十六日の日ソ停戦協定にいたるまで、三カ月にわたつてつづき、日本側の損害は、約五万を出したことが、極東軍事裁判法廷でもあきらかにされている。

当時の陸軍軍医團雑誌（三二六号）を見ても、七月七日肥田憲僧軍医大尉（日本医大出）、八月廿日井上貫一郎軍医大尉（九州医専出）、八月廿八日川越二夫軍医大尉（東京医専出）、同廿九日笹島孝麿軍医大尉（昭和医専出）、九月十八日倉上政博軍医大尉（長崎医専出）というように、わずか一、二カ月のあいだに、いずれも「ノモンハン戦闘」参加の衛生將校が、バタバタたおれている。戦闘はたしかにはげしかつたにちがいないが、

〃主計・看護が兵隊ならば蝶々トンボも鳥のうち、電信柱にや花が咲く〃

とまで軽視された非戦闘部隊から、これだけの戦死者を出した事実から、彼らがなにか特殊の任務をもつて積極的にたたかつたことが想像される。

大本営陸軍部は、翌十五年五月廿三日になつて、やつと「衛生部隊に初の感状」（昭一五・五・二三各紙）なるものを発表した。新聞に発表された「感状」の内容は、実物をほとんど修正、削除し、「ホルステン河」という作戦地域はもとより、「臨時防疫給水部」という部隊名さえ見あたらなかつた。大本営発表にあわせて、このときの陸軍省医務局長三木良英軍医中将は、『いままでこの衛生部隊の苦労のありさまは特殊事情のため公けにされなかつたが、今度の感状授與によつて重要任務に邁進した將兵達はどんなにか感激していることであろう』（一五・五・二三朝日）と語つている。

「特殊事情」、または「重要任務」が、そもそも、なんであるか、当時はあたりまえのことながら、敗戦後の今日まで、ついぞ「公け」にされたためしはない。

しかし、去る一月廿日のモスクワ放送は、戦犯者ヴエ・ミナエフのつぎのような文句を電波にのせてきた。

『日本軍の特別細菌部隊は、細菌兵器の実際的使用に着手しはじめた。一九三九年のハルハ・ゴール河畔の事件——日本ではこれを「ノモンハン」戦と呼ぶ——のとき、決死隊と名ずけたイカリ中佐指揮の挺身隊は、粉砕された日本軍の後退について退却しながら流記河中に、急性腸炎の菌を撒布した。この作戦は、細菌兵器を廣汎に使用した始めてのもので、その後もつとも強力な効果をもたらす細菌を使いはじめた』

『昭和十四年八月、私はノモンハン事件に従軍した——と佐賀県唐津市新町の元軍属鶴田兼敏氏は語る——八月廿三日、ソグエト軍の総攻撃をうけ、停戦になるまでのあいだ、三回にわたつて、チフス菌の培養液をホルステン河の上流に流す作戦がおこなわれ、成功したのは、一度だけだつたが、このため教育班長の某衛生軍曹は腸チフスに感染して死んだ。私はこの作戦の論功行賞で勲八等をもらつた』

捕虜たちは生身のまま凍らされ、メスでノコギリで手足を切断された。細菌を注入されてもだえ苦しむ彼らは、日本細菌部隊の實験材料であつたのだ。新聞は「耳新しい」といい「荒唐」だと白を切る。しかしこれは事實であり、以下は「眞相」獨自の調査による證據書類である。

(7)

す笠原四郎博士は、病源検索主任として、これは『いやだといつたのだけれど、どうしてもヤミでなければだめだ』（笠原博士談）という石井部隊長の懇望もだしがたく、昭和十四年、第七三一部隊入りをした。ついで前にも紹介した凍傷実験専門の京都府立医科大学の吉村壽人教授、京大病理学教室の岡本耕造教授、兵庫縣立医科大学細菌学教室の田部井和教授、長崎医大の林一郎教授という関西医学界の中樞が、ぞくぞく石井にひつこぬかれていつたが、林一郎教授は、第七三一部隊実験室の凄惨な現場をひと目みるなり、イヤ氣がさして、石井の眼をぬすんで、半年もたたずに逃げ帰つた。『第七三一部隊は、入つたら最後、よくよくのことでも石井部隊長じきじきの難解なテストをパスしなければならなかつた』（国立資源科学研究所員浅沼靖氏談）から、林教授の逃亡を知つた石井は、『見つけ次第殺してやる』とカンカンになつて、戦時中を通じて林教授の行動を、憲兵に監視させたから、同教授は、まつたく、身のおきどころがなかつたといわれる。

現在「政界ジープ」という時局雑誌を経営している元金沢医大細菌学教室の**二木秀夫**博士などは、第七三一部隊技師連中のなかでも、変りダネに属している。柔道四段あるいは五段ともいわれる二木博士は、それだからでもあるまいが、「陸軍のドラ息子」（乙津元憲兵曹長談）といわれた石井四郎将軍と、バカにウマがあい、昭和十三年いらい、第七三一部隊の新しい研究題目となつた「孫呉熱」病源体の検索のため、ずいぶんハデに、〃満洲猿〃を殺していた。満洲で実験に供されるものは、ソ連産であると中國産であるとに拘らず〃満洲猿〃であり、最近のソ連当局の細菌戦犯の発表後、二木博士は、極度に氣が滅入つているといわれるのは、やむをえないのである。

昭和廿年の春、九州で捕虜になつたB二九搭乗員八名のほかに、『なお行方不明となつている米軍捕虜四十名以上』（二三・二・二六朝日）あるといわれているが、在ソ戦犯の鹿津富雄軍医少佐は、『一九四三年春、わたしは奉天で入院していたが、そこへ第七三一部隊の科学協力者ミナトがたずねてきて、奉天で米軍捕虜にたいする傳染病絶役の研究を行うことを語つた。ミナトは専ら捕虜収容所のアングロ・サクソンに対する絶役の調査を行つていた』（二四・一二・二七ハバロフスク放送）と陳述しているが、陸軍軍医團雑誌（三六六号）の「各地研究会記事」という欄に、「〇〇俘虜収容所の印象」という題目だけの「湊技師」なる人の報告がある。北研の笠原博士の談によれば、ミナトと湊技師とは同一人で、京大医学部湊正雄講師だそうである。

石井隊長が、第七三一部隊に狩りあつめた細菌、病理、生理学関係の学者は、彼の母校の京大出身のものが大半をしめてい

〃満洲猿〃をころしてちかごろくさつている
政界ジープ社長　二木　秀夫

現在『政界ジープ』という時局雑誌を経営している元金沢医大細菌学教室の二木秀雄博士などは、第七三一部隊技師連中のなかでも、変りダネに属している。柔道四段あるいは五段ともいわれる二木博士は、それだからではあるまいが、「陸軍のドラ息子」（乙津元憲兵隊長談）といわれた石井四郎将軍と、バカにウマがあい、昭和十三年いらい、第七三一部隊の新しい研究題目となった「孫呉熱」病原体の検索のため、ずいぶんハデに「満州猿」を殺してきた。満州で実験に供されるのは、ソ連産であると中国産であるとに拘わらず「満州猿」であり、最近のソ連当局の細菌戦犯の発表後、二木博士は、極度に気が滅入っているといわれるのは、やむをえないのである。

二木秀雄『政界ジープ』の逆襲、反共謀略報道

この『真相』特集と同じ月の五〇年四月号『政界ジープ』が、『レポート』をはじめとした当時の報道への反撃であった。まずは「『天皇戦犯』の震源を衝く」で「アメリカ政府は、これまで日本の法律上の戦争責任に関しては軍部首脳と、天皇を区別し、日本民主化のための天皇を、国民統合の象徴としてみる態度を明らかにしていることは周知の通りである。これに対して真正面から天皇戦犯論を決めつけて来たソ連政府の意図は、日本に共産主義を深く広く成長させるための混乱を期待する点にある」と折からのコミンフォルムの日本共産党野坂参三批判、「日共ダラ幹を一掃して筋金入りの暴力革命への突進」を狙うソ連共産主義の陰謀の一環とする。戦前いわゆるスターリン粛清期のトロツキー、ジノビエフ、カーメネフ、ラデック、トハチャフスキー裁判の例を挙げて、ハバロフスク裁判は「鉄のカーテンの奥深い場所」ででっち上げの見世物裁判だと糾弾する。

さらに「細菌戦裁判の実相を暗示する　被告唐澤富雄のメモ」なる「赤色裁判の恐怖！　罪人を製造する拷問のカラクリ！」という謀略報道を大きく掲載する。ハバロフスク将官特別収容所で被告たちと一緒だったと

いう「半年ばかり前に日本に帰ってきた」元特務機関員らしい引揚者二人の得た特ダネ情報として、「唐澤富雄〔柄澤十三夫〕軍医少佐」が薬品事典様の上質の紙の断片に細かく記し帰還者に託した「秘密メモ」なるものを、八頁にわたって延々と掲載する。「しょう人から、ひぎしゃへ。自はく。いがいたい、すいみん不足」とか「この地ごく、つまのゆめ、ロスケ、こうしゅけいのゆめ」などが、ピストルに脅されスパイに囲まれながら精神を狂わされた柄澤の悲鳴で、そんな獄中での尋問記録は「準備されたる自白」で、拷問・脅迫によるでっち上げだという。荒唐無稽だが、いかにも七三一部隊対ソ・インテリジェンス担当二木秀雄らしい作り話である。ここには無論、石井四郎や二木秀雄の名は出てこない。柄澤十三夫が精神病者で、法廷での証言は神経症の妄想とされている。[40]

この『政界ジープ』五〇年四月号特集を踏まえて、七三一部隊二木秀雄の名を出した雑誌『真相』そのものを「仮面をかぶった左翼商業主義」「日共の外郭機関」と叩いたのが、五〇年八月号の『真相』スキャンダル特集だった。いわば日本共産党の分裂・社内紛争という批判者佐和慶太郎・人民社のオウンゴールで、二木秀雄の『政界ジープ』及び七三一部隊の悪行は、命脈を保つことができた。

翌五〇年九月号は、金沢『輿論』から数えて創刊五周年記念号と謳う。その「素粒子堂雑記」で、二木秀雄は、『政界ジープ』を「総合雑誌でも娯楽雑誌でもない」「第三の性格」の時局雑誌とし、「戦後続々現れたい

40　以上の一九五〇年三月『レポート』、四月『真相』『政界ジープ』のハバロフスク裁判報道は、七三一部隊細菌戦発覚時の重要資料であるにもかかわらず、最も詳しい参考文献目録である「七三一部隊・細菌戦 デジタルライブラリー」には出てこない（http://www16.atpages.jp/chisei/731/contents04.html）。やや後の永松浅造「細菌戦の全貌」（『日本週報』一九五九年三月一日号）も同様である。ただし、家永教科書裁判における歴史学者江口圭一の意見書では、『真相』がとりあげられていた。ソ連崩壊後、近藤昭二とＮＨＫ取材班によって、ハバロフスク裁判の供述記録等の全貌が「現代史スクープドキュメント　７３１細菌戦部隊」（一九九二年）で明らかにされた。

わゆる時局雑誌の多くはすでに影を消したが、今日残っている『レポート』にしろ『真相』にせよ『旋風』にしろ例外なく、その内容は別として、企画の立て方から編集の組み方まで、いちばん早く発足した本誌のスタイルをまねてスタートしたことは、同業間はもちろん、読者各位のよく知らるるところである」と、老舗であることを自賛した。

ただし、後述するように、『政界ジープ』は、『真相』とは別の「やむをえない経済的事情」で、一九五一年八月から五二年三月まで一時休刊する。

厚生省医務局監修『医学のとびら』による二木秀雄の医学・医療業界復帰

左翼バクロ雑誌『真相』五〇年四月号が、ハバロフスク裁判を機にライバル誌『政界ジープ』発行人二木秀雄の七三一部隊・人体実験歴を暴くことができたのは、その一年ほど前から、二木秀雄が「本誌主幹、医師・医学博士」として積極的に発言するようになっていたからである。戦犯不訴追・免責に安心しての二木秀雄の医学・医療界への復帰が、その経歴や人脈を注目させることになった。

『政界ジープ』一九四九年六月号に、『とびら』(二巻五号から『医学のとびら』)という厚生省医務局監修「インターン生の雑誌」の刊行が広告に出る。「医師の国家試験の狭き門をくぐる全国幾千の同行に対し、ささやかな道しるべを与えること、これが本誌発刊の趣旨である」という。発行所は綜合科学研究会、但し住所が「東京銀座七―三、電話番号五七―一二六八」で、これはジープ社と同じである。もっとも、『政界ジープ』奥付は、この号から「東京トリビューン社発行、発行人狭間研一」となっている。「東京トリビューン社」も銀座の住所が同じである。二木秀雄の経営多角化が、いよいよ医事薬事業界に広がった。

『とびら』『医学のとびら』は、現在国会図書館に、欠号が多いが残されている。国会図書館には創刊号がなく、第一巻第三号が一九四九年六月号である。四九年四月に創刊されたのかもしれない。四七年学校教育法にもとづく新制大学の発足が四九年四月で、七月には医療法、医師法、歯科医師法、薬剤師法など、ＰＨＷサムスの構想にもとづき改革された医療制度が整い、現在まで継承される。

新制医学部・医科大学は、六年制の医学教育の後、一年の実地研修インターンを経て医師国家試験を受ける医師養成制度に統一された。二木秀雄の『とびら』『医学のとびら』は、いわばその国家試験用受験雑誌で、国会図書館蔵書では三巻三号（一九五一年四月）までの刊行が確認できる。厚生省医務局監修の国家試験受験生向け雑誌であるから、合格率一〇〇％をめざして、当時の医師国家試験審議会委員長・児玉桂三も寄稿している。

本書の関心からすれば、七三一部隊関係者の石川太刀雄、緒方富雄、内野仙治らが頻繁に登場し、専門知識を披露している。金沢大医学部の石川太刀雄は、ほぼ毎号登場する常連で、国家試験委員なのかもしれない、もう一人の常連は、二木秀雄である。ジープ社と同じ住所の綜合科学研究会の代表で、連載「ぴあ・めでち

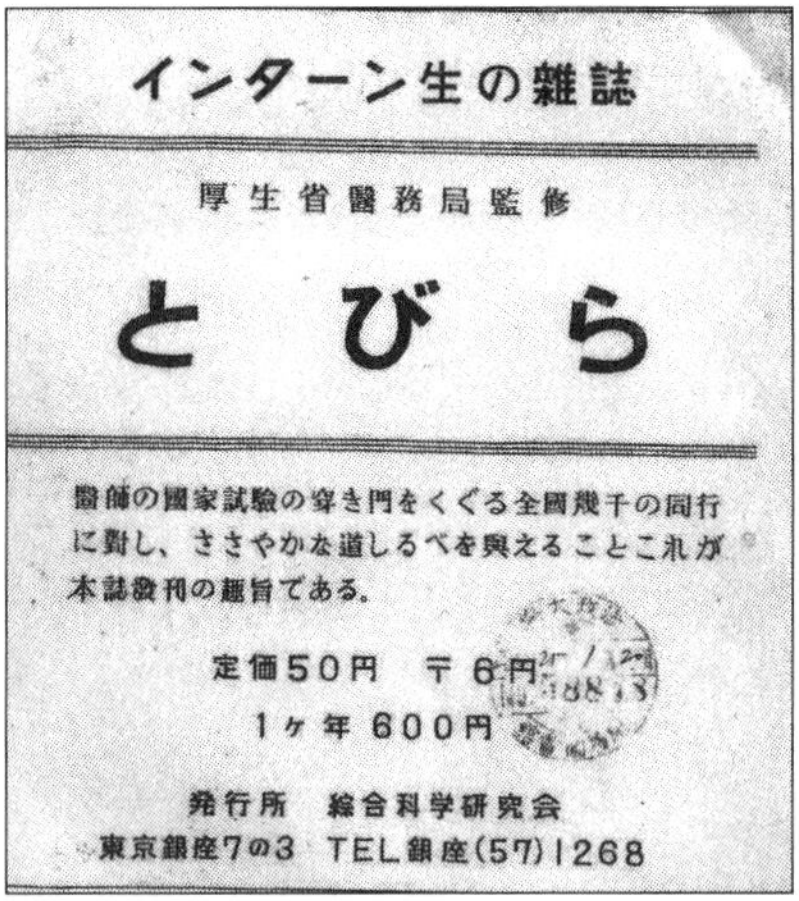
インターン生の雑誌

厚生省醫務局監修

とびら

醫師の國家試驗の穿き門をくぐる全國幾千の同行に對し、ささやかな道しるべを與えることこれが本誌發刊の趣旨である。

定價50円　〒6円

1ヶ年600円

發行所　綜合科学研究会

東京銀座7の3　TEL銀座(57)1268

な」を書いている。すなわち「編集兼発行人　二木秀雄」が「編集後記」と共に毎号登場する医学雑誌である。どうも、二木秀雄と石川太刀雄の七三一部隊金沢仮司令部コンビが、厚生省医務局のお墨付きを得て、七三一部隊医学者の再結集をはかったかに見える。

もう一つの特徴は、表紙裏から裏表紙まで、医薬品の広告で溢れている。すでに出た『政界ジープ』や『財界ジープ』でも医薬品・医事企業の広告が銀行・保険会社と共に多かったが、若い医師と新知識を求める全国の開業医向けに医薬広告をとり、厚生省と医薬・医療機器産業と医学・医療界の癒着の構造の接点に、二木秀雄は医師兼出版ビジネスマンとして潜り込もうとしたようである。

『日本医事新報』『日米医学』『アメリカ医学』『日本医師会雑誌』『最新医学』など、当時の医学・医療雑誌のなかでのこの雑誌の医学史的意味については、専門家の研究に委ねたい。二木秀雄の復権の第一歩は、厚生省と医薬業界と医学者・医師を結びつけ、秘かに七三一医学を復活することであった。

性病対策・産児制限のための二木・綜合科学研究会「性生活展」

『政界ジープ』一九四九年八月号の二木秀雄「素粒子堂雑記」は、「私の友人、知人の大部分は医者である。大学の先生もあれば町の開業医もある。役人をしているものもあるが、それも根は医者である」と、『とびら』創刊の仕掛けを、さりげなく告白している。次の九月号に「綜合科学研究会主催の『産児制限展』を見るために大阪に行った」と記し、一〇月号「素粒子堂雑記」では、次のようにいう。

七月から九月にかけて、私の主宰している綜合科学研究会は大阪の阪急百貨店、東京では銀座三越と浅草松屋で「性生活展覧会」を開催した。厚生省、文部省、各大学をはじめ関係当局の絶大な指導と援助のもとに行われたもので、有意義な仕事であることは最初から判っていたが、性問題となると頭から不真面目なもの、紳士淑女の口にすべからざるもの、と考え勝ちな人々も少くないから、その成果には多くの疑問があった。

ところが、フタをあけてみると入場者の数も、その態度もこうした危惧を打破り、非常によかった。特に女学生や、若い主婦が真剣に資料を見ている姿が目立った。最近性病予防週間に際して当局が発表した数字によると昭和二十三年度の性病患者数は四十七万余に上り、新しい傾向として一般家庭婦人の新患者がふえていることと、赤ちゃんの先天性梅毒が激増していることが指摘されている。……これをお役所まかせにせず、広く国民的な運動にまで進めなければならないと思う。

七三一部隊における二木秀雄の医学的役割は、結核菌の培養と治療方法の開発、その応用としての結核菌による細菌戦の可能性の探究だった。だが、医学者としての二木秀雄は、東大・京大など帝国大学医学部細菌学教室の俊英が揃った七三一部隊では、必ずしも秀でたものではなかった。石井四郎に比すれば学究肌であった北野政次が第二代隊長の時代に、月例研究会では高橋正彦や吉村寿人と共にひんぱんに基礎研究の報告をしていたと秦正氏は述べていたが、戦後に南極観測隊の凍傷対策にも使われる吉村寿人の凍傷研究のような画期性を、二木の結核研究が持つわけではなかった。だからこそ孫呉熱やガス壊疽研究にも顔を出し、総務部の汚れ仕事やインテリジェンスも引き受けて、いわば専門性の低い何でも屋、便利屋として権勢を振るうしかなかった。

戦後金沢医大の研究室に戻ったとしても、東大出の恩師谷友次の梅毒研究や、京大出で膨大な解剖経験とデータを持つ石川太刀雄のような全国的学術的影響力は、難しかっただろう。

結核は、当時の日本で死亡率最高の国民病・亡国病といわれたが、サムスのＰＨＷがもたらしたツベルクリン反応検査・ＢＣＧ接種、それにストレプトマイシンやペニシリン療法の導入によって対策が進み、五一年結核予防法が制定される。二木秀雄には、結核を専門領域にして最新の研究・治療に取り組む執念・執着はなかった。もともと二木には、地道な基礎研究を重ねて独創的な科学研究を遂行する学問的粘着力はなかった。

しかし二木秀雄にも、医学的に活躍できる一つの領域があった。博士論文で扱った梅毒など性病の世界である。七三一部隊で梅毒研究も進めており、何よりも、満州で売娼や従軍慰安婦に接し、忌まわしい梅毒人体実験までして、性病対策に取り組んできた。二木が「専門家」として医学・医療界に復帰し入り込むには、性病対策・産児制限・受胎調節の世界しかなかった。

それが、一九四九年の綜合科学研究会であり、性生活展だった。

厚生省・文部省・労働省・東京都・日教組後援「若き人々におくる性生活展」

『政界ジープ』四九年一一月号の巻末近くに、目立たないかたちで「若き人々におくる性生活展」の広告が出ている。すでに大阪阪急と東京三越で実施したという「産児制限展」「性生活展」の浅草・松屋版で、九月二九日から一〇月末までと当初はうたっていたが、数ヵ月は開期延長されたらしい。

主催は綜合科学研究会であるが、住所は『政界ジープ』のこの号の発行元東京トリビューン社と同じで、二木の銀座ジープ社ビルである。「資料提供」は東大、京大、阪大、金沢大、慈恵大、日医大、国立公衆衛生院、国立教育研究所、とある。これに「後援」として、厚生省、文部省、労働省、東京都に加えて、結成三年目の日教組まで入っている。学術的で、官公庁に先生方の労働組合まで後援なら、まだ旧い道徳観念の残る親も、安心して「若き人々」に性教育として見せることができる、という魂胆だろう。

ところがこの展覧会の目玉は、「明治の毒婦高橋お傳　昭和の浅草に正体を現わす」というキワモノ展示だった。ルポルタージュ作家・大橋義輝は、一八七六（明治九）年、東京でおきた強盗殺人事件の犯人として死刑となった高橋お伝の猟奇的事件と、その死刑に処され解剖された遺体の行方を追って、二木秀雄の「性生活展」に行き着いた。

大橋は、この時の浅草松屋デパートのチラシ広告を発掘し、著書『毒婦伝説』に掲載している。そこには「明治の毒婦高橋お伝の生身の標本は、学術の殿堂深く、門外不出、絶対非公開の下、多年神秘のかげに隠されていたもので、今般当展覧会の意義に協賛せられ特に出品を許可されたものであります。これは決して単なる見世物ではありません。冷徹な科学的資料で、この機会を逃したら今後絶対に見ることのできない超貴重品であります」とある。その「科学的資料」とは、高橋お伝の解剖された女性器のアルコール漬け標本で、これが宣伝の目玉であった[41]。

実際の展覧会の模様は、ハバロフスク裁判柄澤十三夫被告についての謀略報道が掲載された『政界ジープ』五〇年四月号に、山下紀一郎の絵と文による「わかき人におくるルポルタージュ『性生活展』探訪」で描かれている。二木秀雄の雑誌だから当然であるが、「綜合科学研究会の先生達が世の無知に応え、人口問題に立脚しウンチクをかたむけてつくった五、六室にわたる大規模なもの」「人口問題という大きな命題は日本民族の避け得られぬものであり、それに対するのは正しき性知識による産制であり性病撲滅にあるというのがこの展覧会の要約」「ひところは、金儲け本意、興味本位で、場末の空地に一夜づくりでデッチあげられた衛生展なるものがあったが、それは薄暗い、陰気なものであった。……ここでは明るい、ゆきとどいた装飾と完備したセットによって、耳から目から正しい性知識が体得できる」と自画自賛である。

しかしルポ記事は、カストリ雑誌の「夫婦もの、性典もの」流行に乗った興味本位のもので、男女生殖器の図解、性病解説、避妊具展示販売などの部屋の模様が漫画絵入りで並ぶ。「参観者の波」に「若い人」はあまり登場せず、どうやら『医学のとびら』がらみで雇ったアルバイトの医学生が展示説明や性生活相談に乗って

41　以下の記述は、『政界ジープ』と共に、前掲、大橋『毒婦伝説』、同『拳銃伝説』による。

――熱望に応えて会期延長――

★資料提供　東大、京大、阪大、金沢大、慈恵大、日医大、国立公衆衛生院国立教育研究所

若き人々におくる

性生活展

★会期　九月二十九日ヨリ　十月末日マデ（午前九時半―午後八時）

★会場　浅草松屋七階

★主催　東京都中央区銀座七ノ三　綜合科学研究会　電話銀座(57)一二六八番

★後援　厚生省　文部省　労働省　東京都　日教組

★協賛　東武鉄道株式会社

予約募集

綜合科学研究会編集

★誰れにも判る図解・写真入

家族設計の手引

B5版　十六頁　送共三十六円

発行所　東京・銀座七の三

東京トリビューン社

明治の毒婦

高橋お傳

昭和の淺草に正体を現わす!!

毒婦としての高橋お傳の名前は知らぬものはないでせうが、お傳の毒婦たる所以を知る人は少ないでせう――絶賛にこたへ、再度會期を延長中の淺草松屋七階の「若き人々におくる性生活展覧會」は會場の模様替で面目を一新すると同時に、幾多の貴重な學術標本を新たに増加しました。就中明治の毒婦高橋お傳の生身の標本は學術の[illegible]、門外不出、絶對非公開の下に永年神秘の扉のかげに隠されてゐたもので、今般當展覧會の意義に協賛せられ特に出展を許可されたものであります。これは決して單なる見せ物ではありません。冷厳な科學的資料で、この機會を逃したら今後絶對に見ることの出來ない[illegible]貴重品であります……正に百聞は一見にしかず――そして、お傳の毒婦たる所以を諒解せられよ!!

若き人々におくる「性生活展」　入場料三〇圓

期日　絶讃、好評に應え再度開期延長　十一月末日まで　會期中無休

會場　東武ビル（淺草松屋）七階

皆様の御相談に應ずるため會場内に無料相談室を設けてあります。

主催　綜合科學研究會

後援　厚生省、文部省、勞働省、東京都、日教組

（台東區役所[illegible]）

いたようである。

この性生活展覧会の開催中、四九年一〇月『別冊政界ジープ』は、全号「受胎調節」の特集で、ジープ社のビジネス宣伝を兼ねていた。巻頭は「京大名誉教授」とあるが、実は七三一部隊の嘱託で初代の金沢大学学長になったばかりの戸田正三が「生活物資と人口」を書いている。公衆衛生院長・古屋芳雄「人口問題と産児制限」、東大教授・田中耕太郎「受胎調節に反対する」のほか、日教組「後援」の獲得のためか、野坂龍「ソ連で産児制限はどう扱われているか」、加藤シズエ「わが産制運動の回顧」も入っていた。

大橋義輝の高橋お伝局部標本を追っての七三一部隊・二木秀雄探求

『政界ジープ』性生活展ルポには「問題の高橋お伝特陳室で台の中央にそのものズバリがおいてあり、右と左に各部分の名称、図解がおかれ、のぞき込む老若男女にくわしくその特異性を示している。うしろの壁面にはお伝の肖像と略歴」とあるが、この高橋お伝局部標本の由来と顚末を追いかけて、大橋義輝は、七三一部隊・二木秀雄研究へのユニークな視点・論点を提供した。

一つは、日本における人体解剖の由来である。高橋お伝がなぜ斬首刑執行後に遺体が墓地に送られず「腑分け」——警視庁の委嘱による東大医学部卒の軍医による解剖——にまわされ、部位標本として東大医学部標本室から陸軍軍医学校へと保存され続けたのかを追って、江戸時代に始まる死刑囚の「腑分け」が、西欧医学由来の死因究明のためよりも、医学発展のためだったことを、杉田玄白『解体新書』の時代にまで遡ってつきとめる。高橋お伝「腑分け」に立ち会った執刀・参観者は、原桂仙、八杉利雄、江口謙（プロレタリア作家・渙の父）、小山内健（演出家・薫の父）、小泉親正（厚生大臣・親彦の父）、高田忠良、緒方惟準、伍堂卓爾らで、日本医学黎明期の精鋭たちであった。

大橋はさらに、この高橋お伝局部標本を扱った学術論文が、一九三二年の人類学・考古学の専門雑誌『ドルメン』に「阿傳陰部考」として連載されており、戦後一九七五年に同題で単行本にもなったことをつきとめた（萩書房）。

著者は清野謙次、京大医学部の石井四郎や戸田正三らの恩師であり、当時の病理学の世界的権威である。人類学・考古学にも手を広げ、原日本人論争でも知られる。人骨・仏像・古文書のマニアックなコレクターで、三八年に京都の古寺から経典・古文書を盗み窃盗罪で有罪、京大を免職になった戦時中は、七三一部隊嘱託の最高顧問格で、鶴見祐輔の太平洋協会で平野義太郎らと南洋調査にも加わった。

その清野謙次が、一九三〇年濱口雄幸首相狙撃事件後の死因鑑定で細菌化膿説をとり、三二年の高橋お伝の解剖標本測定所見では「局部異常発達した女性」の性的犯罪誘因説を展開した。その測定を担当しデータを提供したのは、清野の京大医学部の教え子で、当時陸軍軍医学校一等軍医、後に七三一部隊初代総務部長になる中留金蔵（四四年戦死）であった。清野の「研究」手法は七三一部隊に受け継がれ、二木秀雄の梅毒生体実験に使われる。

大橋義輝は、二木秀雄の四九年浅草松屋「性生活展」に高橋お伝標本が展示されたことを重視し、二木の金沢での軌跡も調査した上で、敗戦時陸軍軍医学校で行方不明となった高橋お伝標本が、直接ないし誰か軍医の手を介して、二木の手元で保管されたと推理した。その理由に、五六年四月「政界ジープ恐喝事件」発覚直後に、家宅捜査を予期した二木の部下がお伝標本を会社近くのゴミ箱に捨て、二木が「遺失物」として取り戻した事件を挙げている。二木秀雄の七三一部隊歴と人格的暗部を抉る、貴重な調査記録である。[42]

42　大橋、前掲『毒婦伝記』『拳銃伝説』。

日本ブラッドバンクの設立――内藤良一・宮本光一と組んで七三一医学再結集

こうした「腑分け」風人体実験、七三一部隊医学の伝統の延長上で、後に薬害エイズ事件を引き起こすミドリ十字社の前身、日本ブラッドバンクが一九五〇年に設立される。その設立に加わり取締役になった二木秀雄は、銀座に素粒子堂診療所を開設し、医師としての活動を始める。

日本ブラッドバンクの設立は、『政界ジープ』の誌面からは全くわからない。七三一部隊の復権において、二木秀雄個人の意思を越えた、大きな作戦であったのだろう。『株式会社ミドリ十字三〇年史』(一九八〇年)には、社長・会長をつとめた内藤良一の自伝風に、創設期の話が出ている。

内藤良一は、もともと「血液一筋」で、東京大空襲の頃には乾燥人血漿の技術を持っていたが、敗戦で中断された。アメリカの血液銀行を知って、京都の開業医の傍ら、日本でもなんとか作りたいと構想していたが、資金力がなかった。そこへ「一九五〇年の夏」というから朝鮮戦争が始まった直後、「ひょっこり二人の友人が顔を見せた」。これが、宮本光一と二木秀雄で、京都嵐山の料亭で二人と積もる話をしているときに、内藤が血液銀行構想を話し、「それは面白い。いっちょやろうじゃないか」と意気投合して始まった、ということになっている。[43]

当時、宮本はなかなか顔の広い実業家で、とくに神戸銀行、三和銀行の首脳陣と親交が深かった。また二木は、医者でありながら政治経済の評論雑誌などを手がけているアイデアマンであった。内藤はこの瓢箪から駒のような事の成行きに少々驚いたが、これまでの彼らとの交友を通じて、実現の可能性があるかもしれないと思った。時至らばと書き留めてきた草案はすでに完成されていたので、これをプリントにし、

43 『株式会社ミドリ十字三〇年史』一九八〇年、四―七頁。

宮本光一の手で神戸・三和の両銀行に提出された。

これに神戸銀行副頭取の小林芳夫が関心を示し、内藤・宮本・二木の三人で「厚生省業務局細菌製剤課で計画についての基本的な了解と賛意を得ると、GHQを再三再四訪問し、精力的な折衝を重ねた。GHQの担当官は公衆衛生福祉局［PHW］のボーズマン博士であった」――こうして一一人の発起人が決定し、五〇年九月一八日の発起人会で資本金三〇〇〇万円、一株五〇円・六〇万株での会社設立が決まり、「発起人の引受株式は四万三〇〇〇株、残りの五五万七〇〇〇株は縁故募集」として本社・工場を大阪市城東区に決定、一一月二〇日、大阪商工会議所で株式会社日本ブラッドバンクが設立された。

取締役会長に岡野清豪（国務大臣・元三和銀行頭取）、代表取締役専務・内藤良一、常務取締役・小山栄二、取締役に宮本光一・二木秀雄・国分政次郎（三和銀行常務）、監査役に前田松苗（日本赤十字社評議員）・吉山義一という経営陣が決まった。

このように公式社史である『株式会社ミドリ十字三〇年史』には、石井四郎も七三一部隊も出てこないのだが、おそらくGHQ・PHWのサムスもG2のウィロビーも、厚生省の役人たちも、これが七三一部隊関係者の民間再結集であることを知っていた。

太田昌克がGHQ・PHW関係文書から見つけた「株式会社　日本血液銀行の企画草案」と題した五〇年七月の事業計画書には、内藤の戦時中の乾燥人血漿製造技術について、宮本光一の日本特殊工業の機械製造能力と共に「この時の上官は石井四郎という人でこの研究を認めて金はいくらでも要る丈け使わせてもらった」と、石井四郎の名が使われていた。[44]

44　太田『731免責の系譜』一五五―一六〇頁。

すでに見たように、四七年の米軍フェル、ヒル調査団との免責交渉時から、内藤良一・宮本光一等と石井四郎の間には、隙間風が吹いていた。四八年帝銀事件と極東国際軍事裁判結審の頃には、日本特殊工業の宮本とジープ社の二木が「ゴソゴソと何か事業を始めようとしていた」という吉永春子の調査記録もある。[45]朝鮮戦争で石井四郎がＧＨＱに協力しているという噂が当時も隊内にあったというから、ＰＨＷの説得には、石井の名が有効であったろう。事実としては、この日本ブラッドバンク設立を機に、石井四郎はいわば敬して遠ざける存在となり、六年後に学究肌だった第二代隊長北野政次を東京プラント初代所長に迎えて、内藤らは石井四郎から自立する。

創立期の役員の内、常務の小山栄二は、発起人一一人に入っていなかった。戦時中、内地の風船爆弾への細菌搭載の推進者だった内藤良一が、同じく参謀本部直轄プロジェクトの種子島糧秣本廠・黒穂菌研究の中心だった小山栄二を誘ったかたちである。

日本ブラッドバンク設立株主名簿から見える隊員再結集、二木秀雄の医師復帰

五五万株以上が「縁故募集」となったので、顔の広い宮本光一と二木秀雄が、政財界へのつなぎ役になった。一九五〇年一一月の「株式引受人名簿」では、神戸銀行三万株、三和銀行二万五〇〇〇株、兵庫県医師会二万株をはじめ、銀行・証券・関連企業がそれぞれ数百—数千株を出資している。

個人株主では、発起人代表だった小林芳夫が二五万五三〇〇株で群を抜き、発案者の内藤良一・宮本光一・二木秀雄の三取締役は、社長の岡野清豪と共に、それぞれ五〇〇〇株（二万五〇〇〇円）を出資している。群是製糸社長波多野林一の一万株、大阪商事社長溝口庄太郎の九〇〇〇株は、朝鮮戦争特需への投資であろうか。

45　吉永『七三一』八二—八三頁。

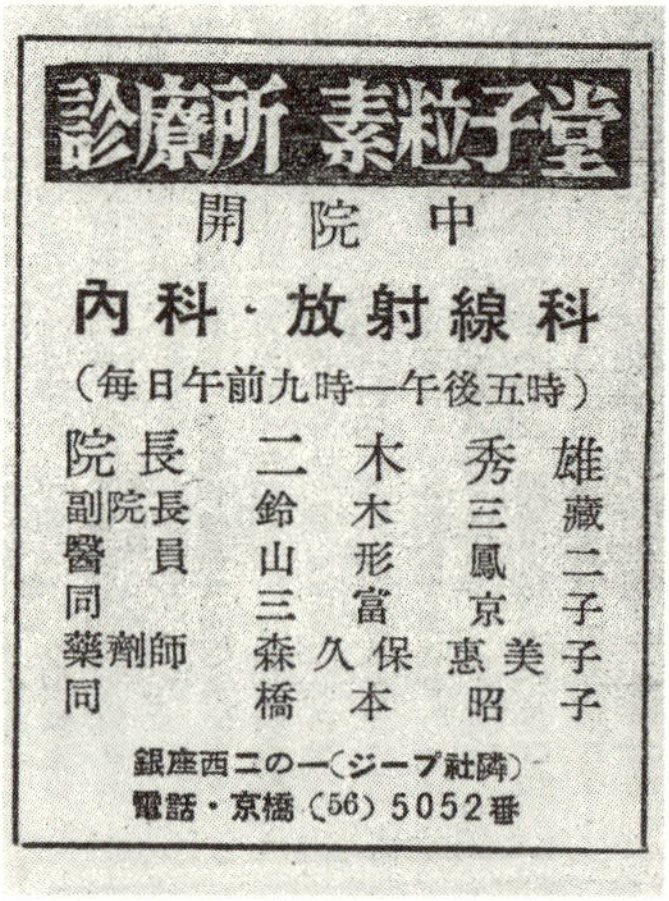

七三一部隊関係者では、野口圭一の四〇〇株、太田澄三〇〇株、佐藤重雄二〇〇株、石川太刀雄・星野隆一・谷友次ら各一〇〇株で、「留守業務部」や開業医に二木秀雄から声をかけたと推定できる。金沢大関係では、石川・谷個人のほか、金沢大学石川病理学教室と放射線科医局が別に一〇〇株ずつを買う。戦時中は陸軍御用達武器商社の昭和通商で活躍し戦後は渋沢敬三と組んだ信越化学の佐島敬愛も一〇〇株を出資しているが、GHQ・G2と競合しつつ日本に入った初代CIA支局長ポール・ブルムの「火曜会・八人のサムライ」メンバーの一人であるから、[46]二木秀雄のインテリジェンス人脈の可能性もある。

石井四郎・剛男・三男兄弟、常務の小山栄二、後に東京プラント所長・役員になる北野政次、京都プラント所長・役員になる大田黒猪一郎、陸上自衛隊衛生学校と兼任でミドリ十字に関わる園口忠男は、当初の「縁故株主」には入っていないが、日本ブラッドバンクが、民間の七三一部隊再結集の受け皿になったことは疑いない。[47]同社は、朝鮮戦争傷病米兵への輸血用血液で大儲けし、北野政次を迎え入れて六四年にミドリ十字に改称、厚生官僚の天下り先になり、八〇年代に血液製剤で薬害エイズ事件を起こして、七三一部隊残党の戦後の

46 春名『秘密のファイル』上巻、一九四頁。
47 『ミドリ十字三〇年史』二〇四—二〇五頁。

軌跡を明るみに出す格好の素材となった[48]。

この日本ブラッドバンク社設立による七三一部隊の再結集に合わせたように、取締役となった二木秀雄は、戦後初めて開業医になる。経営が多角化して銀座西二丁目一にジープ社を移転し、その隣に五〇年一一月一〇日「診療所　素粒子堂」を開設し、自ら院長となる。このことは『政界ジープ』の広告でも確認できる。「素粒子堂」とは、二木の原子力への思い入れもあるが、すでに『財界ジープ』『政界ジープ』連載「素粒子堂雑記」で用い、五〇年にはジープ社の単行本のタイトルにしている。開院した二木の「診療所　素粒子堂」は「内科・放射線科」で院長二木秀雄、副院長鈴木三蔵、医員山形鳳二・三富恭子である。住所は銀座西二―一（ジープ社隣）とある。朝九時から五時までとはいえ、院長が診察に専念すれば、出版業に支障のでそうな二股稼業である。

『ミドリ十字三〇年史』の「歴代役員任期一覧表」によると、翌五一年一一月には、二木秀雄は、宮本光一と共に、日本ブラッドバンク取締役を退く[49]。米軍第一次細菌戦調査時に内藤良一が通訳をつとめたサンダース博士は、日本ブラッドバンク創設に協力し、ミドリ十字になっても顧問を続けたという。

48　この点は、池田房雄『白い血液　エイズ上陸と日本の血液産業』潮出版社、一九八五年、毎日新聞大阪本社編集局『偽装――調査報道・ミドリ十字事件（ルポルタージュ叢書）』晩聲社、一九九六年、松下一成『ミドリ十字と７３１部隊――薬害エイズはなぜ起きたのか』三一書房、一九九六年、など参照。

49　『ミドリ十字三〇年史』二〇六頁。

五　二木秀雄の出版ビジネスの謎と「政界ジープ事件」による没落

七三一部隊隠匿資金・米軍資金？──ジープ社五〇年単行本四百冊の謎

日本ブラッドバンク設立に加わり、素粒子堂診療所院長となった二木秀雄の出版活動は、同じ一九五〇年に、奇妙な動きを示す。それまでも雑誌の種類を増やして多角化し、単行本も数冊は出してきたが、一九五〇年にジープ社は、突然四〇〇冊もの単行本を出す。

出版ビジネスは、企画・印刷・製本の製作費が先にかかり、書店の店頭で売れて初めて売上金が回収される。当時の出版業の常識からすれば、雑誌だけでも大変なのに、大量の単行本刊行には膨大な運転資金が必要になったはずである。それは、どこから出たのであろうか？　七三一部隊敗戦時の隠匿資金・資産、米軍に提供した人体実験データの対価二五万円の一部が使われているのだろうか？

国立国会図書館サーチ（ＮＤＬ）で「ジープ社」の出版物を検索すると、『政界ジープ』『経済ジープ』『医学のとびら』等数種の雑誌のほか、奇妙なことに気づく。単行本が一九四六年九冊、四七年四冊、四八年一冊、四九年二冊の後、五〇年に突然四〇九冊になり、五一年は三〇冊、以後は同名他社で単行本は出版されない。五〇年も同名他社かと図書館で調べると、「ジープ社刊・発行人二木秀雄」となっており、事実この年の『政界ジープ』の巻末は、膨大な自社の新刊単行本広告で埋められている。

出版内容は雑多で、「ダイジェスト・シリーズ」と銘打ち、古今東西の古典・名作からツルゲーネフ、魯迅、太宰治まで、世界文学を何でもダイジェストにして、気楽に筋を追う安易な解説本が多い。マキアベリ『君主論』、マルサス『人口論』、ペスタロッチ『愛の教育』などはダイジェストだが、柳田国男『日本の昔話』、石川三四郎『古事記神話の新研究』、田村泰次郎『人間夜食』などは、本格的書籍らしい。大宅壮一『日本の遺書』や今日出海『天皇の帽子』なら話題になったはずで、私も読んだ記憶がある。だが圧倒的にマニュアル本、入門本が多い。高橋日出彦『新科学読本　医学の歴史』は、この期の二木秀雄の医学思想がのぞけるかと取り寄せたが、ごく一般的な医学史入門で得るところはなかった。

政治的・思想的傾向も雑多な中で、強いてこれまでの二木秀雄の軌跡とつながるものを捜すと、単行本になった二木『素粒子堂雑記』のほか、『これがアメリカ』『アメリカ留学ノート』『労働とデモクラシー』などの米国礼賛本、蕭英『私は毛沢東の女秘書でした』、ルイス・ブデンツ『顔のない男たち——アメリカにおける共産主義者の陰謀』など反共本が拾える程度である。

翌五一年の三〇冊は、五〇年企画の延長上で刊行が遅れた同系統のもので、五二年以降、いっさい単行本はない。いったい何のために、朝鮮戦争開始・日本ブラッドバンク設立の五〇年に、ジープ社は単行本を乱発したのだろうか[50]。確かに四八年に四五八一社あった出版社が五一年には一八八一社に激減する出版不況の時期

50　この頃の二木秀雄について、山崎倫太郎「続『怪軍人伝』」(『読売評論』一九五〇年一〇月号)に、陸軍中野学校・昭和通商の創設者である岩畔豪雄陸軍少将の戦後謀略として、「二木[秀雄]博士と親交があり、その二木事務所には益谷[秀次]自由党総務会長も出入りする一人だというが、二木を中心に岩畔と益谷とが交友関係にあるという推理も成り立つ」(六三頁)とあるが、後続報道がなく、また後述するように、益谷秀次は二木秀雄の五三年参院選石川地方区出馬に反対するので、朝鮮戦争時に二木が何らかの謀略活動に関わった可能性が強い、とだけ指摘しておく。

であるが、これが翌年のジープ社倒産の理由だろうか。

二木秀雄の奇妙な出版ビジネス——社名・編集人・発行人の変遷

二木秀雄の出版ビジネス経営術も、不可解である。同住所にいくつか別名の子会社を作り、雑誌の編集・発行人もめまぐるしく交代する。左派のライバル誌『真相』社主・佐和慶太郎も、この時期「人民社→青銅社→真相社」と変遷するが、それ以上にわかりにくい。

『政界ジープ』は、一九四六年八月創刊から四九年四月号までは「ジープ社、編集発行人二木秀雄」であった。ところが四九年五月から五〇年三月号までは、「東京トリビューン社」という別会社(といっても同一住所)が、発行元になる。「発行者」はこの間、四九年五月から一二月まで「狭間研二」、五〇年一—三月は「東京トリビューン社、二木秀雄」である。ちょうど厚生省医務局『とびら』『医学のとびら』を「ジープ社、二木秀雄」名で出していた時期で、どうやら一般向け『政界ジープ』と医師・医学界向け『医学のとびら』の発行元を、いったん分離したようである。もっとも『別冊・政界ジープ』『経済ジープ』及び単行本は、基本的に「ジープ社・二木秀雄」発行が続く。

『政界ジープ』の版元は、朝鮮戦争直前の一九五〇年四月号から五一年七月号後の一時休刊までは「ジープ社」に戻るが、「編集人」がめまぐるしい。五〇年六月から「中西清」、八月から「本田二郎」、五一年には「高橋輝夫」「由良猛」「横山敏和」らが登場する。「発行人」も、二木秀雄から「佐藤浩四郎」「中西清」と代わる。どうやら二木秀雄が朝鮮戦争開始と共に日本ブラッドバンク創設、それに診療所院長も加わり、出版事業の手抜きが始まったようである。この間、「政界ジープ記者を名乗り金銭を要求する〇〇がいるが当社とは一切関係ありません」の類の社告が頻出している。

五一年八月から五二年三月まで「やむをえない経済的事情」で『政界ジープ』は休刊するが、五二年四月の復刊は「株式会社ジープ新社、編集人宮下隆寿、発行人仁藤直哉」名である。どうやら大量の単行本の返品によってか、一度倒産したらしい。ちょうど地下に潜った日本共産党が、「トラック部隊」とよばれる中小企業の設立・倒産を利用した商品横流し・党資金流用に関わったといわれる時期である。

以下は国会図書館でも欠号が多く、はっきりしないが、二木秀雄が参院選石川地方区に「東京の出版社社長」として立候補した『政界ジープ』五三年三月・四月号は社名が「株式会社・精魂社」となっている。つまり五五年の七三一部隊同窓会「精魂会」と似た名になるが、発行人は「市川文三」である。それが五三年八月号では、二木が選挙で落選・復帰し「政界ジープ社」刊となり、「編集人小山耕二路、発行人二木秀雄」と変わる。以後確認できるのは、一九五五年一一月の「政界ジープ社」から翌一二月の「政界ジープ通信社」への社名変更で、五五年から五六年三月に大企業恐喝による「政界ジープ事件」で廃刊に追い込まれる当時は「編集人久保俊広、発行人清水隆英」だった。そのため「政界ジープ事件」の七〇〇〇万円近い恐喝容疑では、社長の清水隆英と編集局長の陸軍中野学校出身・久保俊広がまず逮捕され、実質的オーナーで主犯と認定された二木秀雄の逮捕は、五六年四月と二週間遅れた。その間に証拠隠滅をはかった。

つまり、二木は「ジープ社」「東京トリビューン社」「ジープ新社」「精魂社」「政界ジープ社」「政界ジープ通信社」と、同じ番地の事務所にいくつもの社名を使い分けて『政界ジープ』を十年間、約百号出したことになる。これは、税金対策であろうか、リスクの分散だろうか。ただし、五五年八月の七三一部隊隊友会「精魂会」発足と慰霊碑「精魂塔（慇心平等万霊供養塔）」建立にあたっては、大卒初任給一万円の時代に、二木秀雄は一四六万一一〇〇円を一人で拠出し寄付している（他の有志寄付総額五万五九〇〇円）。破産どころか、恐喝太りしたようだ。

こうした二木秀雄の出版ビジネスと資金・資産の謎は、おそらく七三一部隊全体の戦後の隠匿資金・財産、米軍G2・PHWの機密費等と関わると思われる。だがそれは、敗戦時の軍隠匿資金・財産、GHQ押収財産を原資にしたといわれる、いわゆる「M資金」の謎と同様に、未解明である。問題の所在を示すにとどめ、若い読者の探求に期待したい。

朝鮮戦争へのゲリラ戦・細菌戦による介入――「地球の上に蚤が降る」

『政界ジープ』の誌面からは、前述したように、宮本光一や内藤良一との日本ブラッドバンク設立会談や、GHQ・PHWとの折衝はわからない。七三一部隊については、ハバロフスク裁判『真相』報道への防戦で、ソ連のでっち上げ陰謀とする反ソ反共攻撃と、日本共産党の分裂に問題をそらしての隠蔽継続作戦だった。

しかし朝鮮戦争の開始は、二木秀雄の『政界ジープ』に、時局雑誌としての新たな報道領域を提供した。五〇年四月『別冊政界ジープ』「戦争か平和か、米ソ戦を解剖する」、五〇年九月『政界ジープ臨時増刊』「戦争、日本はどうなる」などで、「原子戦争」の可能性と共に、実際の朝鮮半島での戦況と日本共産党の地下潜行に注目して「ゲリラ戦」を論じるようになる。

五〇年一〇月号の特集「ゲリラへの招待状、日本でゲリラ戦はおこるか」が典型的で、「ゲリラ活動の危険性は、日本共産党の現状からも容易に想像される。彼等の手段は列車妨害、通信施設、発電所の破壊などいくらでもある」から、これに対抗して「我らは祖国を護る」勢力にとっても、「ゲリラは原子力時代にも最も有効な戦法である」と主張する。戦前日本共産党に潜り込んだ特高警察のスパイM＝「モスクワから来た男、松村昇こと飯塚盈延」を一緒に特集するのも不気味であるが、どうやら二木秀雄は、朝鮮戦争の一進一退、日本共産党の中核自衛隊・山村工作隊など後方攪乱策動を見て、かつて満州七三一部隊のインテリジェンス活動で身につけた諜報・防諜活動と農村壊滅作戦の有効性を想い出したようである。

『政界ジープ』は五一年八月から五二年三月まで「経済的事情」で休刊するが、その復刊第一号に当たる五二年四月号で、二木秀雄は、ゲリラ戦としての「細菌戦」を公然と提唱するにいたる。

それはちょうど、朝鮮戦争での米軍・国連軍の生物兵器使用が、国際社会で問題になった直後だった。国際科学委員会報告『細菌戦黒書』によると、「朝鮮民主人民共和国の外相朴憲永氏は一九五二年二月二十二日、また中華人民共和国外相周恩来氏は三月八日、アメリカ側が細菌戦をやっていることに公然と抗議した。二月二十五日には、中国人民世界平和擁護委員会の主席郭沫若博士が、そのことについて世界平和評議会にアッピールをよせた」[51]

この局面で、二木秀雄の『政界ジープ』は、細菌戦を容認・奨励する山本容「地球の上に蚤が降る——細菌戦物語」という三頁の論文を載せる。「山本容」はペンネームであろうが、その内容からして、二木秀雄ないし七三一部隊関係者でなければ書けないものである。「恐るべき細菌戦　もしも、ペスト菌を培養された二十五億匹の蚤が、地球の上に降り撒かれたら……人類は一挙に壊滅する。そんなバカな話が…と思う人は本文を読まれよ」と自信満々の

51　国際科学委員会報告『細菌戦黒書——アメリカ軍の細菌戦争』片山さとし訳、蒼樹社、一九五三年、一二頁。

はしがきである。

冒頭①「蚤も兵器」で、一トンの蚤とは二五億匹で人類壊滅も可能である、「膨大な経費と雄大な構想が進歩した科学研究に裏付けられるとき、われわれの予想を絶した戦術的・戦略的な細菌戦が展開される」という。②「細菌は爆弾」では、使える細菌としてペスト、炭疽、鼻疽、発疹チフス、コレラ、チフス、赤痢、等々と挙げ、それらを実際に使う効果と共に、脅迫に用いる欺瞞的方法もある、「国際法の戦争法規には毒瓦斯とならんで細菌の使用は禁止されているのですが、原子爆弾すら公然と正義の名の下に使用せられ無辜の民衆を殺傷するのが戦争の実体ですから、自分だけ馬鹿正直に国際法をたよりにして、無対策でいるのは自殺行為」という。七三一部隊医師としての開き直りである。
③「原子戦と細菌戦」では、原爆使用は敵味方のバランスが崩れると共倒れの恐れがあるが、「目には見えない」細菌戦は発覚するのが遅れ、一人のペストでも発生すれば防疫のため地域の機能を停止できる、とその効果を説く。④「細菌戦の方法」では「培養された細菌を水溶液にするもの」のほかに「細菌培養を冷凍し真空乾燥した粉末にする」方法があり、後者なら大量生産可能として輸送手段に触れ、⑤「細菌戦の防御」で米国科学戦争指導本部の例をあげ、日本政府にも「原子戦や細菌戦等、科学的進展に応ずる今後の戦争の様相を大局的に把握しなければならない」と細菌戦研究の必要を説く。
この論文は、朝鮮戦争当時の反共時局雑誌に目立たぬかたちで掲載されたものであるが、七三一部隊関係者が、自分たちの研究の合理性・先見性を説いて開き直ったものとして、七三一部隊の復権におけるモニュメント的意味を持つ。

「精魂社」社長・二木秀雄は、おそらくこうした論理を用いて、全国に散った旧隊員たちを説得し、隊友会「精魂会」結成、慰霊塔「精魂塔」建立に導いたものと思われる。

金沢内灘射撃場闘争への大義なき介入、参院選出馬惨敗

『別冊政界ジープ』一九五一年一月号の特集「法と好色文学」は、言論の自由と性描写の問題を扱って、売れたようである。今日でもこの号だけは法学部図書館等に持っている大学がある。キワモノと学問の境界で売上げを伸ばす、二木一流の編集である。

そこに二木秀雄「素粒子堂雑記」は、「世界連邦は夢か?」というエッセイを寄せている。ローマで開かれる世界連邦運動第四回総会に日本からも二五名の代表派遣が決まり、二木秀雄も世界連邦建設同盟理事として渡欧するという。二木によると、これは敗戦直後からの自分の理想で、「私は、こんどの戦争が終ったすぐあとで出版事業を始め、その頃金沢に旅行に来たH氏を訪問して世界連邦的なものについて質問した。政界の大物といわれる(現在まだ追放を解かれていない)H氏は、私の説に全く耳を貸さなかった。私はその一事でH氏に失望した」とある。

H氏とは、第二部で引いた『輿論』二巻一号(一九四六年一月一日)での対談相手、当時の自由党総裁・鳩山一郎のことである。その時仰ぎ見た政治家・鳩山一郎はまだ公職追放が解けず、七三一部隊で人体実験までした自分は、戦犯は免責され、羽振りのいい出版社社長である。朝鮮戦争と米軍占領の終焉によって、二木秀雄は、政界進出の誘惑に駆られた。

ただしそれが、二木秀雄の転落の始まりであった。七三一部隊全体の復権は「精魂会」組織化で果たすことができたが、自分自身は出版ビジネスの失敗で司直の手に落ちる。

一九五三年四月の第三回参議院選挙に、二木秀雄は、郷里の石川地方区に無所属で立候補する。この頃『政界ジープ』は「精魂社、編集兼発行人・市川文三」名で発行される。

二木の郷里の石川は、確かにこの期の日本の政局の一つの焦点であった。金沢近郊内灘への米軍射撃場誘致問題をめぐって、保守と革新、保守の自由党、民主党、改進党内も二つに割れ、大きな反対運動が起こってい

た。戦後日本で初めての本格的米軍基地反対闘争であり、社会学者清水幾太郎が現地の運動に密着して左翼論壇のスターとなり、作家五木寛之が後に『内灘夫人』に描く伝統と近代の相克の世界である。

二木秀雄は、そこに漁夫の利を狙って介入し、惨敗、大やけどをする。以後の裏世界と悪徳利権屋への転落が始まる。まずは選挙結果のみ、掲げておこう。

第三回参議院選挙・石川地方区（一九五三年四月）

当選（初）	井村 徳二	五三歳	改進党	新	二一万〇四四二票
	林屋 亀次郎	六六歳	無所属	現	一九万四二七九票
	二木 秀雄	四五歳	無所属	新	一万二四四七票

講和と日米安保の矛盾が凝縮した内灘射撃場問題

日本の占領終了・独立は、朝鮮戦争の産物だった。冷戦が熱戦になった東アジアの変貌が、「反共防波堤」としての日本の位置を運命づけた。講和そのものは、敗戦以来の既定の道だったが、日本国内で「全面講和か片面講和か」と争われているとき、米国にとっては、軍事基地を存続しつつ、日本の再軍備を許し、さしあたり国内治安に（警察予備隊、保安隊）、やがて自衛隊を在日米軍の作戦遂行の補助戦力として、米国の世界戦略に組み込むことが企図されていた。

ソ連等「東側」を残しての一九五一年九月のサンフランシスコ講和条約締結は、在日米軍に駐留を認め、行政協定（後に地位協定）で特権を与える「西側」核同盟への組み込みだった。沖縄は四五年沖縄戦以後、米軍の直接支配が七二年施政権返還まで続き、核兵器も持ち込まれていた。五二年四月に独立しても、日本全土に七三三の米軍基地が存続し、治外法権の聖域となっていた。

朝鮮戦争は、まだ続いていた。米軍は、小松製作所など日本企業が納入する砲弾の性能検査をする試射場として、五二年九月、石川県内灘海岸に白羽の矢を当てた。それを受けて日本政府から内灘接収の話が地元に伝えられたのは、一〇月一日投票の第二五回総選挙の運動期間中で、地元の候補は保守系を含め、一斉に接収反対を訴えた。漁業権を奪われる内灘村長・村議会ばかりでなく、石川県知事・県議会も反対を決議した。労働組合や女性・学生も反対運動を始めた。一〇月衆院選では石川一区で元陸軍参謀、「潜行三千里」の辻政信が、地元旧軍人組織や石原莞爾の流れを引く東亜連盟をバックに無所属でトップ当選した。その「辻旋風」をおこした辻も、内灘射撃場については「自衛中立」の立場から反対した。

そこで吉田茂首相は、内灘の土地接収を閣議決定し、自由党員ではないが石川県選出で地元財界・番町会の重鎮である参議院議員林屋亀次郎を、接収担当の国務大臣にして説得に当たらせた。林屋はいったん特別補償金七五〇〇万円、五三年一月から四月までの期間限定の条件付接収で地元に金をばらまき、受け入れさせた。ところがこれは永久接収につながるのではと反対運動が続き、五三年三月に米軍試射が始まると、折から四月の参議院選挙に向けて、保守勢力の中で大きな分裂がおこった。吉田内閣担当国務大臣の立場上接収を推進せざるをえない「武蔵デパート」社長・林屋亀次郎に見切りをつけ、もう一つの「大和デパート」社長・井村徳二が、改進党など反対派にかつがれ立候補することになった。もともと二人とも金沢政財界のボスだった。林屋は大和デパート会長もつとめたことがあって「武蔵と大和の日本海海戦」と呼ばれた。

折から五三年三月吉田茂の「バカヤロー解散」で、四月は全国的に衆参同時選挙となった。政党間連携は混乱したが、石川県では参院選地方区の林屋・井村対決が、衆院を上回る関心を集めた。地元新聞も番町会・林屋大臣支持の『北国新聞』と、井村候補を推す『北陸新聞』に分かれ、激しい選挙戦となった。左右社会党・労農党・共産党・労働組合・学生運動も、事実上井村を支持した。そこに割り込んだ第三の候補が、二木秀雄であった。結果的には両派の対決にはさまれた泡沫候補として扱われ、一万票を漸く越えての惨敗であった。[52]

二木秀雄は何のために参院選石川地方区に立候補し惨敗したか

当時の『政界ジープ』五三年三月陽春特別号には、精魂社社長となった二木秀雄の政界進出について、編集局長・市川文三執筆と思われる「デスクより」という提灯持ち記事が出ている。すでに五二年一二月二五日から、北陸放送（ＪＯＭＲ）で政界ジープ提供・二木秀雄構成の「新しい話題の時間」を、ローカルではあるが、ラジオ放送しているという。

本社社長二木秀雄が一度参議院選挙に出馬するという噂が伝わるや、その道に異常なセンセーションを起して遂に一代の風雲児・怪物出るかと肝を冷やす者、狂気して今日あるを期待し早くも激励賛同の手紙を寄こす者やら、この所社は異常な活気に包まれている。

翌四月号でも「北陸三県の政局展望」で「自由党がままならぬ石川県」の「井村・林屋の対立」を取り上げ、「茫漠たる風貌の人　本社社長　二木秀雄」の写真を大きく掲げているが、この『政界ジープ』が石川県でどれだけの読者を持っていたのか、選挙用にばらまいたのか、当時の地元新聞選挙報道でも、その後の選挙分析や内灘闘争史でも、ほとんど触れられていない。

唯一詳しく触れているのが、当時の『北陸新聞』記者で、後に内灘闘争評論で清水幾太郎と共に活躍し、著

52　この五三年石川県参院選選挙については、地元の『石川県史』『石川県政八十年』などでも必ず出て来るが、より直接的な分析として櫻井柳太郎（北陸新聞記者中村静治のペンネーム）『石川政戦史――井村・林屋の決戦』和光社、一九五三年一〇月、及び『石川県戦後政治史秘話』北陸中日新聞、一九八三年、参照。

名なマルクス経済学者になっていく中村静治の手になる『石川政戦史』である。「櫻井柳太郎」という筆名で書かれている。第二部で触れたが、敗戦直後に二木秀雄が『輿論』を創刊したとき、中村静治は「新生婦人の常識」連載など常連寄稿者の一人であった。いわば二木秀雄が才能を見出し世に出したジャーナリストであったが、八年後の内灘闘争時には、二木秀雄に対する最も辛辣な批判者となった。

中村静治によると、「二木の選挙区入りの第一声は、『わたしの政治的立場は純無所属である。もっとはっきり云えば、林屋、井村両氏を推す自由党、改進党勢力を除く両派社会党に東亜同盟を含む一切の勢力を糾合してたたかう、ただし共産党は別』であった」が、「二木の立候補効果」はほとんどなかった。その理由を、次のように述べる。

荒漠たる風貌の人　本社々長　二木秀雄

「政界ジープ」社長の二木秀雄が参院地方区選への立候補意思を伝えてきたのは二月初旬であったが、二木が鳩山〔一郎〕、大野〔伴睦〕の紹介で自由党へ入党を申込み、益谷〔秀次、石川県出身の自由党総務会長、県連会長〕から阻止されているとの情報が県政界にもたらされたのは、それよりさらに一ヶ月も前であった。二木は金沢市出身、金沢医大出の医博、戦後、金沢で雑誌「輿論」を創刊、これを基本に「政界ジープ」を発刊して東京に進出した。「政界ジープ」は一時成功して名声をあげたが、五一年には休刊の運命に陥り、鳩山の資金で復刊されたといわれる。五二年、同誌が復刊された際、二木は発刊七周年記念と称して金沢、小松、七尾で盛大なレセプションを開催し、政界進出の瀬踏みを行っていた。

この二木が、井村、林屋の激戦のなかに、ほとんどのぞみのないとされる選挙に進んで乗り込もうと決意したのは、いかなる情勢判断によるものであったか。県政界ではあるいは投機的な「漁夫の利」を考えたものなどと取沙汰されたが、左社［左派社会党］宮西［隆、県評議長］県議が東京において林屋系の米山幾太郎の紹介で二木と会談し、革新派の統一候補としてはとの示唆を与えられたといわれる。宮西、二木は左社本部で野溝［勝］書記長とも会談しているが、右社［右派社会党］の金沢市議中川成次と宮西の間にも二木の問題が協議されている。宮西と二木の東京会談には、さらに番町会系の有力者が立会っていたということも流布され、二木は選挙戦において社会党的言説に終始していたのは、単に井村、林屋がともに保守候補だからとばかりはいえないものがあった。

二木のこのような動きは、革新系の統一候補に擬せられた小林［幸次、県教組委員長］が消え、岡［良一、右社県連会長、五木寛之義父］から指名された左社の円山［定盛、県連委員長］、さらに番町会系の小森［?・］にも固辞された結果、番町会の最後の対抗策ではなかったかという見解はいまだに行われている。[53]

内灘射撃場問題に関与できなかった二木秀雄の政治的敗北

当時の石川・金沢政界に精通していないと分かりにくい話だが、要するに二木秀雄は、もともと自由党鳩山系での政界進出を考えていた。それが石川県の保守政界に伝わり、吉田茂直系の益谷秀次は妨害した。しかし林屋亀次郎の当選を確実にすべく、金沢政財界の権力中枢番町会は、井村票の分散を狙った第三の候補を模索した。県の革新勢力も保守共倒れを狙って統一候補を立てようとしていたので、番町会が画策して二木を左派

---

53 『石川政戦史』七三―七四頁。この選挙の前哨戦である五二年一〇月総選挙については、中村静治「辻政信はどうして出たか――石川県における総選挙の実相」『思想』三四六号、一九五三年四月、参照。

社会党に紹介し、社会党の一部も二木擁立を検討したが、衆院選とダブル選挙になり時間切れで、林屋・井村決戦に二木が「社会党的言説」で割り込むことになった、ということである。

当時の地元新聞の選挙報道をみても、二木の存在感はない。改進党の青年将校・中曽根康弘や井村の娘喜代子（後に慶応大学教授）の井村候補支持の名演説や、両派のヤジ合戦などが連日大きく報道されている。二木秀雄は「私は純無所属で金権とボス政治を排撃」「屈辱外交を拝せ」と一応接収反対、基地反対の姿勢はみせるものの、「社会党県連では二木氏から正式には協力要請を受けていない」「両保守系候補にあきたらないとする革新勢力の一部や金沢大学の医師を中心とするインテリ層の若干の支持」「まとまった支援団体はないが、出身校の四高、医大卒業生、知友に呼びかけ、戦争反対と病気と貧乏をなくするスローガンを掲げ得意の弁舌にものをいわせて県内をかけ回っているので、ある程度の浮動票はかき集めるかもしれない」と、前評判もかんばしくない。

『北国新聞』四月二三日の比較的大きい「三候補推薦の弁」で二木を推したのは、かつての金沢医大での二木の恩師、谷友次・金沢大教授であった。「太っ腹に偉丈夫」「医師より政治に向く人」「先生（僕）を非常に大切にしてくれる」「スケールが大きくつかみどころがないようで、固いシンを持っている」と政策抜きの浪花節で、結局金沢大学医学部同窓会十全会が、実質的支持基盤だったらしい。選挙事務長は仁藤直哉・ジープ社取締役で、一万票余で落選した夜、二木は記者会見もせずに東京に敗走する。「二木候補は宿舎から姿を消す、政界ジープの社長に返って」が地元紙の最後の報道だった。

もっとも内灘射撃場推進派の林屋亀次郎現職大臣の僅差での落選、反対派を結集した井村徳二候補の当選は、その後五七年の最終撤退まで続く内灘射撃場反対闘争の始まりにすぎなかった。林屋亀次郎のとりつけた四月末期限付使用は、すぐに政府の「再使用」要請で「永久接収反対闘争」を呼び起こした。井村参院議員を含む保守勢力は後に再統一して米軍・政府にとりこまれていくが、井村選勝利を機に作られた内灘永久接収反対実行委員会（改進、左右社会、労農、共産、県評、青年団、県婦人団体連合会、内灘六部落代表）などが、当時の日本では画期的で先駆的な反米・反基地闘争に入る。

反対運動の主役は、出稼ぎ漁で留守がちな男たちではなく、「おかか」と呼ばれる内灘の女性たちで、「金は一年、土地は万年」が合い言葉だった。全国の労働組合・学生が支援にかけつけ、例えば二木の後輩である金沢大医学部反対実行委員会の学生たちは、全医連の医師達と共に「内灘医療班対策協議会」で反対運動を支援した。全国の論壇・研究者からも注目され、砂川基地反対運動等に引き継がれていく[54]。

七三一部隊を表に出せず辻政信・東亜連盟にも頼れなかった二木の挫折

しかし、落選した二木秀雄と『政界ジープ』は、もはや内灘に関心を示さなかった。この一九五三年四月の参院選石川地方区落選は、二木秀雄にとっての転落の第一歩だった。

政界との関係では、二木秀雄の背後に鳩山一郎がいるのではないか、一時休刊後の『政界ジープ』再刊は鳩山の資金援助によるものではないかという見方が、中村静治の選挙分析以外でも散見するが、『輿論』から『政界ジープ』の全体的論調、『別冊政界ジープ』一九五一年一月号二木「世界連邦は夢か」の鳩山批判などから、どれだけ強い絆であったかは疑わしい。自由党でも改進党でも社会党でも、共産党以外ならどこからでも支援を得て国会議員になりたい、というのが二木の立候補だったのではないか。

このことは、立候補にあたって、内灘射撃場撤廃の明確な政策がないばかりでなく、「両派社会党に東亜同盟を含む一切の勢力」と、当時の国政では耳慣れない「東亜連盟」に媚びを売っている点にも見られる。

石川県は、もともと陸軍第九師団の衛戍地で、多くの軍幹部を輩出した。石原莞爾の提唱した右翼国家主義

54 『世界』第九三・九五号（五三年九・一一月）特集「内灘」「内灘は訴える」（清水幾太郎、中村静治ほか）、『内灘闘争資料集』刊行委員会、一九八九年、大久保孝治「清水幾太郎の『内灘』」『社会学年誌』四五号、二〇〇四年、など参照。

団体・東亜連盟に触発された東亜連盟運動は、旧軍人組織の強い石川県では戦後も勢力を残していた。これを掘り起こしたのが、五二年一〇月衆議院選挙での石川一区辻政信トップ当選で、辻は五三年四月選挙でも「自衛中立」「青年よ銃をとるな」といった反米的言辞で東亜連盟と旧軍組織の熱心な選挙運動により、第二位ながら再選された（一位は右社の岡良一、後に松前重義と共に日本社会党内の熱心な原発推進派となる）。

二木秀雄は、この辻政信の支持基盤をねらった。衆院選では旧軍人が辻に結集するが、参院選地方区では林屋・井村は東亜連盟にとって支持できる候補ではなく、「第三の候補」に流れる可能性がないわけではなかった。二木の参院選立候補は、五二年一〇月「辻旋風」を見て思いついたものだろう。しかし、如何せん辻政信との直接的縁故はなく、[55] 片想いに終わった。

何よりも二木は、なまじの軍人よりも「天皇陛下の戦争」に尽くしたつもりなのに、選挙戦では、七三一部隊での経歴も、細菌戦のゲリラ戦略も、公然と語ることはできなかった。選挙報道での二木秀雄は、あくまで「金沢医大医博・医師、東京で成功した出版社社長」であり、恩師谷友次はともかく、石川太刀雄の応援を得た形跡もみあたらない。すでに東京ではハバロフスク裁判『公判書類』が流布し、雑誌『真相』で満州での二木の人体実験が暴露された後であるが、北陸の古都金沢では、四五年秋の『輿論』発刊で一諸だった『北陸新聞』記者中村静治さえ、二木の七三一部隊歴に気づいていないようだ。

かくして七三一部隊の軍歴を選挙に使うことも出来ず、戦後のＧＨＱとの関係から辻政信ほどには「反米自衛」を強く訴えることはできない中途半端な二木秀雄は、金沢一中・四高・金沢医大の同窓生の一部に頼った泡沫候補に終わった。『政界ジープ』五三年五月以降は欠号が多く確言できないが、敗戦の総括も見当たらず、

---

55 七三一部隊免責の後半に重要な役割を果たした服部卓四郎は、「潜行三千里」で秘かに帰国した辻政信をかくまったばかりでなく、再軍備での国軍再建計画挫折の後、辻政信に私淑していた。しかし七三一部隊や二木秀雄との直接の接点はみあたらず、またあったとしても、辻と二木の衆参連携・ジョイント選挙はなかったであろう。

大きな挫折であったろう。

『真相』のライバルから脱落した末期の『政界ジープ』

いよいよ時局雑誌『政界ジープ』の検討も、最終局面に入った。一九五二年三月の復刊から五六年三月、政界ジープ恐喝事件による経営陣総検挙、廃刊までの時期である。ただしこれは、二つの意味で簡単に済まさざるをえない。

その第一は、この時期の『政界ジープ』は、国立国会図書館でも大宅壮一文庫でも極端に欠号が多く、系統的な内容分析が難しいことである。発行元もジープ新社→精魂社→政界ジープ社→政界ジープ通信社、と目まぐるしく変遷する。二木秀雄が「編集後記」等に登場するのは以前と変わらないが、編集人は少なくとも宮下隆寿、市川文三、久保俊広、発行人は仁藤直哉、市川文三、清水隆英と変わる。おまけに、元記者の取材を名目にした詐欺・恐喝まがいが多いらしく、「〇〇記者は本社と関係ありません」という社告が、以前にもまして目立つようになる。

もう一つは、『政界ジープ』の看板に反して、五二年再刊以降は、経済記事が多くなる。無論「次期総選挙出馬予想表」(五二年五月)、浅沼稲次郎「書記長稼業は苦労がござる」(五二年七月)、「吉田打倒、冬期労働ストの実相」(五三年四月)、蝋山政道「国会の対象」、市川房枝「家族制度の復活を恐れる」(五四年一二月)、「両社統一政権の新政策を抉る」(五五年四月)、野坂参三「救国の道について」(五五年一一月)などはあるが、保守合同・左右社会党統一へのマンネリ化した報道が続く。どうやら発行部数も減誌らしい。

いったん五一年八月にジープ社が倒産したとき、『財界ジープ』『経済ジープ』『医学のとびら』『別冊政界ジープ』『じーぷ』等々の多角経営ができなくなり、復刊後は『政界ジープ』一誌にしぼって、単行本もやめて、細々と「時局雑誌の老舗」を守っている。

かつてのライバル誌、左派の『真相』は、講和・独立後の五三年一一月(五七号)から復刊し「平和、独立、民主主義の旗じるし」「アメリカに帰ってもらう世論をつくる雑誌」と堂々と謳ったのに対して、『政界ジープ』にはそうした覇気・特色がない。五二年四月の復刊号で、二木秀雄が「独立」後も「我が国唯一の大衆政治誌」「政財界の裏面誌」と、昔の名前をうたう程度である。

佐和慶太郎の『真相』は、日本共産党分裂による読者層維持の困難のもとでも、復刊直後から「真相鋏厄史、占領下の言論とはこんなもの」という自誌のGHQによる検閲体験の記録を一三回連載して反響をよび、今日でも検閲研究の貴重な素材となっている。[56] 下山・三鷹・松川事件、白鳥事件、ラストボロフ事件などについて突っ込んだ調査記事を書き、水爆やABC兵器報道でも『政界ジープ』より具体的で新鮮だった。

原水爆禁止運動、米軍基地反対闘争等社会運動の時局報道の他、「濃縮ウラン受入れの裏にあるものは――原子力の平和利用という名の陰謀」(五五年五月)では、後にCIAが背後にいたことが明らかになる正力松太郎と中曽根康弘の原発開始期の暗躍を報道するなど、先駆的役割を果たした。もはや「ライバル誌」とはいえない差だった。

それに対して『政界ジープ』は、二木秀雄「鮎川義介氏の闘志」(五二年六月)、「街の庶民金融」(五二年一二月)、二木「商工金融の行き方」(五三年三月)、「特殊金融機関の裏表」(五三年一一月)、「東京銀行の謀略」(五四年二月)、「粛正すべき日本専売公社」「二億数千万円喰った日興證券の遠山天皇」(五四年七月)、「隠された電電公社のカラクリ」「第二の保全経済会、詐欺師太陽生命」(五五年一月)、「千葉相互銀行乗っ取り事件」(五五年八月)、「四国電力の実態を衝く」(五五年一二月)、等々、特定の企業ないし企業経営者を実名で挙げて、その金融・金銭スキャンダルを暴く記事が目立つ。特に地方の相互銀行や中小企業金融が狙われた。

56 原田健司「雑誌『真相』検閲の事例紹介」『インテリジェンス』一二号、二〇一二年

この復刊後の末期『政界ジープ』の行き着いた先が、一九五六年三月に発覚する「戦後最大の恐喝事件」＝政界ジープ事件である。二木秀雄の第二の挫折である。

政界ジープ事件――六四〇〇万円を脅し取った「戦後最大の恐喝事件」

『政界ジープ』一九五五年六月号（通巻九七号）は、「創刊十周年」とうたっている。「保守合同論の裏面を衝く」「ペテン師東邦生命を再び暴く」はこのころの常道で、「続・加州相互銀行の腐敗・乱脈」は、この年ほとんど毎号のように出たらしい。「加州相互銀行」とは、カリフォルニアの銀行ではなく北陸無尽株式会社が五一年に普通銀行になったもので、本社は金沢、のちの石川銀行のことである。二木はこの銀行の経理・融資を不正だとして執拗に追い、経営陣に攻撃を加えていく。あたかも五三年参院選惨敗の意趣返し――支援・融資を頼んで断られた？――の如くである。

巻末で目立つのは、政界ジープ総局・支局の一覧表である。九州・中部・関西・四国に総局をおき、全国一三の支局を持っている。これは、五〇年頃の最盛期ジープ社の東京本社集中管理方式とずいぶん異なる。確かに地方の銀行・企業・議会についての記事もあるが、月に一冊の時局雑誌編集にしては大げさな布陣である。結論的にいえば、これらの総局・支局を使って全国的に展開されたのが、企業スキャンダルをネタとした脅迫と恐喝の金集めであったのではないか[57]。当時の編集長は久保俊広、陸軍中野学校出身だった。

一九五六年三月一三日『朝日新聞』紙上で「政界ジープ事件」発覚が大きく報道されるにあたっては、「『政界ジープ』に手入れ、政・財界・知名人脅す、社長ら七人を逮捕、大阪支社も捜索」と地方支局も一斉に手入れされている。「某大会社に重役陣のスキャンダルがある」といい「この事実を書くぞ」と脅して十数万円を

57　この五五年総局・支局のリストと五六年精魂会発足時に二木秀雄の組織した元七三一部隊隊員名簿を照合してみたが、いまのところ合致者は出ていない。

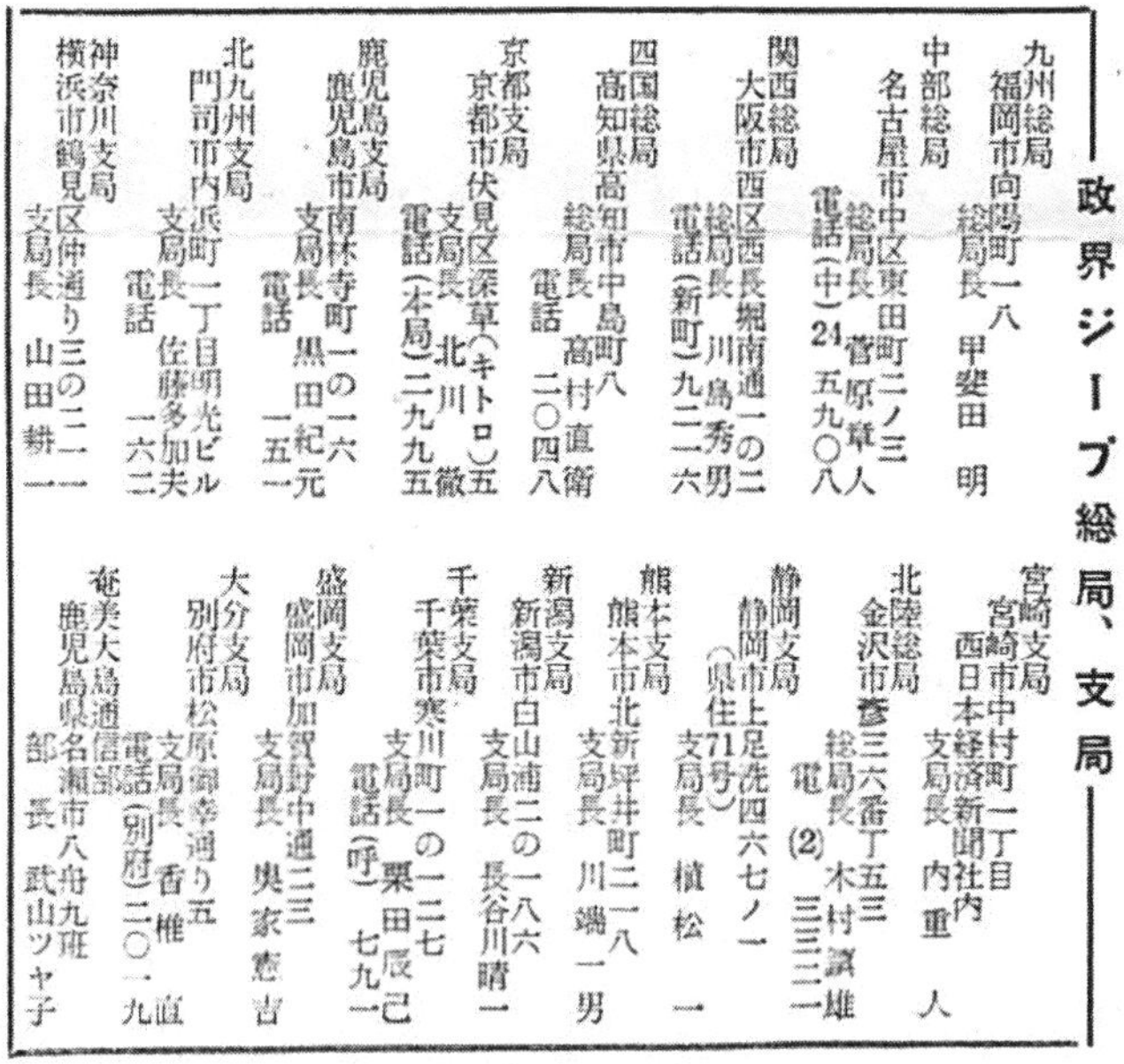

政界ジープ総局、支局

九州総局
福岡市向陽町一八
総局長 甲斐田 明
中部総局
名古屋市中区東田町二ノ三
総局長 菅原章人
電話(中)24 五九〇八
関西総局
大阪市西区西長堀南通一の三
総局長 川島秀男
電話(新町)九二一六
四国総局
高知県高知市中島町八
総局長 高村直衛
電話 二〇四八
京都支局
京都市伏見区深草(キトロ)五
支局長 北川 徹
電話(本局)三九九五
鹿児島支局
鹿児島市南林寺町一の一六
支局長 黒田紀元
電話 一五一
北九州支局
門司市内浜町一丁目明光ビル
支局長 佐藤多加夫
電話 一六二
神奈川支局
横浜市鶴見区仲通り三の二一
支局長 山田耕一
宮崎支局
宮崎市中村町一丁目
西日本経済新聞社内
支局長 内重 人
北陸総局
金沢市参三六番丁五三
総局長 木村誠雄
電 (2) 三三三一
静岡支局
静岡市上足洗四六七ノ一
(県住71号)
支局長 植松 一
熊本支局
熊本市北新坪井町二一八
支局長 川端一男
新潟支局
新潟市白山浦二の一八六
支局長 長谷川晴一
千葉支局
千葉市寒川町一の一二七
支局長 栗田辰己
電話(呼) 七九一
盛岡支局
盛岡市加賀野中通三三
支局長 奥家憲吉
大分支局
別府市松原御幸通り五
支局長 香椎 直
電話(別府)三〇一九
奄美大島通信部
鹿児島県名瀬市八舟九班
部 長 武山ツヤ子

とった、など被害に遭った一流会社・銀行は三十数社、「暴露記事を武器にした悪質なおどし事件」とされる。典型的な恐喝である。背景について、『朝日新聞』三月一三日は次のようにいう。

「政界ジープ」はさる二三年、医博二木秀雄氏（四八歳）が社長で株式会社ジープ社を設立、発刊当時は毎月四、五万部出ていたものの、借財が多くなり株式会社政界ジープ社と看板を変え、さらに昨年十一月政界ジープ通信社と変り、社長に久保がすわった。……前社長二木氏はいまの政界ジープ通信社には表面上関係ないが、黒幕的な存在として重視、身辺調査を進める。

創刊事情も会社名・経営者の調べも大雑把ではあるが、大筋はつかまれている。繰り返しの社名変更、編集者・発行者刷新、支社の分散化は、この日を予期しての犯罪隠し・リスク分散であったろう（上図参照）。久保俊広は「政界ジープ通信社」社長として三月一三日に真っ先に逮捕され、三月二八日に

「政界ジープ社」社長清水隆英の逮捕、四月二日に、本丸である「元株式会社政界ジープ社社長・医博」二木秀雄の逮捕にいたる。その間に、二木が私物化してきた高橋お伝標本の隠匿までして証拠隠滅をはかったのは、先に述べたとおりである。

二木はスキャンダルをネタに時価約五〇〇〇万円の土地を買えと脅したといい、被害額は一挙にふくれあがる。「二木氏は去る二三年、政界ジープ発刊の創設者、医博でもあり金沢医大の講師、海軍技師の経歴を持ち、去る二八年四月参議院選挙に立候補し落選」と、海軍とされているが軍歴も出ている。「この二木氏の検挙で、政界ジープは事実上壊滅の状態になったと当局では見ている」(『朝日新聞』四月二日)。

一時は被害総額六九六〇万円の「戦後最大の恐喝事件」とされたが、最終的には野村證券・山一証券・住友銀行・神戸銀行など一九社六四三五万二千円の恐喝事件として立件・起訴された。神戸銀行は、日本ブラッドバンクの大株主でメインバンクである。内藤良一も二木との関係を切ったであろう。

二木は、六四年東京地裁で懲役六年が求刑され判決四年、高裁・最高裁まで行って六九年に懲役三年で結審する。有罪の被告は、二木秀雄のほか、久保俊広、清水隆英、成重正則、五島徳二郎の五人だった。

この政界ジープ事件での逮捕を機に、二木秀雄は表社会からしばらく身を引き、二つの裏社会でのインテリジェンス活動にたずさわる。一つは七三一部隊隊友会「精魂会」の組織化、もう一つは恐喝事件の延長上での政財界の裏資金・ヤミ金融ブローカー、総会屋活動である。ここでは後者の表に出た場面だけを見ておこう。

国会で取り上げられた政界ジープ事件と共犯者久保俊広・五島徳二郎

政界ジープ事件の裁判記録は、入手できなかった。ただし裁判が東京地裁―高裁―最高裁判所と続いた一九六〇年代、二度ほど国会で議論になった。いずれも一九六六年秋、佐藤内閣の「黒い霧事件」の一環である。

一つは当時の上林山栄吉防衛庁長官の「公私混同お国入り事件」と呼ばれた問題である。一九六六年九月二日、就任したばかりの上林山栄吉防衛庁長官が、地元選挙区の鹿児島へお国入りした。その際、統幕議長、陸海空の三幕僚長を従え航空自衛隊のＹＳ11型機で帰郷、しかも陸上自衛隊音楽隊を連ねて地元をパレード、さらに同級生や後援者を秘書名目で同機に同乗させていたことが一〇月に発覚し、「公私混同」として批判された。まだ自衛隊は憲法第九条違反、違憲という考え方が強かった時代である。

この自衛隊機に「秘書」名目で乗せた後援者十名の中に、東京高裁で審理中の政界ジープ事件被告で鹿児島出身の久保俊広が入っていた。公判中にもかかわらず、久保は『国会ニュース』という『政界ジープ』まがいの院内紙を出していた[58]。一〇月一九日の第五二国会衆議院決算委員会、二七日の内閣委員会で、自衛隊機に乗った久保が、地裁で懲役三年の実刑判決後控訴し保釈中の「右翼政治ゴロ」であることが問題になった。

追及したのは、当時日本社会党の爆弾男といわれた楢橋弥之助であった。国会質疑では、一九六五年四月一二日第一審判決で、久保は懲役三年の実刑であったが、即日保釈になった。同じ被告の五島徳二郎、清水隆英、成重正則のうち、五島徳二郎は宝石商だが、殉国青年隊という右翼団体の顧問で、久保はその仲間である。成重正則は接骨院経営、清水隆英は無職だが「二木秀雄なる医師」が関係し、主犯として懲役四年を言い渡されている。「二木は、昭和二十年ごろ、金沢市において与論社を創設し、雑誌パブリックオピニオンを、翌二十一年三、四月上京した後、雑誌日本与論を発行していた、こういう事実が書いてあります。」

この二木と右翼五島・久保のつながりが、楢橋の追及のポイントだったが、金沢『輿論』『日本輿論』では、二木を右翼とするのは難しかっただろう。野党の調査不足で、久保の陸軍中野学校出身も、二木の七三一部隊歴も出なかった。「久保俊広なる人物がいかに政府・自民党の上層部と関係があるか」という野党とメディアの追究を、佐藤首相と上林山防衛庁長官は逃げ切った。

58 『国会ニュース』の国会図書館所蔵は、一一二五号（一九六五年四月一日）―一一六三号（六六年一〇月一五日）。国会の議論は、ウェブ上の「国会会議録検索システム」から。http://kokkai.ndl.go.jp

もう一つは、六六年一二月一五日国会参院運営委員会での水田大蔵大臣の政界ジープ事件での金銭授受への関与疑惑である。政界ジープ事件地裁判決文の中に、「三十〔一九五五〕年八月三日ごろ、東京都文京区駒込西片町十番地水田三喜男方」において、千葉相互銀行に対する「攻撃取りやめの懇請とともに、取りやめ料の趣旨で現金五十万円を交付」とあるのを野党は追及しようとしたが、五五年当時自民党政調会長で池田・佐藤内閣で大蔵大臣をつとめた実力者・水田を、追いつめるにはいたらなかった。『政界ジープ』五五年八月号には「千葉相互銀行乗っ取り事件」が載っていたが、国会質疑では使われなかった。

右翼政治団体、闇金融、総会屋の世界に浸透した『政界ジープ』残党

いずれにせよ二木秀雄と『政界ジープ』末期の記者たちは、サンフランシスコ講和・独立後の朝鮮戦争特需に寄生した経済復興初期に、闇金融・株不動産売買の世界で蠢いていた。五六年から六九年最高裁判決まで公判中にもかかわらず、恐喝事件の共同被告五島徳二郎、久保俊広が反共政治団体「殉国青年隊」の近くで右翼活動をしていた。

『政界ジープ』末期の編集長・久保俊広は、一九八七年に『今も生きているテキヤの仁義』という本を出している。その奥付に、顔写真入りで略歴を入れている。「大正一三年七月一八日、鹿児島県に生まれる。拓殖大学卒、前橋陸軍〔予備〕士官学校卒、陸軍中野学校入校。戦後、雑誌『政界ジープ』社常務取締役兼編集局長、『国会ニュース』の社長を経て、総合出版『ジャパンポスト』取締役社長兼編集主幹、『産経リサーチ』取締役社長として現在に至る」と、堂々と書いている。テーマがテキヤで、発行元は自分が社長のジャパンポスト出版部だから、むしろ読者への「勲章」と考えたのだろう。

もう一人の被告五島徳二郎は、満州時代に岸信介のブレーントラスト、竹馬の友であった。岸が満鉄役員時代の、満州国治安部高官だという。戦時中は陸軍御用達の秘密武器商社・昭和通商で、阿片売買で活躍したら

しい。昭和通商には、陸軍中野学校関係者が多かった。満州での七三一部隊・二木秀雄とのつながりはわからないが、久保俊広とは中野学校・昭和通商がらみでつながり、『政界ジープ』に誘われたのだろう。

昭和通商に在籍した山本常雄によると、昭和通商情報部には、四つの系統の諜報機関があった。日本ブラッドバンクの株主となった調査部長・佐島敬愛が、人類学者岡正雄、今西錦司など「文化人、ジャーナリストおよび自由主義を標榜する人士を好み、直情野性的なものを蔑視する傾向が強かった」のに対し、五島機関の「五嶋徳二郎氏が満州国謀略の本陣たる治安部より推挙されて入社しただけに調査部における特殊活動はほとんどこのグループが引き受けていた。……グループ自体として岩畔〔豪雄〕、藤原〔岩市〕両機関と密接な関係、中野学校出身者の現地再錬成を引き受ける等、大なるエネルギーをもって活動したが、戦争終盤に至り、東条政権打倒事件に連座、憲兵隊の強烈な弾圧も加わり、その活動力は急速に衰微した」という。

二木秀雄の『政界ジープ』は、こうした人材が取材記者の名目で潜り込む格好の場であったのだろう。[59]「宝石商」も闇金融ブローカーにふさわしい。

こうした経歴からも、久保俊広と五島徳二郎が、三浦義一を後ろ盾にして豊田一夫が五二年に作った愛国右翼団体「殉国青年隊」に関わったのは事実だろう。三浦義一は占領期にＧＨＱ・Ｇ２ウィロビーと深い関係だった。六〇年安保を機にした岸内閣を支える右翼民族派・ヤクザ暴力団の全国糾合にあたって、豊田は児玉誉士夫と対立したともいわれるが、関西電力の芦原義重にくい入り、原発利権と政治家の橋渡しとなった。

清水隆英は六六年には「無職」であるが、公判中の五九年一月には「政財界ジープ社・編集発行人清水隆英」で『政界ジープ』を再刊したらしい。「御成婚ちかづく皇太子と正田美智子さん」「政界実力者群像」「財界実力者群像」のほか社説「岸内閣退陣せよ」を掲げたが、すぐにつぶれたようだ。「接骨院経営」という成

59　山本常雄『阿片と大砲――陸軍昭和通商の七年』ＰＭＣ出版、一九八五年、四四―四五頁。

重正則の手がかりはない。

二木秀雄と平和相互銀行・小宮山英蔵の黒い絆

末期『政界ジープ』関係者のその後から、「政界ジープ恐喝事件」の遺産がみえてくる。一つはいわゆる総会屋、正確には出版社系総会屋の有力なルーツが、二木の右派時局雑誌『政界ジープ』にあったことである。今日では度重なる商法改正で総会屋による株主総会あらしは目立たなくなったが、この方面の必読書といわれる『ドキュメント総会屋』の著者・小野田修二自身が『政界ジープ』記者を経て『月刊ペン』編集長からフリージャーナリストである[60]。

ライバル誌だった佐和慶太郎の『真相』が五七年に廃刊後、その手法が七九年に岡留安則の『噂の真相』創刊に受け継がれるのはよく知られているが、『政界ジープ』も、いわゆる総会屋系雑誌といわれる『現代の眼』（木島力也）『創』（小早川茂）『流動』（倉林公夫）『新雑誌X』（丸山実）などに残党が入り込む、ないし編集手法等が受け継がれた可能性がある。一九八四年に廃刊になる『日本読書新聞』の末期に暗躍したのは、版元日本出版協会を乗っ取り理事長をつとめた「国会に巣食うダニ」久保俊広だった。

伊藤博敏の『黒幕』は、『現代産業情報』社主で大きな経済事件の裏に必ず出て来る「兜町の黒幕」石原俊介の師は、小野田修二だったという。また保守系論壇誌『自由』の石原萠記と東京電力を結びつけたのは、情報誌『マスコミ時代』の発行人だった大橋一隆だったという。大橋は『政界ジープ』記者時代に東電首脳に食い込み、東電のマスコミ対策を事実上差配した。二〇一一年三月一一日福島原発事故のさい、東電勝俣恒久会長は大手マスコミ幹部と中国旅行中で問題になったが、この「愛華訪中団」の仕掛け人が、『政界ジープ』出

60　小野田修二『ドキュメント総会屋』『広告王国』大陸書房、一九八一・八二年。

身の大橋とその遺志をついだ石原萠記だった。[61]

さらに興味深いのは、一九八六年東京地検特捜部が摘発した平和相互銀行による特別背任事件の裏事情である。伊藤は、『政界ジープ』編集長をつとめた本田二郎が、「退社後、〔平和相銀会長・小宮山〕英蔵の社外秘書的な存在となり、ダーティーな仕事を引き受けてきた。また、本田以外の『政界ジープ』人脈も、平和相銀に食い込んできた」という。しかも平和相銀グループ所有の鹿児島県馬毛島を自衛隊水平レーダー基地用に買い上げさせる二〇億円の政界工作は、「殉国青年隊」あがりの大物右翼・豊田一夫が担当した。

重要なのは、本田二郎の平和相銀への接近が『政界ジープ』の「社長が小宮山英蔵と親しかったので」と、二木秀雄の名はないが、早くからの二木と小宮山一族の関係を示唆していることである。すると平和相銀事件への本田のほか、久保俊広や五島徳二郎、豊田一夫らの関与も、二木の流れで見えてくる。

平和相銀の小宮山英蔵は、実弟・小宮山重四郎が自民党の衆議院議員（郵政大臣）であった。保守系政治家や総会屋・右翼などとも関係を持ち「闇の紳士の貯金箱」とまで噂されたが、一九七九年に没し、後継者争いの内紛がおこった。そこに、闇の世界の黒幕たちが暗躍する。[62]

ちょうどその時期、刑期を終えた二木秀雄が、新宿歌舞伎町であらたに始めたロイヤルクリニックと日本イスラム教団の派手な産油国工作が、週刊誌でも話題になった。その日本イスラム教団の広告塔としてあげられたのが、俳優水の江瀧子、劇作家阿木翁助と共に、「前郵政相の小宮山重四郎氏も昨年入信」だった。[63]

小宮山兄弟と二木秀雄の関係は、占領期から八〇年代まで続いていたと考えられる。二木の裏社会での暗躍の有力なパトロンは、平和相銀・小宮山英蔵であった。

---

61 伊藤博敏『黒幕――巨大企業とマスコミがすがった「裏社会の案内人」』小学館、二〇一四年、四二―四三頁、六六―七〇頁。山田穂積『謀略の金屏風――平和相互銀行事件・その戦慄の構図！』宝島社、一九九四年、二〇頁以下、参照。

62 國重惇史『住友銀行秘史』講談社、二〇一六年、の描く裏世界である。

63 伊藤『黒幕』八〇―八二頁。『週刊文春』一九七九年三月二二日、『週刊新潮』一九七九年五月一七日、参照。

エピローグ　七三一部隊における慰霊、二木秀雄における信仰

1　七三一部隊の復権と戦友会「精魂会」

二木秀雄の五三年精魂社、五五年精魂会結成・精魂塔建立

二木秀雄は、政界ジープ恐喝事件で被告となる直前から、毎年『人事興信録』に名前を載せている。出版ビジネス最盛期の一九五三年まではなかったが、五五年の第一八版から「二木秀雄　医学博士　(株)精魂社社長、石川県出身、明治四十一年二月十日に生る、金沢医大を卒業す、東京都大田区田園調布四―三一九(電)七二―二八四三」とあり、これは第二〇版(五九年)まで変わらない。

第二一版(六一年)―二八版(七五年)までは、職業は「開業医」と変わり、家族の名が出て、住所は銀座の診療所になる。金沢大学医博、著書『素粒子堂雑記』、趣味はスポーツ、宗教は仏教と、前橋刑務所に服役中の三年間も掲げ続ける。ただし、第二九版(七七年)以降はみあたらない。

どうやら「精魂社」という一九五三年参院選出馬時に『政界ジープ』の発行元にした会社は、その後雑誌の

版元が変わっても、法人としては存続させたらしい。それが、七三一部隊同窓会「精魂会」につながる。

この六四〇〇万円に及ぶ戦後最大の恐喝事件の主犯・二木秀雄が、併行して戦時中の友人たちとの絆を再建し、私費を投じて多磨霊園に「精魂塔」を建て、毎年八月一五日前後に供養の会を開こうというのは、いったい本人の中でどのように統一されているのか。

一つのありがちな解釈は、七三一部隊での「マルタ」への人体実験、中国民衆に対する細菌戦実行へのなにがしかの「後ろめたさ」があって、一〇年かけて新時代の荒波をしゃにむにのりきり、出版ビジネスの成功で得た儲けの一部を割いて、供養のために隊友会組織と慰霊碑を作ったという「良心の呵責」説である。

しかし、これは成り立たない。まずは長くなるが、一九五六年一一月一日の日付のある、「精魂会」結成の報告・よびかけ文（近藤昭二氏提供）をみてみよう。

拝啓、貴殿には益々御清栄の御事と存じ上げます。

月日のたつのは早いもので、終戦以来既に十年を経過致しました。その間社会の変遷は誠にめまぐるしく元軍医学校各地防給に居た者にとっては殊に困難な時期であったと思います。

さて本日御通知申上げる精魂会は過去の隊員及び犠牲者の霊を厚く弔いたいという有志の念願から生れたもので毎年八月一五日頃（八月一五日以後の日曜日）に東京多磨霊園に建立した精魂塔に集まり霊を慰め旧知の間の不幸があればこれを弔意することを目的とした会であります。もとよりこの会は政治や経済に関連したことは努めて避け慰霊と相互の懇親、抑留者家族の慰問等誰れにも共通する考えを実現しようとするものであります。

精魂会は昭和三〇年八月一五日第一回慰霊祭で発足し碇常重氏、坂井金太郎氏、石井剛男氏三氏の逝去に際しては有志の香奠を集めて贈り、昭和三一年八月一九日には第二回慰霊祭を施行し、その間に名簿整

拝啓　貴殿には益々御清栄の御事と存じ上げます。月日のたつのは早いもので、終戦以来既に十年を経過致しました。その間社会の変遷は誠に目まぐるしく元軍医学校各地防給に居た者にとつては殊に困難な時期であつたと思います。
さて本日御通知申上げる精魂会は過去の隊員及び犠牲者の霊を厚く弔いたいという有志の念願から生れたもので毎年8月15日頃(8月15日以後の日曜日)に東京多摩霊園に建立した精魂塔に集まり霊を慰め旧知の間の不幸があればこれを弔慰することを目的とした会であります。もとよりこの会は政治や経済に関連したことは務めて避け慰霊と相互の懇親、抑留者家族の慰問等謙れにも共通する考えを実現しようとするものであります。精魂会は昭和30年8月15日第1回慰霊祭で発足し碇常重氏、坂井金太郎氏、石井剛男氏3氏の逝去に際しては有志の香奠を集めて贈り、昭和31年8月19日には第2回慰霊祭を施行し、その間に名簿整理をして来ましたこの名簿は脱洩も多く住所職業の変更もかなりあると思われますがお互の連絡には何かと役立つと思います。諸兄の御協力を得て追加訂正したいと存じますので同封の用紙にお記入の上折返し御知らせ下さるよう願い上げます。次に精魂会の会計でありますが精魂會建立には金一五一七、〇〇〇円を要しましたがこれは二木秀雄氏寄附金一四六一、一〇〇円と有志寄附金五五、九〇〇円によつて完済しました。またその維持は塔及び敷地を東京都に寄贈しましたので東京都が無料で行ふことになつて居ります。碇、酒井、石井3氏の場合は有志の寄附で通信料を支払つておりましたなお通信連絡等の事務は主として鈴木、堀口その他が労力奉仕しております。精魂会の会計としては各人の経済状態から考えて将来とも無理な募金はしないことにしておりますが問題は通信費であり、多少の余裕のある方々から百円単位の御拠金をいただきたく、御願い申上げる次第であります。
尚今回は外地残留者家族も慰問致したく存じておりますので一口二〇〇円以上重ねて御喜捨賜はらん事を懇願致します。之が処分についてはいずれ御通報申上げますが一応世話人会に御一任願上げます。精魂会の目的、経過、会計は以上の通りでありますが各位の御協力によつてこの會を続けて行きたいと思います。前に述べましたとおり慰霊祭は毎年8月に開きますが地方在住の方々は御上京の折に精魂塔にお参り下さるよう願ひ上げます。精魂塔は多摩霊園にあり多摩霊園東側いわきや石材店東京都府中市紅葉ヶ丘(電話武蔵府中65番)にお出で下されば御案内申し上げます。
（道順　京王電車多摩霊園下車又は国電武蔵境乗換多摩墓地下車）

昭和三十一年十一月一日

本年度世話人

八木沢行正・長友浪男・鈴木重夫
鈴永義男・堀口鉄夫・山田二郎

連絡事務所　東京都墨田区寺島町四の一〇六鈴木重夫方

精魂會

電話　城東(61)五六八八番

石井剛男氏香料会計報告

総額金壹万貳阡円也

安府 清　浜村博治　高丸 望　須田一男
矢吹瀬次郎　植村 衛　菊村幸太郎　山下健次
北野政次　長友浪男　内田 忠　鬼塚 彌
堀口鉄夫　鈴永義男　内藤良一　井上政善
永山太郎　山田二郎　菊地名彦次　小濱 蕪
井上隆謹　加藤鋭一　鈴木重夫　坂井君江
白石修健　夏目幸三郎　佐藤幸蔵　正木康夫
八木沢行正　南岡 長帳　関根 謙（旧姓宏川）
二木秀雄

（以上を以つて領収証に換へます）

第2回 精魂会慰霊祭

殿

理をして来ました。この名簿は脱洩も多く住所職業の変更もかなりあると思われますがお互いの連絡には何かと役立つと思います。諸兄の御協力を得て追加訂正したいと存じますので同封の用紙にお記入の上折返し御知らせ下さるよう願います。

次に精魂会の会計でありますが、精魂会建立には金一五一万七〇〇〇円を要しましたが、これは二木秀雄氏寄付金一四六万一一〇〇円と有志寄付金五万五九〇〇円によって完済しました。またその維持は塔及び敷地を東京都に寄贈しましたので東京都が無料で行ふことになって居ります。

碇、酒井《（ママ）》、石井三氏の場合は有志の寄付で通信料を支払っておりました。なお通信連絡等の事務は主として鈴木、堀口その他が労力奉仕しております。精魂会の会計としては各人の経済状態から考えて将来とも無理な募金はしないことにしておりますが問題は通信費であり、多少の余裕のある方々から百円単位の御拠金をいただきたく、御願い申し上げる次第であります。

尚今回は外地残留組家族も慰問致したく存じておりますので一口二〇〇円以上重ねて御喜捨賜らん事を懇願致します。之が処分についてはいずれ御通報申上げますが一応世話人会にご一任願上げます。

精魂会の目的、経過、会計は以上の通りでありますが各位の御協力によってこの会を続けて行きたいと思います。前に述べましたとおり慰霊祭は毎年八月に開きますが地方在住の方々は御上京の折に精魂塔にお参り下さるよう願い上げます。精魂塔は多磨霊園にあり多磨霊園東門いわきや石材店東京都府中市紅葉が丘（電話武蔵府中　六五番）にお出で下さればご案内申し上げます。（道順　京王電車多磨霊園下車又は国電武蔵境乗換多摩墓地下車）

昭和三一年一一月一日

本年度世話人

八木沢行正、長友浪男、鈴木重夫、鈴木義男、堀口鉄夫、山田二郎

仮事務所　東京都墨田区寺島町四―一〇六鈴木重夫方

電話城東〇〇番

精魂会

石井剛男氏香料会計報告　総額一万二千円也

安東清、岩村博治、高丸定、須田一男、矢吹源次郎、植村肇、菊村泰太郎、山下健次、北野政次、長友浪男、内田応、児玉鴻、堀口鉄夫、鈴木義男、内藤良一、井上政善、永山太郎、山田二郎、海老名泰次、小潟基、井上旅蔵、加藤真一、鈴木重夫、坂井君江、白石悌三、夏目亦三郎、佐藤幸蔵、正木康夫、八木沢行正、市岡長松、関根隆（旧姓安川）、二木秀雄　（以上を以て領収証に換へます）

殿

精魂会よびかけ文から見える敗戦十年後の七三一部隊

この精魂会発足時の世話人会報告・よびかけ文からは、一九五六年時点での七三一部隊についての、さまざまな現況がわかる。

第一に、このよびかけ文には、七三一部隊も、関東軍防疫給水部も、石井四郎隊長の名も出てこない。ただし「元軍医学校各地防給に居た者」と「碇常重氏、坂井金太郎氏、石井剛男氏三氏の逝去」によって、この文章を送られたものには、声をかけられた理由と範囲がわかるようになっている。

これは、端的にいって、「三つの掟」の第三「隊員相互の連絡は厳禁する」を無効にする、戦友会結成のよびかけである。第二次世界大戦での同じ部隊や艦隊での体験を共有した人々の戦友会は、サンフランシスコ講和条約・日米安保条約での独立後、一九五三年から全国に広がった。五〇年代・六〇年代に急速に広がり、一時は数千を数えたという。多くは自然発生的な動きで、靖国神社の国家祭祀を実現するための全国戦友会連合会（戦友連）の結成は一九六八年であるが、こうした政治的活動が始まる以前に、ほとんどの戦友会は始まっていた。七三一部隊の精魂会も、こうした同窓会・戦友会組織の一つであった。

だが、七三一部隊については、一般の戦友会と同列には扱い得ない、特殊な事情が介在していた。細菌戦・人体実験という国際法上の犯罪行為を軍務として実行してきたばかりでなく、そのことを長く秘匿しなければならなかった。

しかも七三一部隊は、一度も公式に解散・解体を決めたことはなかった。満州から日本へ他部隊に先駆けて帰国する際にいったん退職・退役が告げられたが、四五年九月にはそれが取り消され、「仮本部」「留守業務部」のもとに都道府県毎の連絡網が作られ、いつまで機能したかははっきりしないが、給料や退職金も支給された。帝国陸軍は解体されたのに、七三一細菌戦部隊は、名目上存続した。

それは、石井四郎をはじめ将校・技師クラスの幹部・中堅約百人の証拠隠滅、戦犯不訴追・免罪をかちとるためで、極東国際軍事裁判が結審した四八年末には、ほぼ決着がついていた。中心的医師・医学者たちは、大学や研究所、病院等に戻り、復権していった。だが一般隊員に告げた「三つの掟」――「一、郷里へ帰ったのちも、七三一に在籍していた事実を秘匿し、軍歴をかくすこと」「二、あらゆる公職につかぬこと」「三、隊員相互の連絡は厳禁する」が、取り消されたわけではなかった。事実として連絡網は機能せず、多くの隊員が生活の糧を求め場合によっては「公職」にもついたが、タテマエとしての「一時帰休命令・自宅待機」は、生き続けていた。

敗戦から一〇年経って、全国にさまざまな戦友会が生まれつつあるとき、占領期は「日陰者」であった旧七三一部隊の隊員たちにも、再結集への動きが出てきた。一九五〇年の民間企業である日本ブラッドバンク設立はその嚆矢であった。その医薬ビジネス起動の中心の一人である二木秀雄が、戦友会についても発案者だった。ただし二木秀雄は、五〇年から開業医になったとはいえ、『政界ジープ』という政財界スキャンダル雑誌を全国で販売し、五三年参院選に出馬して落選するという、何かと話題の多い、派手な人物だった。隊内にもにがにがしく見ていた者は多いだろう。石井四郎や北野政次という元隊長を前面に出すと、旧軍組織と同じではないかと反発が出る。戦友会には、戦時の階級や勲章にこだわらない平等な関係が必要だった。「もとよりこの会は政治や経済に関連したことは努めて避け」というよびかけ文の趣旨は、七三一部隊の場合には、とりわけ必須のものだった。

二木秀雄ではなく鈴木重夫を中心とした隊友会組織

第二に、実質的発起人は精魂塔建立に私費を注いだ二木秀雄であるにしても、二木を代表にするわけにはいかなかった。五五年八月の立ち上げのさいにはまだ発覚していなかったが、このよびかけの五六年一一月時点では、すでに半年前発覚の政界ジープ事件の主犯として七千万円近い恐喝が全国に報じられたあとである。そのダーティーな金で動き、助命嘆願運動や右翼政治運動に向かうのでは、戦友会の趣旨に反する。「本年度世

話人　八木沢行正、長友浪男、鈴木重夫、鈴木義男、堀口鉄夫、山田二郎」の集団体制で、事務局は二木ではなく、鈴木重夫（七三一部隊第三部焼成班）と堀口鉄夫（資材部）が引き受けることになった。

この一九五六年一一月呼びかけ文には、一〇月時点での精魂会会員一八七人の名簿が付されている。そこでの自己申告住所・職業は、八木沢行正（東京・抗生物質協会理事）、長友浪男（東京・科学技術庁調査官）、鈴木重夫（東京・衛生材料会社社長）、鈴木義男（東京・製薬会社社長）、堀口鉄夫（東京・公務員）、山田二郎（東京・日本鋼管病院）である。米軍細菌戦尋問や隠蔽・免責工作のなかにいたメンバーは、一人も世話人に入っていない。全員東京で、それなりの社会的地位にあることがわかる。

会員名簿には、冒頭に石井四郎が「開業医」としてでてくる。北野政次も「血液銀行所長」とある。二木秀雄は「会社社長」で、内藤良一（日本血液銀行所長）、金子順一（武田薬品製造部長）、石川太刀雄（金沢大教授）、岡本耕造（東北大学教授）など著名な幹部は、あくまで平会員である。

なによりも、四五年秋以降「留守業務部」として全国隊員組織の責任者であった太田澄（開業医）・佐藤重雄（会社重役）が、代表でも世話人でもなく、一会員として入っている。名簿は階級別でも都道府県別でもなく、ほぼ五〇音順である。後の一九六六年「精魂会」名簿二四三人には「旧所属名」と「年齢」が加わるが、この五六年発足名簿は、「留守業務部」名簿とは別個に、旧階級や所属部署を問わずにつくった体裁である。

特に「今回は外地残留組家族も慰問致したく」と、七三一部隊員だが逃げ遅れ、ソ連や中国で戦犯とされた家族の慰問をうたっている。五〇年のハバロフスク裁判新聞報道・『公判書類』刊行、『レポート』『真相』などの特集記事を読んで、秘かに心を痛めていた元隊員は少なくなかっただろう。名簿には、特に断ることなく川島洋（千葉県）、柄澤豊子（長野県）、西光子（東京）と、見る人が見ればわかる、ハバロフスク裁判被告で戦犯とされ、なおソ連抑留中の隊員の留守家族の名がある。ちょうど日ソ国交回復交渉が進展中で、新聞では残された抑留者が報じられていた。年末には川島清、西俊英が帰国する時期である。ただし柄澤十三夫だけは、一〇月に収容所で溢死し（日本では一二月報道）遺品だけが戻ることになった。多くの心ある隊員には、自分たちはなんとか十年を生きていたのに、極北のソ連収容所で強制労働を課された仲間の存在は、他人事ではなかっただろう。

七三一部隊のミニ靖国——精魂会の「精魂」とは、精魂塔の「平等万霊」とは？

ここから第三に、「過去の隊員及び犠牲者の霊を厚く弔いたい」「毎年八月一五日頃に東京多磨霊園に建立した精魂塔に集まり霊を慰め旧知の間の不幸があればこれを弔意する」「慰霊と相互の懇親、抑留者家族の慰問等誰れにも共通する考えを実現」という、精魂会の目的が出て来る。

あくまで七三一部隊隊員内部の慰霊である。「マルタ」の人体実験被害者や、ペストノミ細菌戦犠牲者は入っていない。視野から抜けている。確かに実験中に感染した日本人隊員犠牲者もいたし、南洋に送られ戦没した仲間もいた。自殺者もいた。戦後に交通事故で没した増田知貞のような隊員もいた。そこでさしあたり、碇常重（ノモンハン事件時決死隊長）・坂井（酒井？）金太郎・石井剛男（石井四郎長兄、五六年七月四日没）を慰霊し、今後も仲間の不幸があれば連絡をとりあい多磨霊園に祀ろう、という隊員仲間内の慰霊塔建立である。

これは、端的に言って、自分たちを戦争被害者の側におき、中国人・ロシア人・モンゴル人犠牲者への加害責任を封印する論理である。一般の戦友会であれば、それぞれの部隊の戦果ないし失敗を振り返って、「天皇陛下のために死んだ」仲間を、なつかしみ悔やむことができる。その合い言葉が「靖国神社で会おう」であった。GHQは、一九五一年八月二八日の指令で靖国神社の存続を認め、講和・独立後は、戦友会の巡礼地になっていた。

七三一部隊の場合は、大手を振って靖国に集まるわけには行かない。それは「天皇の軍隊」ではあったが「陛下の鬼子」であり、存在を隠さなければならない部隊だった。実際極東国際軍事裁判でもソ連のハバロフスク裁判でも国際法違反が疑われ、ソ連の戦犯はようやく国交回復恩赦で帰国の見通しがついたばかりだった。

七三一部隊員の被害者意識とは、たんにソ連侵攻で満州国は崩壊し日本へ敗走しなければならなかったという、満州国移住日本人や開拓団のそれとは異なっていた。シベリア抑留から帰還して米軍に尋問され、郷里でも「アカ」「スパイ」扱いされて求職や親戚付き合いもままならなかったソ連戦争捕虜のそれとも違っていた。

七三一部隊関係者は、自分たちは対ソ戦に備え、高度な科学技術を駆使して最先端の武器をつくり、実際中国大陸では実用出来る見通しもできていたのに、大本営と参謀本部の命令で突如すべての解体・焼却・隠蔽が強制され、研究そのものの意味が否定され抹殺されたという、特殊な被害者意識を持っていた。事実、戦後の米軍は自分たちの人体実験・細菌戦データの価値を認め、戦犯不訴追・免責まで認めるほどの高度な医学的貢献であったが、それが公然とは認められず「鬼子」扱いのままなのに、不満を持っていた。

朝鮮戦争で米軍は、七三一部隊の「成果」を利用した可能性が強い。敗戦時参謀本部の「最後の一撃」用に細菌兵器と共に進められた仁科芳雄らの原爆開発は、それが他国に較べて初歩的段階で、しかも「原子力の平和利用」には使えるという理由で公然と免責され、物理学者たちは復権していた。湯川秀樹のノーベル賞受賞は敗戦後の民衆に希望を与え、一九五五年末に原子力基本法が成立し、五六年には原子力委員会も発足した。

事実としては、PHWサムス准将のもとで「細菌戦研究成果の平時利用」が進んで、医学者たちは感染症対策やワクチン作りで復権できた。しかし国際的に見れば原子力研究より進んでいたと認知された自分たちの細菌戦研究は、日本ではいまだに「日陰者」扱いされている。

自分たちが天皇陛下と日本国民のために「精魂込めて」進めてきた仕事は、「科学の中立性」「科学技術立国」の範疇に組み込まれず、もっぱら人道的・倫理的問題のレベルで沈黙を強いられているのはなぜなのか――この辺が、二木秀雄の精魂社創設・精魂会組織化・精魂塔建立のアイディアの起源であろう。

精魂塔の正式名「懇心平等万霊供養塔」の「平等」とは、七三一部隊内での「平等」であり、他部隊に較べ不当に扱われる細菌戦部隊の旧軍内「平等」要求だった。「万霊」には中国人やロシア人被害者は含まれず、せいぜい日本人戦没者全体の魂の救済だった。したがって「供養」とは、仲間内以上に広がらない、内向きの慰霊だった。二木秀雄の建てた精魂塔とは、七三一部隊隊員にとっての、ミニ靖国神社だった。

費用はなぜ一五〇万円で九六%が二木秀雄の私財寄付なのか?

よびかけ文の「精魂会建立には金一五一万七〇〇〇円を要しましたが、これは二木秀雄氏寄付金一四六万一〇〇〇円と有志寄付金五万五九〇〇円によって完済しました。またその維持は塔及び敷地を東京都に寄贈しましたので東京都が無料で行ふことになって居ります」は、ある種の会員向け会計報告・情報公開である。

創立費用の九六%を二木秀雄が出したのだから、ほとんど丸抱えである。二木秀雄のための私的戦友会、再び政界進出を狙った後援会かと疑われる可能性もある。二木個人には、そうした思惑があったかもしれない。しかし、それでは隊友会にならない。会費とその使途については、公明正大でなければならない。

もともと七三一部隊の戦後は、暗い闇である。帰国時の隠匿資金・資産はどうなったのか。GHQ機密費からの細菌戦データ提供の対価二五万円は、どう使われたのか。数年間給料や退職金を届けられた隊員もいたが、全く恩恵のなかった旧隊員もいた。

クールな見方をすれば、恐喝スキャンダルで刑事犯となったダーティーな二木秀雄の多額の寄付金で、隊内にくすぶる七三一部隊の戦後資金疑惑を一気に清算し、新たにうまれた精魂会は、元隊員一〇〇円単位拠出の平等な懇親組織として発足する、「各人の経済状態から考えて将来とも無理な募金はしない」ことを約束するための会計報告・情報公開だったのではないか。

二木秀雄には、創設時多額寄付者と会の名前の命名者の「栄誉」を残し、一会員になっても運営にはタッチさせない。あとで問題になるよりも、出発時に事情と経理を公開して、石井四郎と同様に二木秀雄も「敬して遠ざける」世話人たちの知恵のように見える。

ちなみに、第一部で紹介した多磨霊園の帳簿では、「建立年月日　昭和三〇年八月一三日、碑石地面積　五四・一五平方メートル、永代使用料　八万六六四〇円、建立者　二木秀雄（精魂会代表者）」であったから、碑石の永代使用料と二木の寄付金には一三七万円以上の差がある。一九五五年の給与所得者年収が二〇万八〇〇〇円、国家公務員初任給八七〇〇円、コーヒー一杯五〇円、宝くじの一等商品四〇〇万円の時代に、精魂塔の墓石・土地に、本当に一五〇万円もかかったのであろうか。もっとも銀座一等地の実勢価格は坪あたり一一四万円（五三年）ともいうから、実際にかかったのかもしれない。

つまり精魂会は、発足資金の入り口も出口も、謎だらけである。二木以外の「有志寄付金五万五九〇〇円」が一人一万円としても、六人分にみたない。残留者慰問金一口二〇〇円、石井剛男香奠もならすと一人五〇〇円以下であるから、当時の一般庶民の生活感覚からすれば、「精魂会プロジェクト」は一大事業であった。

それらすべてを「汚れ役」二木秀雄個人の責任と寄付にして、七三一部隊の亡霊は、苦節十年で目に見える形を得た。七三一部隊の復権と、カリスマ石井四郎及び金蔓二木秀雄のフェイドアウトである。

軍人恩給を受け取り「普通の軍隊」に——恩給ブローカーとしての二木秀雄

当然、ここには裏がある。よびかけ文には、かつての「留守業務部」給与の話も軍人恩給の話も出てこない。しかし、一九五三年に全国で戦友会が続々と生まれる直接の背景は、「戦傷病者戦没者遺族等援護法」（一九五二年）に続いて、この年、「恩給法」改正（法律第一五五号）が成立し、GHQによって四五—五二年は停止されていた第二次世界大戦参戦旧軍人・軍属の軍人恩給支給が決まったことであった。

恩給は、個人単位での自主申請である。しかし厚生省に認められる軍人恩給を受けるためには、都道府県援護局等の窓口で「軍歴証明書」をもらわなければならない。「兵・下士官一二年、准士官以上一三年」の勤務歴が必要だが、戦地での特殊勤務には「加算年」という割増評価があった。また「短期在職者」にも軽減支給の道があった。

七三一部隊の隊友会「精魂会」とは、他の多くの戦友会と同じように、タテマエとしての物故隊員供養・戦友再会のノスタルジアと共に、軍人恩給受給の可能性を探り、実利情報を交換する利益共同体だったのではないか。二木秀雄の役割は、その筋道をつけることであり、実際に恩給が受給できれば、石井四郎隊長が四五年末に考えた一斉「退職金」支給・スリム化の挫折や、太田澄・佐藤重雄の「留守業務部」による給与支給未払い等への不信・疑惑も一掃され、いわば堂々と軍歴を名乗り、過去を語り合う場をつくれる。

ただし軍人恩給は、旧軍の階級差が適用され、遺族にも出る。[64] 日本遺族厚生連盟（五三年から日本遺族会）や旧軍人関係恩給復活全国連絡会等は早くから政治的に運動し、後に自由民主党の有力な支持母体・圧力団体になっていくが、そうした動きに加わるのは、七三一部隊にとって得策ではなかった。靖国神社に堂々と赴くわけにはいかない「わけあり部隊」の哀しさ、わびしさである。

二木秀雄は、七三一部隊員の軍人恩給支給をかちとるために、厚生省と隊員を結びつける、恩給ブローカーの役割を買って出たのではないか。石井四郎や北野政次、内藤良一らと事前に相談して納得を得たかどうかはわからないが、軍人恩給なら皆の関心事で、隊友会創設の格好の口実だった。鈴木重夫ら世話人たちを説得しやすい再組織の論理だった。

初発の精魂塔建立までは、戦後復興期を調子よく生きて金をためた、世渡り上手の二木秀雄の世話になったが、あとは軍人恩給も出るので、二木の私財をはなれて運営していく、というのが呼びかけ文「会計報告」の裏のメッセージだったのではないか。幹部が率先して軍人恩給を受けとることで、七三一部隊を日本政府・厚生省に

---

64 「軍人恩給の復活」法政大学大原社会問題研究所『日本労働年鑑』第二七集（一九五五年版）。赤澤史朗「一九五〇年代の軍人恩給問題」『立命館法学』第三三三・三三四・三四一号（二〇一〇・一一年）。

認知・公認させる、秘かな策動の始まりだったのではないか。これが、私の精魂会結成についての仮説である。

七三一部隊は軍人恩給受給資格のある日本政府公認の旧軍組織に

実際、幹部隊員たちは、この頃軍人恩給を申請し、認められたようである。

森村誠一『悪魔の飽食』ブームがなお続く、一九八二年四月六日、第九六国会衆院内閣委員会で、七三一部隊の全容についての日本政府の公式見解が、初めて具体的に示された。それは、七三一部隊関係者への軍人恩給支給についての質疑のなかであった[65]。

榊（利夫、日本共産党）委員　恩給問題と関連いたしましていわゆる七三一部隊の問題で質問をいたします。旧満州、つまり中国の東北地方にいました旧軍人軍属のうちで、関東軍防疫給水部に所属していた軍人軍属などがいます。そのうち恩給官員、つまり恩給を受ける公務員、これは何人いたのか、それから非恩給官員は何人だったのか、資料ございますか。

森山（喜久雄、厚生省援護局業務第一課長）説明員　関東軍防疫給水部、通称石井部隊という部隊でございますが、この部隊の復員者、つまりお帰りになった人のうちで恩給公務員の数、恩給公務員の数と申しましても普通恩給の年限の資格があるかどうかわかりませんが、一応身分的に恩給公務員となるという人の数を申し上げます。私どもで保管しております留守名簿という名簿がございまして、これは昭和二十年一月一日現在で外地にあった部隊の所属者の名簿でございます。これは終戦後も残務整理で復員の記録などを書き込んだものでございます。これによりますと、将校が百三十三名、准士官、下士官、兵、これが

65 以下、第九六回国会衆議院内閣委員会議録第九号（昭和五十七年四月六日）。

が、この方々が二千九名。以上でございます。

二百六十五名、合計千五百五十名です。それから恩給公務員でない人、つまり雇傭人が主体でございます

千百五十二名、それから文官と申しますが、これは技師とか技手、それから属官でございますが、これが

榊委員　関東軍防疫給水部というのは、いまもちょっと出ましたけれども、隊長の名をとって石井部隊とも称しておりますが、この本部が七三一部隊、石井部隊、これは国際法でも禁止をされている細菌戦の研究、実験をやっていた部隊であります。細菌爆弾もつくっていた。その隊長の石井中将の名をとって石井部隊、こう言っていたわけでありますが、いまの政府答弁を聞きますと、いまの数字を合計しますと約三千五百名を超える数字が出てまいります。これはいままでどこでも聞けなかった新事実であります。軍人はともかくといたしまして、いま言われた非恩給公務員二千名、たとえば嘱託とか雇傭人というのはどういう人でしょうか。軍属ですか、あるいは日本人ですか、中国人その他も含まれているのでしょうか。

森山説明員　この二千名の方は軍属でございます。

榊委員　軍属といえばもちろん日本人、こういうことになりますね。合計三千五百名を超える、これは大変な大部隊であります。これが細菌戦の研究、しかも生体実験までやっていた。これまでは、七三一部隊というのは大体二千三百名とかあるいは二千六百名とか、こういうふうに言われておりました。ところでもう一つお尋ねいたしますが、政府の持っておられる資料では、防疫給水部本部はハルビンに本部があって、そのほかに五つ支部があったはずでありますけれども、これを合わせますと、そこの軍関係者は幾らいたのでしょうか。

森山説明員　私の方に部隊略歴というのがございまして、これを見ますと、昭和二十年六月十五日の時点でございますが、配置状況が書いてあるわけでございます。これによりますと、本部がハルビンにあったわけでございますが、ここに約千三百名、それから支部がハイラル、これが約百六十五名、それから牡

丹江約二百名、孫呉約百三十六名、林口約二百二十四名、大連二百五十名。約百三十六名とかいうのはちょっとおかしいのでございますが、これは書いてあるとおりに私申し上げているわけでございます。これを足しますと約二千三百ぐらいになるんじゃないかと思うのですが、これはいま申し上げました軍属なんかが入っていないのじゃないかというふうに推定しております。

榊委員　ほぼ明らかになってまいりました。恐らくその二千三百名というのが石井細菌戦部隊の終戦時の軍籍要員とでもいいますか、そういう者だろうと思います。それを含めまして膨大な三千五百名に上る陣容を構えていた。

この質疑によって、日本政府が、支部を含む将校一三三人、下士官・兵一一五二人、文官（技師・技手・属官）二六五人、恩給公務員でない雇用人（雇員・傭員）二〇〇九人、計三五五九人を七三一部隊の軍人・軍属と認め、雇員・傭員以外一六〇〇人を軍人恩給の支給対象と考えていることが明らかになった。[66] ただし、実際に旧隊員が申請し支給されたかどうかは、別である。

石井四郎、北野政次は二〇〇〇万円受給、しかし名乗れない多くの一般隊員もいた

同じ委員会の次の質問で、石井四郎や北野政次は一九五三年から「中将」として総額二〇〇〇万円に及ぶ軍

66　その後、厚生労働省により三五六〇人と特定された（『中日新聞』二〇〇三年九月五日）。服部良一「七三一部隊等の旧帝国陸軍防疫給水部に𥡴する質問主意書」二〇一二年七月二一日への、内閣総理大臣野田佳彦名での八月三〇日付回答は、「現在、厚生労働省で保管する関東軍防疫給水部に係る留守名簿における人員の総数は、三千五百六十人であり、そのうち、将校百三十一人、准士官十八人、下士官百六十三人、兵千二十七人、技師五十人、技手百九十七人、雇員千二百七十人、傭人六百三十三人である。」http://www.shugiin.go.jp/internet/itdb_shitsumon.nsf/html/shitsumon/b180377.htm

人恩給を申請し受理してきた可能性が強いこと、他方で、一般隊員には、かの四五年八月「三つの掟」に従い、三五年以上も受給資格をあきらめ未申請・未受給な人々が多いことが、明るみに出た。後に七三一部隊衛生兵だった三重県の大川福松は、戦後六〇年間、行政によって軍歴を明らかにしてもらえず、軍人恩給をうけることができなかったと訴訟を起こした。[67]

榊委員　実は、七三一部隊が日本に引き揚げる際、石井中将は、軍事機密はもちろん、軍歴をも隠すこと、公職にもついてはいけない、このことを隊員に厳命しているわけであります。そのために軍人恩給を申請しなかった人々が多数に上っております。……秋田の魁新報というのがありますけれども、その新報に御当人の投書も載っております。隊員はそういう状況だった。隊長の石井四郎、彼は数年前死亡しておりますけれども、この人は恩給は受けていたでしょうか。

島村（史郎、総理府恩給局長）政府委員　ちょっとプライバシーの問題にかかわりますので、その辺の答弁は差し控えさせていただきたいと思います。

榊委員　この人は、裁定を受けて恩給をちゃんともらっていたはずであります。そういう点では言うなれば、国民の血税の中からちゃっかり、部下はともかくとして御本人は恩給を受け取って、まさに森村さんの「悪魔の飽食」にちなめば悪魔の恩給ということになるでしょうが。お答えにくければ特定しないでも一般でいいですけれども、中将の恩給という場合には、戦後いまから四年前までずっと恩給を受けているとすれば、額はどれぐらいになりますでしょうか。

島村政府委員　中将の場合でございますと、恩給が復活しましたのが昭和二十八年でございますから、二

67　『伊勢新聞』二〇〇八年一一月一九日。

十八年から五十七年ぐらいまでの間約三十年間、二十九年になりますか、それを計算しますと約二千万円ぐらいになると思います。

榊委員　一時七三一部隊長を石井中将とともにしていた北野政次という、この人も中将であります。この人も恩給を受給しているはずでありますが、その恩給額は大体右に準ずる、こう見てよろしゅうございましょうか。

島村政府委員　中将でございますれば、大体そういうことになると思います。

軍人恩給受給者の戦友会としての精魂会

一般の軍隊なら、軍人恩給が隊員相互の情報交換で大きな話題となり、生活の糧となって、戦友会結成・存続の大きな実利的動機になっただろう。二木秀雄は『政界ジープ』で厚生行政も取材し、厚生省医務局編『医学のとびら』等で直接の関係もあった。軍人恩給復活を機に、他の部隊と同等の恩給支給の道を拓き、それで事実上の復権、実利をもとにした新しい絆の復活をはかったのではないか。

ただしその範囲は、厚生省答弁に従えば、武官将校一三三人、プラス軍属のなかの技師クラスに留まったのではないか。というのは、私の持つ「精魂会」名簿の会員数は、一九五六年の一八七人から一九六六年の二三四人に増えるが、増加分五〇人弱の約半数は、「浪空会員」という元航空班員たちが加わったことによる。六六年名簿の発行元は、東京衛材研究所内・精魂会事務所で、鈴木重夫の会社である。一九七三年名簿も同じ事務所で、会員二四三人と、ほとんど増えていない。

軍人恩給は階級的で、敗戦時の最終軍歴に従うから、二木秀雄の組織した「精魂会」とは、いわば尉官級以上の幹部同窓会であり、相当額の恩給がもらえる人々が、靖国神社の代わりに多磨霊園に年一度集う隊友会組織だったようである。占領期にＰＨＷ・厚生省と結びつき復権した医師・医学者には、戦友会のノスタルジア

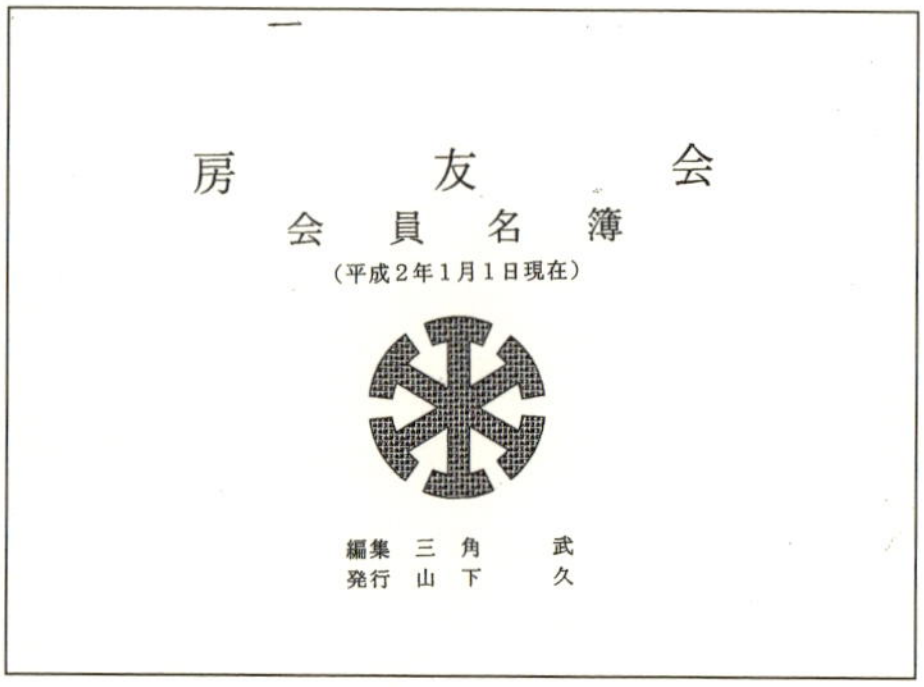

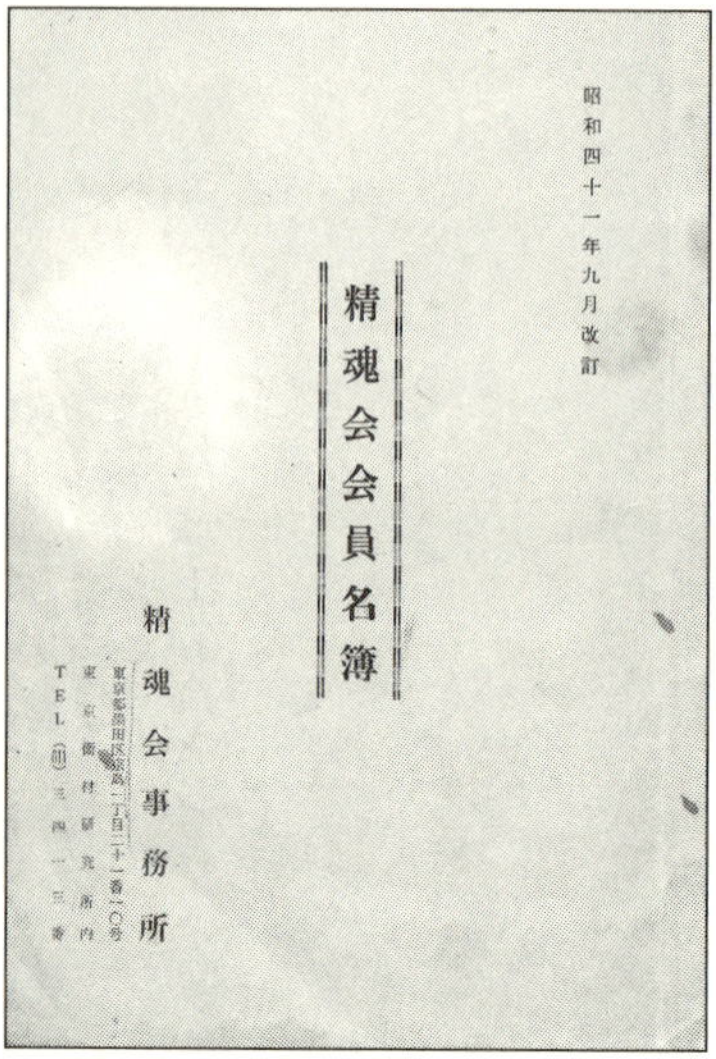

を嫌ってか、登録しなかったものもいる。戸田正三や谷友次のような大物「嘱託」も入らなかった。

ただし、軍人恩給受給資格の有無は、精魂会の有資格者たちよりも、下士官・兵一一五二人ら一般隊員にとってこそ、切実な問題であった。彼らに知らせず幹部隊員たちだけが恩給をこっそり受けとるのでは、精魂会のタテマエである「平等」や「慰霊と相互の懇親」にも反する。世話人になった中堅幹部たちにも、多くの精魂会員にも、同僚や部下から問い合わせがある可能性がある。戦後初期には、一般隊員から石井四郎への脅迫状さえ届いていた。精魂会は、隊外には閉鎖的であっても、秘密結社にするわけにはいかなかった。一般隊員から精魂会会員に問合せがあれば、石井四郎以下かつての上司たちの消息、軍人恩給情報を流しただろう。

二木秀雄の精魂会結成に込めた七三一部隊復権・再組織の意味づけはともあれ、鈴木重夫らにより運営された精魂会は、戦友会以上の意味を持たなかったであろう。他部隊の戦友会に多い隊友雑誌やニューズレターが出ていた記録は見つかっていない。発案者二木秀雄は、刑事裁判をかかえていたから、目立たぬ存在であったろう。

少年隊員「房友会」に託した、石井四郎の五八年遺言

中堅幹部の精魂会とは別個に、早い時期に組織されたのが、旧少年隊員の「房友会」である。「房友会」については、森村誠一『悪魔の飽食』第九章が「日本陸軍の私生児――第一期少年隊員の苦闘」で描き、『続・悪魔の飽食』巻末に「資料2 『旧少年隊史』について」が入っている。その他にも、さまざまな証言がある。それらによると、一九四八―四九年頃、少年隊第一期生（四二年四月入隊）の天野昭二が隊員名簿を作り始め、五五年の精魂会発足（代表 鈴木重夫先生）、精魂塔建立（東京多磨霊園内）を受けて、五七年一〇月一一日に一期生金田康志が親睦会結成をよびかけた。一一月一五日に房友会結成（幹事長 金田康志君）、機関紙『房友』創刊、五八年八月一七日に房友会結成大会を東京精魂塔前で挙行し、二七名出席（顧問四、会員二三、幹事長坂口弘員君就任）、五九年八月第二回大会（滋賀県大津市）一八名出席、六〇年第三回（東京精魂塔前）、七〇年定期大会（奈良市）、七一年中四国大会（高松市）二二名出席、等となっている。

どうやら幹部隊員の精魂会結成に刺激を受け、精魂塔完成の情報を得て、集まったようである。だが、戦時に速成教育された少年兵のみで、軍人恩給はあまり期待されなかった。いわば、ノスタルジアの青春同窓会である。一九五八年八月一七日の房友会結成大会（東京精魂塔前）には、翌年一〇月九日に咽頭ガンで没する石井四郎が出席した。五〇年代の石井四郎の記録は、第一部で引いた五五年末の清野謙次通夜での座談会発言以外、ほとんど残されていないから、晩年の石井四郎の考えを伝える、きわめて貴重な記録である。[68]

第七三一部隊の任務は、一口にいって日本国家を救う研究機関であった。私は昭和二年から五年にかけて、イタリア、ドイツ、フランス、ロシアの各国に密偵として潜入し、実地に対日感情を探った。各国の

---

68 「石井先生挨拶要旨」『房友』第二巻第六号、一九五八年、『新版 悪魔の飽食』二四三―二四五頁。

反響は『日本民族を殺せ』というものであり『日本民族は最悪である』という思想が充満していた。……世界を統御しているのは白人である、こういった世界思潮の中にあって、当時の日本は、いわゆる精神大尽の科学貧乏といわれた。こうした日本の危機を救うために誕生した研究機関が石井部隊である。……

諸君は七三一部隊員であったために、終戦後引き揚げていろいろと迷惑されたことと思う。それについては誠に申し訳なく思っている。しかし、現在はむしろ反対に国家を救う研究機関七三一部隊に勤務していたことに誇りを持って頂きたい。私はやがて時期がきたならば、このことを堂々と世界に発表する心算である。キーナン検事がいうように石井部隊は戦犯ではないのだから。唯一言いたいことは共産党に利用されないようにくれぐれも注意してほしい。……

少年隊を設立した当初の意義は、家庭の事情で勉強したくても勉強出来ない諸君を満州に呼んで勉強させ、国家を救う七三一の重要な人材となって貰うためであった。そのために中等学校以上の資格を与えてやり、更に優秀なものには大学迄進学させる考えであった。ところが文部省当局からは苦情が出たり、国家情勢がそれを許さなくなり、遂にその目的を達することが出来ず残念であった。

石井四郎にとっては、七三一部隊の理想は生き続けていた。「無垢で純粋」な房友会員に対しては、自分の心情を吐露してもかまわないと思ったのだろう。「国家を救う研究機関七三一部隊に勤務していたことに誇りを持って頂きたい。私はやがて時期がきたならば、このことを堂々と世界に発表する心算である」――この演説が、石井四郎の事実上の遺言となった。

マルタも慰霊と受けとめた少年隊員、「平房精神」とは何だったのか

この石井演説のあった房友会結成大会について、初期に幹事長をつとめた金田康志は、一九九四年に岩手県

出身の少年隊四期生を訪ねた座談会で、房友会の由来を説明するさい、こう述べている。

昭和三十年に部隊の幹部連中が、マルタの霊をなぐさめようと、東京の多磨墓地に慰霊塔を建てた。その時慰霊祭をやった。森村〔誠一〕は「(『悪魔の飽食』に、慰霊塔には)何も書いていない」というが、有縁の人たちが、部隊の犠牲になった人たちの霊を慰めようということだから、周りは何も知らなくて良いわけだ。それで毎年八月十五日以降の最初の日曜日に慰霊祭をやっていたが、だんだん世の中が、七三一部隊についてうるさくなってきて中座していた。それでも集まりは毎年一回やっている。精魂会というのを作った。ただ我々は少年隊として特殊な環境にいたわけだから、我々の会を作ろうではないか、と名簿を集めて、三十三年の八月十七日、精魂会の慰霊祭と一緒に房友会の結成大会をした。その時、石井・北野先生といった幹部連中も集まった。それで会はずっと続いている。機関紙も一〇〇号まで持ってきた。[69]

どうやら一九五八年八月一七日は、精魂会の年次慰霊祭と房友会の結成大会が一緒にもたれ、その後の懇親会は別個で、精魂会から「顧問四名」が二三名の若者たちの会にも顔を出し挨拶したようである。そこに、石井四郎と北野政次がいたようだ(あとの二名は世話人会からか、北野も話したかどうかはわからない)。ただし、石井四郎の話を聞かされた少年隊員たちは、すでに新しい日本で十年以上を生きてきた。彼らは、何も書かれていない精魂塔の慰霊の対象は、「マルタ」を含む「部隊の犠牲になった人たち」と素直に受け止めた。房友会の金田康志や坂口弘員は七三年には精魂会名簿にも入るが、二木秀雄の組織した初期の精魂会員とは、受け止め方の断絶がある。

69 高橋龍児編『「関東軍防疫給水部」の不都合な真実』六九―七〇頁。

房友会は、そもそも七三一部隊とは何かも知らされず、十四、五歳で満州に送られ、人体実験や細菌戦の手先とされた少年たちの組織である。厳しい教育訓練と奇怪な体験を懐かしみ語り合う場だった。彼らにとっては、自分たちが生きた青春の意味が切実な問題だった。利益共同体であるよりも、「少年の頃の一時期に、同じ屋根の下で苦楽を共にして来た仲間が何年かに一度出会うことによってお互いの健康を祝福し、旧交を温める」過去の共通体験を確認する会であった70

会誌『房友』バックナンバーを集めることはできなかったが、敗戦時二〇歳前後の若者たちによる親睦組織存続の鍵は、会誌『房友』だったようだ。『房友』は百号以上も出たという。ただし全国大会は、六〇年代・七〇年代はたまにしか開かれず、出席者も二〇名程度のようである。

『房友』には、「石井先生始め各先生方から科学的基礎教育を受けた事が昨日のように思われる」「われわれ昭和一桁は、戦前・戦中・戦後と国の中核になって活躍し今日に至っている。これは平房精神のお陰である」といった投稿も見えるという。他方、彼らは未成年の少年兵だったが故に、人によっては、自ら手を下した「マルタ」の亡霊に悩まされた経験や、戦後になって知った「良心の呵責」をも率直に述べることもできた。

房友会世代から始まった告白と懺悔、過去を語る勇気

事実、森村誠一『悪魔の飽食』が一九八一年にベストセラーになり七三一部隊がクローズアップされた後、功なり名遂げたかつての中堅幹部、すでに没するか名士となって沈黙する精魂会員に代わって、マスコミや学者・ジャーナリスト、各地「七三一部隊展」の取材・聞き取りに応じたのは、房友会世代の元隊員たちであった。自分の過去を進んで告白し、中には反省・懺悔する勇気を示す者も現れたが、彼らはおおむね房友会世代、

70 『房友』六四号、一九八一年、森村『新版　悪魔の飽食』二一八頁。

ないし精魂会に加わらなかった一般隊員、ソ連・中国引揚者だった。

一九五〇年のハバロフスク裁判『公判書類』刊行の後、日本で七三一部隊についての初めての書物になったのは、秋山浩『特殊部隊七三一』(三一新書)だった。これは、『文藝春秋』五五年八月号に「戦記」として発表されたものが、五六年六月に単行本になった。匿名の少年兵による詳細な体験記で、ペスト菌の大量生産、「マルタ」の生体実験、安達の野外実験や農安のペスト流行、八月九日以降の証拠隠滅から「秘密厳守の誓い」まで、今日読み返すと「古典」ともいうべき基本的内容が含まれている。

『特殊部隊七三一』は、憎悪や告発の感情は努めて抑え、事実を淡々と描くことで読む者に迫る。しかもそこには、隊員仲間の感染死や将校と兵士の矛盾・対立も赤裸々に描かれていた。

二木秀雄の精魂会結成から精魂塔建立、五六年一一月よびかけ文は、この秋山の本の信憑性が話題になった時期と、ピッタリと照応する。秘密保持を主眼とする精魂会の中堅幹部たちにとって、自分たちが手足として使ってきた少年隊員の戦後は、可能な限りコントロールすべき時限爆弾となった。

森村誠一『悪魔の飽食』のベストセラーは、数十人の房友会の範囲を超えて、精魂会が制御できない七三一部隊の肉声を世に放つ導火線となった。一九八一年九月五日、長野県松本市の温泉ホテルで開かれた「関東軍満州七三一部隊第一回戦友会」は、総勢一九名というが、「七三一部隊」を堂々と掲げた初めての戦友会だった。森村の意を受けた下里正樹が現地に泊まり込み、協力者から得た内部の情報も報道された[71]。

メディアも郡司陽子、越定男らの証言を発掘・出版し、特に九〇年代に全国で開かれる「七三一部隊展」や中国人被害者国家賠償訴訟に向けて、多くの関係者の証言が現れた。

中には『東郷会誌』(一九八五年)のように『悪魔の飽食』に反発して石井部隊の「国家大義の実践に対す

71 森村『新版 悪魔の飽食』第一二章「軍神は甦らせてはならない」二九四―二九七頁。同『悪魔の飽食ノート』三五頁以下。

る行動力」を復興・賞揚しようとする動きもあったが、篠原良雄、三尾豊、小笠原明、鎌田定雄、和野武男、北原忠義、森下清人、大川福松ら少年兵・衛生兵クラスの人々が進んで人体実験や細菌戦の実相を証言し、秋元寿恵夫、湯浅謙ら軍医・技師たちの告白・証言をも誘発した。

年齢的にも精魂会世代は次々と他界し、冷戦崩壊・中国改革開放後の七三一部隊についての新証言は、中国大陸での被害者たちと加害者七三一部隊に動員された少年兵世代に限られていった。

「大東亜戦争従軍徽章」による呪縛からの解放、一割に留まった戦友会の四十年

無論、少年隊員にも、ノスタルジアは強かった。神戸の元少年兵・溝渕俊美が九一年に編んだ『平房燃ゆ』は、貴重な記録である。数十名の少年隊員が自分たちで集まり、石井四郎が没しても『悪魔の飽食』がベストセラーになっても、ついに公式には解除されることのなかった七三一部隊の「三つの掟」「一時帰休命令・自宅待機」の呪縛を、自らの手で解き放ち、自分たちで顕彰しあったドキュメントである。

元少年兵の一人一人に、それぞれの軍歴を細かく自己申告で書いてもらい、それぞれに「関東軍防疫給水部哈爾浜本部教育部現役兵戦友会　平房三角会」の名で、「大東亜戦争従軍徽章贈呈状」を贈る旨の賞状を渡した。次頁図は房友会幹事長だった金田康志の九一年一〇月八日付のものであるが、それぞれの軍務経験・帰国経路が記され、貴重な資料となっている（高橋龍児氏提供）。

私の手元にある『房友会会員名簿』一九九〇年（編集・三角武、発行・山下久）は、おそらく七三一部隊関係者が最後に自力で作り上げた、ネットワークの所産である。二〇〇人の生存会員と共に、七八人の物故者の名前が掲げられている。A1からA0にカテゴリー化されているが。A1からA4は少年隊一期生から四期生、A5は隊長・教官・班長、A6錬成隊、A7波空会、A8防研会、A9精魂会、A0部隊員とある。

精魂会を含む各種隊友会（A6—A9）は、最後に若者組だった房友会に合流して、サイクルを終えた。ただ

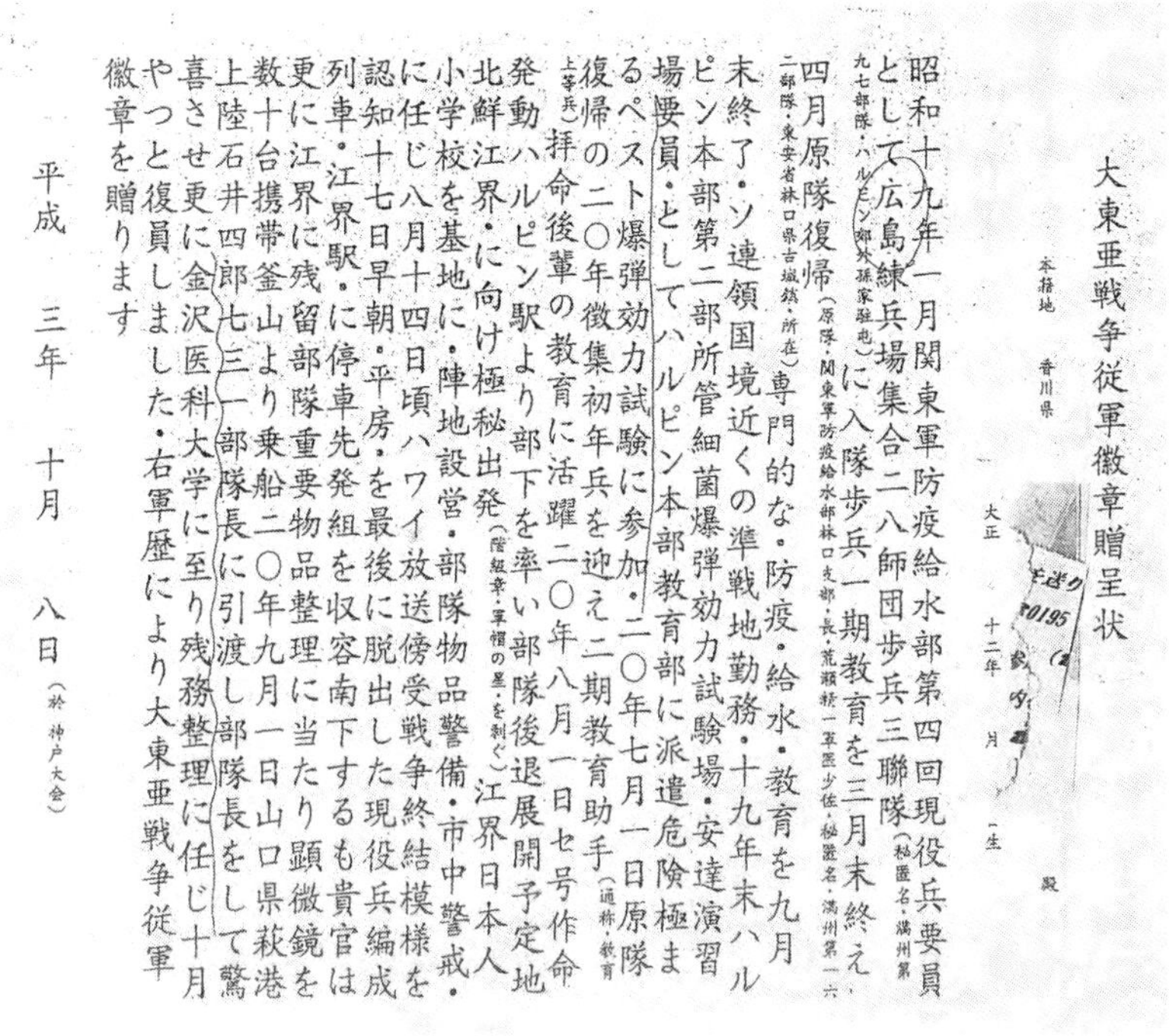

大東亜戦争従軍徽章贈呈状

本籍地　香川県

大正　十二年　月　一生　殿

昭和十九年一月関東軍防疫給水部第四回現役兵要員として広島練兵場集合二八師団歩兵三聯隊（秘匿名・満州第九七部隊・ハルピン郊外孫家駐屯）に入隊歩兵一期教育を三月末終え、四月原隊復帰（原隊・関東軍防疫給水部林口支部・長・荒瀬耕一軍医少佐・秘匿名・満州第一六二部隊・東安省林口県古城鎮・所在）専門的な・防疫・給水・教育を九月末終了・ソ連領国境近くの準戦地勤務・十九年末ハルピン本部第二部所管細菌爆弾効力試験場・安達演習場要員・としてハルピン本部教育部に派遣危険極まるペスト爆弾効力試験に参加・二〇年七月一日原隊復帰の二〇年徴集初年兵を迎え二期教育助手（通称・教育上等兵）拝命後輩の教育に活躍二〇年八月一日七号作命発動ハルピン駅より部下を率い部隊後退展開予定地北鮮江界・に向け極秘出発（階級章・軍帽の星・を剥ぐ）江界日本人小学校を基地に・陣地設営・部隊物品警備・市中警戒・に任じ八月十四日頃ハワイ放送傍受戦争終結模様を認知十七日早朝・平房・を最後に脱出した現役兵編成列車・江界駅・に停車先発組を収容南下するも貴官は更に江界に残留部隊重要物品整理に当たり顕微鏡を数十台携帯釜山より乗船二〇年九月一日山口県萩港上陸石井四郎七三一部隊長に引渡し部隊長をして驚喜させ更に金沢医科大学に至り残務整理に任じ十月やっと復員しました・右軍歴により大東亜戦争従軍徽章を贈ります

平成　三年　十月　八日（於 神戸大会）

し残された名前は三〇〇〇人弱、カリスマ石井四郎の魔力も、実務家二木秀雄の金力も、けっきょく戦時の三五〇〇人隊員の一割弱しか再結集できなかった。それが、免責され復権した七三一部隊の戦後日本社会での実力の限界であり、戦後民主主義・平和主義の所産だった。

『名簿』の最後の頁には、多磨霊園の地図と精魂塔の位置が示されている。二木秀雄の建てた精魂塔＝「懇心平等万霊供養塔」は多磨霊園に残されたが、碑石には何も刻まれていない。その慰霊塔は、隊友ばかりでなく「マルタ」や中国人・ロシア人・モンゴル人犠牲者も慰霊するという、房友会員がいちはやく解釈した含意で、受容されていった。二木秀雄の残した、唯一の社会貢献かもしれない。

2　二木秀雄の晩年と日本イスラム教団

二木秀雄の最後の転身――イスラム教入信と日本イスラム教団結成

精魂会が動き出し、房友会も生まれると、七三一部隊復権での二木秀雄の出番はなかった。五六年の逮捕から六九年の最高裁判決、三年間の前橋刑務所服役まで、日本社会の高度経済成長期は、二木秀雄にとっては政界ジープ恐喝事件の敗戦処理であり、石井四郎周辺とも、日本ブラッドバンクからミドリ十字への企業的急成長とも、疎遠であった。自宅で細々と開業医を続け、裏社会の闇金融や総会屋の世界と秘かにつながっていた。

一九七三年秋、産油国ＯＰＥＣが石油価格を大幅に引き上げ、世界経済全体がパニックに陥った。資源・エネルギーの大半を石油に依存した日本経済も直撃を受け、高度経済成長は終焉した。減量経営・産業合理化を経て安定成長へと移行していった。田中内閣から三木内閣、ロッキード事件で首相の犯罪も暴かれる時期であった。

そのさなかの一九七四年末、二木秀雄は、奇妙な最後の転身を図る。三年間の獄中生活での開眼・悟りであろうか、『人事興信録』に記してきた「仏教」を捨てて、イスラム教に入信する。それも、日本イスラム教団という新教団を創設し、自ら総裁となる。

それは、日本のイスラム教の歴史においては、重要な「事件」であったらしい。上智大学の博士論文をもとにした小村明子『日本とイスラ－ムが出会うとき――その歴史と可能性』という大著は、二木秀雄が七三一部隊出身であったこと、『政界ジープ』発行者であったことにも簡単に触れながら、二木秀雄の「日本的イスラーム」「〇（ゼロ）は存在である」という思想、日本イスラム教団の「大乗イスラーム」という教義による布教と影響、宗教史的意義に、大きな紙数を割いて詳しく論じている。[72]

資料は乏しいが、一九九二年九月一八日、享年八四歳で亡くなるまでの二木秀雄の晩年を、最後に追いかけてみよう。なおこの間、吉永春子、森村誠一らが取材におしかけ、七三一部隊についてのインタビューを試みたが、本人は一切答えず、沈黙したまま鬼籍に入った。

晩年の二木秀雄はイスラム教に何を求めたのか

七三一部隊長石井四郎は、晩年キリスト教に入信し、上智大学イグナチオ教会のヘルマン・ホイヴェリス神父のもとに通っていた。[73] ただし、先に見た清野謙次通夜や房友会結成大会の挨拶のように、「マルタ」への人体実験や中国民衆への細菌戦への反省・後悔はみられず、むしろ自分の業績を認めない戦後日本社会に対する被害者意識の強いものだった。一九五九年一〇月、享年六七歳の葬儀は月桂寺での仏式、葬儀委員長は第二代隊長北野政次だった。

二木秀雄の場合には、戦前・戦時の七三一部隊ばかりでなく、戦後『政界ジープ』と総会屋風恐喝事件がある。刑に服したとはいえ、被害者は膨大で、懺悔すべきは無数にある。一九七四年末のイスラム教入信事情も、信徒たちの美しい証言のみに頼るわけにはいかない。

72　小村明子『日本とイスラームが出会うとき――その歴史と可能性』現代書館、二〇一五年。なお、神戸市外国語大学の小布施祈恵子も「日本イスラム教団の布教活動とその日本イスラーム受容史における位置づけ」という研究を、科学研究費助成を得て進めているようである。

73　青木『７３１』四九四―四九五頁。

一九七四年一二月二九日、二木秀雄は、息子と他の日本人男性二人と一緒に、代々木のモスクでイスラム教に改宗した。七五年九月に宗教法人日本イスラム教団を創設、自ら院長をつとめる新宿歌舞伎町のロイヤルクリニック内に事務所をおいた。このロイヤルクリニックと併設したイスラム教団診療所の患者たちを中心に信者を広げ、最盛時自称五万人の信徒をかかえた。総裁「シャオキ」を名乗り、中東諸国を歴訪、八一年八月東京国際イスラム・セミナーなど国際会議も開いて、海外にも知られた。

懲役三年の実刑を終えた二木秀雄が、さしあたり開業医に戻るのは、生計の途としては自然である。すでに『政界ジープ』時代に銀座に素粒子堂診療所、恐喝事件で裁判になっていた時代は田園調布の自宅などで二木診療所を開いていた。だが出所後開いた病院は、新宿歌舞伎町の繁華街で、金沢大学医学部卒の後輩川西弘医師を招いた。世界的な梅毒研究の権威・谷友次教授の縁である。ハルビン・銀座以来の得意領域で、ターゲットは、歌舞伎町の夜の女たちである。事実、年中無休・二四時間営業で、身の上相談にも応じたと言う。不治の病と他の病院から見放された病人、歌舞伎町に出入りする外国人も患者となった。

七九年にロイヤルクリニックの保険料不正水増し請求が問題になった。東京都民政局の監査が入り、一時は健康保険取扱い取消、自由診療扱いになったが、二木はこれを「キリスト教徒の首相・大平正芳によるイスラム教徒への宗教弾圧」と中東や東南アジアに伝えた。在外日本大使館が外務省に問いあわせる外交問題に発展し、日本国憲法の信教の自由が改めて確認されなければならなかった。諜報にたけた二木らしい手口である。

では、なぜイスラム教だったのか。小村明子は、日本イスラムの正統派日本ムスリム協会・イスラム文化協会会長を歴任した森本武夫の影響、獄中でスピリチュアルなよりどころを求め、博愛の精神が二木の理想と一致したと言うが、本当だろうか。それまでの二木の行動パターンからすれば、オイルショックという新時代への政治的便乗であろう。

『政界ジープ』五〇年特集から見える二木秀雄の宗教観

そもそも二木秀雄の半世紀の生き方の中に、深い意味での信仰・宗教心を見出すのは難しい。本書で幾度も述べてきたように、科学主義・合理主義にもとづく小賢しく現実的な生き方こそ二木秀雄の真骨頂であり、政界ジープ事件での最高裁までの上告、十年以上の法廷闘争も、保釈中の身で政財界の裏側で暗躍し、利権と利権をつなぐブローカーを続けるためだった。

三年間の刑務所暮らしで学ぶとすれば、仏教かキリスト教だろうが、そもそも『政界ジープ』時代の二木秀雄は、政治家たちの宗教観、冠婚葬祭・信仰づきあいの重要性や、新興宗教の役割・錬金術を熟知していた。なによりも、『政界ジープ』の最盛期、一九五〇年三月の『別冊　政界ジープ』、「おどり出た新興宗教、我が世の春か、金儲けの神？　病気よけの神？　果たして救われたか」という特集号が、当時の「受胎調節」や「法と好色文学」と並ぶ大型特集で、二木秀雄の宗教観をよく示している。

巻頭の大宅壮一「明治・大正・昭和新興宗教の全貌」が話題作で、「国破れて新宗教はびこる」「神がかりの文化人」「姿をかえたシャマニズム」「朝はひとの道、夜は玉の井」「金儲けのうまいインテリ、谷口雅春」「駄洒落こじつけでつる新興宗教」「神様の営業ぶり、さまざま」等々と、教義や宗派よりも信仰にはまる人間類型や心理、宗教ビジネスに注目する。大宅壮一風、辛口の宗教社会学である。

続く赤岩栄「インチキ宗教はなぜはびこるか」、武藤富男「銭函をひっくり返したキリスト」、鈴木文史朗「新興宗教に希望す」、岡倉忠雄「政治の貧困か社会の因習か」という編集方針が、二木の宗教観を示す。ここではマイナーゆえにイスラム教は入らないが、「待合・ダンスホール・質屋も経営する税金マケの神様　皇道治教」「無我の踊りウジ虫説法　踊る宗教」「勇壮きわまりない未亡人のスポーツ　胴上げ宗教」「社交ダンスもとり入れて表は新しくウラは古い　ＰＬ教団」「商売繁盛の指南までするがわからぬエクトプラズム論　霊友会」という具合に、フィールドワーク・ケーススタディも入り、巻末に「新興宗教一覧」が出ている。神道・仏教・キリスト教系統に「その他」で五百以上の宗派をあげるが、この一九五〇年時点ではイスラム＝回教系はほとんどない。

巻末二木秀雄「素粒子堂雑記」は、宗教を否定する共産主義も宗教の一つで科学と対立する、と批判したうえで、あらゆる宗教の教義は「①人間は信仰によって死後はもちろん現実の苦悩からも救われる」「②信仰は絶対万能である」「③無条件に信ぜよ」の三点に尽きるという。むしろ宗教法人の節税・金儲け、金の要らぬ治療法の作用＝現世利益に意味を見出す。

この一九五〇年における二木秀雄の宗教観と多磨霊園精魂塔における「慰霊」の意味を知ってしまうと、彼が率いた日本イスラム教団の狙いと実態も、透けて見える。その後の恐喝・総会屋のビジネス手法、法廷減刑術まで加えて、人心攪乱・操縦術は磨きをかけている。当時の敬虔なイスラム教徒には想像もできないことだろうが、二木にとっては、「スピルチュアルなもの」「博愛」とは、神でも仏でも、イエスでもかまわなかった。一九七四年だから、イスラム教が選ばれたものだろう。

当時日本では石油が入らなくなり、アメリカと違ってイスラエル・パレスチナ問題に深入りしてこなかった事情を田中角栄が前面に出す「自主外交」、なりふりかまわぬアラブ産油国寄りのアブラ獲得外交が問題になっていた。この石油外交利権に食い込むことが、一度信用を失った政財界利権の世界で、二木秀雄が、裏口から再生するための戦略となった。

新宿ロイヤルクリニックと日本イスラム教団——オイル・マネーによる新宿再開発

イスラム教への入信には、既存の日本ムスリム協会と代々木のモスク（東京ジャーミー）を使わざるを得なかったが、二木秀雄が総裁の日本イスラム教団は、イスラムの教義をイスラム法学（シャリーア）にもとづき厳格に解釈する旧来の布教を逆手にとって、「正しいイスラム」よりも「わかりやすいイスラム」で信徒を拡大する。「大乗イスラーム」ともいう。

といっても、最高時五万人という信徒の中に、本当の信者がどれだけいたかは疑問である。基本的に歌舞伎町ロイヤルクリニックの患者名簿を信徒・改宗者と偽ってサウジアラビアやインドネシアのムスリム団体に送り、布教・活動資金を得てふくらんだものだろうと、小村明子も認めている。

とはいえ、核となる入信者は、病院の常連患者のなかから、なにがしかの説諭を通じて獲得したことは間違いない。その記録は、二木秀雄監修『円柱亭日記』という教団本（さきたま出版会、一九八一年）に、入信者の感想文のかたちで残されている。二木の人柄と実行力に惹かれた、交通事故の後遺症が治った、友達ができて心の安らぎを得たという類の治療と癒やしがほとんどで、教義への感動、宗教的悟り・目覚めといった要素に乏しい。

その教義面を根拠づけたのは、安倍治夫という教団専務理事である。東大法学部卒、ハーバード大留学後東京地検検事、検察を批判して弁護士になったという教団幹部の、「大乗イスラーム」とよばれる教義の簡素化、イスラム教の日本化・近代化の主張である[74]。

その「わかりやすさ」は、この頃二木秀雄が教団外に向けて書いた三本の論文、一本は時の政権党自由民主党機関誌『月刊　自由民主』、残り二本は当時の保守系論壇雑誌『自由』に発表したものからもうかがえる[75]。『自由民主』八〇年七月号の論文「脈打つイスラーム新潮流――この目で見た激動中東」は、衆議院議員の信徒・小宮山重四郎の線での依頼原稿だろう。しかし七三一部隊関係者やかつての『政界ジープ』の読者層に、

74　安倍治夫『イスラム教』現代書館、一九八六年。安倍は二木の勧めで読んだ『クルアーン』の解釈・日本語訳から「大乗イスラーム」を体系化したというが、ここではそうした宗教史的事情にはたちいらない。

75　二木秀雄「脈打つイスラーム新潮流――この目で見た激動中東」『月刊自由民主』一九八〇年七月、「〝イスラム復権への私見〟――日本人ムスリムとして考える」『自由』一九八一年七月号、「日本におけるイスラームの新潮流」『自由』一九八一年一一月。

二木秀雄の健在・復活を印象づけるには十分である。石油危機後の国際情勢の中でアラブ、中東諸国の重要性を説き、「日本は米国を説得して、パレスチナ国家の承認を国際的に高める必要性に迫られている、それが日本にとって石油の安定供給を獲得する第一の道」、自分は各国首脳に会って「サダム・フセイン大統領は、日本イスラム教団を特別に支援することを表明した」という。

これには、大きなウラがあった。当時の週刊誌によると、新宿副都心のオイル・マネーによる再開発計画が進んでおり、その日本側受入・建築委員長は平和相互銀行の小宮山英蔵、弟の重四郎・元郵政大臣がイスラム教に改宗し、教団顧問に就任したという。二木と平和相銀小宮山兄弟の大型ビジネスの土壌作りであろう[76]。

この頃の雑誌『自由』は、これも二木にとっては旧知のウラ社会のパートナー、石原萠記が動かしていた。二木の八一年七月号「〝イスラム復権〟への私見――日本人ムスリムとして考える」は、保守論壇向けの、日本式イスラム入門である。曰く、自分は七四年末にイスラム教に入信した。布教を始めるといろいろ妨害されたが、自分は「日本人として、現時点にたっての教義解釈」で六年余、五万人の信徒を得た。

イスラムとは信仰の姿勢、文化、文明で「実は、日本人が二千六百有余年も持ち続けている生活様式、あるいは精神とまったく同じもの」である。自分の説く「ゼロは存在である」も大宇宙の中での人間の微小性の自覚で、達磨大師の「廓然無聖」の悟りと同じで、「日本人はすべて潜在的なムスリムである」。

科学と宗教の一致もイスラムの教えで「日本人にとってごく身近な存在」とする、なんとも身勝手な日本式イスラムの紹介である。

『自由』八一年一一月号では、夏の国際イスラム・セミナーの成功を報告する。

---

76 「イスラム教団診療所の怪――神を恐れぬ不正診療の疑い」『週刊新潮』一九七九年三月一日、「オイル・パワー・ビルを建てる二木・日本イスラム教団の野心」『週刊新潮』七九年五月一七日。「石油危機の折りも折り、『医師会がイスラム教を弾圧』の情報で日本政府を震撼させた二木秀雄なる怪人物」『週刊文春』七九年三月二二日。

新興宗教・日本イスラム教団を動かした吉田清貴と広告塔水の江瀧子・阿木翁助

二木秀雄の日本イスラム教団の教義は、煎じ詰めると、「①アッラーのほかに神はなし」「②ムハンマドは預言者である」の二つの聖句をとなえればだれでもムスリムになることができ、救済にあずかる、という教えである。歌舞伎町の夜の女でも、死の近い重病患者でも、この二つのフレーズで救われる。だから逆に、それで病気が治ったり、商売がうまくいけば、入信のお陰と言うことになる。

ここまでくると、一九五〇年に二木秀雄がクールにのべた、あらゆる宗教の真理＝心理、「①人間は信仰によって死後はもちろん現実の苦悩からも救われる」「②信仰は絶対万能である」「③無条件に信ぜよ」の三原理のイスラム版応用にすぎない。『円柱亭日記』の信徒の話は、ほとんど新興宗教の説く現世利益と変わらなくなる。

日本イスラム教団のこの新興宗教的側面、「国破れて新宗教はびこる」の情勢認識で、会費制医療組織・治療費なしで信徒を拡大し、「大乗イスラーム」の名で教団運営・宗教ビジネスを定着させたのが、教団宗務部長、ハーキム吉田清貴であった。

『円柱亭日記』の「あとがき」に「私とドクター・シャオキ二木との交友歴は三十五年に及びます。私自身、東京大学医学部の出身ではありますが、戦後、アメリカから押しつけられたインターン制度に反発し、反対運動の委員長に祭りあげられ、ひと暴れした結果、国家試験は受けずに終って、とうとう医者にはならず、畑違いの財界に身を投じて、四十年の歳月が、瞬く間にすぎた次第です」と記すユニークな経歴の持ち主で、交通事故の治癒から二木秀雄に傾倒したようである。

吉田は、オイル・マネーによる新宿再開発の実質的責任者で、その経歴からして、明らかに二木の七三一部隊歴、恐喝の前科も知っていた。それればかりか、もともと福田赳夫に近く、日本信販設立に関わった実業家で、十億円手形詐欺事件で倒産したマルチ商法のノザック社・元会長だったという。[77] 要するに、闇金融・裏世界のブローカーの一人で、二木秀雄と同じ穴のムジナである。新宿歌舞伎町の診療所で夜の女を相手にすれば、当然ヤクザや暴力団ともつながっていただろう。アラブ諸国ムスリム代表団接待など、国際担当も吉田だった。

そして、吉田清貴の演出で、日本イスラム教団の広告塔になったのが、二木にリューマチを治してもらったという女優の水の江瀧子、教団の文化活動「第三世代市民大学」を仕切る劇作家阿木翁助、それに政界から元郵政大臣の小宮山重四郎だった。

ところが、日本イスラム教団が最盛期にあった一九八一年、森村誠一『悪魔の飽食』ブームが始まる。ようやく七三一部隊・石井四郎の呪縛から離れて実業家・宗教家として知られるようになった二木秀雄に、ジャーナリズムが再び注目する。二木はすべての取材を拒否し、無視することにした。

二木秀雄にとってのイスラム信仰とは？

二木秀雄は、一九七九年七月にパレスチナ解放機構（ＰＬＯ）を認める政党、「第三世代党」を立ち上げ、七九年一〇月総選挙に信徒の北崎長雄を東京一区の候補に立てたが、わずか二三七票で落選した。[78] 八〇年には『月刊　自由民主』にも寄稿したから、政治家への夢は、捨てていなかったのかもしれない。だがそれも、七三一部隊の悪夢が大きな社会問題となり、森村誠一『悪魔の飽食』にも二木の名が出ることにより、再び挫折した。

けっきょく二木秀雄が受け容れられる社会は、かつての恐喝事件で切り開いた闇金融や手形ブローカーの裏

77　『週刊新潮』一九七九年五月一七日。
78　小村、前掲書、一七五頁。

世界であった。この頃家族にも見捨てられ、「怪物」「詐欺師」の悪評も絶えなかった。七三一部隊のかつての仲間は、それぞれ功成り名遂げて、二木との交流を嫌った。まもなく薬害エイズ事件で、ミドリ十字の前身日本ブラッドバンクとの創設期の関わりが明るみに出て、悪名はいっそう広まった。

『円柱会日記』の一部は、ウェブ上の「イスラムのページ」に公開されている。[79] そこで教団の女性信徒に囲まれた晩年の二木秀雄の写真は、白髭の好好爺で、穏やかに見える。二木秀雄にとっては、戦後の『政界ジープ』も精魂会組織・精魂塔建立、日本イスラム教団創設も、すべて「平房精神」の賜物だった。それなりに成功し、また挫折もしたが、「敵」とのたたかいと「精魂込めた」活動がすべてだった。

二木にとっては医学も、科学技術立国や政治参画の手段であった。医学研究者としては平凡であり、学界や大病院で通用するものにはならなかった。梅毒・性病対策だけは自信を持って新宿歌舞伎町に開業したが、実際に役立ち感謝されるのは、リューマチや腰痛での患者との対話と治療だった。

結局残されたのは、イスラム教それ自体よりも、身体の病と心の病の双方を丁寧にみてやった患者兼信徒たちだった。そこで二木秀雄は、石井四郎のような大カリスマにはなれなかったが、ささやかな小カリスマとして慕われることができた。二木秀雄にとって、日本イスラム教団は、かつて学んだ新興宗教の一つだった。だから「アッラーのほかに神はなし」「ムハンマドは預言者である」の単純な教義も、実は二の次だった。本当に求めていたのは、あの満州での戦争体験、平房ロ号棟でおびえた「マルタ」の母娘に睨まれた、あの眼を忘れて生きる安息だったのではないか。

二木秀雄は、一九九二年九月一八日に没する。享年八四歳。日本イスラム教団は続いていたはずであるが、自然消滅した。もはや第二次石油危機も東西冷戦も終わり、日本はバブル経済に浮かれていた。薬害エイズが

79 http://islamjp.com/study/07enchuu.htm

明るみに出る頃から、本当のムスリム出稼ぎ労働者が、インドネシア、パキスタン、アラブ諸国からやってきて、日本で彼らの信仰を守れる道を模索していた。そこには日本イスラム教団の出番はなかった。

新宿ロイヤルクリニックは、二木秀雄やイスラム教とは縁を切り、川西弘院長のもとで東洋医学・漢方をとりいれ、新たなかたちで現在も存続している。

多磨霊園の片隅に、遺族が二木秀雄の墓標をたてたのは、二〇一二年五月だった。それは、七三一部隊の精魂塔とは異なるブロックの、二木家先祖代々六基のなかに妻と並んだ、しごく平凡な仏式墓石であった。

あとがき

本書の基本的モチーフは、関東軍七三一部隊を素材にした、戦争と科学及び科学者の歴史的関わりである。

本書刊行の直前、日本学術会議は、三度目の軍事研究反対声明を決議した。一九五〇年の「戦争を目的とする科学研究には絶対従わない決意の表明」、六七年の「軍事目的のための科学研究を行なわない声明」を継承し、半世紀を経た二〇一七年に、「科学者コミュニティが追求すべきは、何よりも学術の健全な発展であり、それを通じて社会からの負託に応えることである。学術研究がとりわけ政治権力によって制約されたり動員されたりすることがあるという歴史的な経験をふまえて、研究の自主性・自律性、そして特に研究成果の公開性が担保されなければならない。しかるに、軍事的安全保障研究では、研究の期間内及び期間後に、研究の方向性や秘密性の保持をめぐって、政府による研究者の活動への介入が強まる懸念がある」と表明した。

この軍事研究反対の確認自体は、好ましいことである。しかし、議論の発端となった防衛装備庁の「安全保障技術研究推進制度」一一〇億円への対応は、各大学の審査、学会のガイドライン作成に委ねられた。すでに過去九年で一三五件八億八〇〇〇万円にのぼる米国軍からの研究助成については、触れられなかった。先に日本における「原子力の平和利用」をめぐる「原爆反対・原発推進」の論理の歴史的形成を検討し（加藤『日本の社会主義』岩波現代全書、二〇一三年）、今回本書で関東軍七三一部隊の人体実験・細菌戦とそれに関わった科学者・技術者たちの戦後を追いかけてきた私の視角からすると、「デュアル・ユース」をめぐる議論への危機感は、拭いきれない。

こうした危惧を抱くのは、何も原爆開発の物理学者、細菌戦研究の医学者など自然科学系学問への不信によるものではない。むしろ、日本の学術研究体制全体の二一世紀における変容に疑問を持ち、自分自身がほぼ半世紀関わってきた人文社会科学の現在と将来に、ある種の憂慮を抱かざるをえないからである。

きっかけは、二一世紀になって手がけた米国国立公文書館での戦時第一次資料の探索であった。日本の象徴天皇制の成立を追って、第二次世界大戦時の米国科学技術体制、自然科学の原爆製造マンハッタン計画と、それと一対の人文社会科学の戦争動員体制、戦略情報局（OSS、戦後CIAの前身）調査分析部（R&A）の記録を、見出したことだった（加藤『象徴天皇制の起源――アメリカの心理戦「日本計画」』平凡社新書、二〇〇五年）。

OSSの人文社会科学版マンハッタン計画は、米国の戦時社会科学・人文科学の総動員体制であった。最盛時二〇〇〇人の全米を代表する知性が、反ファシズムの大義のもと結集し、地域研究・戦略研究を行った。歴史学・人類学・地理学、経済学・政治学・社会学から心理学・哲学・芸術論にいたる学際的研究がOSS・R&Aの特徴で、当時の各学会重鎮のリーダーシップのもとに、全米から助教授・講師や博士論文を書いたばかりの若手の最優秀な研究者が集められた。「国策」としての知の組織化としては、見事なものだった。

それは、ナチス・ドイツと軍国日本の打倒という明確な目的を持っていた。同時に、連合国の一員でスターリン独裁下にある社会主義ソ連に対抗して、知のあり方そのものを再編した。パーソンズ、シルズの社会システム論、レオンチェフ、クズネッツの産業連関表・国民所得論、ロストウらの近代化論がOSSの分析枠組として開拓・検証され、ソ連型マルクス・レーニン主義、唯物史観による社会経済分析を、批判的に乗りこえていった。

図式的に単純化すると、①唯物史観の五段階社会発展図式に対する、生産力発展・経済成長による近代化・高度消費社会化＝産業化・都市化・民主化モデル（ロストウら）、②マルクスの再生産表式、独占資本主義論を現代版「経済表」に具体的に仕上げる生産・流通・消費連関の数量化・統計化（レオンチェフの産業連関表、クズネッツの国民所得論、国連・ＯＥＤＣ統計への採用）、③マルクス・レーニン主義の一元的・経済還元的な社会構成体論、土台・上部構造論に対する、米国総力戦体制を抽象化した開放系社会システム論・ＡＧＩＬ図式（パーソンズ、シルズの構造機能主義、社会統合・社会変動論）であった。

ＯＳＳに動員された要員の一部は戦後ＣＩＡや国務省に継承されたが、多くは大学やシンクタンクに職を得て、アメリカ式研究・教育の原型を作った。その成果としての「地域研究・国民経済計算・近代化論」型研究・思考様式が、戦後は世界の大学の学部・学問区分、人員・予算配分、学術評価や実践的人材育成の方法として広がった。国連等国際機関の統計・データ処理、企業の経営・会計標準へと具体化し精緻化され、戦後米国の世界支配・対外政策の理論的基礎になる。地域研究や国際関係論・文化人類学・社会心理学の隆盛につながり、プロジェクト型学際研究、重点的予算配分、レフェリー制学問評価、境界領域研究の源泉となった。理論モデルも洗練され、東西冷戦の時代に硬直したマルクス・レーニン主義に対抗して浸透し、ソ連型社会主義の崩壊とＩＴ革命で、一気に世界に広まった。中国・ベトナム等旧社会主義国も「近代化・自由化」の波に飲み込まれた。

私自身は、二〇一〇年に一橋大学を退職後、この三月まで客員教授を勤めた早稲田大学大学院での政治学教育も退任したが、大学・研究機関にいる友人たちや、中堅・若手の研究者になった教え子たちに聞くと、世界大学ランキングや科学技術立国を指針とする文部科学省の政策に振り回されて、「改革」を強いられた大学の現場は大変なようである。

世界的研究プロジェクト・国際会議、各種政府委員・審議会への参加や社会貢献・地域貢献が評価され、長期的基礎研究、哲学・歴史学がないがしろになる。プロジェクト制・レフェリー制での研究資金獲得のための政策的・実用的研究への傾斜、任期制や評価システムによる若手研究者雇用の不安定、学生の就職活動に迎合した実学視聴覚教材が優先され古典の読解が形骸化したシラバス、それらのための申請書や報告書を作成する会議と実務による長時間労働、等々、アメリカの戦時動員体制で作られた方法・ノウハウが浸透している。競争的資金獲得のために、産学協同から軍産学協同による軍事研究への誘惑が強まっている。グローバル化の中で、戦前日本のドイツ型学問が歩んだ道が、よりスマートなアメリカ型科学に置き換えられ、再生された。

本書で扱った七三一部隊医学者・医師たちの戦前・戦中・戦後の歩みは、人文社会科学を含む日本の学問の将来に、警鐘を鳴らすものである。現実政治の世界も、軍産学協同支配、「戦争ができる国」に近づいている。二木秀雄のような「学術博士」が二度とでてこないように、研究を志す若い人々には、他山の石にしてもらいたい。

本書は、こうした意味での現代史研究、科学論・科学史研究であると共に、早稲田大学で講義の中心にした情報戦・ソフトパワー論、メディア史・インテリジェンス研究の手法を援用している。いわゆるカストリ雑誌とはやや異なるが、二木秀雄の大衆時局雑誌『政界ジープ』を佐和慶太郎のライバル誌『真相』との対比で扱いえたこと、その背後に占領期のGHQ・G2、PHW等米軍占領機関とそれに寄生した日本の旧軍人・官僚・政治家・企業人の暗躍を見出すことができたのは、早稲田大学での山本武利名誉教授、土屋礼子教授、同時期に客員教授だった春名幹男氏らとの共同研究・討論の所産である。ただし言うまでもないが、本書の内容については、私一人が責任を負うものである。

先行研究の多い関東軍七三一部隊については、本文中でも触れたが、世界の七三一部隊研究を牽引しリードしてきた慶応大学・松村高夫名誉教授、ジャーナリストの近藤昭二氏にレクチャーを受け、貴重な資料の提供と助言を得た。ニューヨーク在住の青木冨貴子氏にも、アメリカ滞在中に研究交流の機会を得た。

医学・医療の世界に疎い私に、専門家として貴重な知見を提供し助言を与えてくれたのは、金沢城北病院名誉院長・全日本民医連名誉会長の莇昭三医師と、信州・佐久総合病院の色平哲郎医師である。莇昭三医師には、石井四郎・二木秀雄・石川太刀雄ら七三一医師の多くを生み出した金沢の風土と内灘闘争、『いしかわ731部隊展』の記録などについてお世話になった。『731部隊展・いわて』の資料や少年兵の証言を提供してくれた盛岡市の高橋龍児氏と共に、医学者・医師以外の一般隊員・少年隊員の戦後についてもご教示を得て、視野を広げることができた。

色平哲郎医師には、本書の草稿段階で目を通して貰い、多くの誤りを訂正し、正確にすることができた。実はその縁は、私自身の現代史研究の出発点が、東京大学医学部社会衛生学教授のポストを約束されていた「流離の革命家」国崎定洞のドイツ留学、ソ連亡命、スターリン粛清による非業の死の探求であったこと、その先駆者で共同研究者が、医師にして医療評論家の故川上武氏であったことと関係していた（川上・加藤『人間国崎定洞』勁草書房、一九九五年）。

石井四郎や二木秀雄の悪行を追う過程で、秋元寿恵夫『医の倫理を問う——第731部隊の体験から』（勁草書房、一九八三年）に出会ったのは、ある種の清涼剤で、「日本医学のもう一つの伝統」を示唆するものであった。秋元医師の「あとがき」には、川上武氏から「この問題に対してはただたんにその残虐行為を告発するだけにとどまっていてはならず、さらに一歩深く戦争と医学研究との癒着にまで踏み込んで、医の倫理とは何かが改めて問い直されねばならぬ」と言われたのが執筆・出版の動機と書かれていた。

その時期私は、国崎定洞遺児タツ子さんの招聘・来日もあり、国崎研究で川上医師とも頻繁に会っていたが、ちょうど一橋大学で政治学・国家論の研究・教育を始めたばかりだったので、森村誠一『悪魔の飽食』は読んでいたが、秋元寿恵夫の本の記憶はなかった。もしやと思い今回書庫を漁ったところ、案の定、川上武医師から贈呈・推薦を受けた医学・医療史の蔵書の中に、秋元寿恵夫『医の倫理を問う』が入っていた。色平哲郎氏も、若月俊一・川上武・秋元寿恵夫らの影響下で地域医療に飛び込んだ国際的に活躍する医師であり、本書の医学史・医療史・医学生運動史の叙述について、多くのご教示と示唆を受けた。

無論、森村誠一氏をはじめとする先学の研究に、多くを学んだ。読者が本書に、それらに付け加えた何がしかを見出してくれれば、著者としては本望である。『政界ジープ』の収集については、早稲田大学二〇世紀メディア研究所の会員諸氏をはじめ、多くの方々に協力頂いた。第一次資料を現地調査とインタビューにより補強するのが、現代史研究の本来の流儀であるが、今回は年齢と体力の限界もあり、最小限にとどめた。次作に予定している元東京大学農学部講師・在独日本大使館員で戦時中スウェーデンに「亡命」した崎村茂樹の研究では、「国際歴史探偵」の雰囲気を復活させたい。本書の研究には、日本学術振興会科学研究費補助金・基盤研究（C）「シベリア抑留帰還者をめぐる米ソ情報戦」など、私が研究代表者ないし分担者になっている、いくつかのプロジェクトの成果を取り入れることができた。

七〇歳になって、本書のような大部の書き下ろしを書くことになるとは、思わなかった。かつて研究を志した時は、七〇歳まで生きることさえ、想像できなかった。私たち団塊の世代、六八年学生運動世代にとって定年とか年金は無縁と考えていたが、そうした時代の出会いから今日まで半世紀の研究生活の中で、書物の刊行というかたちで私を支えてくれたのが、本書の版元・花伝社の平田勝社長である。

本書ははじめ、新書版にするつもりで執筆を始めた。しかし貴重な資料と珍しい写真・図版が集まり、資料を使いながら本格的に書いていくと、三部構成の膨大な原稿になった。参考文献一覧や七三一部隊関係者一覧表は、既存のウェブ上のリストの参照を註記で求めたが、それでもA5判四〇〇頁強の大著になった。何とか一冊本でわがままを聞いていただけないかと平田社長にお願いし、快諾を得ることができた。

花伝社刊の書物の数を、中国研究の矢吹晋教授と競ってきたが、ようやく私も、一九八八年の『ジャパメリカの時代に』以来、一〇冊目になった。もっともそのうちの一冊は、二〇一一年の矢吹教授との共著『劉暁波と中国民主化のゆくえ』で、「ジャパメリカ（日米同盟時代）からチャイメリカ（米中枢軸時代）へ」の世界史の転換を議論したものだった。

細菌戦・人体実験の最大の被害者である中国民衆による加害者七三一部隊の記憶と記録の発掘を、本書のベースの一つにおくことができたのは、大きな歴史の転換の中に、私自身が組み込まれてきたことの証左である。もともと平田社長は、東大駒場・中国研究会に所属し、若輩の私が東京大学新聞記者として取材に行ったのは、確か平田氏が東大学生自治会中央委員会議長の時であり、その後、全学連委員長になる直前の頃であったから、ちょうど半世紀になる。

末尾になったが、花伝社・平田勝社長と、直接編集・造本にあたった山口侑紀さんに、記して謝意を表する。

二〇一七年四月

東京・国分寺にて　　著者

加藤哲郎（かとう・てつろう）
1947年岩手県生まれ。東京大学法学部卒業、博士（法学）。現在、一橋大学名誉教授。英国エセックス大学、米国スタンフォード大学、ハーバード大学、ドイツ・ベルリン・フンボルト大学客員研究員、インド・デリー大学、メキシコ大学院大学、早稲田大学大学院客員教授等を歴任。専門は政治学・比較政治・現代史。インターネット上で「ネチズンカレッジ」主宰（http://netizen.html.xdomain.jp/home.html）。メール連絡先、katote@ff.iij4u.or.jp
著書に、『ジャパメリカの時代に』『東欧革命と社会主義』『ソ連崩壊と社会主義』『現代日本のリズムとストレス』『20世紀を超えて』『情報戦の時代』『情報戦と現代史』（花伝社）、『社会と国家』『ワイマール期ベルリンの日本人』『日本の社会主義』（岩波書店）、『国家論のルネサンス』『コミンテルンの世界像』『モスクワで粛清された日本人』（青木書店）、『国境を越えるユートピア』『象徴天皇制の起源』『ゾルゲ事件』（平凡社）など多数。

「飽食した悪魔」の戦後——731部隊と二木秀雄『政界ジープ』

2017年5月25日　初版第1刷発行
2018年3月20日　初版第2刷発行

著者 ——— 加藤哲郎
発行者 —— 平田　勝
発行 ——— 花伝社
発売 ——— 共栄書房
〒101-0065　東京都千代田区西神田2-5-11出版輸送ビル2F
電話　03-3263-3813
FAX　03-3239-8272
E-mail　info@kadensha.net
URL　http://www.kadensha.net
振替 ——— 00140-6-59661
装幀 ——— 三田村邦亮
印刷・製本 — 中央精版印刷株式会社

p.32, 390　写真提供　小村大樹氏

ISBN978-4-7634-0809-9 C3021

人名索引

一　石井四郎と二木秀雄は、全体に頻出するため省略した。また日本人名は、731部隊隊員・関係者を優先し、注ではなく本文に出てくる重要な人名のみにとどめた。
一　欧文外国人名については、原語表記・姓名が不明なものが多いため、日本人名に準じて姓をカタカナ50音順で扱い、名前まで掲げた場合のみ、本文での表記に準じて「ウィロビー，チャールズ」「ゾルゲ，リヒアルト」のように記した。

あ

い

う

え

お

か

き

く

け

こ

さ

し

す

せ

そ

た

に

ね

の

は

ひ

ふ

ほ

ま

み

む

め

も

や

ゆ

よ

ら

り

る

れ

ろ

わ